Martina Winkelhofer

Sisis Weg

MARTINA WINKELHOFER

Sisis Weg

Vom Mädchen zur Frau –
Kaiserin Elisabeths erste Jahre
am Wiener Hof

Mit 15 farbigen Abbildungen

PIPER

Mehr über unsere Autorinnen, Autoren und Bücher:
www.piper.de

Von Martina Winkelhofer liegen im Piper Verlag vor:
Eine feine Gesellschaft
Sisis Weg

Unser Versprechen für mehr Nachhaltigkeit
Klimaneutrales Produkt
FSC®-zertifiziertes Papier
Hergestellt in Deutschland

FSC
www.fsc.org
MIX
Papier aus verantwortungsvollen Quellen
FSC® C014496

ISBN 978-3-492-07051-5
2. Auflage 2021

Satz: psb, Berlin
Gesetzt aus der Adobe Garamond Pro
Litho: Lorenz & Zeller, Inning am Ammersee
Druck und Bindung: GGP Media, Pößneck
Printed in Germany

Für Johanna und Franziska

INHALTSVERZEICHNIS

Vorwort

Seit ich vor vielen Jahren zum ersten Mal die Zeremonialprotokolle des Kaiserhofes in den Händen hielt, fasziniert mich die Figur der jungen Kaiserin Elisabeth. Das schüchterne sechzehnjährige Mädchen, von dem heute alle Welt denkt, es in- und auswendig zu kennen, zog mich mit all seiner Eleganz und Tapferkeit in seinen Bann. Die kostbaren Quellen, die heute im Haus-, Hof- und Staatsarchiv verwahrt werden, zeichnen ein deutliches Bild von der gigantischen und komplexen Organisation des Wiener Kaiserhofes, der als vornehmster Hof des alten Europas galt. Die Einträge in diesen großen, auf vielen Seiten eng beschriebenen Büchern erzählen vom Leben in einem Mikrokosmos, in dem selbst die privatesten Momente im Leben der Herrscher – Geburt, Heirat und Tod –, aber auch der ganz typische Alltag in feste Rituale und unabänderliche Zeremonien eingebettet waren.

Wie musste sich das unerfahrene und verängstigte Mädchen Elisabeth gefühlt haben, fragte ich mich beim Studium der alten Quellen. Durch ihre Heirat mit Kaiser Franz Joseph von Österreich an die Spitze dieses Imperiums gehievt und als Kaiserin Elisabeth von Österreich als dessen Aushängeschild präsentiert? Wie reifte sie unter den Argusaugen spitzzüngiger Höflinge von einer unsicheren Pubertierenden zu einer selbstbewussten und selbstbestimmten Frau heran, die – gemessen am Standard des 19. Jahrhunderts – eine außergewöhnliche persönliche Entwicklung an den Tag legte?

Nach meiner Lektüre der Hunderte von Seiten konnte ich erahnen, was es für sie bedeutet haben mochte, ihr Leben im engen Korsett dieses strengen Zeremoniells zu bestreiten. Ich wollte mehr über die schillernde Gestalt der Kaiserin erfahren, deren erste Auftritte am Wiener Hof rührend schüchtern waren. Wie für jede andere junge Frau ihrer Zeit gehörte Fremdbestimmung zum Alltag. Ihr Dasein als Ehefrau, Mutter und Kaiserin schränkte ihren persönlichen Aktionsradius immens ein. Und dennoch gelang es ihr, sich zu einer der ersten Ikonen der weiblichen Selbstbestimmung emporzuschwingen.

Wie jede Forscherin und jeder Forscher habe auch ich eigene Schwerpunkte in meiner Arbeit gesetzt. Ich stellte das Kind »Elise«, das Mädchen Elisabeth und die junge Kaiserin von Österreich in den Mittelpunkt meiner Recherchen. Wie wuchs Elisabeth auf? Welche Prägungen erfuhr sie in ihrer Kindheit? Wie unterschied sich ihre Erziehung von jener anderer Mädchen ihres Standes? Welche Hoffnungen wurden in Elisabeth gesetzt, als sie ins heiratsfähige Alter kam? Wie passte sie sich am Kaiserhof an? Wie erfüllte sie die in sie gesetzten Erwartungen – als Kaiserin, First Lady, Ehefrau, Mutter, Tochter, Schwiegertochter? Welche Ereignisse und Erfahrungen ließen sie zu jener Persönlichkeit reifen, die bis heute fasziniert und jede Generation aufs Neue zur Spurensuche in dieser ungewöhnlichen Frauengeschichte herausfordert? Welche Schicksalsschläge und persönlichen Erfolge wurden zu Wendepunkten in ihrem Leben?

Meiner Idee für dieses Buch lag die Absicht zugrunde, die Lebensgeschichte nicht »von hinten zu erzählen«. Zu oft wurden Elisabeths Kindheit, Jugend und frühen Jahre am Wiener Hof aus der Perspektive des entstandenen »Sisi-Mythos« erzählt. Zu viel wurde aus dem Wissen um die spätere Entwicklung Elisabeths in Kindheits- und Jugenderlebnisse interpretiert. Zu schnell wurden die Lücken in der Biografie mit Mutmaßungen geschlossen. Und viel zu oft ihre ersten Jahre am Wiener Hof als eine Geschichte des persönlichen Scheiterns erzählt – obwohl sich gerade in diesen Jahren zeigte, welch enorme Adaptions-

und Lernwilligkeit die jugendliche Elisabeth an den Tag legte. Es gehört zu den größten Problemen in der Betrachtung der historischen Figur Kaiserin Elisabeth, dass ihre Persönlichkeit und ihr Leben stets aus dem (jeweiligen) Heute gedeutet und analysiert wurden, dass ebenso Bewertungen – positive wie negative – meist anhand gängiger Werte und Erwartungen erfolgten. Man nahm dabei die Frau aus der Mitte des 19. Jahrhunderts in den Blick, deren persönliche Grenzen und gesellschaftliche Zwänge ganz andere gewesen waren als jene der nachfolgenden Generationen.

Ich machte mich auf die Suche nach dem Mädchen, der jungen Frau hinter dem »Sisi-Mythos«. Ich wollte das in die Konventionen ihrer Zeit eingebettete Frauenleben erforschen und gleichzeitig die Geschichte ihrer persönlichen Entwicklung in den größeren Zusammenhang des 19. Jahrhunderts stellen. Stereotype werden dabei über Bord geworfen, nicht nur jene, die Elisabeth betreffen, sondern auch jene, die man ihren engsten Mitmenschen übergestülpt hat, um dadurch den Mythos »Sisi« zu untermauern: ihrer Mutter, ihrer Schwiegermutter, ihrem Vater, ihrem Ehemann. Mittels genauer Analyse und Rekonstruktion ihres Alltags habe ich versucht, Elisabeths junge Jahre greifbarer und diese Zeit verständlicher zu machen. Vor allem aber war es mir ein Anliegen, alle Facetten des Lebens einer Frau ihres Standes sichtbar zu machen. Nicht die Kaiserin, nicht die Ikone, sondern die junge Frau steht deshalb im Mittelpunkt dieses Buches.

Die eingangs erwähnte Suche nach dem sechzehnjährigen Mädchen, das im Jahr 1854 an den Wiener Hof kam, wurde eine Reise durch die ersten siebenundzwanzig Jahre im Leben einer der berühmtesten Monarchinnen der Geschichte. Sie führte durch Archive und Sammlungen, höfische Zeremonialprotokolle und erhaltene Sekretariatsakten der Kaiserin, durch vergilbte Tagebücher, Korrespondenzen und in alte Nachlässe. Ich versuchte, öffentliche Auftritte der jungen Kaiserin zu rekonstruieren, zeichnete ihre Reiserouten nach, filterte Informationen aus Korrespondenzen, die teilweise nur mehr in Bruchteilen und in Abschriften erhalten sind, studierte unterschiedliche Quellen und klopfte sie auf ihre Glaubwürdigkeit ab. Ich bemühte mich, bei unterschiedlichen Informationen, die diese Quellen mitunter gaben, den gemeinsamen Kern herauszulösen. Ich untersuchte die wenigen Kleidungsstücke der jungen Kaiserin, die noch erhalten sind, und studierte alte Gemälde. Das Ergebnis ist ein authentisches und stimmiges Gesamtbild eines Frauenlebens, der Entwicklung Elisabeths von der Kindheit bis hin zu ihrem Erwachsensein.

Wien, 2021

DAS ELTERNHAUS

»Sie werden lernen, einander zu lieben.«[1]

Die drei königlichen Würdenträger, die am Abend des 24. Dezember 1837 gegen 8 Uhr 30 den kostbar eingerichteten Salon in der Ludwigstraße Nummer 8[2] betraten, bereiteten sich darauf vor, die kommenden Stunden hier auszuharren.[3] Der Raum, in den sie ein livrierter Diener geführt hatte, hätte nicht prächtiger sein können. Er maß acht Meter in der Breite, dreizehn Meter in der Länge, war mit drei Fensterachsen ausgestattet und befand sich, wie es sich für den Empfangssalon des schönsten Privatpalais der bayerischen Hauptstadt gehörte, genau über einer dreitorigen Einfahrt. Die drei Beamten – Sebastian Freiherr von Schrenk, Staatsminister der Justiz; Ludwig Ritter von Wiesinger, Staatsminister des Inneren, sowie der Minister des königlichen Hauses, Friedrich Freiherr von Gise – waren in das Palais beordert worden, um die Geburt einer Wittelsbacher Prinzessin zu bezeugen. Bis es so weit wäre, blieb ihnen jedoch genug Zeit, um einen der berühmtesten Säle der Residenzstadt München ausführlich zu betrachten.

Unter einer mächtigen hölzernen Kassettendecke, und jeweils oben und unten von einem Fries eingerahmt, schmückten vier große Fresken des Münchner Historienmalers Robert von Langer die Wände des Salons und zeigten, in leuchtenden Farben und klassizistischem Stil, Motive aus der griechischen Mythologie. Überlebensgroß blickten die Götter des Olymps von den Seiten der langen Ostwand auf die königlichen Beamten herab. Und die drei honorigen Herren erkannten zwischen den thronenden Paaren – Zeus und Hera auf der rechten, Hades und Persephone auf der linken Seite – den trefflichen Herakles im Löwenfell, der die treue Alkestis, die anstelle ihres Gatten in den Tod gehen wollte, aus der Unterwelt befreit. An der Nordwand des Saales sahen sie, wie Theseus den stierköpfigen Minotaurus besiegt. Und die Südwand bot ihnen einen Künstler par excellence: Orpheus, den Dichter und Sänger, der die Macht der Worte und Klänge bewies, indem er mit Lyra-Spiel und Gesang sogar Felsen zum Weinen brachte.[4]

Erhaltene Fotografien belegen, dass die Stühle und Bänke des Empfangssalons unmittelbar unter den Fresken aufgestellt waren. Wo immer die drei Herren auf ihren grazilen Stühlchen auch saßen – sie mussten sich geradezu klein vorkommen angesichts der monumentalen Helden- und Götterfiguren über ihren Köpfen. Natürlich konnten die drei, während sie ohne jede Ablenkung im Empfangsraum ausharrten, noch nicht ahnen, dass die Prinzessin, deren Geburt nur einige Räume weiter im Gange war, sich später einmal für die geistige und mythologische Welt des antiken Griechenland, wie sie hier von den Wänden auf sie herabstrahlte, begeistern würde.

An diesem 24. Dezember freilich deutete noch nichts darauf hin, dass der kleine Mensch, der bald das Licht der Welt erblicken sollte, einen ungewöhnlichen Lebensweg vor sich hatte. Es war auch kein besonderer Dienst, den die drei Minister ausgerechnet am Heiligen Abend im Palais Herzog Maximilians in der Ludwigstraße zu leisten hatten. Es ging lediglich darum, die Geburt eines weiteren Mitglieds des Hauses Wittelsbach zu beglaubigen, derlei gehörte zu ihren amtlichen Aufgaben. Der neunundzwanzigjährige Hausherr, Herzog Maximilian Joseph in Bayern, wurde in diesen Stunden zum vierten Mal Vater. Zwei Söhne und eine Tochter waren ihm bereits geschenkt worden – wobei der zweite seiner Söhne noch im ersten Lebensjahr verstorben war. Nun lag seine Frau Ludovika erneut in den Wehen. Sie hatte an diesem Weihnachtsabend eigentlich die Stunden der Bescherung bei ihrer Mutter verbringen wollen, doch ihr Arzt hatte es verboten. Er vermutete, dass die Geburtswehen an genau diesem Abend einsetzen würden – und behielt damit recht.[5]

Die Minister warteten schon über eine Stunde, als Ludovika – oder Louise, wie die ebenfalls Neunundzwanzigjährige im Familienkreis genannt wurde – die finale Phase ihrer vierten Entbindung durchlebte. Die Geburt fand in Ludovikas »weißem Boudoir« statt. Zu ihrer emotionalen Unterstützung standen ihr vier Frauen bei, die auch ihre engsten Vertrauten waren: ihre Mutter, die verwitwete Königin Caroline von Bayern; ihre ehemalige Erzieherin, die nunmehrige Obersthofmeisterin Gräfin Auguste von Rottenhan; ihre um zwanzig Jahre ältere Halbschwester Herzogin Auguste von Leuchtenberg, die im nahe gelegenen Palais Leuchtenberg residierte, sowie deren Tochter Eugenie, Ehefrau des Erbprinzen von Hohenzollern-Hechingen. Ludovikas beide Hofdamen hielten sich in den Nebenzimmern bereit. Ihre Aufgabe war es, den hohen Verwandten ihrer Herrin, sobald diese das Boudoir der Gebärenden verließen, zu Diensten zu sein.

Ludovikas Appartement grenzte unmittelbar an die Festräume des herzoglichen Palais, zu denen auch der Empfangssalon mit seinen mythologischen Fresken zählte. Die hier wartenden Minister gingen davon aus, dass sich die Geburt nicht mehr lange hinzog; andernfalls hätte man sie – gerade am Heiligen Abend – noch nicht in das Palais geholt. In Fällen wie diesem wurden sie nie schon nach dem ersten Einsetzen der Wehen verständigt.

Exakt eine Stunde und dreizehn Minuten nach Eintreffen der Minister im Palais hatte ihr Warten ein Ende: Die zweite Tochter von Herzog Maximilian und Herzogin Ludovika erblickte das Licht der Welt. Nun wurden die Minister ins Boudoir der Herzogin gerufen, wo ihnen die Hebamme das Neugeborene präsentierte. Dass Herzogin Ludovika nach den Strapazen der Geburt in Nachtkleid und Morgenmantel auf der Chaiselongue ruhte und weder ihre Kleidung noch ihr Haar in einem Zustand waren, der erlaubte, fremde Besucher zu empfangen, ja dass ohnehin eine Frau von königlichem Geblüt niemals Herren in ihrem Boudoir empfing, zu empfangen hatte – über all das wurde hinweggesehen. Schließlich galt es, den Hofvorschriften Genüge zu tun. Und diese verlangten, dass ein Neugeborenes sofort nach der Geburt den zuständigen hohen Staatsbeamten zu präsentieren war. Damit sollte sichergestellt werden, dass ein Kind, das namentlich als legitimes Mitglied des Hauses Wittelsbach in die Geburtsurkunde eingetragen wurde, tatsächlich die Herrin des Hauses zur Mutter hatte. Aus diesem Grund hatte man übrigens auch die Minister in der Nähe der Gebärenden warten lassen. Die herzogliche Herkunft des Kindes und seine rechtmäßige Zugehörigkeit zur Dynastie der Wittelsbacher sollten zweifelsfrei garantiert sein. Immerhin blieb der Herzogin die Anwesenheit der offiziellen Zeugen noch während der Entbindung erspart. Anders als etwa am britischen Königshof üblich, hatte Ludovika den intimen Akt der Geburt nicht vor den Ministern durchleben müssen, allein geschützt von einer Art fahrbaren Leinwand, die die untere Körperhälfte der Gebärenden zwar verdeckte, ihren Oberkörper jedoch den Blicken von Familienfremden auslieferte.[6]

Der amtliche Akt der Bezeugung war schnell erledigt. Nachdem sie den Säugling gesehen und die obligaten Glückwünsche ausgesprochen hatten, verließen Sebastian Freiherr von Schrenk, Ludwig Ritter von Wiesinger und Freiherr von Gise das Boudoir. Dem Haus Wittelsbach, notierten sie im Geburtsprotokoll, war Punkt zehn Uhr und dreiundvierzig Minuten am Abend des 24. Dezember 1837 eine weitere Prinzessin geboren worden. Damit hatten sie ihre Pflicht erfüllt und konnten zu ihren Familien heimeilen.

Dem neugeborenen Mädchen wurde der Name Elisabeth Amalie Eugenie gegeben. Namenspatin war eine ältere Schwester Ludovikas – Elisabeth Ludovika von Preußen, die drei Jahre nach der Geburt ihres Patenkindes Königin von Preußen werden würde. Ihren zweiten Namen Amalie erhielt die kleine Prinzessin zu Ehren der Zwillingsschwester ihrer Patin, der späteren Königin von Sachsen. Der dritte Name Eugenie schließlich verwies auf jene Cousine, die Ludovika in ihren Wehen mit beigestanden hatte. Zwei Tage nach der Geburt taufte man Elisabeth in der Stiftskirche St. Kajetan, der »Theatinerkirche« genannten Hofkirche in München.

Es war damals erst wenige Jahrzehnte her, dass das Haus Wittelsbach, dem Elisabeth angehörte und das neben ihr so viele andere außergewöhnliche, bisweilen exzentrische Persönlichkeiten hervorbrachte, von Napoleon die Königswürde erhalten hatte. In den unruhigen Jahren nach 1804, als der korsische Feldherr sich zum Kaiser der Franzosen krönte, bis zu seinem Niedergang, der mit dem missglückten Russlandfeldzug 1812 einsetzte, wurden Europas Staaten und mit ihnen die althergebrachte politische Ordnung durcheinandergewirbelt. Die europäischen Herrscher, die sich auf Napoleons Seite schlugen, konnten nun ihr Territorium und ihren Einfluss gegenüber ihren Nachbarn vergrößern – ganz abgesehen davon, dass sie so dem klassischen Schicksal jener widerständigen Standeskollegen entkamen, die der Feldherr und Kaiser einfach von ihren Thronen fegte, um darauf die Angehörigen seiner Familie zu setzen. Elisabeths Großvater Maximilian IV., in jenen Jahren noch Kurfürst und Herzog, erkannte eine Chance für sein Haus und wurde der erste Bündnispartner Napoleons – der ihn im Gegenzug 1806 zum König des stark vergrößerten Bayern machte. Das Ende der Herrschaft Napoleons wenige Jahre später konnte dem jungen Königreich nichts anhaben. Anders als andere Herrscher, die ausschließlich aufgrund ihrer Bündnistreue gegenüber dem französischen Kaiser an die Macht gekommen waren und diese nun verloren, waren die Wittelsbacher zu etabliert, als dass sie ihre Regentschaft während der Restauration wieder hätten abgeben müssen. Davon abgesehen hatten sie noch im letzten Moment die Seiten gewechselt und entgingen deshalb einer Neuaufteilung ihres Herrschaftsgebietes.

Die Wittelsbacher gehörten zu den ältesten deutschen Adelsgeschlechtern und herrschten schon seit Jahrhunderten in Bayern. Sie waren Pfalzgrafen, Herzöge und Kurfürsten gewesen, hatten also stets einen der sieben Fürsten gestellt, die die Kaiser des Heiligen Römischen Reiches kürten, das heißt wählen durften. Napoleon Bonaparte war nur eine Fußnote in der Geschichte dieser Dynastie. Aber immerhin, die neue Königswürde von seinen Gnaden bedeutete eine Rangerhöhung, und der neue König Maximilian I. Joseph machte daraus das Beste für sein Haus und das Land. Elisabeths Großvater krempelte den Staat von Kopf bis Fuß um. Er reformierte die Staatsverwaltung und führte neben einer neuen Verfassung und einem durchschlagskräftigen Beamtenkorps, neben dem Recht auf freie Meinungsäußerung und der Religionsfreiheit auch die allgemeine Schulpflicht ein. Die Gleichheit aller Bürger vor dem Gesetz, in der Verfassung verankert, war eine der Maßnahmen, mit denen der nunmehrige Regent die Macht des bayerischen Adels schwächte. Dessen Steuerfreiheit hob er ebenso auf wie das bis dato noch existierende System der Leibeigenschaft. Unter Maximilian I. Joseph wurde Bayern zum modernen Staat. Er war zudem der erste einer Reihe höchst illustrer bayerischer Könige, die eine Popularität erreichten, von der die Herrscher aus anderen Dynastien nur träumen konnten. Und so sollten die Wittelsbacher bis zum Ende des Ersten Weltkriegs, das auch das Ende des monarchischen Europas einläutete, die Könige von Bayern stellen.

Die Mutter Elisabeths, Herzogin Ludovika Wilhelmina, war die zweitjüngste Tochter Maximilian I. Josephs. Sie entstammte der zweiten Ehe des Monarchen mit der badischen Prinzessin Caroline Friederike. Acht Kinder gingen aus dieser Ehe hervor, sechs Mädchen und zwei Buben, von denen der eine tot geboren wurde und der andere als kleines Kind verstarb. Ludovika und ihre Schwestern hatten zudem noch fünf Halbgeschwister, die aus der ersten Ehe ihres Vaters mit einer Tochter des Landgrafen von Hessen-Darmstadt stammten. Zu ihnen gehörte auch Ludovikas Halbbruder Ludwig, der spätere König von Bayern. Als Ludwig I. bestimmte er 1837, als Elisabeth zu Weihnachten das

Licht der Welt erblickte, bereits in seinem dreizehnten Regierungsjahr die Geschicke der Monarchie.

Die Kindheit und frühe Jugend Ludovikas, die 1808 geboren wurde, unterschied sich – im besten Sinne – von der üblichen Kindheit junger Prinzessinnen an deutschen Höfen. So schwer es fällt, den bürgerlichen Begriff von einem glücklichen Familienleben auf das Leben an einem damaligen Fürstenhof anzuwenden: Ludovikas Kindheit dürfte den modernen Vorstellungen einer glücklichen Kindheit durchaus entsprochen haben. Die noch erhaltenen und ausgewerteten Briefe ihrer Familie lassen auf einen innigen und herzlichen Umgang miteinander schließen. Trennungen der Eltern von ihren Kindern, bedingt durch die repräsentativen Pflichten des Königspaares, wurden eifrig beklagt, und auch die Beschreibungen alltäglicher Vorkommnisse zeichnen das Bild einer königlichen Familie, die sich neben der Erfüllung ihrer Aufgaben am Hof einen gewissen familiären Freiraum schaffen konnte. Ganz ein Monarch des angehenden Biedermeier, als die Besinnung auf den kleinen familiären Raum (und damit auch dessen Stilisierung) gepflegt wurde, gefiel sich Maximilian, bei aller königlichen Würde, auch in der Rolle des treu sorgenden Familienvaters. Seine sechs Töchter hingen an ihm. Auch ihre Mutter, Königin Caroline, pflegte eine innige Beziehung zu den Mädchen. Vertrauen und Zuneigung prägten auch das Verhältnis der Prinzessinnen untereinander. Bis an ihr Lebensende sollten die fünf Schwestern, die das Erwachsenenalter erreichten – die sechste und jüngste verstarb noch als Kind –, sowie ihre beiden Halbschwestern aus der ersten Ehe des Vaters die enge Verbindung zueinander aufrechterhalten. Selbst in späteren Jahren, als es sie durch ihre Verheiratung in die verschiedensten Himmelsrichtungen verschlagen hatte – nach Berlin, Dresden, Salzburg und Wien –, pflegten die Schwestern ihr starkes familiäres Netzwerk, das dann zur Basis höchst erfolgreicher Heiratsprojekte wurde.

Auch dies mag als Zeichen dafür gelten, dass es Ludovikas Eltern wohl geglückt war, für sich und ihre Kinder eine zufriedenstellende Balance zwischen repräsentativen Pflichten und einem erfüllten Familienleben zu finden. Aber bei aller Zuneigung und Erfüllung, die ein derart vertrauter, quasi bürgerlicher Umgang mit den Töchtern bedeutete, blieb sich das Königspaar – so erzählen die relevanten schriftlichen Quellen – der Pflichten bewusst, die es mit sich brachte, wenn man die erste Familie im Staat war und kleine Prinzessinnen auf eine Zukunft bei Hof vorbereiten musste. Wie ihre Schwestern wurde Ludovika von frühem Alter an zudem zu höfischen Empfängen herangezogen. So musste sie schon als Vierjährige an Theaterbesuchen teilnehmen. Ihren Erzieherinnen beschied man, das kleine Mädchen solle lernen, Erschöpfung oder Langeweile mit Grazie durchzustehen. Als sie dreizehn war, hatte Ludovika bei Hofbällen zu erscheinen. Allerdings durfte sie – als Heranwachsende – noch nicht tanzen, denn das hätte sie in allzu große Nähe zu Männern gebracht. Die angeordneten Ballbesuche dienten auch hier vorerst nur einem Zweck: Sie sollte sich daran gewöhnen, stundenlang bei einem gesellschaftlichen Ereignis auszuharren, ohne andere ihre Müdigkeit oder ihren Überdruss spüren zu lassen.

Die Kindheit und Jugend Ludovikas fand vor dem Hintergrund großen materiellen Reichtums statt. Auch der Lebensstil ihrer Familie entsprach – bei allen Anklängen an ein bürgerlich-biedermeierliches Ideal – ganz einer königlichen Hofhaltung, mit prachtvollen Residenzen und entsprechendem Luxus. Die Familie residierte im Winter in der Münchner Residenz, dem alten Wohn- und Regierungssitz der bayerischen Herzöge, und im Sommer im bezaubernden Schloss Nymphenburg vor den Toren der Stadt. 1816 erwarb König Maximilian zudem eine persönliche Herrschaft, die zum privaten Refugium der Familie werden sollte: das ehemalige Benediktinerkloster Tegernsee, malerisch gelegen am östlichen Ufer des gleichnamigen Sees in den bayerischen Alpen. Hierher, in dieses zur Privatresidenz umgebaute Kloster, konnte sich die Familie zurückziehen, hier fanden große Familientreffen und -feste statt, und hierher sollten später auch die ersten Reisen der österreichischen Kaiserin mit ihrer Familie führen.[7]

Zeitgleich und in räumlicher Nähe zu Ludovika, obschon in emotionaler Hinsicht Lichtjahre entfernt von ihrem familiären Glück, wuchs ein Knabe, der nur drei Monate jünger war als sie, in gänzlich anderen Verhältnissen auf. Er hieß Maximilian und war ein Verwandter der Familie, nämlich der Sohn des Herzogspaares Pius und Amalie aus der altbayerischen Wittelsbacher Linie der Pfalz-Zweibrücken-Birkenfeld-Gelnhausen. Ludovikas Vater sollte sich seiner besonders annehmen. Dafür gab es mehrere Gründe: Maximilian war das einzige Kind dieser Wittelsbacher Nebenlinie, und die familiären Verhältnisse, in denen er aufwuchs, waren äußerst schwierig. Hinzu kam, dass die Angehörigen dieser einst einflussreichen und bestens vernetzten Nebenlinie in der Vergangenheit immer wieder gegen die Vorrangstellung der dynastischen Hauptlinie, von der Maximilian I. Joseph abstammte, aufgetreten waren – und erst vor kurzer Zeit sämtliche Hoffnungen auf eine souveräne Herrschaft innerhalb bayerischen Gebietes aufgegeben hatten. Es erscheint also nur logisch, dass der König seine Wittelsbacher Verwandten enger an die Kandare nehmen und damit ein bisschen unter Kontrolle haben wollte. Außerdem besaß der diesem Haus entstammende Knabe, um dessen persönliches Wohl es hier ging, nicht nur einen bedeutenden Namen – er würde eines Tages als Alleinerbe auch über eines der bedeutendsten Vermögen des Landes verfügen. Aus all diesen Gründen konnte der Monarch gar nicht anders, als in das Leben des kleinen Max einzugreifen und damit die alte, reiche Wittelsbacher Nebenlinie enger an die königliche Linie zu binden. Des Königs Ansprechpartner in dieser Obsorge-Angelegenheit war sein Schwager Wilhelm, Herzog in Bayern. Dieser war nicht nur das Oberhaupt der besagten Nebenlinie, sondern als Großvater auch die dominierende Figur im Leben des Knaben Max. Dessen Eltern, Herzog Pius August in Bayern und seine Gattin Amalie Luise, hatten weder Einfluss auf die Erziehung des Kindes, noch waren sie in der Lage, sich diesbezüglich gegen Max' Großvater durchzusetzen.

Von seinen Zeitgenossen wurde Herzog Pius unterschiedlich beurteilt – nachsichtiger aus bayerischer, weniger mild aus ausländischer Perspektive. So wurde er von ersterer Seite allenfalls als sonderlich, maßlos und – auch in den späteren Biografien seiner Enkelin Elisabeth – als Eigenbrötler mit dem Hang zum völligen sozialen Rückzug beschrieben. Wesentlich problematischer war der Eindruck, den der preußische Gesandte in Bayern, Friedrich Wilhelm Christian von Zastrow, von Max' Vater erhalten hatte. In den Augen von Zastrows war Herzog Pius ein verwahrloster Charakter und Choleriker, der aus grundloser Aggression Schlägereien provozierte, bei denen er seine Kontrahenten »auf das Äußerste misshandelt und grausam verwundet« hat – weshalb er auch einige Male im Gefängnis landete.[8] Von Max' Großvater ist nur ein einziger, ironischer Satz über seinen Sohn Pius überliefert: »Das liebe Wesen isst wie ein Menschenfresser und verdaut wie ein Strauß« – ein kurioses Resümee über die Qualitäten des eigenen Sprösslings (in Anspielung auf die großen Muskelmägen der afrikanischen Strauße, die zur Unterstützung ihrer enormen Verdauungsleistung auch Steine, Sand und alle möglichen kleinen Dinge verschlucken), das noch Jahrzehnte später im herzoglichen Haus als Anekdote weitererzählt wurde.[9] Max' Vater wurde schließlich unter Aufsicht seiner Familie gestellt. So hatte der Großvater und Patriarch Herzog Wilhelm die Vormundschaft für seinen Enkel – in diesem Fall explizit, denn in der Regel traf ohnehin das Oberhaupt eines Adelshauses die letzte Entscheidung hinsichtlich Ausbildung und Aufenthaltsort der einzelnen Familienmitglieder.

Für den Knaben Max bedeutete diese schwierige familiäre Situation, dass er früh nicht nur immer wieder die ihn belastenden Verhältnisse, sondern auch noch einen häufigen Wechsel der Bezugspersonen zu verarbeiten hatte. Mit sechs Jahren wurde er von seinem strengen Großvater, vor dem er sich noch als Erwachsener fürchten sollte, in die Obhut eines Gesandtschaftsattachés gegeben, dessen Erziehungsstil sogar für die damalige Zeit übermäßig hart und drakonisch war. Mit neun Jahren kam er dann ins Internat, das heißt ins vom weltlichen Priester und Pädagogen Benedikt von Holland geleitete »Königliche Institut für Studierende in München«. An dieser Ausbildungsstätte, deren Besuch für einen jungen Aristokraten, der üblicherweise seine eigenen Hauslehrer hatte, schon ungewöhnlich genug war, machte Max eine für seinesgleichen seltene Erfahrung: Die Zöglinge des Instituts wurden ohne Unterschied gleich behandelt, Herkunft oder gesellschaftlicher Stand spielten keine Rolle. Ein einziges Privileg gestand man dem jungen Wittelsbacher jedoch zu: seinen eigenen Schlafraum.

Die Jahre im Internat, in denen ihm nicht nur der klassische Bildungskanon vermittelt, sondern auch seine Liebe zu Kunst und Musik geweckt wurde, sollte Max zeitlebens in bester Erinnerung behalten. Sie endeten, als er fünfzehn Jahre alt war. Jetzt musste er auf Anordnung seines königlichen Großonkels das Holland'sche Institut verlassen. Denn man befand es für wichtiger, dass der Knabe nun von einem Hofmeister ins »Leben« eingeführt werde. Dieser war ein Mann, den Benedikt von Holland wohl nicht von ungefähr für dünkelhaft und intrigant hielt. Er hatte den Auftrag, dem Halbwüchsigen die Sinnesfreuden und Unterhaltungen nahezubringen, welche die damalige Adelsgesellschaft, die einen Großteil der bürgerlichen Moralvorstellungen belächelte, ihren männlichen Mitgliedern zugestand (eine Art »Schule des Dolce Vita« also). Aus heutiger Sicht wirkt es eigentümlich, dass man jungen Aristokraten nach Jahren des Lernens und der Ausbildung vornehmlich die Rolle von Lebemännern zugestand und ihnen zwar eine Fülle an Zerstreuungen anbot, aber keine Aufgaben, bei denen sie ihre Fähigkeiten ernsthaft hätten entfalten können.

Das Resultat dieser Kombination aus zerrütteten Verhältnissen, sehr unterschiedlichen Erziehungsmethoden und mehrmaligem Wechsel der Bezugspersonen war ein junger Mann, der keinerlei positive Erfahrungen mit dem Familienleben gemacht hatte. Dank seiner Zeit im Internat Benedikt von Hollands besaß Max eine gewisse soziale Kompetenz, etwa die Fähigkeit des vorurteilsfreien Umgangs mit Menschen anderer Gesellschaftsschichten. Ansonsten hatte er sich jedoch längst an einen Lebensstil gewöhnt, der in der Hauptsache der Erfüllung seiner persönlichen Wünsche und Neigungen diente. Als künftiger Herzog in Bayern, Träger eines großen Titels und Nutznießer eines riesigen Vermögens entsprach er damit ganz dem Stereotyp des Lebemannes, der sich um nichts kümmern muss. Max war aber auch das Produkt seiner Umwelt. Denn die trostlosen Erfahrungen seiner Kindheit, der selbst für damalige Zeitverhältnisse gefühlsarme Umgang seiner Erziehungsberechtigten mit ihm, wirkten noch lange nach. So berührt es zu lesen, wie Max selbst als erwachsener Mann seine in seiner Kindheit räumlich wie emotional stets abwesenden Eltern verklärte. In den Erinnerungen an seine Orientreise schrieb er etwa, in der Jerusalemer Grabeskirche sei es ihm vorgekommen, als ob ihn die »Geister« seiner »entschlafenen Eltern liebevoll umschwebten«.[10]

Dass ein junger Mann wie Max, der ein Großneffe des bayerischen Königs und der künftige Erbe der reichen Wittelsbacher Nebenlinie war, nicht selbst wählen konnte, wen er zur Frau nahm, lag auf der Hand. Diese Entscheidung traf natürlich König Maximilian I. Joseph höchstpersönlich, wobei ihm Max' Großvater eifrig mit Rat und Tat zur Seite stand. Und der König entschied: Der junge Maximilian sollte später seine jüngste Tochter heiraten. Der Gedanke dahinter war, dass durch diese Heirat die stolze Nebenlinie der Wittelsbacher, deren Angehörige sich einst Hoffnungen auf eine souveräne Herrschaft in Bayern gemacht hatten, stärker an die königliche Linie gebunden wurde. Und was das immense Vermögen der Nebenlinie anging, so blieb dieses in der Familie. Zumindest hätte keine andere Dynastie oder aristokratische Familie darauf Zugriff, was ganz im Sinn des Königs war. Max' Großvater wiederum versprach sich von dem Projekt eine Aufwertung seiner Linie. Durch diese Heirat würden Max und seine Nachkommen den Titel »Königliche

Hoheit« erhalten und in den engsten familiären Kreis des Königs aufsteigen.

Doch Maximiliane Josepha Karoline, die jüngste Tochter des Bayernkönigs, die nach dem Wunsch der beiden Familienpatriarchen Max' künftige Braut werden sollte, stand bald nicht mehr zur Verfügung. Das Mädchen starb im Jahr 1821, mit noch nicht einmal zwölf Jahren, an den Folgen einer Erkältung. Nun hatte die zweitjüngste Tochter des Königs als Braut nachzurücken, und das war Prinzessin Ludovika. Schon an der Tatsache, dass Ludovika nach dem Tod ihrer Schwester die Lücke füllen sollte, kann man erkennen, dass dieses Wittelsbacher Heiratsprojekt von großer dynastischer Bedeutung für das bayerische Königshaus war. Spätere Mutmaßungen, Elisabeths Mutter habe keine gute Partie gemacht, weil man sie als Königstochter mit einem Mann verheiratete, der »nur« den Titel »Herzog in Bayern« trug, sind als Klischees zu betrachten. Denn gerade daran, dass gleich die nächste Königstochter in das Heiratsprojekt bugsiert wurde, zeigt sich, wie wichtig dem bayerischen Königshaus die Fusion mit der reichen Wittelsbacher Nebenlinie war. Ludovika erlangte durch diese Heirat zwar keine Position an der Seite eines regierenden Monarchen, aber für ihre Dynastie – und nur diese Sichtweise zählte in einem regierenden Haus des frühen 19. Jahrhunderts – war die Eheverbindung mit Max eine dynastische Notwendigkeit, die das Haus Wittelsbach stärkte.

Ludovika war zu dem Zeitpunkt, als ihre kleine Schwester starb, dreizehn Jahre alt. Der entfernte Cousin, den sie in einigen Jahren heiraten würde, war ihr seit früher Kindheit vertraut. Denn ihr Vater hatte nicht nur die Oberaufsicht über Max' Erziehung, sondern ermöglichte dem Buben – den er gerne mochte und dem nur noch sein Großvater als naher Verwandter geblieben war – immer wieder den familiären Umgang mit seinen Töchtern. Ludovika und Max sahen sich als Kinder also regelmäßig und schrieben einander kleine Briefchen, in denen sie von aufregenden Ereignissen und Begebenheiten aus ihrem kindlichen Alltag berichteten.

Ob Ludovika und Max im Alter von zehn bis zwölf Jahren – jenem Alter, aus dem besonders viele Briefe erhalten sind – sich eine gemeinsame Zukunft hätten vorstellen können, lässt sich heute nicht mehr eruieren. Sie verhielten sich jedenfalls wie alle jungen Menschen ihrer Zeit und ihres Ranges: Sie hinterfragten die Entscheidungen ihrer Eltern und Vormunde, wen sie zu heiraten hatten, nicht, denn sie hatten Gehorsam zu leisten. Rebellion und Trotz gegenüber den Eltern war angesichts der Tatsache, dass Mütter und vor allem Väter – noch dazu solche, die Regenten und Standesherren waren – damals als unhinterfragbare Autoritäten auftraten, schwer vorstellbar. Kein denkbarer Einwand Ludovikas gegen die für sie vorgesehene Heirat hätte eine Planänderung bewirken können, und es ist auch unvorstellbar, dass ein Mädchen der damaligen Zeit es gewagt und darum gekämpft hätte, den eigenen Bräutigam selbst auszusuchen. Nicht minder abwegig war, dass Max sich den Erwartungen seines Großonkels und Königs entgegengestellt hätte. Dabei hatten sowohl er als auch Ludovika ihr Herz an einen anderen Menschen verloren als den künftigen Ehepartner. Eine Enkelin der beiden berichtete später, dass Max in eine bürgerliche Regimentskommandeurstochter verliebt gewesen sei, während Ludovika – die inzwischen zu einer auffallend schönen jungen Frau herangewachsen war – bei einem Besuch in Wien für den landlosen portugiesischen Thronanwärter Dom Miguel von Braganza entflammte. Doch beide Erwählte waren für ihre Familien nicht akzeptabel. Für einen Herzog wie Max kam die Tochter eines Mannes, der im Sold des Königs als oberstem Kriegsherrn stand, natürlich keinesfalls als Heiratskandidatin infrage. Und was Ludovika angeht, so war ihre Liebesgeschichte wohl nicht ganz so romantisch wie oft kolportiert. Dom Miguel wurde ihre Hand nicht prinzipiell verweigert, sondern er selbst wollte sich die Möglichkeit offenhalten, seine Nichte – die erste Thronanwärterin und spätere Königin Maria II. von Portugal – zu heiraten, sobald diese volljährig war. Auch wenn er sich zu Ludovika hingezogen fühlte, fest steht: Zum Zeitpunkt, als sie heiratsfähig war, war Dom Miguel aus politischen Gründen für sie nicht verfügbar. Davon abgesehen hätte König Maximilian I. einer bayerisch-portugiesischen Heiratsallianz wohl nicht allzu viel abgewinnen können. Er wollte seine Töchter nur in deutschsprachige Länder verheiraten.[11]

Was auch immer Ludovika und Max fühlten und wünschten: Die Entscheidung lag nicht bei ihnen. Damit mochte man hadern, aber man arrangierte sich. Und die Frage, ob die beiden ohne ihr Zutun in einer Ehe zusammengespannten Personen auch miteinander glücklich würden, war, falls überhaupt, nur nachrangig relevant. Niemand formulierte deutlicher, wie man in royalen Kreisen über die Voraussetzungen für eine Ehe dachte, als Max' Großvater. Als man ihn darauf ansprach, dass sein Enkel und seine Großnichte einander nicht lieben würden, sagte er: »Das ist absolut egal. Sie werden lernen, sich zu lieben«[12] – damit hatte er die Ansichten seiner Zeit anschaulich beschrieben.

Also fand am 9. September 1828 in Schloss Tegernsee die Trauung statt. Anstelle von Ludovikas Vater, der 1825 gestorben war, regierte inzwischen ihr Halbbruder, König Ludwig I., das Land. Als neues Oberhaupt des Hauses Wittelsbach hatte er dieses Eheprojekt ebenfalls unterstützt. Und so wurden Prinzessin Ludovika von Bayern, die jüngste noch lebende Tochter des ersten Bayernkönigs Maximilian, und Herzog Max, das künftige Oberhaupt der Wittelsbacher Nebenlinie der Herzöge in Bayern, zu Mann und Frau. Die Hochzeit wurde mit Prunk, Pomp und den nobelsten Gästen gefeiert. Der Vertrag, in dem schon Jahre vor der Eheschließung sämtliche Modalitäten festgelegt worden waren, ließ keinen Zweifel aufkommen, wer hier den höheren Rang einnahm. Für Ludovika hatte sich die königliche Familie ausbedungen, den Vertrag zur Vereinbarung der Eheschließung jederzeit einseitig zugunsten der Prinzessin wieder lösen zu können.

Rangmäßig stand Ludovika zwar über ihrem frisch angetrauten Gatten, aber was die Größe seines Vermögens betraf, war er weitaus besser gestellt als ihre ganze Familie. Die herzogliche Nebenlinie der Wittelsbacher war damals wesentlich reicher als die königliche Hauptlinie, was, überspitzt gesagt, bedeutete: Anders als Ludwig I. verfügte Herzog Max über die finanziellen Mittel, die einem König entsprachen. Er erhielt allein aus der Staatskasse eine Apanage von jährlich 225 000 Gulden, damals ein ungeheuer großer Betrag. Grundlage dieser hohen Zahlungen an ein Mitglied der nicht regierenden Linie der Wittelsbacher war ein Vertrag, den einst Ludovikas Vater nach seiner Ernennung zum König mit Max' Großvater, Herzog Wilhelm, abgeschlossen hatte. Darin wurde die Apanage, die das Land Bayern seiner Dynastie zusprach, zu annähernd gleichen Teilen zwischen der neuen königlichen Linie und der Nebenlinie der Herzöge in Bayern aufgeteilt und festgelegt. Dass die nicht regierenden Wittelsbacher derart großzügig vom neuen Monarchen ausgestattet wurden, lag nicht zuletzt darin begründet, dass sich das neue Königtum Bayern im Zuge territorialer Veränderungen während der napoleonischen Zeit einige Besitzungen der Nebenlinie einverleibt hatte. Allein die jährliche staatliche Apanage, die der Wittelsbacher Nebenlinie zustand, führte im Laufe der Zeit zu einer Vermögenskonzentration, die bei Vertragsabschluss nicht vorhersehbar gewesen war. Da die königliche Linie im Mannesstamm stetig zunahm, während die herzogliche Nebenlinie über Generationen oft nur einen männlichen Vertreter hervorbrachte, entstand die paradoxe Situation, dass sich bei jeweils einem einzelnen Erben aufseiten der Wittelsbacher Herzöge über Jahrzehnte mehr und mehr Geld anhäufte – während in der königlichen Linie die staatliche Apanage stets unter vielen Nachkommen aufgeteilt werden musste. So kam es schließlich dazu, dass Herzog Max mehr Geld zu seiner persönlichen Verfügung hatte als der regierende Monarch.[13] Und zu diesem Vermögen gesellte sich noch ein reiches Erbe, das Max nach dem Tod seiner französischstämmigen Mutter antrat. Denn Herzogin Amalie Luise von Arenberg hatte ausgedehnte Besitzungen in Frankreich und ein

Palais in Paris, in bester Lage, in die Ehe mit dem Vater von Max eingebracht.

Dessen Vermögen übertraf also bei Weitem jenes von Ludovika. Allerdings hieß das nicht, dass sie ihrerseits keine reiche Braut war. Auch sie verfügte über beträchtliche finanzielle Mittel. Als sie vierzehn Jahre alt gewesen war, hatte ihr Vater die damals gigantische Summe von fast zweieinhalb Millionen Gulden zugunsten seiner Ehefrau und der gemeinsamen Töchter veranlagt. Nur aus den Zinsen erwuchsen jeder von ihnen jährlich 25 000 Gulden.[14] Zu ihrer Hochzeit erhielt Ludovika zusätzlich noch eine Mitgift in der Höhe von 100 000 Gulden, die in das Vermögen des herzoglichen Hauses einflossen. Später kamen noch Schloss Tegernsee und Schloss Biederstein über eine Erbschaft Ludovikas zur herzoglichen Linie.

Der Reichtum des frisch vermählten Paares schlug sich in einer Hofhaltung nieder, die für einen Herzog außergewöhnlich und einer Königstochter nur allzu würdig war. Zum besonderen, augenfälligen Prunkstück dieses Lebens im Reichtum wurde das imposante, dreigeschossige »Palais Max« in der Münchner Ludwigstraße – Elisabeths Geburtshaus. Herzog Max besaß die Mittel, um dieses schönste Palais der Stadt zu bauen, doch auch der bayerische König, Elisabeths Onkel Ludwig I. – der kunst- und architekturbegeistert und ein großer Verehrer der griechischen Antike war –, hatte einen Anteil daran, dass die spätere Kaiserin Elisabeth in einem architektonischen Juwel aufwachsen sollte.

Ludwigs I. großer ästhetischer Anspruch, den er als Monarch in seiner Haupt- und Residenzstadt München zu verwirklichen suchte, hinterließ nachweislich Spuren im Leben von Elisabeths Familie. Der König träumte davon, das in städtebaulicher Hinsicht noch recht provinzielle München völlig umzugestalten. Die bayerische Hauptstadt sollte wachsen. Die alten Stadtmauern wurden eingerissen, die Stadt vergrößert. Zahlreiche neue öffentliche Bauwerke im Stil des Klassizismus sollten die Residenzstadt in ein Gesamtkunstwerk verwandeln. Ein Prestigeprojekt, das dem König besonders am Herzen lag, war die Ludwigstraße –

ein Prachtboulevard im Herzen Münchens, dessen Gebäude im Stil der Neorenaissance errichtet werden sollten. Damit seine Vision auch Wirklichkeit wurde, brauchte Ludwig I. willige und finanzkräftige Bauherren. Diese sollten nicht nur über die nötigen finanziellen Mittel verfügen, sondern auch bereit sein, seine architektonischen Bauvorgaben eins zu eins umzusetzen. Einer dieser Bauherren war nun Ludovikas Ehemann, sein Schwager. Seit Ludwig König war, hatte er gegenüber diesem rangniederen Verwandten zwar nicht mit herabsetzenden Bemerkungen und kleinen Demütigungen gespart – denn anders als sein Vater hegte er keine Sympathie für Max –, aber in ihren schöngeistigen Interessen waren König und Herzog einander ähnlich. Die Begeisterung für Kunst und Antike musste Ludwig in seinem Cousin nicht erst wecken, dieser war ebenso ein Ästhet wie er.

Innerhalb von nur dreieinhalb Jahren, während derer er und Ludovika ein Mietshaus in München bewohnten, entstand unter dem Bauherrn Herzog Max in der Ludwigstraße 8 das schönste private Gebäude der Stadt. Das Wort »Palais« passte eigentlich nicht mehr zu diesem riesigen, vom berühmten Architekten Leo von Klenze entworfenen schlossähnlichen Gebäude. Allein die dazugehörige Grundfläche umfasste 5000 Quadratmeter. Das zwei Stockwerke hohe, hufeisenförmige Palais zeigte zum Boulevard hin eine prächtige Fassade im Stil der Spätrenaissance. Aus den Fenstern der Repräsentationsräume blickte man direkt auf das pulsierende Leben auf der Ludwigstraße.

Das Palais diente nach seiner Fertigstellung als offizieller Wintersitz für Herzog Max, Ludovika und ihre Familie. Hier wurden die repräsentativen Empfänge abgehalten, hier machten Adelige und Diplomaten der herzoglichen Familie ihre Aufwartung, hier wurden im zwei Etagen hohen Ballsaal glänzende Feste gefeiert. (Neun Tage vor Elisabeths hundertstem Geburtstag wurde das Palais übrigens abgerissen; am 15. Dezember 1937 begannen die Abbrucharbeiten, und an seiner Stelle entstand in der NS-Zeit ein Neubau für die Reichsbank. Doch bis heute erhaltene Grundrisse, Pläne und Fotografien erzählen von der klassischen Schönheit und den enormen Ausmaßen dieses Gebäudes, von dem viele meinen, es sei der schönste fürstliche Palast gewesen, den Leo von Klenze je entworfen habe.)

Die Raumaufteilung und Ausstattung des Palais Max war ganz auf seine Bewohner und deren hohen Rang zugeschnitten. Auch lässt sich an der Aufteilung der Räume genau ablesen, wo die Grenze zwischen den gesellschaftlichen Pflichten der Familie und ihrem Privatleben verlief und wie die Trennung dieser beiden Sphären das Leben und die Wege der hier Wohnenden und Arbeitenden bestimmte: Von der Ludwigstraße aus betrat die Familie über das prächtige Hauptportal das Palais. Dieser Eingang war dem Hausherrn, seiner Ehefrau, ihren Kindern und offiziellen Gästen vorbehalten. Die zahlreichen Bediensteten und das Stallpersonal, wie auch die Beamten im herzoglichen Dienst, hatten das Palais durch einen der beiden Seiteneingänge zu betreten. Hatte man das Portal durchschritten, ging es links vom Vestibül aus in die Privatgemächer des Herzogs, die im Erdgeschoss lagen. An zwei Vorzimmer schlossen zwei Salons an. In diesen dekorativ ausgestatteten Räumen empfing Elisabeths Vater seine Privatgäste. Daran anschließend folgten ein Kabinett, das den Übergang zu den Privaträumen des Herzogs markierte, ein Arbeitszimmer, eine Bibliothek und das Schlafzimmer des Hausherrn. Dieser Teil des Palais war dem Herzog vorbehalten. Weder seine Ehefrau noch seine Kinder hatten hier Zutritt. Wollten diese Ehemann und Vater sehen, mussten sie sich erst beim diensthabenden Diener des Herzogs anmelden.

Genau über dem Appartement Maximilians, im ersten Stock, befanden sich die Räume von Elisabeths Mutter. Sie waren über die große Feststiege erreichbar und noch schmuckvoller ausgestattet als die Räume des Herzogs. Auch zu Ludovikas Privatappartement gehörten zwei riesige Salons, in denen die Hausherrin ihre persönlichen Besucher empfing: der »grüne Salon«, der seinen Namen von der grünen Seidentapete hatte, die seine Wände bekleidete. Zur Einrichtung gehörten weißgoldene Möbel und großformatige Ölgemälde, die das herzogliche Paar und seine Familie zeigten. An diesen »grünen« schloss der »braune Salon« und an diesen das bereits erwähnte »weiße« Eckboudoir im pompejanischen Stil an – jener Raum mit seinen filigranen, antike Frauengestalten, Pflanzen und Vögel darstellenden Malereien, in dem Elisabeth ihrer Geburtsurkunde zufolge als neugeborene Prinzessin den königlichen Beamten präsentiert wurde.[15] Daneben befand sich das Schlafzimmer der Herzogin, das durch eine Wendeltreppe mit dem Schlafzimmer des Herzogs im Erdgeschoss verbunden war. So waren, trotz getrennter Wohnbereiche mit unterschiedlichen Eingängen, diese beiden privatesten Räume des Ehepaares miteinander verbunden, und wann immer Herzog Max danach war, besuchte er seine Ehefrau für intime Stunden. Der Impuls zu diesen Zusammenkünften *in eroticis* sei, erzählte später Ludovika ihren Enkeln recht freimütig, stets und ausschließlich vom Herzog ausgegangen. Sie habe zwar immer gehofft, dass es zu mehr kommen werde als zu kurzen Besuchen, Max aber nie dazu bewegen können.[16]

Auf der gegenüberliegenden Seite von Ludovikas Appartement befanden sich die Festappartements, deren Pracht und Ausstattung legendär waren. Wie in einem Barockschloss waren die Festappartements als Enfilade, als Zimmerflucht mit einander gegenüberliegenden Türen angelegt. Der erste Raum dieser Zimmerflucht war der anfangs beschriebene Empfangssalon mit den mythologischen Fresken Robert von Langers. An diesen schlossen sich drei quadratische Zwischensalons an – große, reich ausgeschmückte Räume, nach deren Durchschreiten der Besucher in das nördliche Eckzimmer und den riesigen Ballsaal kam. Der letzte der Festräume war das in der Familie Elisabeths sogenannte »große Esszimmer« – ein Saal von über hundert Quadratmetern, in dem Festbankette und Familiendiners abgehalten wurden.

Als Elisabeth geboren wurde, war das Palais auch innen bereits fix und fertig ausgestattet, und die Ausstattung war wahrhaft königlich.

Doch mit den Festappartements und den Appartements des Herzogspaares ist nur ein kleiner Teil des Palais beschrieben.

Im zweiten Stock, im vorderen Gebäudeteil, über den Räumen Ludovikas und den Festappartements, lagen die Zimmer der herzoglichen Kinder, jene des Erziehungspersonals und die Räume der Hofdamen. Das Kammerpersonal, wie die Beamten und auch das Küchen- und Stallpersonal, wohnte im rückwärtigen Teil des Palais. Außergewöhnlich war, dass auch das Personal in den Luxus der neuesten Errungenschaften in Sachen Wohnkomfort und Hygiene kam. So verfügten nicht nur Max' und Ludovikas Appartements über Badezimmer und Toiletten – auch in der Wohnung der Kinder und den Wohnungen ihrer Erzieher gab es Badezimmer und sanitäre Anlagen. Ebenso waren die Wirtschafts- und Personalgebäude mit Toiletten ausgestattet.

Ein derart imposantes herzogliches Stadtpalais benötigte natürlich eine perfekte Infrastruktur, damit alles wie am Schnürchen lief. Deswegen umfasste das Palais Max auch Verwaltungsgebäude, Wirtschaftsräume – von der Küche bis zu den Waschkammern –, eine Kanzlei, ein Rechnungsbüro und diverse Lager und Kammern, in denen von Lebensmitteln bis Holz alles gelagert wurde, sowie eine eigene Kapelle. Im hintersten Teil des Palais – von der Vorderseite durch gleich zwei Höfe getrennt – lagen die Stallgebäude und Remisen, hier waren die Pferde, Wagen und Sattelkammern untergebracht.

Im Grunde besaß das Palais Max die Dimensionen eines kleinen fürstlichen Hofes, und Elisabeth wuchs auch mit einem kleinen Hofstaat auf: Ihr Vater hatte einen sogenannten Hofchef (an großen Höfen Obersthofmeister genannt), der dem herzoglichen Haus vorstand, zwei königliche Kämmerer und einen Hofkaplan. Herzogin Ludovika hatte einen Obersthofmeister und eine Obersthofmeisterin, ein bis zwei Hofdamen, zwei Kammerdienerinnen, zwei Garderobendienerinnen und zwei Lakaien. Dazu kamen noch Hausmeister, Portiers, Köche und Küchengehilfen, Silberdiener, Lakaien, Stallpersonal mit Kutscher, Bereiter, Vorreiter, Reitknechten.[17]

Selbst dieser kurze Blick auf die Gegebenheiten im Palais Max beweist schon, dass die später – oftmals als Tatsache verbreiteten – Vorstellungen von der, auch finanziell, bescheidenen Herkunft Kaiserin Elisabeths falsch sind und nicht einmal einer oberflächlichen Überprüfung standhalten. Elisabeth wuchs vielmehr in einem Umfeld auf, das von großem Reichtum und hohem Status geprägt war. Sie entstammte nicht »nur« der Nebenlinie des Hauses Wittelsbach, wie in manchen ihrer Biografien betont wird – ganz so, als ob ihre Familie eine »Aschenputtel-Stellung« innegehabt hätte. Dies mag zwar der späteren Romantisierung des »Elisabeth-Mythos« entsprechen – armes, unbedarftes Mädchen heiratete reichen Prinzen, eine der besten Partien des 19. Jahrhunderts –, doch es entspricht nicht den historischen Gegebenheiten. Elisabeth war die Tochter einer bayerischen Königstochter, sie war die Enkelin eines Königs, und die Linie der Wittelsbacher Herzöge wurde durch die Ehe ihrer Eltern bewusst nah an die bayerische königliche Linie herangeführt – so wie es ihr Großvater geplant hatte. Ludovika hätte in späteren Jahren niemals so viele Töchter in königliche Familien verheiraten können, wären ihre Kinder nicht gewesen, was sie waren: Mitglieder des königlichen bayerischen Hauses. Als solche wurden sie betrachtet, als solche wuchsen die Kinder dieser Ehe auf. Zwar betonte Ludovikas Halbbruder, König Ludwig I., nach dem Tod Maximilian I. Josephs auf manchmal geradezu kränkende Weise seine dynastische Überlegenheit und die Separierung der beiden Wittelsbacher Linien voneinander – etwa indem er Max und den Kindern für einige Jahre den Titel »Königliche Hoheit« entzog –, doch waren derlei kleine Schikanen auf eine gewisse Eifersucht Ludwigs zurückzuführen und änderten nichts an der außerordentlichen Stellung, die Max' und Ludovikas Haus hatte.

Elisabeth lernte das Leben im Luxus also nicht erst nach ihrer Hochzeit mit dem Kaiser von Österreich kennen. Sie kannte es längst durch ihren Vater. Herzog Max hatte wenig Bezug zu Geld und ging davon aus, dass man sich jeden Wunsch, der mit Geld erfüllt werden konnte, auch erfüllte. Was eine Auffassung war, die seine zweitgeborene Tochter in ihrem späteren Leben teilte.

Gab es für die herzogliche Nebenlinie auch offizielle Aufgaben? Eigentlich nur eine einzige: Sie sollte aufs Repräsentativste den Glanz der Wittelsbacher widerspiegeln. Die Zeiten, als ihre Angehörigen in der Politik eine Rolle spielten, waren seit Ende der Napoleonischen Kriege vorbei. Nun gab es nur mehr eine Linie, die politisch von Bedeutung war: die königliche. Max' Großvater Wilhelm war der letzte Wittelsbacher Herzog gewesen, der noch auf dem politischen Parkett taktiert hatte. Vor diesem Hintergrund muss man auch die späteren Urteile über Elisabeths Vater betrachten. Von diesem Herzog wurde stets geschrieben, dass er sich ganz seinen privaten Interessen hingegeben habe und keinesfalls durch politische Ambitionen aufgefallen sei. Sein Engagement erschöpfte sich angeblich in der Teilnahme an den Sitzungen der Reichsratskammer, denen alle erwachsenen männlichen Mitglieder des königlichen Hauses beiwohnten. Für einige Zeit hatte er auch eine Position in der Kavallerie, wo er bis zum General der Kavallerie aufrückte – was sich aber vornehmlich seiner hohen Herkunft verdankte. Ob Herzog Max mit seinem Rückzug ins Private nur tat, was seine angeheirateten königlichen Verwandten von ihm erwarteten, oder ob es sich dabei um eine persönliche Resignation handelte, lässt sich heute ebenso wenig beantworten wie die Frage, ob der Herzog überhaupt Interesse an einer ihn beanspruchenden Tätigkeit politischer oder militärischer Art gehabt hätte. Ein Leben als Privatier war für einen Verwandten der königlichen Familie ohnehin das Übliche. Das Geschäft der Politik blieb dem Souverän vorbehalten, und jede andere Betätigung hätte als nicht standesgemäß gegolten.

Ihre repräsentativen Pflichten erfüllten Herzog Maximilian und Herzogin Ludovika in den ersten Ehejahren gemeinsam aufs Vorbildlichste. Das Palais Max war Treffpunkt der bayerischen Aristokratie und des diplomatischen Korps. An erster Stelle der gesellschaftlichen Pflichten stand der Empfang neu akkreditierter Diplomaten und ihrer Ehefrauen sowie der Standesherren und Palastdamen. Diese machten nämlich nicht nur in der Münchner Residenz ihre Aufwartung, sondern auch im Palais in der Ludwigstraße, wo Max und Ludovika sie als Mitglieder des königlichen Hauses empfingen. Die Abfolge der Empfänge blieb bis zum Ende der Monarchie dieselbe: Der Herzog empfing die Diplomaten und Standesherren, die Herzogin deren Ehefrauen und die Palastdamen. Die Empfänge fanden in den Abendstunden und in »großer Toilette« statt. Das bedeutete, dass Männer in Uniform oder schwarzem Rock und mit Orden, die Frauen in Hofroben mit Schleppe und reichem Schmuck erscheinen mussten. Die Geladenen mussten mit der Kutsche vor dem Palais vorfahren, anschließend wurden sie von Saaldienern in die Festappartments gebracht, wo sie warteten, bis sie an der Reihe waren. Dann führte man sie nacheinander in jenen Raum, in dem das Herzogspaar mitsamt seinem Gefolge wartete. Das Vorstellen übernahm beim Herzog der Hofmeister, bei der Herzogin deren Obersthofmeisterin. Anschließend wechselten Max und Ludovika noch einige Worte mit den Besuchern, dann wurden diese wieder hinausgeführt. Solche zeremoniellen Empfänge waren für beide Seiten ermüdend. Dennoch mussten sie regelmäßig – und mit Sorgfalt – abgehalten werden, denn sie waren in sozialer Hinsicht der Kitt zwischen Königshaus und Aristokratie, zwischen Herrscherfamilie und Diplomaten.[18]

Wesentlich lebhafter und fröhlicher ging es bei den Bällen und Konzerten zu, die Max und Ludovika ebenfalls in ihren ersten Ehejahren veranstalteten. Die Bälle im Palais Max gehörten zu den größten gesellschaftlichen Ereignissen der bayerischen Hauptstadt und wurden in den Münchner Gesellschaftsblättern detailliert beschrieben. »Großer Ball bei Herzog Max«, titelte etwa das Münchner Tagblatt über einen der vielen Anlässe, zu denen Herzog Max und Herzogin Ludovika einluden.[19] Um die sechshundert bis siebenhundert Einladungen wurden pro Ball ausgeschickt, und was die Gäste hier erwartete, fand nicht nur Eingang in die Tageszeitungen, sondern auch in die autobiografischen Aufzeichnungen und Bücher derer, die einst die Bälle im Palais Max besuchten und noch im hohen Alter nicht aufgehört hatten, sich an deren überwältigenden Glanz zu erinnern. [20]

Neben den klassischen Bällen während der Wintersaison luden Herzog Max und Herzogin Ludovika zu Masken- und Kostümbällen, die stets einem bestimmten Motto gewidmet waren. Während der Faschingszeit wurde wöchentlich ein Ball veranstaltet – und es waren diese außergewöhnlichen Feste, die den Ruf des Herzogspaares als perfekte Gastgeber festigten und den Glanz der herzoglichen Nebenlinie der Wittelsbacher widerspiegelten.

Natürlich fanden auch kleinere Festivitäten im Palais Max statt. So lud der Hausherr immer wieder zu Konzerten und Theateraufführungen, denn selbstverständlich verfügte sein stattliches Heim wie die meisten in der Zeit des Biedermeier errichteten Palais über ein kleines Privattheater, in dem Schauspieler des Königlichen Hof- und Nationaltheaters die Stücke der Klassiker nebst leichteren Komödien aufführten. Hinter dem Palais ließ Max zudem ein überdachtes Hippodrom errichten, in dem außer Zirkusvorstellungen mit Harlekins und Tänzern auch Reitvorstellungen gegeben wurden, bei denen er persönlich mitwirkte. Seine »Reit-Exerzitien« waren im damaligen München legendär. Dass Herzog Max auf den Rücken zweier nebeneinanderlaufender Pferde stehen und dabei noch einen Viererzug Pferde lenken konnte, war bald Stadtgespräch. Max ritt Hohe Schule, die schwierigste und anspruchsvollste Form des Dressurreitens, und ließ sich dabei von zuschauenden Freunden des Hauses und der in den Logen sitzenden Hofgesellschaft eifrig zujubeln. Anders als oft kolportiert, lernte jedoch seine Tochter Elisabeth nicht in diesem Hippodrom reiten. Auch wird sie als Kind Max' Vorführungen nicht oft gesehen haben. Denn als sie sieben Jahre alt war, wurde das Hippodrom bereits wieder abgerissen. Max hatte den Platz, auf dem es stand, den Stadtvätern für die Errichtung eines neuen Straßenzugs überlassen. Und da er in den Jahren vor dem Abriss oft monatelang auf Reisen war, gab es für seine Tochter wenig Gelegenheiten, ihn als Zirkusreiter zu bestaunen.[21]

1837, das Jahr, gegen dessen Ende Elisabeth geboren wurde, brachte eine einschneidende Veränderung für Max und Ludovika. In diesem Jahr starben sowohl der Großvater als auch der Vater von Max, der nun plötzlich in den Vollgenuss des gesamten herzoglichen Vermögens geriet. Zwar war ihm schon vorher von seinem Großvater gegen eine jährliche Apanage die Leitung aller Hausangelegenheiten übertragen worden, und auch sein Vater hatte – zeitgleich und ebenfalls gegen eine Apanage – auf alle weiteren Rechte verzichtet. Aber nun fielen Max noch das riesige Gesamtvermögen und alle Besitzungen der Wittelsbacher Linie Pfalz-Zweibrücken-Birkenfeld-Gelnhausen zu. Eine unmittelbare Folge dieser Erbschaften war, dass seine Tochter Elisabeth ihren Vater in den nächsten Jahren noch weniger zu Gesicht bekommen sollte als ihre älteren Geschwister in ihrem Alter. Denn dieser beschloss nun, sich einen Lebenstraum zu erfüllen. Und so brach Herzog Max unmittelbar nach Elisabeths Geburt zu einer mehrmonatigen, kostspieligen Orientreise auf.

MÄDCHENJAHRE

»Elise wird sehr hübsch, und sie ist so ein gutes Kind.«[1]

Als Elisabeth dreieinhalb Jahre alt war, hatte der Hofstaat ihres Vaters einen Todesfall zu beklagen. Im Sterbeverzeichnis der Münchner Frauenkirche findet sich ein Eintrag, laut dem am 17. Mai des Jahres 1841 um ein Uhr nachmittags im Palais Max ein junger Afrikaner gestorben war. Der – wie es im Sterbebuch heißt – »Mohr aus Abessinien« war nur siebzehn Jahre alt geworden.[2] Zwei Jahre vor seinem frühen Tod war er auf den Namen Theodor getauft worden, bis dahin war sein Rufname »Osman« gewesen. Als Todesursache wird »Abzehrung« angegeben, was darauf schließen lässt, dass Theodor entweder an den Folgen einer schweren Infektion oder einer juvenilen Tumorerkrankung verstorben war.[3]

Er war einer von fünf afrikanischen Dienern bei Herzog Max gewesen. Während seiner ausgiebigen Orientreise, die ihn bis nach Ägypten und ins Heilige Land führte, hatte dieser die fünf als Jungen auf einem Sklavenmarkt in Kairo gekauft und sie dann nach Bayern mitgenommen. Dass der bekannte Herzog schwarze Diener hatte, sorgte im beschaulichen München zwar für einiges Erstaunen, aber eine Sensation war es keine. Immerhin hatten ein Jahr vor Max' Orientreise aufregende Nachrichten über die Afrikareise des Gartenbauers und Abenteurers Fürst Hermann von Pückler-Muskau an deutschen Höfen die Runde gemacht. Im Februar 1837 hatte der Fürst ebenfalls auf dem Kairoer Sklavenmarkt eine dreizehnjährige Abessinierin gekauft, die ihn seitdem begleitete. Dass sich zudem auf die gebildete und sprachbegabte »Machbuba« das gängige Klischee der einfältigen schwarzen Sklavin nicht anwenden ließ, heizte das Interesse an ihr in deutschen Adelskreisen noch mehr an.

Vor dem Hintergrund der populären Geschichte von Pückler-Muskaus Reiseerlebnissen galten die schwarzen Diener, die Max im September 1838 mitbrachte, zwar noch immer als exotisch, aber die allgemeine Verwunderung hielt sich in Grenzen. Zudem waren die Gründe, weshalb er die fünf Jungen in Kairo gekauft hatte, christlich-altruistischer Natur. So kann man noch heute nachlesen, wie entsetzt Max über die nordafrikanischen Sklavenmärkte war. Es sei höchst verstörend gewesen, zusehen zu müssen, wie »Menschen gleich dem Vieh« dort verkauft würden, heißt es einmal.[4] Zurück in München, ließ der Herzog die freigekauften ehemaligen Sklaven in der Frauenkirche taufen.

Als Diener wohnten sie in den im rückwärtigen Teil des Palais Max gelegenen Dienstbotenräumen im zweiten Stock. Ebenfalls dort oben, jedoch im vorderen Gebäudeteil, hatte Elisabeth ihr Zimmer. Von Kind an war für sie der Umgang mit schwarzen Dienern völlig alltäglich. Als Kaiserin sollte sie selbst zwei Afrikaner anstellen: den Nubier Muhammed Beschir, der drei Jahre bei ihr Hausdiener war und später nach Afrika zurückkehrte, sowie den Knaben Rudolf Rustimo.[5] Beide wurden von ihr gefördert und unterstützt, selbst nach Beendigung ihrer Tätigkeit bei Hof. In späteren Biografien deutete man die schwarzen Diener der Kaiserin oft als »Spleen«, den sie gepflegt habe, um die Wiener Hofgesellschaft zu schockieren – was aber angesichts des häuslichen Umfelds, in dem Elisabeth aufwuchs, zu kurz greift.

Ohnehin prägte dieses sie auf ungewöhnliche, weil sehr unterschiedliche Weise. Denn die Tochter von Herzog Max und Herzogin Ludovika lernte in ihrer Kindheit zwei im Grunde unvereinbare »Welten« kennen: die des Vaters und die der Mutter. In Ludovikas Welt gehörte Elisabeth ganz und gar zum beschaulichen bayerischen Hofleben des 19. Jahrhunderts. Sie durchlief die typische Erziehung, die ein weibliches Mitglied der königlich-bayerischen Familie zu durchlaufen hatte, und erlebte eine Kindheit mit festen Ritualen und eindeutigen Rollenzuschreibungen. Ihrer hohen Position und ihrem Geschlecht entsprechend musste sie lernen, sich zu disziplinieren und anzupassen. Doch Elisabeth schnupperte auch in eine andere Welt hinein – eine, die eigentlich längst untergegangen war und gar nicht mehr zum »bürgerlichen« 19. Jahrhundert passte, in dem sich die Höfe Europas zurückhaltender und biederer präsentierten als noch ein Jahrhundert zuvor, im Ancien Régime. In dieser anderen Welt lebte ihr Vater; hier wurden den strikten höfischen Regeln befreiende, individuelle Stilbrüche zugemutet, hier gehörte die Lust an der Provokation genauso zum Lebensstil wie eine luxuriöse, hedonistische Gestaltung des Alltags. Im Grunde führten Max und Ludovika ihren Kindern innerhalb ein- und desselben gesellschaftlichen Rahmens zwei völlig unterschiedliche Lebensweisen vor. Und so wenig diese beiden Lebensweisen miteinander in Einklang zu bringen waren, so wenig harmonierten auch die Eltern miteinander. In diesem Spannungsfeld wurden die Ansichten und Werte der späteren Kaiserin Österreichs geprägt.

Spätestens nach Max' Orientreise lebten Elisabeths Eltern voneinander getrennt. Die Entscheidung ging von Max aus, der am 20. Januar 1838, kaum einen Monat nach der Geburt seiner zweiten Tochter, zu seiner Reise aufbrach, die ihn unter anderem über Venedig nach Korfu, Athen, Alexandria, Kairo und Jerusalem führte. Als er acht Monate später nach München zurückgekehrt war, entschied er, dass die exquisiten Bälle, die Konzerte und Theateraufführungen, kurz das gesellschaftliche Leben im Palais Max ein Ende finden müsse. Also wurde all das eingestellt, und der Neunundzwanzigjährige zog sich jetzt konsequent vom höfischen und öffentlichen Leben zurück. Die großen Veranstaltungen wichen kleineren, intimeren Gesellschaften, die Prunkräume im ersten Stock des Palais wurden nur mehr selten geöffnet. Max bevorzugte nun kleinere Runden wie die fröhlichen Herrenabende, zu denen er Künstler und Wissenschaftler in seine Privaträume lud. Bei feinen Diners und reichlich Champagner diskutierten die geladenen Herren mit ihrem Gastgeber über die neuesten Bücher, lauschten wissenschaftlichen Vorträgen, philosophierten und musizierten. Die Herzogin war bei diesen Männerrunden nie anwesend. Da ihr Mann keine größeren Gesellschaften – zu denen auch Frauen eingeladen worden wären – mehr geben wollte, endeten für Ludovika sowohl das gesellschaftliche Leben im Palais Max wie auch ihre Auftritte als glanzvolle Gastgeberin. Dass die Ehefrau in eigener Initiative ohne den Hausherrn Bälle oder Empfänge ausrichtete, war damals undenkbar. Hinzu kam, dass Max ab jetzt noch weniger Zeit in ihrer Gesellschaft verbrachte als in den Jahren zuvor.

Auch kaufte der Herzog siebzig Kilometer nördlich von München ein kleines Wasserschlösschen, das in einem riesigen Jagdgebiet gelegen war, und ließ es nach seinem Geschmack ausbauen. Schloss Unterwittelsbach war bald Max' bevorzugter Wohnsitz. Hier verbrachte er seine Tage mit Lektüre und Studium und verfasste historische Abhandlungen. Vor allem aber widmete er sich bei seinen Aufenthalten in Unterwittelsbach der Jagd und der Reiterei. Seine Freunde und die Besucher seiner regelmäßigen Herrenabende waren auch hier, im Wasserschlösschen, gern gesehene Gäste. Nur Ludovika und seine Kinder sollten diesen Rückzugsort von Max zu seinen Lebzeiten kaum besuchen.

Ausschließlich während der Wintermonate, und selbst dann höchst sporadisch, sahen Frau und Kinder den Herzog. Dessen de facto Junggesellenleben tat allerdings der Familienplanung keinen Abbruch. Im Gegenteil, nach Elisabeths Geburt wuchs die Kinderschar von Max und Ludovika sogar beträchtlich an. In den folgenden Jahren gesellten sich zu den älteren Kindern Louis, Helene und Elisabeth bald in jeweils kurzen Abständen Karl Theodor, Marie, Mathilde, Sophie und Max Emanuel. Die Geburtsdaten dieser jüngeren Geschwister Elisabeths scheinen den individuellen Rhythmus des herzoglichen Ehelebens zu bestätigen: Bis auf Mathilde kamen alle Geschwister im Spätsommer oder Herbst zur Welt, also stets neun Monate nach dem winterlichen Séjour des Herzogs im Münchner Palais, wo die bereits erwähnte Wendeltreppe von seinem Schlafzimmer direkt in das von Ludovika führte.

Ansonsten zog es der Herzog auch im Winter vor, seine Zeit in seinem Privatappartement im Parterre des Palais Max zu verbringen. Da dieses einen eigenen Eingang zur Straße hin hatte, konnte er kommen und gehen, ohne von seiner Familie bemerkt zu werden. Als zum Beispiel die junge Elisabeth einmal von ihrer Gouvernante gefragt wurde, ob sie ihren Vater – der kurz zuvor von einer langen Reise zurückgekehrt war – schon gesehen habe, antwortete sie: »Nein, aber ich habe ihn pfeifen gehört«.[6] Zeitgenossen berichteten, dass Max und Ludovika oft tagelang unter demselben Dach lebten, ohne einander zu begegnen. Wollten Ludovika und die Kinder Max sehen, mussten sie sich bei seinen Dienern anmelden. Derlei distanzierte Umgangsformen waren zwar in königlichen Kreisen gang und gäbe – selbst Eheleute platzten hier nicht einfach in das Appartement des/der anderen, sondern kündigten dem jeweiligen Kammerpersonal ihren Besuch an. Dennoch verdeutlichen sie im Fall von Herzog Max, dass er die Begegnung mit Frau und Kindern als Störung seines Alltags empfunden haben dürfte.

Max schien bei seinen Kindern zu wiederholen, worunter er bei seinem eigenen Vater schmerzlich gelitten hatte. Er zeigte keinerlei Interesse an seinem Nachwuchs, und dies in einer Deutlichkeit, dass es die Verwandten seiner Ehefrau entsetzte. So schrieb Ludovikas Schwester, Erzherzogin Sophie, schon nach der Geburt von Max' und Ludovikas erstem Kind, der Umstand, dass sich ihr Schwager »überhaupt nicht mit seinem wunderbaren Schatz« beschäftige, sei ein Beweis seiner übermäßigen Leichtfertigkeit und zeige, »dass sein Herz kaum spricht«.[7] Ein nicht minder scharfes Urteil fällte später Elisabeths Bruder Karl Theodor über den Vater: Dieser sei der »personifizierte Egoismus« gewesen.[8]

Elisabeth, die als Kind von ihrer Familie »Elise« gerufen wurde,[9] wuchs ganz im Einflussbereich ihrer Mutter auf. Und so, wie sich Ludovikas Kindheit deutlich von jener ihres Ehemannes unterschieden hatte, unterschied sich nun die Aufmerksamkeit, die sie ihren Kindern entgegenbrachte, in gravierendem Maß von der seinen. Auch die Herzogin wiederholte die eigenen Kindheitserfahrungen: Für sie standen die Kinder im Mittelpunkt. Hatten schon ihre Eltern das Zusammensein mit ihren Kindern als erstrebenswertes familiäres Glück betrachtet, so fand auch Ludovika Erfüllung in der Betreuung ihres Nachwuchses. Eine ihrer Schwiegertöchter sollte die Herzogin später sogar als »ausgesprochenes Mutterwesen«[10] bezeichnen, als Frau, die ganz für ihre Kinder lebte. Ludovika selbst sagte Jahrzehnte später zu ihrer Enkelin Amélie von Urach, dass einer Frau nur die Kinder blieben, »wenn die Männer ihrer Wege gehen«.[11] Allerdings stand trotz Max' Desinteresse am Familienleben die Frage, ob man Kinder haben wolle, auch nie zur Disposition – oder wie die alte Herzogin es ausdrückte: Man pfusche dem Herrgott nicht in seine Pläne.[12] Ludovikas großes Engagement für ihre Kinder, ihre leidenschaftliche Hingabe an die Mutterrolle – damals ungewöhnlich für eine Frau ihres Standes – war wohl auch, ungeachtet aller mütterlichen Gefühle, eine Kompensation dafür, dass sie in ihrer Ehe keinerlei Aufmerksamkeit erfuhr. Denn Max zeigte sich so uninteressiert an seiner Ehefrau wie an seinen Kindern und brachte ihr kaum mehr als oberflächliche Höflichkeitsbezeugungen entgegen. Es gebe keine Beziehung zwischen den beiden, konstatierte Ludovikas Schwester Sophie und klagte über den Schwager: »Eine derartige Gleichgültigkeit kann man sich nicht vorstellen!«[13]

Sucht man nach Gründen für die Ignoranz, die Max nicht nur gegenüber Ludovika und den Kindern zeigte, sondern auch gegenüber dem Urteil seiner Umgebung, muss man neben seiner trostlosen Kindheit auch die einzigartige Stellung ins Treffen führen, die er innerhalb der Wittelsbacher Dynastie einnahm. Ludovikas Ehemann war aufgrund seiner familiären Konstellation ein besonderer Majoratsherr. Er erbte nicht nur das gesamte Familienvermögen, sondern unterlag schon in jungen Jahren keinerlei sozialen Kontrolle durch ältere, ranghöhere Familienmitglieder. Herzog Max konnte also im wahrsten Sinn tun und lassen, was er wollte – mit der Konsequenz, dass er bereits als junger Mann nicht nur einen hochgradigen Individualismus an den Tag legte, sondern auch eine Selbstbezogenheit entwickelte, die keinen Raum für Gefälligkeiten gegenüber seinen Mitmenschen ließ. Ludovikas Familie nahm Max' Verhalten freilich als pure Rücksichts- und Respektlosigkeit wahr. Doch wer hätte dem Herzog dreinreden sollen? Selbst der bayerische König, Ludovikas Halbbruder, schien sich so sehr über Max empört zu haben, dass er sich vornahm, ihm die Leviten zu lesen, ließ es dann jedoch bleiben.[14] Die väterliche Hausgewalt war schließlich etwas, was dem Hausherrn – und nur diesem – zustand, selbst ein König hütete sich, hier einzugreifen.

Ein Gemeinplatz in der Kaiserin-Elisabeth-Forschung besagt, dass die schwierige Ehe ihrer Eltern ein prägendes Element in Elisabeths Biografie darstellt. Die Ehe von Max und Ludovika gilt als Paradebeispiel einer gescheiterten Ehe, mit entsprechenden Folgen für die gemeinsamen Kinder. So wurden von späteren Biografen Elisabeths Kindheitserfahrungen – mit einem nicht nur mental abwesenden Vater – oft zur Erklärung ihres Verhaltens als Erwachsene herangezogen. Eine derlei einfache Argumentation ist jedoch mit Vorsicht zu genießen. Schließlich kann man diese herzogliche Ehe des 19. Jahrhunderts nicht aus der Perspektive des 20. und 21. Jahrhunderts beurteilen, wo man zumindest in der westlichen Welt die Liebe als Voraussetzung einer geglückten Ehe betrachtet.

Aber wie hat man sich in jener Epoche, in der Elisabeths Eltern junge Erwachsene waren, in ihren Kreisen die ideale Ehe vorgestellt? Was erwartete man sich von der Ehe? Naturgemäß etwas anderes als heute. Zur Zeit von Max und Ludovika wurde der Zweck einer Ehe weder in der emotionalen Erfüllung noch in der Legitimierung einer leidenschaftlichen Beziehung zwischen Mann und Frau gesehen. Als erfolgreich galt eine Ehe, wenn sie eine Erhöhung oder zumindest die Aufrechterhaltung des sozialen Status beider Parteien in Hinblick auf gesellschaftliche Stellung, Rang und Vermögen bewirkte. Ehen wurden nicht aus

Liebe geschlossen, sondern waren Allianzen zwischen zwei Häusern, zwei Dynastien. Wer das Eheleben eines Herzogs aus der ersten Hälfte des 19. Jahrhunderts allein an heutigen Maßstäben misst, wird ihm nicht gerecht. Denn seinerzeit musste ein guter Ehemann vor allem eines: kraft seiner gesellschaftlichen Stellung seiner Angetrauten einen gesellschaftlichen Rang sichern, der wenigstens ihrer Herkunft entsprach oder, im besten Fall, den Rang ihrer Familie sogar übertraf. Und das tat Herzog Max. Er bot seiner Ehefrau den Status und Rang, der ihr als Tochter eines bayerischen Königs zustand, und sein Vermögen garantierte ihr eine standesgemäße Lebensweise. Mehr durfte Ludovika nicht erwarten. Liebe und Aufmerksamkeit waren eine Draufgabe, die nur wenige Glückliche erhielten. Dass Max laut seinen Nachkommen »auf Abwege geriet, wie viele vornehme Herren seiner Zeit«,[15] war für einen Familienvater damals nicht erwähnenswert. Auch Ludovikas Geschwister, die ihren Schwager sonst sehr kritisch sahen, empfanden dessen erotische »Abwege« als wenig bedeutendes Kavaliersdelikt. Ludovikas Schwester, Erzherzogin Sophie, versicherte der Betrogenen sogar nachdrücklich, sie kenne sehr viele Frauen, die mit ihren untreuen Gatten höchst glückliche Ehen führten.[16]

Ludovika ihrerseits verhielt sich, wie es erwartet wurde, ihrem Mann gegenüber kooperativ und fügsam. Sie betonte ihre körperlichen Reize, um Max zu gefallen. Als alte Frau sagte sie einmal rückblickend, wenn Max zu ihr ins Schlafzimmer gekommen sei, habe sie stets versucht, ihn zu »kapern«.[17] Was darauf hindeutet, dass sie auch ihre erotische Attraktivität bewusst einsetzte, um eine Beziehung zu ihrem Mann herzustellen. Ebenso war sie zunächst bemüht, ihm optisch zu gefallen. Weil Herzog Max bei Frauen viel Wert auf ein prachtvolles Erscheinungsbild gelegt habe, so erzählte sie es später einer ihrer Enkelinnen, habe sie sich in den ersten Ehejahren sehr herausgeputzt.[18] Doch die erhoffte Aufmerksamkeit blieb aus. Ludovika resignierte schließlich und wurde im Laufe der Jahre zu einer abgeklärten Frau, die ihre Umgebung illusionsfrei beurteilte.[19]

Was es Elisabeths Mutter in jungen Jahren erschwerte, im herzoglichen Haushalt eine starke Position einzunehmen, war weniger die eheliche Tristesse als die Unmöglichkeit, sich als Herrin des Hauses zu profilieren. Keine Frau ihres Standes konnte sich damals Liebe und Zuneigung von einer Ehe erwarten, das wurde den adligen Heiratskandidatinnen von Kind an eingeimpft. Doch viele konnten als Ehefrauen wenigstens ihr neues Heim zu ihrem Machtbereich umgestalten. Die Verantwortung und Entscheidungsmacht über häusliche Angelegenheiten war einer der wenigen, ihrem Geschlecht zugestandenen Freiräume, in denen sie autonom schalten und walten konnten. Sie wurden zu energischen Organisatorinnen des heimischen Alltags (der nebst Kindern oft eine vielköpfige Dienerschaft umfasste) und glänzten in großer Toilette gelassen an der Seite ihrer – oft untreuen – Gatten auf dem gesellschaftlichen und höfischen Parkett. Mochten ihre Männer außer Haus Befehle erteilen oder sich verlustieren – zu Haus führten sie das Zepter und waren die unumstrittenen Autoritäten.

Herzogin Ludovika blieb es verwehrt, wenigstens in der Rolle der Hausherrin Anerkennung und eine gewisse Autonomie zu erlangen. Zwar hätte sie als Ehefrau des Oberhaupts der immens reichen Nebenlinie der Wittelsbacher die besten Voraussetzungen gehabt, um in Bayern und am dortigen königlichen Hof eine der einflussreichsten »Damen der Gesellschaft« zu werden. Doch Herzog Max gestand ihr nicht zu, neben ihm die Rolle der Hausherrin zu übernehmen. Im Gegenteil, sein Verhalten hinderte sie sogar daran, in ihrer beider Haushalt auch nur im Geringsten eigenständig zu agieren. Denn obwohl Max praktisch ein Singleleben führte, das kaum Berührungspunkte zum Alltag seiner Familie aufwies, ließ er nicht zu, dass seine Rechte als Pater familias geschmälert wurden. Ludovika lebte de facto wie eine verlassene Ehefrau, nur ohne deren Freiräume. Kein noch so nebensächliches Vorhaben, das nicht der Erlaubnis ihres Ehemanns bedurfte. Auch für jede Personalentscheidung, die ihren persönlichen Hofstaat betraf, benötigte sie Max' Zustimmung;

jede Reise, die sie oder die Kinder unternahmen, musste vorher von ihm genehmigt werden. Max ließ keinen Zweifel daran aufkommen, dass ihm allein die Entscheidungsgewalt im Haus und in der Familie zustand.

Analysiert man die wenigen erhaltenen und der Forschung zugänglichen Briefe der Herzogin an ihren Mann, so fällt auf, wie sich ihr Tonfall mit den Jahrzehnten ändert. Vor der Heirat spricht aus den Briefen ein selbstbewusstes Mädchen, das auch freimütig Kritik an der Lebensweise seines Verlobten äußert. Nach der Heirat wird der Ton jedoch nüchterner und oft geradezu bittend, verweist fast auf eine devote Haltung Ludovikas gegenüber ihrem Mann. Deutlich erkennbar ist auch, dass sie gegenüber Max keinerlei Forderungen stellen konnte. Sanftmütig und um Verständnis bittend, versuchte sie immer wieder, für sich oder ihre Vertrauten zu intervenieren. Hatte Ludovika es doch einmal gewagt, eine Entscheidung zu treffen, über die der Ehemann nicht informiert wurde, konnte dieser ihr wie auch ihrem Hofstaat gegenüber zornig und verletzend werden.[20] Geriet Max durch ein ihm eigenmächtig erscheinendes Verhalten seiner Gattin in Rage, brüskierte er sie, indem er ihren Vertrauten am herzoglichen Hof ihre Position entzog.[21] »Die arme Louise«, berichtete Ludovikas Schwester Sophie diesbezüglich einmal ihrer Mutter, »sie hat mir unlängst Züge einer unglaublichen Tyrannei von ihm erzählt!«[22] In einem der letzten Briefe Ludovikas an Max bittet die mittlerweile fast Achtzigjährige darum, ihrem persönlichen Obersthofmeister, der ihr wie dem herzoglichen Haus vierzig Jahre treu gedient hatte (jedoch ohne Max' Sympathie zu gewinnen), als Anerkennung eine Medaille zu verleihen. Eine kleine, fast selbstverständliche Aufmerksamkeit, ein bescheidener Wunsch, nichts weiter – und dennoch gibt sich Ludovika demütig: Mit den Worten »deshalb erlaube ich mir, dich mit dieser Bitte zu belästigen« schloss die alte Herzogin, die zu diesem Zeitpunkt bereits fünfzig Jahre verheiratet war, ihr traurig zu lesendes Schreiben.[23]

So viel seit Erscheinen der ersten Biografien Elisabeths auch über ihre Eltern geschrieben wurde, so wenig wurden die gängigen, von Biografie zu Biografie meist einfach übernommenen, Darstellungen von Herzog Max und Herzogin Ludovika in Bayern hinterfragt. Aussagekräftige Quellen in bedeutender Zahl gibt es zu den Eltern Elisabeths zwar nicht, doch die Art und Weise, wie ihre Persönlichkeiten dargestellt, ihre Eigenschaften beschrieben und bewertet werden, scheint seit den ersten Biografien im 20. Jahrhundert unverrückbar festzustehen. So wird Elisabeths Vater Max meistens als intellektueller, aufgeschlossener und moderner Freigeist dargestellt, der durch eine arrangierte Ehe an eine wenig intellektuelle Frau ohne Interessen gebunden war, die den geistigen Höhenflügen ihres Ehemannes verständnislos gegenüberstand. Max' Seitensprünge wie auch der Abbruch der Beziehung zu Ludovika wurden demgemäß oft als logische Reaktion eines intellektuell anspruchsvollen Mannes verstanden, der mit seiner biederen Ehefrau nichts anzufangen wusste. Oder mit den Worten einer herzoglichen Hofdame: »In der Meinung der Welt galt sie als ziemlich nichtssagend und damit entschuldigte man oft den Gemahl, der seine Neigungen nach manch anderer Seite wandte«.[24]

Aber ähneln diese Beschreibungen nicht auffällig den traditionellen Rollenzuschreibungen der Geschlechter? Der Verdacht kommt jedenfalls auf, dass in vielen Darstellungen von Elisabeths Eltern bisher ein Klischee – hier der kluge, weltläufige Mann, da sein einfältiges Ehegespons – bemüht wurde, wo man hätte differenzieren können und müssen. Freilich, ein Klischee, das in vielen Varianten auftaucht. So findet, wer die gängigen Beschreibungen von Max und Ludovika betrachtet, etwa folgende der alten, geschlechtstypischen Rollenzuschreibungen: der Freidenker und die langweilige Ehefrau. Der interessierte Privatforscher und die intellektuell genügsame Herzogin. Der moderne, aufgeschlossene Wittelsbacher und die altmodischen Werten anhängende Königstochter. Keine Frage, dass dem Ehemann hierbei stets der interessantere Part zukommt, während seine Frau mitunter als personifizierte Langeweile beschrieben wird.[25]

Gerne und oft schrieb man die tiefen Gräben zwischen den Eheleuten ihrem unterschiedlichen Temperament zu. Persönlichkeit und Temperament mögen bei Max und Ludovika zwar grundverschieden gewesen sein – was man jedoch nicht außer Acht lassen darf, ist das große soziale Gefälle zwischen Männern und Frauen. Was etwa Ausbildung, Bildung, Beruf und auch die räumliche Bewegungsfreiheit anging, hatten damals Frauen nicht nur völlig andere, sondern auch drastisch weniger Möglichkeiten als Männer. Als Kinder wurden in diesen Kreisen etwa Männer vom Rang des Herzogs in klassischen Sprachen und Geografie, in Staatskunde und politischer Bildung unterwiesen. Frauen wie Ludovika sollten im Mädchenalter dagegen neue Sprachen lernen, die sie für die Konversation bei Hof brauchen würden, hinzu kamen Gesellschaftstänze und die hohe Kunst des, wie wir heute sagen würden, Small Talks, also des oberflächlichen, unterhaltsamen Gesprächs. Unter diesen Voraussetzungen musste jeder Vergleich in Sachen Bildung unweigerlich zuungunsten der Frau ausfallen. Doch selbst wenn Max, wie manchmal angedeutet, an der Seite einer humanistisch und geisteswissenschaftlich gebildeten oder zumindest interessierten Frau ein besserer Ehemann geworden wäre, so sei doch angemerkt, dass ein solches Exemplar von Ehefrau in seinen Heiratskreisen schlichtweg nicht existierte. Charakteristika wie die für Max' ideale Gattin geforderten passten wohl auf die eine oder andere bürgerliche Betreiberin eines literarisch-philosophischen Salons im 18. Jahrhundert, aber nicht auf eine typische Angehörige des Hochadels im 19. Jahrhundert. Hier wurden intellektuelle Interessen bei Frauen als »Flausen« abgetan, und eine Frau, die solche zeigte, geriet schnell in den Ruf, ein »Blaustrumpf« – also eine »gelehrte Frau ohne weiblichen Charme« – zu sein.[26] Ganz abgesehen davon fühlte sich Herzog Max bei seinen Seitensprüngen ohnehin nicht von intellektuellen Frauen angezogen. Lieber vergnügte er sich mit Kammerzofen und Mädchen aus dem Volk. Aus dieser Perspektive war in der unglücklichen Ehe von Elisabeths Eltern wohl weniger ein »Freigeist« mit einer allzu biederen Frau zusammengespannt als ein häuslicher Despot mit einer Frau, die sich ihm gegenüber nachgiebig und devot verhielt.

Auf Elisabeth dürfte die Ehe ihrer Eltern und die ständige Abwesenheit des Vaters jedoch keine sehr prägende Wirkung entfaltet haben – denn königliche Kinder sahen damals ihre Väter in der Regel selten, und so gut wie keine arrangierte Ehe in königlichen Kreisen zeichnete sich durch große Intimität oder viele gemeinsam verbrachte Stunden aus. Stärker – im Sinne einer prägenden Erfahrung für die spätere österreichische Kaiserin – fiel wohl ins Gewicht, was man »das Phänomen weiblicher Ohnmacht« nennen kann: Frauen, deren Wünsche und Ziele nicht mit dem gängigen weiblichen Rollenbild harmonierten, mussten in der damaligen Gesellschaft vielfach ihre Machtlosigkeit erkennen. Viele von ihnen resignierten gegenüber der männlichen Übermacht, und nicht wenige entwickelten unbewusst Strategien, um sich ungewollten Situationen entziehen zu können. Und diese Strategien hießen zumeist: Rückzug, innere Emigration und, besonders häufig, Flucht in Krankheit.

In dieser Hinsicht ist bemerkenswert, dass Ludovika das hohe Alter von dreiundachtzig Jahren erreichte, ohne dass jemals eine schwerere Krankheit bei ihr diagnostiziert wurde, und sie sich dennoch lebenslang in einem leidenden Zustand befand. Zwar wurde Elisabeths Mutter nachweislich von schweren Migräneanfällen heimgesucht, die ihren Alltag erheblich einschränkten, dennoch erstaunt das Ausmaß ihrer, wie sie es nannte, »Leiden«.[27] Die vielen Entschuldigungen in ihren Briefen, etwa aufgrund »meines Kopfes« und weiterer Zustände nicht zu einer Festivität anreisen, an einer anderen nicht teilnehmen zu können etc., sind auffällig. Und selbst wenn man Ludovikas Disposition für Migräne in Betracht zieht, machen solche Passagen stutzig: »Da ich finde, dass es mir besser ist, wenn ich nicht aufstehe, bleibe ich geduldig zu Hause auf meine Zimmer beschränkt, die ich mir noch bequemer eingerichtet habe«.[28] Aus Zitaten wie diesem spricht deutlich der Wunsch nach innerem Rückzug. Für Ludovika waren ihre körperlichen Zustände ein guter – und für die Umgebung nachvollziehbarer – Vorwand, sich in die persönliche Komfortzone zurückzuziehen. Elisabeth wuchs in nächster Nähe zu ihrer Mutter auf. Sie erlebte Ludovikas Enttäuschungen wohl ebenso mit wie deren durch Max verursachte Kränkungen. Sie muss gesehen haben, wann und in welchen Situationen die Mutter sich zurückzog. Auch in ihrem Leben sollte es später eine »Flucht in die Krankheit« geben.

Die Kindheit Elisabeths allerdings wird in allen Biografien, die seit ihrem Tod im Jahr 1898 erschienen, als äußerst glücklich beschrieben.[29] Elisabeth, so der allgemeine Tenor, sei frei und ungebunden aufgewachsen. Sie habe das Glück gehabt, vom königlichen Zeremoniell weitgehend verschont zu bleiben, weil ihr Vater dem nicht regierenden Zweig der Wittelsbacher angehört habe. Auch das Leben in der herzoglichen Familie sei überraschend einfach und ungezwungen gewesen, weshalb Elisabeth als Kaiserin später Schwierigkeiten gehabt habe, sich am strengen Wiener Hof zurechtzufinden.

Die vielfach romantisch ausgeschmückte Geschichte des fernab des höfischen Protokolls und in großer Nähe zur Natur und zum einfachen Leben aufgewachsenen Mädchens gehört ohne Zweifel zum Repertoire des »Sisi-Mythos«. Aber: Wuchs Elisabeth derart frei auf? Unterschied sich ihre Erziehung tatsächlich von der Erziehung anderer Mädchen ihres Ranges? Und: Worauf beruhen eigentlich die tradierten Erzählungen von Kaiserin Elisabeths Kindheit?

Wer sich auf die Suche nach den Grundlagen dieser Erzählungen begibt, landet schließlich im Österreichischen Staatsarchiv, bei einem Karton mit der Nummer 13. Er gehört zu einer Vielzahl an Kartons, in denen der wissenschaftliche Nachlass des 1953 verstorbenen ehemaligen Offiziers und Historikers Egon Caesar Conte Corti verwahrt wird. Conte Corti erstellte in den Dreißigerjahren des 20. Jahrhunderts die erste, auf historischen Quellen basierende Biografie Elisabeths. Fast alle nachfolgenden Werke gründen auf seiner Studie, und da Conte Corti viele Originalquellen, die heute nicht mehr zugänglich sind, auswerten durfte, gehört sein Nachlass bis heute zu den wichtigsten Behelfen aller, die sich wissenschaftlich mit der österreichischen Kaiserin beschäftigen.

In Karton Nummer 13 finden sich zwei kleine Zettel, auf denen in verblasster Tinte alles über Elisabeths Kindheit steht, was wir aus zugänglichen Quellen wissen können (und in ihren zahllosen Biografien wieder und wieder tradiert wird). Es handelt sich hierbei um die gekürzten Abschriften zweier Briefe, die Conte Corti Ende der Zwanzigerjahre kopierte.[30] Die zwei Briefe aus dem Jahr 1900 stammten von den beiden ehemaligen Gouvernanten Baronin Amalie Tänzl von Tratzberg und Gräfin Luise von Hundt-Wulffen. Die zwei alten Damen hatten darin – auf Wunsch von Elisabeths jüngster Tochter Marie Valerie – ihre Erinnerungen an die Kindheit Elisabeths aufgezeichnet. Marie Valerie hatte damals geplant, eine Biografie über ihre 1898 ermordete Mutter zu verfassen, und aus diesem Grund getan, was auch heute seriöse Forscher tun würden: Sie hatte begonnen, sämtliche Informationen zum Leben der Kaiserin zusammenzutragen. Und die letzten Zeitzeugen aus der frühen Kindheit ihrer Mutter waren außer ihren noch lebenden Geschwistern diese beiden ehemaligen Gouvernanten gewesen. [31] Gräfin Hundt und Baronin Tänzl zeichnen in ihren Briefen das Bild einer glücklichen Kindheit. Sie erzählen unter anderem vom »unwiderstehlichen Liebreiz« der kleinen »Elise«, die der »Liebling des ganzen Hauses« gewesen sei. Und sie schreiben vom ausgezeichneten Verhältnis der Geschwister zueinander, davon, dass Elisabeth als Mädchen »hilfreich gegenüber anderen« und gütig zu den Armen gewesen sei – so habe sie diesen stets die Eier der von ihr betreuten Perlhühner gebracht.[32]

Die Aufzeichnungen der früheren Gouvernanten sind jedoch sehr mit Vorsicht zu behandeln, und man sollte auch berücksichtigen, unter welchen Umständen sie verfasst wurden: Die beiden betagten Damen wurden von der Tochter der ermordeten österreichischen Kaiserin gebeten, ein Stimmungsbild der Herkunftsfamilie ihrer Mutter zu verfassen. Zudem lebte der

Ehemann ihres ehemaligen Schützlings noch und war einer der mächtigsten Männer Europas. Es ist unvorstellbar, dass Gräfin Hundt oder Baronin Tänzl unter diesen Umständen ein kritisches Porträt der jungen Elisabeth gezeichnet hätten. Ebenso wenig ist davon auszugehen, dass die beiden Frauen die familiären Verhältnisse im Elternhaus ungefiltert darstellten. Sie wussten, was sie zu schreiben hatten – und was nicht. In ihren Briefen schildern sie Elisabeth so, wie man als Gouvernante in der ersten Hälfte des 19. Jahrhunderts wohl das perfekte Mädchen beschreiben würde: voller Liebreiz, hilfsbereit, gütig gegenüber den Armen, aufgewachsen in großer Harmonie. Es ist dies die Beschreibung des damaligen Frauenideals. Und sie ist nicht nur deckungsgleich mit anderen Porträts anderer hochgestellter Mädchen dieser Zeit, sondern geradezu austauschbar. Etwaige schwierige Themen umschifften die beiden gebildeten Damen geschickt. Tatbestände, die der Erzählung von der unbeschwerten Kindheit eines perfekten Mädchens widersprochen hätten, wurden von ihnen nur zart angedeutet. So habe Elisabeth »ein weitaus heitereres und sorgloseres Leben gehabt, als man nach den Verhältnissen des herzoglichen Hofes meinen sollte«.[33]

Ob die Kindheit Kaiserin Elisabeths wirklich um so vieles sorgloser war, als man es angesichts der elterlichen Situation hätte vermuten können, sei also dahingestellt – und muss es bleiben. Es gibt heute nur wenige zuverlässige Quellen, die uns etwas über das Leben der jungen Elisabeth verraten. Als aussagekräftig, vor allem aber weniger problematisch, weil in ihnen von Alltagsdingen berichtet, aber keine Deutungen vorgenommen werden, erweisen sich die erhaltenen Briefe von Elisabeths Mutter an ihre Schwestern und Vertrauten.[34] Diesen lässt sich entnehmen, dass »Elise« weder besonders frei erzogen wurde, noch dass ihre Erziehung sich von jener anderer Mädchen ihres Standes unterschied. Die Erziehung und Ausbildung Elisabeths hat man nachträglich oft mit jener ihres späteren Ehemannes verglichen, um anhand der Unterschiede ein Erklärungsmodell für die Anpassungsschwierigkeiten Elisabeths am Wiener Hof zu konstruieren. Dabei wurde jedoch häufig übersehen, dass sich die beiden Kindheiten nicht miteinander vergleichen lassen. Franz Josephs Erziehung war völlig auf seine künftige Rolle als Kaiser von Österreich und Herrscher über ein Großreich ausgerichtet. Damit überstiegen sowohl die Erwartungen an ihn selbst als auch sein Lernpensum bei Weitem den durchschnittlichen Erziehungskanon seiner Zeit und seinesgleichen. Kein Erzherzog wurde so sorgfältig unterrichtet oder so früh an repräsentative Pflichten herangeführt wie er. Außerdem müssen die bereits erwähnten enormen Unterschiede in der Erziehung von Knaben und Mädchen berücksichtigt werden. Prinzen wurden darauf vorbereitet, eine Rolle in der Öffentlichkeit einzunehmen, während junge Prinzessinnen im 19. Jahrhundert nur für ihre künftige Rolle innerhalb ihrer Familie und Dynastie erzogen wurden.

Elisabeths Erziehung entsprach ganz dem Geist der Zeit, ihrer Herkunft und den Erwartungen, die später an sie als Frau gestellt würden. Frei war diese Erziehung in keiner Weise, und ein ungebundenes Leben führte die kleine »Elise« sicher nicht. Ihre Erziehung folgte den üblichen Vorgaben: ein strenger Tagesplan mit fixen Einheiten, eine frühe Unterweisung in Benehmen und Etikette sowie absoluter Gehorsam gegenüber den Eltern und dem Erziehungspersonal. Elisabeths Ausbildung verlief ohne gröbere Komplikationen oder Schwierigkeiten. Sie war ihren Erzieherinnen gegenüber kooperativ und ließ sich leicht leiten – ganz so, wie es damals von einem Mädchen erwartet wurde. Aus den wenigen Quellen scheint sich zumindest eines herausfiltern zu lassen: Elisabeth dürfte ein ruhiges, introvertiertes, sanftes und emphatisches Mädchen gewesen sein, das – als äußerst empfindsam beschrieben – zudem voller Skrupel war und zum Grübeln neigte. Ludovika jedenfalls war entzückt von ihrer fügsamen zweitgeborenen Tochter, die feinfühlig und liebenswert und so anders sei als ihre ältere Schwester Helene, die nicht zuletzt wegen ihres unermüdlichen Widerspruchsgeists in der Familie als Kratzbürste galt.[35] Auch Elisabeths Aussehen gab ihrer Mutter von früh an Anlass zur vollen Zufriedenheit: »Elise wird sehr hübsch, und sie ist so ein gutes Kind«.[36]

War die Erziehung der jungen Elisabeth auch die gleiche wie bei anderen Mädchen von königlichem Geblüt, so unterschied sich ihre Kindheit von der anderer königlicher Kinder doch in einem Punkt: der Persönlichkeit ihrer Mutter. Herzogin Ludovika beschäftigte sich für damalige Verhältnisse sehr viel mit ihren Kindern. Elisabeth und ihre Geschwister verbrachten mehr Zeit mit der Mutter als üblich. Zwar hielt sich die Herzogin an die Konvention, und es gab, wie bei anderen Müttern ihres Standes, fixe Stunden, zu denen ihr die Kleinen gebracht wurden. Doch diese Stunden der Begegnung mit ihren Kindern fanden ungewöhnlich häufig und regelmäßig statt. Üblicherweise sahen Frauen royaler Abstammung wie Ludovika ihre Kinder nur einmal täglich bei einem gemeinsamen Essen, und auch das erst dann, wenn der Nachwuchs schon in der Lage war, gesittet bei Tisch zu sitzen. Ansonsten wurden die Kleinsten den Eltern täglich für kurze Zeit vorgeführt, meist an Nachmittagen, wenn sich die Eltern im Salon trafen. Frisch gewaschen, ordentlich gekämmt und in sauberer Kleidung präsentierte das Personal der Kindskammer dann die Kleinkinder den hohen Eltern – und schaffte sie sofort wieder aus deren Gesichtsfeld, sobald sich gewisse körperliche Notwendigkeiten bemerkbar machten. In die tägliche Säuglings- und Kinderpflege waren die Damen nicht eingebunden, dafür hatte man schließlich entsprechendes Personal.

Ludovika hingegen ließ sich ihre Kinder nicht nur vorführen, sondern widmete ihnen Zeit und Aufmerksamkeit. Aus ihren erhaltenen Korrespondenzen wissen wir, dass sie mit ihren größeren Kindern zumindest täglich eine Stunde spielte. Die Spielstunde war nach dem Mittagessen angesetzt, wenn die kleineren Kinder ins Bett gebracht wurden. An Sonntagen durften alle Kinder in der großen Puppenküche kochen, die man ihnen in einem Salon des Palais aufgestellt hatte – und zwar ausschließlich an Sonntagen, denn die permanente Verfügbarkeit von

Spielzeug hielt man damals für einen pädagogischen Fehler.[37] Auch abends durften die Kinder das Appartement ihrer Mutter aufsuchen. Während diese ihre Korrespondenzen erledigte, wurde ihnen von Ludovikas Obersthofmeisterin vorgelesen.

Das Palais Max diente wie ihrem Mann auch Herzogin Ludovika und ihrem persönlichen Hofstaat in den Wintermonaten als Domizil. Doch mit Beginn der warmen Jahreszeit begann der alljährliche Séjour der Herzogin auf dem Lande. In Possenhofen, einem Ort dreißig Kilometer südwestlich von München, am Ufer des Starnberger Sees gelegen, hatte Herzog Max für seine Ehefrau ein kleines Schloss gekauft. Nachdem er, drei Jahre vor Elisabeths Geburt, bei einer Versteigerung das kompakte Renaissanceschlösschen erworben hatte, hatte er es von Grund auf renovieren und ein großes Wirtschaftsgebäude anbauen lassen, das nun genug Platz für das zahlreiche Personal der herzoglichen Familie sowie für Gästeappartments bot. Das Schloss, das ganz nach den Bedürfnissen Ludovikas und der Kinder ausgebaut worden war, wurde zu deren geliebtem Refugium. Hier nahm Ludovika ab nun ihren traditionellen Sommeraufenthalt, hierher lud sie regelmäßig ihre zahlreichen Verwandten – Schwestern, Nichten und Neffen – zu langen Aufenthalten ein, hier fanden sie und die Kinder Erholung von dem lauten und staubigen Leben in der Residenzstadt.

Schloss Possenhofen hatte eine malerische Lage, die es erlaubte, in und mit der Natur zu leben. Der riesige, mit alten Bäumen geschmückte Park reichte bis an das Ufer des Starnberger Sees. Als der Herzog das Schloss erworben hatte, gab es rundherum keine Bauten, sondern nur unberührte Natur. Die idyllische Umgebung lud zu langen Spaziergängen ein, und es muss – abgesehen von den Lauten der Tiere – eine unbeschreibliche Ruhe geherrscht haben. Die Sommer in Possenhofen gehörten zu den prägendsten Kindheitserinnerungen Kaiserin Elisabeths. Die Schönheit der Natur und die vielen Freiräume, die sich dort für Kinder auftaten, deren Alltag sonst streng reglementiert war, machten Possenhofen zu einem Paradies. Von

Dienern und Gouvernanten begleitet, ruderten die Herzogssprösslinge über den Starnberger See,[38] die Kinder durften Tiere halten – »Mama schenkte mir zwei sehr nette Lämmer, welche mich recht freuen; sie sind sehr zahm und laufen mir überall nach«, erzählte Elisabeth[39] – und im riesigen Park herumtoben. »Es wäre recht schön, wenn ihr uns manchmal dabei begleiten könntet«, schrieb die elfjährige Elise ihrem Wiener Cousin Erzherzog Karl Ludwig und setzte ein charmantes »Nun lebe recht wohl, lieber Karl und schreibe bald wieder Deiner Dich liebenden Elise« unter die Einladung.[40]

Elisabeth hatte auf dem Parkgelände von Possenhofen sogar ein eigenes Versteck, in das sie sich zurückziehen konnte: einen kleinen, verfallenen Turm am Ufer des Sees, der zu den Resten der alten, mit Türmchen verzierten Mauer gehörte, die einst Schloss und Park umgeben hatte. Hier soll Elisabeth Gedichte geschrieben und Tagträumen nachgehangen haben. Für ein Mädchen der damaligen Zeit, das ständig unter Beobachtung stand, musste ein eigenes, geheimes Versteck wie dieses den Inbegriff von Freiheit darstellen. So bedeutete Possenhofen auch für die herzogliche Familie ein Stückchen Unabhängigkeit auf Zeit, Entspannung, Rückzug und Erholung – freilich nur für Ludovika und ihre Kinder. Herzog Max ließ sich hier nie blicken. Er verbrachte seine Sommer weiterhin entweder auf Reisen oder in seinem eigenen Refugium, Schloss Unterwittelsbach.

Der Blick auf das beschauliche Possenhofen und den behüteten Alltag der jungen Herzogstochter soll aber nicht über die Turbulenz der Zeit hinwegtäuschen, in der Elisabeth heranwuchs. Denn sie war in eine Zeit des Aufbruchs hineingeboren worden, in eine dynamische Epoche, in der es den Menschen schien, als ob die Welt immer kleiner würde, eine rapide fortschreitende Globalisierung – was heute kaum mehr bedacht wird. Zumeist wird das zweite Viertel des 19. Jahrhunderts, in dem Elisabeth geboren wurde, oft von der Warte des 20. und 21. Jahrhunderts aus, als die ruhige Zeit des Biedermeier wahrgenommen. Doch allein der technische Fortschritt vollzog sich in einem kaum begreiflichen Tempo. Zwei Jahre vor Elisabeths Geburt feierte man die Eröffnung der ersten Eisenbahnstrecke auf deutschem Boden, und zwar im Herrschaftsgebiet ihres Onkels, König Ludwigs I. von Bayern. Von Nürnberg bis Fürth führte diese erste Strecke der Königlichen Ludwigs-Eisenbahn-Gesellschaft. Zehn Jahre nachdem sich die Eisenbahn in England durchgesetzt hatte, revolutionierte sie nun den Verkehr auf deutschem Boden. Das Streckennetz sollte in den nächsten Jahren rapide anwachsen und die Eisenbahn den Alltag der Menschen sowie Gesellschaft und Wirtschaft nachhaltig verändern. Elisabeth gehörte in ihrem späteren Leben zu den privilegiertesten Nutznießern des neuen Fortbewegungsmittels, das ihr ermöglichte, ihrer Reiselust leicht, schnell und mit großem Komfort nachzukommen.

Auch politisch erlebten die Menschen dieser Zeit gewaltige Umbrüche. In der Residenzstadt München sollten sich im Jahr 1848, wie an vielen Orten Europas, die Bürger gegen das herrschende politische System erheben. Es zeichnete sich ein neues, und nicht mehr umkehrbares, Verhältnis zwischen Bürgern und Souverän ab. Die Menschen verlangten nach politischer Mitbestimmung, das monarchische Prinzip war nicht mehr unantastbar und die Könige nicht mehr sakrosankt. Hinzu kamen wirtschaftliche Schwierigkeiten. Im ganzen Land hatte es Missernten gegeben, die Lebensmittelpreise waren in die Höhe geschossen. In dieser Situation reichte eine Stichflamme, um einen Flächenbrand auszulösen und den Wittelsbacher Thron zu erschüttern – oder eine königliche Affäre, die im Herbst 1846 begonnen hatte.

Mittlerweile war König Ludwig I. mit seinen zweiundsechzig Jahren rettungslos der siebenundzwanzigjährigen irischen Tänzerin Elizabeth Gilbert verfallen, die unter ihrem Künstlernamen Lola Montez in die bayerische Skandalgeschichte einging. Die schöne Lola, vom König auch zur Gräfin ernannt, nahm ihren royalen Galan nicht nur finanziell aus wie eine Weihnachtsgans, sondern brachte ihn auch zunehmend auf liberale Ideen (und seinem Kabinett den Namen »Lolaministerium« ein). Damit waren ihr die Sympathien der Studentenschaft ebenso sicher wie die Ablehnung und Empörung der konservativen und katholischen Bürger. Diese sahen ihr Vertrauen in den König erschüttert und die bayerische Monarchie gefährdet. Hatte Ludwigs Begeisterung für schöne Frauen bis dahin stets in Liebschaften gemündet, die für die Dynastie politisch keine Gefahr darstellten, waren sich nun seine Familie, die Regierung und der Großteil der bayerischen Bevölkerung einig: Eine Mätressenwirtschaft im Stil einer Pompadour passte weder zu den Wittelsbachern noch zu Bayern – die Montez musste das Land verlassen. Auf den Straßen kam es zu Ausschreitungen, aber die Wittelsbacher saßen nach den Tumulten wieder fest im Sattel. Allerdings musste Elisabeths Onkel, König Ludwig I., abdanken.

Die für ihre Familie schwierige Zeit der Unruhen im März 1848 verbrachte Ludovika allein in München. Herzog Max weilte wieder einmal fern von den Seinen und gedachte nicht, angesichts der schwierigen Lage in der Hauptstadt dorthin zu kommen. In langen Briefen informierte Ludovika ihn über die Vorgänge bei Hof und die Vorgänge auf der Straße: Die allgemeine Stimmung sei ernst, und es herrsche »eine bedrückende Stille«.[41] Die Zukunft Bayerns lag nach der Abdankung Ludwigs I. nun in der Hand seines Sohnes. Die Übergabe der Regierungsgeschäfte an König Maximilian II. erwies sich in dynastischer Hinsicht als ideal. Wie ein Steuermann, der mit ruhiger Hand sein Schiff durch unruhige Wellen lenkt, führte er, wenn auch oft zögernd und in Befürchtung einer neuen Revolution, Bayern in die moderne Zeit. Elisabeth sollte diesen Cousin, dessen Regentschaft sie noch einige Jahre in München erlebte, als liebenswürdigen Verwandten hoch schätzen und seinen Tod im Jahr 1864 sehr betrauern.

In den Jahren, die der Revolution von 1848 folgten, entwickelte sich Elisabeth langsam vom Kind zum jungen Mädchen, auf dem Weg zur Frau. Die Aufsicht über ihre Erziehung und die Verantwortung für die Auswahl des Erziehungspersonals hatte ihre Mutter – die freilich stets im Sinn ihres Ehemannes entscheiden musste. Doch da sich Herzog Max für die Erziehung seiner Töchter nicht interessierte – lediglich bei seinen Söhnen war er stärker involviert –, hatte die Herzogin bei den Töchtern freie Hand. Und so sollte Elisabeth während der fünfzehn Jahre, die sie in ihrem Elternhaus lebte, vier prägende weibliche Bezugs- und Betreuungspersonen haben: Die erste war Miss Mary Newbald, die englische Kinderfrau, der Elisabeth anvertraut war.[42] Mit Elisabeths achtem Lebensjahr trat Baronin Luise von Wulffen in den herzoglichen Dienst ein. Sie war zum Zeitpunkt ihres Dienstantritts eine zwanzigjährige, feinsinnige Dame aus diplomatischem Adel. Luise von Wulffen war Elisabeths erste Gouvernante, blieb viereinhalb Jahre im Dienst der herzoglichen Familie und beendete ihre Anstellung im herzoglichen Haus, als sie heiratete. Elisabeth war knapp dreizehn Jahre alt, als Baronin Wulffen sie verließ, verblieb mit ihr aber auch in den folgenden Jahren in innigem brieflichem Kontakt. Luise von Wulffen ging sehr gut auf ihren Schützling ein, und Elisabeths spätere Briefe an sie zeugen von großer Vertrautheit und der engen Bindung, die sie als Mädchen zu dieser Gouvernante aufgebaut hatte. Deren Nachfolgerin wurde Gräfin Camilla von Oetting-Fünfstetten, eine junge Frau, die Ludovika als »liebes, wohlerzogenes, lebendiges« Mädchen mit guten religiösen Grundsätzen beschrieb.[43] Allerdings wirkte die junge Gräfin mit ihren neunzehn Jahren noch immer so kindlich, dass Ludovika ihr nicht erlaubte, allein mit den Kindern spazieren zu gehen – es hätte nicht passend ausgesehen. Zudem hatte die Herzogin Bedenken, ob Camilla ihrer Aufsichtspflicht überhaupt gewachsen war. Noch eine weitere junge Dame sollte die junge Elisabeth nachhaltig beeinflussen. Nachdem ihre geliebte Gouvernante, nun Gräfin Luise von Hundt, wegen ihrer Heirat den herzoglichen Hof verlassen hatte, holte Herzogin Ludovika Baronin Amalie Tänzl von Tratzberg an ihren Hof. Baronin Tänzl war es, die das zeichnerische Talent der späteren Kaiserin erkannte. Selbst eine begabte Malerin, unterwies sie Elisabeth in der Malerei. Sie berichtete später, dass Elisabeth hervorragende Karikaturen gezeichnet und auch Ölbilder auf Holz gemalt habe. Was einige Zeichnungen und Bilder belegen, die lange nach dem Tod der österreichischen Kaiserin versteigert wurden.

Herzogin Ludovika hatte eine gute Hand bei der Auswahl der Gouvernanten. Es war nicht selbstverständlich, dass sich die Beziehungen zwischen Gouvernanten und Kindern harmonisch gestalteten. Denn allein die Position der Gouvernante oder Erzieherin barg schon das Potenzial, für Missstimmung innerhalb eines Hofstaates zu sorgen. Nicht von ungefähr findet man in der Literatur und den Tagebuchaufzeichnungen Adliger des 19. Jahrhunderts so viele Erzählungen über schwierige, unangenehme Gouvernanten. Grund dafür war die besondere Stellung der Gouvernanten. Sie gehörten weder zur Familie, noch nahmen sie rangmäßig bedeutende Stellungen wie jene von Obersthofmeisterin oder Hofdamen ein. Aber sie waren auch nicht dem Kammerpersonal oder der Dienerschaft zuzurechnen. Ihre isolierte Stellung brachte oft mit sich, dass die Gouvernanten von jenen, die im hierarchisch geregelten Mikrokosmos eines Hofstaats rangmäßig über ihnen standen, mit Arroganz behandelt wurden – während das rangniedere Personal zu ihnen auf Distanz ging, weil sie auch hier nicht dazugehörten und man sich von Erzieherinnen, die in der Regel kamen und gingen, ohnehin nichts sagen ließ. Auf Gouvernanten, die als ledige Frauen von vornherein keinen hohen Status hatten (vor allem wenn sie nicht mehr im heiratsfähigen Alter waren), wurde oft wenig Rücksicht genommen. Und so rächte sich manche Erzieherin, indem sie ihre jungen Schutzbefohlenen gegenüber dem restlichen Hofstaat, und manchmal auch gegenüber deren Eltern, instrumentalisierte. Schließlich waren es die Gouvernanten, die am leichtesten Zugang zu den Kindern eines Hauses hatten.

Die vier Erzieherinnen, mit denen Elisabeth aufwuchs, hatten eines gemeinsam: Sie alle waren junge Frauen ohne Lebenserfahrung. Über ihre künftigen Aufgaben als Ehefrau eines Fürsten oder als Mutter konnten diese Gouvernanten Elisabeth nichts erzählen. Mit einer erfahreneren Gouvernante hätte Elisabeth jedoch lernen können, wie man bei Hof Souveränität im Umgang mit Ranghöheren und Diplomatie im Umgang mit Rangniederen zeigte. Eine solche Erzieherin hätte ihrem Schützling auch vorleben können, wie man bestimmt und dennoch nachsichtig inmitten der Hofchargen Kurs hielt. Doch Elisabeths Gouvernanten waren allesamt blutjung, sanft, einfühlsam, lieb und bisweilen unsicher. Frauen, die, falls nötig, energisch und durchsetzungsfähig den ihnen übertragenen Aufgaben nachkamen und Verantwortungsbewusstsein vor Beliebtheit stellten, lernte die junge Elisabeth nie kennen. Andernfalls hätte sie später am Wiener Hof so manche Kränkung seitens der dort agierenden selbstbewussten Damen aus der Hocharistokratie angemessen parieren – oder auch würdevollst ignorieren – können.

Worin bestand die Aufgabe einer Gouvernante? Vor allem wurde von ihr erwartet, dass sie einem ihr anvertrauten jungen Mädchen jene als typisch weiblich geltenden Fähigkeiten und Kulturfertigkeiten nahebrachte, die eine Dame seines Standes beherrschen musste. Junge Mädchen sollten Sprachen erwerben, sie mussten lernen, in der Gesellschaft ihrem hohen Rang entsprechend aufzutreten, zu repräsentieren und charmant und ungezwungen zu parlieren. Auch hochgestellte Frauen waren im 19. Jahrhundert ganz auf ihr Heim konzentriert – unabhängig davon, wie luxuriös dieses sein oder ob es als Schauplatz glanzvoller Feste und Besuche dienen mochte. Während die Männer sich in der »Außenwelt« bewähren konnten und sich unter anderem um existenziell wesentliche Angelegenheiten, um Finanzen, Verträge und Politik kümmern sollten, wurde von den Frauen erwartet, die »weichen« Aufgaben zu übernehmen. Sie hatten sich der Familie zu widmen und durch elegantes Auftreten, Charme und eine gewählte Sprache ihr Umfeld zu kultivieren. Ihr Liebreiz sollte den Männern den schweren Alltag erleichtern. Und sie sollten sich jederzeit bewusst sein, dass ihr formvollendeter Auftritt die beste Visitenkarte für ihr Haus war. Eben darauf war auch die Erziehung Elisabeths ausgerichtet.

Ihren Tagesablauf im herzoglichen Haus schilderte Elisabeth

im Alter von zehn Jahren ihrem Cousin Erzherzog Karl Ludwig: »Tagtäglich von 9 komme ich von Mama und lerne bis 2h verschiedene Stunden Französisch, Schönschreiben, Geographie, Geschichte, Rechnen, Klavier. Nachmittags zeichnen, [danach] arbeite ich, dann fahren wir aus und kommen gewöhnlich sehr spät nachhause«.[44] Elisabeth wurde in englischer, französischer und italienischer Sprache unterrichtet. Eine französische Mademoiselle war fix in ihrem Elternhaus engagiert, für die Italienischstunden kam Unterstützung von auswärts. Im herzoglichen Haushalt wurden auch Unterrichtsstunden in Altgriechisch und Latein abgehalten, doch in deren Genuss kamen nur Elisabeths Brüder.[45] Für Mädchen war das Fach Klassische Sprachen nicht vorgesehen. Was hätten sie auch damit anfangen können? Die Möglichkeit, sich später zum Beispiel als Privatier (beziehungsweise Privatière) geisteswissenschaftlich zu betätigen wie Elisabeths Vater Max, stand Mädchen nicht offen – abgesehen davon konnten Frauen nicht selbst bestimmen, welchen Lebensweg sie einschlugen. Elisabeth sollte jedoch vierzig Jahre später aus eigener Initiative Altgriechisch studieren und es darin zu großer Könnerschaft bringen.

Wie bei allen anderen Mädchen ihres Standes diente also auch Elisabeths Ausbildung vornehmlich der Entwicklung jener Eigenschaften, die in der damaligen Gesellschaft bei Frauen gern gesehen waren. Es ist kein Zufall, dass Mädchen Zeichenunterricht erhielten, dass sie gelobt wurden, wenn sie Gedichte verfassten, und dass sie, wie Elisabeth, in Handarbeiten unterwiesen wurden.[46] Elisabeth fiel es allerdings nicht immer leicht, die Geduld für schwierige Handarbeiten aufzubringen: »Ich glaube nicht, dass ich mit der Kappe bis zu Deinem Geburtstage fertig werden kann, aber ich werde mich so viel als möglich damit eilen«, schrieb sie dem Cousin.[47] All dies diente weniger dem Zweck, sie künstlerisch oder kunsthandwerklich auszubilden, als dazu, die Mädchen anzuleiten, sich still und gesittet zu geben. Schließlich sollten sie später als Frauen genau diese vermeintlichen Tugenden verkörpern und in freundlicher Nachgiebigkeit, sanft, mit Grazie und einem engelhaften Lächeln auf den Lippen, die ihnen auferlegten Pflichten erfüllen. Laute Worte oder eine deutlich vorgetragene Meinung widersprachen diesem Ideal – wer standesgemäß lernen sollte, eine Frau zu sein, lernte besser schon als Mädchen, so unauffällig wie voller Liebreiz über einer Stickerei zu sitzen, Blumen zu malen oder verträumt über passende Reime zu sinnieren.

Eine andere Fähigkeit, die Elisabeth erwerben sollte, war die Kunst der stilvollen Korrespondenz. Sie dies zu lehren oblag der Mutter und den Gouvernanten, die ihr beibringen sollten, wie mit leichter Hand geschriebene informative und unterhaltsame Briefe zu verfassen. Weibliche Korrespondenzen sollte man in ihrer Bedeutung für das soziale Leben einer Familie oder Dynastie nicht unterschätzen. Denn es waren immer Briefe, die die verschiedenen, oft weit entfernt voneinander lebenden Mitglieder eines Hauses in enger Verbindung miteinander hielten. Durch seine Korrespondenzen war man Teil eines großen Netzwerkes. Briefe waren sozusagen die sozialen Medien des 19. Jahrhunderts. Korrespondenzen zu führen gehörte zu den wichtigsten gesellschaftlichen Pflichten einer Frau; dementsprechend ernst wurde die Briefkultur genommen. Auch Elisabeth wurde früh damit vertraut gemacht, wie Briefe an Verwandte bezeugen, in denen sich das kleine Mädchen brav für zugeschickte Süßigkeiten, kleine Porträts und Geschenke bedankt.[48]

Das Verweigern oder Unterlassen eines Antwortschreibens wäre nicht nur eine grobe Unhöflichkeit gewesen, sondern man wäre in diesem Fall auch über kurz oder lang aus dem Informationsnetz gefallen. Was wiederum fatal gewesen wäre, da man als Frau ja generell wenig Zugang zu Informationen hatte. Stilvolle Briefe zu schreiben, seine Adressaten mit den wichtigsten Nachrichten zu versorgen und sie teilhaben zu lassen an Erlebtem war zeitaufwendig – vor allem wenn man bedenkt, dass manche Dame aufgrund ihrer zahlreichen Verwandtschaft mit sehr vielen Personen korrespondieren musste –, aber unerlässlich. Die Korrespondenz einer Frau diente auch der Strukturierung ihres

Tagesablaufs. Täglich reservierte man eine gewisse Zeit für das Schreiben von Briefen. Elisabeths Mutter widmete etwa jeden Vormittag der Korrespondenz mit einer ihrer sechs Schwestern, die in Wien, Salzburg, Dresden, München und Berlin lebten. Weibliche Korrespondenzen sind bis heute auch die wichtigsten Quellen zum Alltagsgeschehen vergangener Zeiten. In diesem Sinn geben auch die Briefe Ludovikas einen bunten und tiefen Einblick in die Lebenswelt ihrer Familie. So wie ihre Mutter wurde auch Elisabeth eine eifrige Briefschreiberin. In diversen Archiven lassen sich Briefe aus den verschiedensten Phasen ihres Lebens finden, die belegen, dass Elisabeth, so wie alle Frauen ihres Standes, in jedem Abschnitt ihres Lebens ständig Briefe schrieb: zuerst an ihre Cousinen, Tanten und Gouvernanten, später an ihren Ehemann und schließlich an ihre Kinder.

Außer dem charmanten Konversieren und dem leichthändigen Korrespondieren musste eine Tochter von Herzog Max und Herzogin Ludovika natürlich lernen zu repräsentieren. Damit sie sich frühzeitig in der Kunst des gesellschaftlichen Auftritts übten, gab Ludovika für ihre heranwachsenden Kinder kleine Teegesellschaften. Während der Ballsaison lud sie zu Kinderbällen, »Tänzchen« genannt. Eingeladen wurden Kinder aus der königlichen Familie und Kinder aus dem hohen Adel, mit deren Familien das herzogliche Haus in freundschaftlichem Kontakt stand. Diese Kinderbälle waren Miniaturausgaben der Bälle der Großen, nur fanden sie nachmittags statt, und anstelle von abendlichen Soupers und Alkohol wurde Tee und Kuchen serviert. Bei diesen Veranstaltungen musste Elisabeth ihre kleinen Gäste begrüßen und Konversationen führen. Und sobald die Kinder in einem Alter waren, in dem sie Tanzstunden erhielten, stand eine weitere Übung an: Es wurde zum Tanz aufgespielt.[49]

Auch abseits solcher Kinderveranstaltungen erlaubte Ludovika Elisabeth, gleichaltrige Kinder zu treffen. An Sonntagnachmittagen durfte sie ihre Freundinnen ins elterliche Palais einladen – freilich unter Berücksichtigung des Nebeneffekts, dass Elisabeth sich so spielerisch die später wichtige Fähigkeit des

»Empfanges« aneignen konnte. Die Mädchen, zu denen Elisabeth Kontakt haben durfte, wurden natürlich sorgfältig ausgewählt und entstammten alle dem hoffähigen Adel. Darüber hinaus spielte der persönliche Bezug eine Rolle. Zum einen wollte man so vermeiden, dass persönliche Kontakte zur bayerischen Königsfamilie ausgenutzt werden konnten. Zum anderen war man generell sehr vorsichtig bei der Entscheidung, fremde Personen im engsten privaten Umfeld zuzulassen. So war etwa eine von Elisabeths Freundinnen, Gräfin Adelheid von Yrsch, die Tochter des ehemaligen Hofmarschalls ihrer Großmutter, Königin Caroline von Bayern. Man kannte die Familie der kleinen Gräfin also schon seit zwei Generationen. Elisabeths engste Jugendfreundin war allerdings die zwei Jahre jüngere Gräfin Irene von Paumgarten, mit ihr sollte Elisabeth lebenslang in Kontakt bleiben. Irene und ihre sechs Schwestern waren regelmäßig zu Gast im Palais Max. Der Freundschaft mit den sieben Töchtern des Grafen Hermann von Paumgarten waren übrigens wohl die exzellenten Englischkenntnisse geschuldet, mit denen Elisabeth bei ihren späteren Aufenthalten im Vereinigten Königreich brillierte. Denn Irene und ihre Schwestern waren zweisprachig aufgewachsen: Ihre Mutter war eine geborene Britin, Tochter des schottischen Adligen und Politikers Lord David Montagu Erskine. Elisabeth hatte eine englische Nurse gehabt, die sie in der Sprache unterwies, doch auch nach Miss Newbolds Abschied aus dem herzoglichen Haus konnte sie regelmäßig – im Gespräch mit ihrer engsten Freundin – ihr Englisch üben.

Mit ihrem fünfzehnten Geburtstag am 24. Dezember 1852 galt Elisabeths Erziehung als abgeschlossen. Sie hatte nun das damals übliche Erziehungsprogramm einer Tochter aus königlichem Hause durchlaufen. Was bedeutete: Ihre Tage im Elternhaus waren gezählt. Auf ihre Mutter kam nun die wichtigste Aufgabe zu, die sie gegenüber ihrem Kind zu erfüllen hatte. Sie musste für Elisabeth eine gelungene Partie arrangieren. Und Ludovika machte sich auf die Suche nach einer solchen.

VERLOBUNG

*»Sie war wie eine Rosenknospe,
die sich unter den Strahlen der Sonne entfaltete,
als sie neben dem Kaiser saß.«*[1]

Im Depot des Kunsthistorischen Museums in Wien befindet sich ein besonderes Kleid. Es ist über hundertsechzig Jahre alt und aus weißem Baumwollstoff mit grün-goldenen Einfassungen an Ausschnitt, Ärmeln, Taille und Volant. Über Oberteil und Rock ranken sich zarte, aus grüner Floss-Seide gestickte Blätter- und Blumenornamente. Inmitten der floralen Ornamente ist ein arabischer Schriftzug eingestickt, der ins Deutsche übersetzt bedeutet: »Oh, mein Herr, welch' schöner Traum«. Der Schnitt des Kleides verrät, dass seine Trägerin von sehr schlanker, zarter Statur war, denn die Taille ist außerordentlich schmal. Auch die Maße des Oberteiles und die Ärmelöffnungen verstärken den Eindruck: Das kunstvolle Kleid wurde für ein blutjunges Mädchen geschneidert.

Laut Überlieferung handelt es sich hierbei um jene Robe, die die damals sechzehnjährige Elisabeth bei einem ihrer großen offiziellen Auftritte – auf einem Ball – in München trug, kurz vor ihrer Abreise nach Wien im Frühjahr 1854. Im Museum, wo man das festliche Gewand von Elisabeths Nachkommen erhielt, firmiert es deshalb als »Polterabendkleid« – was, vorweggesagt, ein etwas irreführender Ausdruck ist. Denn »runde«, das heißt mit großem Ausschnitt versehene Abendkleider wie dieses waren für die winterliche Ballsaison reserviert. Elisabeth muss darin – anders, als hier die Legende will – bereits einige Monate vor ihrer

Brautfahrt nach Wien aufgetreten sein. Heute, über eineinhalb Jahrhunderte später, ist der Zustand von Stoff, Nähten und Stickereien so kritisch, dass man befürchtet, das Kleid könnte bei einer öffentlichen Ausstellung Schaden nehmen. Deshalb schlummert es abseits der Schausäle im klimageschützten Depot. Doch so brüchig und rissanfällig der Stoff des Kleides auch ist – es eröffnet einen Blick in die Vergangenheit. Besonders einige Details in seiner Verarbeitung erzählen davon, wie es entstand. Und diese Information deckt sich auf interessante Weise mit dem, was die erhaltenen Quellen über eine Verlobung erzählen, die in die Geschichte einging.

Kundige Restauratoren können aus diesem Kleid von »Sisi« – wie Elisabeth seit der Zeit ihrer Verlobung zunehmend in den Briefen ihrer Verwandten genannt wird – so einiges herauslesen. Die eingestickten Rebenblätter zum Beispiel erzählen etwas über die Herstellung des feinen Stücks. Man erkennt etwa, dass statt – wie üblich – einer Stickerin gleich mehrere an der Verzierung des Stoffes gearbeitet haben. Und jede einzelne dieser Stickerinnen hatte ihren eigenen Arbeitsstil: Die eine stickte etwa die Rebenblätter mit mehreren Fäden übereinander, die andere beließ es bei weniger Stichen. Die unterschiedlichen Handschriften der Stickerinnen belegen aber nicht nur, dass mehr als ein Händepaar diese kunstvollen Ornamente schuf – sie verweisen auch darauf, dass das exklusive Kleid in Eile angefertigt wurde: Es blieb offensichtlich keine Zeit, die Nadelarbeiten an den Rebenblättern zu vereinheitlichen. Das Ergebnis ist eine Stickerei, die in ihrer unperfekten Art bezaubernd authentisch wirkt und dabei die große Erzählung einer plötzlichen Verlobung mitsamt schnellstens organisierter Brautausstattung in sich trägt.[7] Das »Polterabendkleid« versinnbildlicht auf anschauliche Weise das entscheidendste Ereignis im Leben Elisabeths: ihre Verlobung, die unvermuteter kam, als sie oder ihre Familie es sich jemals hätten vorstellen können.

Wie für jede andere Frau ihrer Zeit stellten sich auch für Elisabeth mit ihrer Verlobung die Weichen für ihr späteres Leben.

Die kurze Zeitspanne zwischen dem Ende der Kindheit und dem Eintritt in die Ehe umfasste im Idealfall ein, zwei, höchstens aber drei bis vier Jahre, während derer ein Mädchen seine Heiratsfähigkeit erreichte – was die Verlobung endgültig besiegelte. Sie war das Ereignis, das den Abschied von zu Hause und den Beginn des Daseins als Ehefrau und Mutter einleitete. Eine geglückte Verlobung, eine »gute Partie«, galt als der Höhepunkt im Leben einer jungen Frau und war das Ziel der Erziehung und der Anstrengungen ihrer Eltern. Denn davon, wen sie heiratete, hing ihr restliches Leben ab. Nicht sie, sondern die Person ihres Bräutigams war entscheidend für die Bedingungen, unter denen sie leben, und die persönliche Freiheit, die sie künftig haben würde.

Als das delikate Kleid genäht wurde, war Elisabeth fünfzehn Jahre alt, also in jenem Alter, in dem ein Mädchen zur Frau heranreift. Das Einsetzen der Pubertät markierte damals bei einem Mädchen nicht nur entwicklungsphysiologisch das Ende der Kindheit, sondern zugleich den Beginn seiner Heiratsfähigkeit. Offiziell als heiratsfähig galten Mädchen nach dem ersten Einsetzen ihrer Menstruation. Unmittelbar danach wurde das Datum für die Firmung festgelegt. Dem Sakrament der Firmung kommt als wichtigem religiösem Akt in der katholischen Kirche die Bedeutung einer zweiten, gleichsam »bewussten« Taufe eines heranwachsenden Menschen zu, der damit seine Zugehörigkeit zum katholischen Glauben erneut und, nun wissentlich, bestätigt. Zur Zeit Elisabeths hatte das Sakrament für weibliche Firmlinge jedoch eine weitere, eher weltliche Bedeutung: Da bei ihnen das Ereignis an die erste Menstruation geknüpft war, wurde die Firmung zum Zeichen dafür, dass ein Mädchen zur Frau herangereift war. Mit anderen Worten: Ihre Firmung war der Startschuss für alle jungen Männer, die ein Auge auf sie geworfen hatten; nun durften sie offiziell um sie werben. Ein Mädchen, oder eine sehr junge Frau, stand seinerseits nach der Firmung vor der wichtigsten Aufgabe seines Lebens: Es musste die besagte möglichst gute Partie machen, um seine Zukunft abzusichern. Denn weder Erziehung noch Bildung, weder Geistesgaben noch Talente hätten ihm zu einem glücklichen – nach damaliger Erwartung: abgesicherten – Leben verhelfen können, nichts davon konnte ein Mädchen aus königlichem Haus im 19. Jahrhundert für sein Auskommen einsetzen. Ausschließlich eine gute Heirat garantierte Versorgung und Status.

Kurz nach Elisabeths fünfzehntem Geburtstag, im Januar 1853, wurden ihre Firmpaten ausgewählt, was einen Rückschluss auf den Beginn ihrer offiziellen Heiratsfähigkeit zulässt.[3] Eine umsichtige Mutter wartete die erste Regelblutung ihrer Tochter ab, bevor sie sie aufs Heiratsparkett schickte. Feierte man nämlich die Verlobung, ehe die Braut in spe ihre körperliche Reife zur Eheschließung erlangt hatte, konnte das zu Komplikationen führen – und dazu, dass man das Hochzeitsdatum peinlich lange aufschieben musste. Schließlich durfte eine junge Frau erst nach ihrer ersten Menstruation heiraten. (Allerdings konnte es bei einer sich unverhofft bietenden Jahrhundertpartie durchaus vorkommen, dass Eltern – entgegen aller Vernunft – die Verlobung einer Tochter arrangierten, die noch nicht heiratsfähig war. Ludovika etwa machte bei Elisabeths jüngerer Schwester Marie den Fehler, bei einer allzu guten Partie nicht zu warten – und so wurde Marie mit dem Kronprinzen von Neapel-Sizilien verlobt, bevor ihre körperliche Reife eingetreten war. Auch Elisabeths spätere Schwiegertochter Stephanie wurde von ihren Eltern zu früh verlobt. In beiden Fällen zogen sich anschließend die Hochzeitsvorbereitungen unangenehm lange hin. In beiden Fällen war für die Mütter die Aussicht, einen späteren König beziehungsweise späteren Kaiser als Schwiegersohn zu gewinnen, viel zu verlockend gewesen, als dass sie sich von der noch ausbleibenden Heiratsfähigkeit ihrer Töchter ihre Pläne hätten durchkreuzen lassen.)

Am 19. März 1853 fand Elisabeths Firmung statt.[4] Unmittelbar darauf begann Ludovika mit der Suche nach einem Ehemann. Für eine junge Frau wie Elisabeth setzte nun die wichtigste Phase ihres Lebens ein. Ihrer Familie blieben etwa zwei bis drei Jahre, um sie unter die Haube zu bringen, ohne dass es Gerede gab und ihr Wert auf dem Heiratsmarkt sich verringerte. Generell galt: Je früher sie verlobt wurde, desto besser.

Die Aufgabe, einen Ehemann zu finden beziehungsweise die geeignetsten Kandidaten aus dem Heiratspool herauszufiltern, fiel in Adelskreisen traditionellerweise der Mutter zu. Zwar hatten natürlich auch hier die Männer die offizielle Verfügungsgewalt über ihre Familien und trafen demgemäß als Väter die letzte Entscheidung, wen ihre Töchter heirateten. Doch es waren die Frauen, die die Heiratsverbindungen anlegten und auf diese Weise das soziale Kapital ihrer Dynastie schützten. Darin zeigte sich die große Bedeutung, die Frauen abseits des öffentlich sichtbaren Machtbereichs für ihre Dynastie hatten. Sie waren es, die mittels ihrer weitreichenden Netzwerke, die das Ergebnis einer unaufhörlichen Korrespondenztätigkeit waren, das Heiratsbusiness erfolgreich betrieben. Nur dank der sorgfältigen Pflege ihrer über Jahre und Jahrzehnte aufgebauten brieflichen Kontakte zu weiblichen Verwandten und Freundinnen in europäischen Königs- und Kaiserhäusern war eine Mutter wie Ludovika in der Lage, in kurzer Zeit die besten Chancen für ihre heiratsfähige Tochter auszuloten. Denn um an die relevanten Informationen zu gelangen, reichte mitnichten ein Blick in die Adelskalender. Es genügte nicht zu wissen, welche geeigneten Junggesellen auf dem Heiratsmarkt waren. Es galt auch, diese Kandidaten regelrecht zu durchleuchten. Hierfür wurden sämtliche vertrauten Korrespondenzpartnerinnen um Hintergrundinformationen gebeten und Nachforschungen in Auftrag gegeben. Unerlässlich für die Mutter eines zu verheiratenden Mädchens waren Informationen über die familiäre Stellung eines Heiratskandidaten, sein Vermögen und am besten noch seinen Charakter. All dies konnte eine Mutter leicht über ihr »weibliches« Netzwerk in Erfahrung bringen, ohne aufzufallen oder sich den Anschein zu geben, besonders interessiert zu sein. Nur die Konfession eines Ehekandidaten musste nicht recherchiert werden – diese war bei Dynastien stets bekannt. Hatte ein junger Mann die »falsche« Konfession, kam er in der Regel nicht als Kandidat in Betracht – wobei man freilich im Fall politisch bedeutsamer Eheallianzen Ausnahmen machte und die Tochter konvertieren ließ.

Als Heiratskandidaten für Elisabeth kamen eigentlich nur katholische Prinzen regierender Häuser infrage. Da sie Mitglied der bayerischen Königsfamilie war, wäre selbst der reichste Fürst kein akzeptabler Bräutigam gewesen – es sei denn, sie würde mangels geeigneter Heiratsangebote Gefahr laufen, als alte Jungfer zu enden. (Dieser Fall sollte Jahre später bei Elisabeths älterer Schwester Helene eintreten.) Die erste Wahl waren stets die Erstgeborenen einer Dynastie, die Thronfolger waren und, als Folge strenger Erstgeburtsregelungen, auch das gesamte Familienvermögen erbten. Natürlich waren die ledigen erstgeborenen Söhne aus einflussreichen Dynastien rar gesät. Zudem waren ihre Familien bei der Brautschau höchst wählerisch und favorisierten stets Heiratskandidatinnen aus anderen regierenden Dynastien, mit denen es sich lohnte, auf dem Weg des gegenseitigen Einheiratens eine politische Allianz einzugehen oder zu festigen. Ludovikas Töchter hatten als Mitglieder einer nicht regierenden Nebenlinie der Wittelsbacher somit nicht die besten Chancen auf eine Verlobung mit einem der begehrten Erstgeborenen. Anders sah es da schon mit den nachgeborenen Söhnen aus regierenden Häusern aus. Sie waren ebenfalls gute Partien und kämen, so Ludovikas Erwartung, für Elisabeth und ihre Schwestern infrage. Allerdings gab es bei diesen Heiratskandidaten einen Haken: Sie würden meist über kein eigenes Vermögen verfügen, was sich höchst nachteilig auf den späteren Lebensstandard der zu verheiratenden Töchter auswirken könnte.

Über ihre umtriebigen Korrespondenzpartnerinnen vermochte Ludovika all jene Dinge in Erfahrung zu bringen, die nicht öffentlich bekannt waren oder bei denen sich die Familien der Kandidaten bedeckt hielten. Würde die Tochter in eine begüterte Familie einheiraten oder lediglich in eine mit großem Namen, doch ohne Vermögen? War die Familie vielleicht überschuldet?

Konnte ein nachgeborener Sohn vielleicht mit der Erbschaft eines unverheirateten Onkels oder einer unverheirateten Tante rechnen (was seine Chancen auf dem Heiratsmarkt schlagartig erhöhen würde)? Welchen Charakter hatte der anvisierte Kandidat? Wie stand es um seinen Lebenswandel? Offiziell wurde über derlei geschwiegen – aber für eine Mutter war es natürlich wichtig zu wissen, ob etwa ein Épouseur einen auffälligen Hang zu liederlichen Frauenzimmern, Trinkgelagen oder dem Glücksspiel hatte, ob er ein ausnehmender Geizhals oder ein Verschwender, allzu schwermütig oder zu leichtsinnig oder auf andere Weise so geartet war, dass sie, würde er ihr Schwiegersohn, um die Zukunft ihrer Tochter bangen müsste. Ebenfalls sollte man als Mutter darüber informiert sein, ob ein Heiratskandidat inoffiziell nicht schon vergeben war. Vielleicht hatte hinter den Kulissen eine mächtigere Dynastie längst ihr Interesse an einem der jungen Männer bekundet, die man selbst ins Auge gefasst hatte – dann sollte man sich mit allzu offenen Anfragen zurückhalten. Schließlich wollte man sich keine Blöße geben oder gar eine Abfuhr holen.

In puncto Informationsbeschaffung funktionierten die weiblichen Netzwerke höchst effizient. Egal, ob eine Mutter noch nach einem Heiratskandidaten für ihre Tochter suchte oder ob sie bereits vorhandene Bewerber durchleuchten wollte – unermüdlich schafften ihre Schwestern, Tanten, Cousinen und Freundinnen jene Informationen heran, die sie benötigte. Es ist erstaunlich, welche Details die Damen in Erfahrung bringen konnten. Manche entwarfen in ihren Briefen sogar detaillierte Psychogramme, die es ermöglichten abzuklären, ob ein prinzipiell infrage kommender Bewerber auch von seinem Charakter her mit der zu verheiratenden Tochter harmonieren könnte. Ludovikas Mann hingegen, Herzog Max, bezeichnete den Aktionismus der Mütter und Ehefrauen, der einsetzte, sobald die Töchter das heiratsfähige Alter erreichten, ironisch als »verdächtiges Krinolinengeraschel«.[5]

Dabei hatte die informelle Informationsbeschaffung über ein weibliches Netzwerk wie das Ludovikas einen Vorteil, auf den

Herzog Max und seinesgleichen wohl nicht hätten verzichten wollen: Sie verhinderte mehr oder minder offene Konflikte. Wer bei genauerem Hinsehen den eigenen hohen Kriterien nicht entsprach oder wer zwar aus einer angesehenen Familie stammte, später aber voraussichtlich ohne Vermögen dastehen würde, der wurde still und heimlich aus der Liste der Kandidaten gestrichen, ohne dass er davon erfuhr. Und ohne dass man mit vielen Ausreden erklären musste, warum man, nach einer ersten Anfrage, plötzlich nicht mehr interessiert war.

Die Hauptinformantinnen in Herzogin Ludovikas Netzwerk waren ihre Schwestern. Jede einzelne von ihnen war selbst einst Objekt der ausgefeilten Heiratspolitik ihrer Familie gewesen, hatte in deren Sinn eine glänzende Partie gemacht und beherrschte nun ihrerseits das heikle Handwerk der Eheanbahnung. Ludovikas älteste Halbschwester Auguste war Anfang 1806 auf Wunsch Kaiser Napoleons mit seinem Stiefsohn Eugène de Beauharnais, seit 1805 Vizekönig von Italien, verheiratet worden. Aus Sicht der Wittelsbacher – als einer der ältesten deutschen Dynastien – stellte diese Ehe mit einem Verwandten des Emporkömmlings Napoleon zwar eine Mesalliance dar, doch Napoleon hatte ihrem Vater, als seinem Bündnispartner, ein Geschenk angeboten, das mit dieser Hochzeit besiegelt werden sollte und von ihm kaum abgeschlagen werden konnte: den Königstitel.

Ludovikas zweitälteste Halbschwester Charlotte war zuerst mit dem Kronprinzen Wilhelm von Württemberg verheiratet worden. Da diese Ehe ebenfalls auf Wunsch Napoleons geschlossen, ansonsten aber nie vollzogen worden war, ließen sie die Wittelsbacher nach dem Ende der Herrschaft Napoleons rasch annullieren und suchten nach einem neuen Ehemann für Charlotte. Es ging dabei natürlich um eine neue Heiratsallianz, die unter den völlig geänderten politischen Umständen von Vorteil sein würde – etwa mit den mächtigen Habsburgern. So gab man Charlotte 1816 dem österreichischen Kaiser Franz I. zur Frau. Dass Franz vierundzwanzig Jahre älter als die vierundzwanzigjährige Charlotte und schon dreimal Witwer und zwölfmal Vater geworden war, war unerheblich.

Auch die Heirat von Ludovikas Schwester Elisabeth mit dem protestantischen Kronprinzen Friedrich Wilhelm von Preußen im Jahr 1823 hatte einen politischen Hintergrund. Sie sollte die bayerisch-preußische Freundschaft festigen. Die Schwestern Marie und Amalie wurden in den Jahren 1822 beziehungsweise 1833 mit dem erst- und dem zweitgeborenen Sohn des sächsischen Königs verheiratet, wodurch beide Schwestern nacheinander Königinnen von Sachsen wurden. Durch die Hochzeit von Ludovikas drei Jahre älteren Schwester Sophie mit Erzherzog Franz Karl, dem zweiten Sohn Kaiser Franz' I. von Österreich, wurde im Jahr 1824 neben einer weiteren Heiratsallianz mit den Habsburgern auch eine interessante neue Familienkonstellation geschaffen: Sophie war ab nun die Stief-Schwiegertochter ihrer Halbschwester Charlotte.

Das Netzwerk der Schwestern Auguste, Charlotte, Elisabeth, Marie, Amalie und Ludovika erstreckte sich somit von Preußen über Sachsen und München bis nach Wien. Die Frauen korrespondierten täglich. So weit entfernt sie auch voneinander wohnten – über ihre Briefe, in denen sie detailreich ihren Alltag sowie sämtliche Vorkommnisse an ihrem jeweiligen Hof beschrieben, waren sie bestens informiert. Benötigte eine von ihnen eine detailliertere Information zu einem Heiratskandidaten, die sich nicht vor Ort eruieren ließ, so konnten ihr die Schwestern diese beschaffen. Als ihre Kinder ins heiratsfähige Alter kamen, begann diese Frauenrunde, gemeinsam den Heiratsmarkt zu sondieren. Auch die kinderlos gebliebenen Schwestern Charlotte, Elisabeth und Marie setzten sich engagiert dafür ein, dass ihre Nichten, wie auch die Neffen, möglichst vorteilhaft unter die Haube kamen.

Die Mütter von Prinzessinnen im heiratsfähigen Alter fingen meistens schon Jahre vorher damit an, sich einen Überblick über das zu erwartende Angebot auf dem Heiratsmarkt zu verschaffen – der für sie ohnehin nie allzu groß war. In jeder Generation fand sich nur eine begrenzte Anzahl an jungen Männern, die hier in puncto Herkunft, Status und Vermögen als Heiratskandidaten infrage kamen. Die Suche begann stets im nächsten Umfeld und wurde dann ausgeweitet. Heiratete die Tochter einen nahen Verwandten, hatte das den Vorteil, dass man kein Risiko einging. Man blieb ganz unter seinesgleichen, wusste also, worauf man sich einließ. Erst wenn eine Mutter innerhalb der ihr vertrauten Kreise nicht fündig wurde, vergrößerte sie ihren Aktionsradius. Als Nächstes richtete sie den Blick auf entfernte Höfe, dann auf Heiratskandidaten aus dem Ausland. Die Auswahl der Kandidaten erfolgte stets nach dem gleichen Ausschlussprinzip: Männer aus regierenden Dynastien, gar Thronfolger, waren denen aus nicht regierenden Familien vorzuziehen, Vermögende denen ohne Vermögen. Und je weiter entfernt ein Bewerber um die Hand der Tochter lebte, desto attraktiver hatte das Angebot seiner Familie zu sein.

Als Elisabeth das heiratsfähige Alter erreichte, waren viele ihrer ehemaligen Spielgefährtinnen bereits verheiratet. Das Haus der Familie Paumgarten leerte sich zunehmend, schon hatten die älteren Töchter in die ältesten und nobelsten Adelshäuser eingeheiratet – Elisabeth wird also gewusst haben, dass im Palais Max bald die Reihe an ihr sein würde. Allerdings hatte ihre Mutter – die in ganz anderen Kreisen als im bayerischen Hochadel nach Schwiegersöhnen suchte – zuvor noch Sisis ältere Schwester Helene unter die Haube zu bringen. Helene stand kurz vor ihrem neunzehnten Geburtstag – damals ein recht hohes Alter für eine junge Frau, die noch keinen Verlobten vorweisen konnte.

Ludovika erkundigte sich natürlich zunächst bei ihren Schwestern und ihren engsten Freundinnen aus regierenden Häusern – in München, Wien, Dresden, Berlin und Stuttgart. Der Münchner Königshof erwies sich sofort als aussichtslos: Ludovikas dortige Neffen waren allesamt schon verheiratet, und die beiden Söhne ihres Neffen Maximilian II. waren gerade einmal fünf und acht Jahre alt. Drei von Ludovikas Schwestern waren kinderlos, doch die restlichen zwei hatten Söhne im passenden Alter: Amalie in Dresden hatte zwei Söhne, und der Zweitgeborene war noch nicht verlobt. Und Sophie in Wien hatte vier Söhne, von denen drei im heiratsfähigen Alter waren. Damit stand fest: Die ersten Höfe, auf die sich Ludovika und ihre Schwestern in Sachen Bräutigamschau konzentrierten, waren die von Dresden und Wien.

Dass die Kinder ins heiratsfähige Alter kamen, verlieh den Verwandtenbesuchen, die seit jeher unternommen wurden, nun eine völlig neue Bedeutung. Denn was gab es Unauffälligeres, als den Besuch einer oder mehrerer Nichten? Oder umgekehrt: Wer wunderte sich schon, wenn der Neffe für einen längeren Aufenthalt zu seiner Tante und deren Töchtern anreiste? Diese Verwandtenbesuche wurden ab nun intensiver – zu einem Zweck: Man wollte den jungen Leuten Gelegenheit geben, in geschützter – weil familiärer – Umgebung einander zu »beschnuppern« und sich näher kennenzulernen. Bei längeren Aufenthalten am Hof der Verwandten, deren Aufmerksamkeit wenig entging, konnten diese zudem ausloten, ob eine junge Frau, oder ein junger Mann, in die eigene Familie passen würde. Für Außenstehende mochten solche familiären Zusammentreffen eher zufällig aussehen – in Wirklichkeit waren sie jedoch von langer Hand minutiös geplant worden.

Elisabeths erster Verwandtenbesuch unter dem Vorzeichen einer möglichen Verlobung führte sie im April 1853 nach Dresden. König Friedrich August II. von Sachsen hatte sie eingeladen, einige Zeit bei ihrer Tante Marie zu verbringen. Marie hatte zwar keine Kinder, doch am Dresdner Hof lebte noch ihre und Ludovikas Schwester Amalie, die mit Friedrich Augusts jüngerem Bruder Johann verheiratet war. Deren jüngerer Sohn war wie gesagt noch nicht vergeben, weshalb Elisabeth um den Zeitpunkt ihrer Firmung nach Dresden gebeten wurde. Ludovikas Schwestern wussten, wie schwierig es für sie werden würde, gleich fünf Töchter standesgemäß zu verheiraten, und halfen ihr dementsprechend, indem sie für die jungen Nichten jedes nur mögliche Treffen mit potenziellen Heiratskandidaten arrangierten. Vor Elisabeths Fahrt nach Dresden schrieb Ludovika ihrer Schwester Marie: »Elise bei euch zu wissen, würde ich freilich als ein großes Glück ansehen, und ich bin dir und deinem Fritz herzlich dankbar, dass ihr ihrer so liebevoll gedenkt. Aber leider ist es nicht wahrscheinlich, denn der einzige, der zu hoffen wäre, wird schwerlich an sie denken«.[6] Ludovika sollte recht behalten. Elisabeth hinterließ in Dresden bei dem fünf Jahre älteren Prinz Georg einen so schwachen Eindruck, dass von weiteren Besuchen oder einem Gegenbesuch Georgs in München sang- und klanglos abgesehen wurde. Zweifellos wusste Elisabeth, aus welchem Grund man sie nach Dresden eingeladen hatte. Jedoch hatte sie noch niemals vorher einen derartigen Besuch absolviert, es mangelte ihr also an Erfahrung in Heiratsangelegenheiten. Und da sie bei ihrer Rückkehr aus Dresden nicht ins betrübte Gesicht ihrer Mutter blicken musste – sie war ja noch zu jung, als dass Ludovika sich Sorgen wegen ausbleibender Heiratsanträge machte –, wird sie dem erfolglosen Familienbesuch in Sachsen wenig Bedeutung geschenkt haben.

Zurück in München, nahm Elisabeth ihr gewohntes Leben wieder auf – mit einer deutlichen Änderung: Seit sie als heiratsfähig galt, durfte Elisabeth an den abendlichen Diners teilnehmen, zu denen die königliche Familie die erwachsenen Mitglieder der Wittelsbacher Dynastie regelmäßig in die Münchner Residenz einlud. Auch ihre Mutter gab nun wieder, nach langer Zeit, kleine Abendgesellschaften, die vor allem dazu dienen sollten, Elisabeth und Helene mit derlei Festivitäten vertraut zu machen und sie an ein höfisches Umfeld zu gewöhnen. Ludovika sollte künftig erzählen, dass sie froh war, ihre Töchter auf diese Weise »auf ihre späteren Stellungen und die daraus erwachsenen Pflichten vorbereitet« zu haben.[7]

Und es gab noch ein zweites deutliches Zeichen, dass Elisabeth die Kinderstube hinter sich gelassen hatte: ihr Aussehen, das nun in Mode und Frisur einer Erwachsenen entsprach. Der Rocksaum war nach unten gewandert und die Haare nach oben. Anstelle der mädchenhaften kurzen Kleider, die Knöchel und Stiefelchen frei ließen, waren bodenlange Damenmodelle getreten, die so geschnitten waren, dass sie mithilfe eines eng geschnürten Korsetts für eine schmale Taille sorgten und Brust wie Hüften betonten, also ihrer Trägerin eine besonders »weibliche« Silhouette verliehen. Auch kindliche lange Zöpfe oder die halb offene, nur von einem Band zusammengehaltene Haarpracht gehörten jetzt der Vergangenheit an: Eine heiratsfähige junge Frau trug ihr Haar hochgekämmt und im Nacken zu einem Knoten festgesteckt.

Eben so – im langen, damenhaften Kleid und mit aus dem Gesicht gekämmtem, festgestecktem Haar – hat der Münchner Fotograf Alois Löcherer Elisabeth im Jahr 1853 fotografiert. Das Bild dürfte kurz vor Elisabeths Besuch in Dresden aufgenommen worden sein. Es lässt sich bereits erkennen, dass sich die Fünfzehnjährige zu einer attraktiven Frau entwickeln würde – doch auch kaum mehr. Nach frühen Spuren ihrer legendären Schönheit sucht man auf dieser Ablichtung Elisabeths vergeblich. Zu sehen ist dafür eine sehr junge Frau, deren Gesicht noch eine kindlich-pubertäre Fülle aufweist. Die Offensichtlichkeit dieses Übergangsstadiums vom Backfisch zur Frau veranlasste wohl auch Ludovika, in einem Brief zu klagen, ihre Tochter habe bei aller jugendlichen Frische »keinen einzigen hübschen Zug«.[8] Noch Jahrzehnte später erzählte die Herzogin einer Enkelin, dass ihre Tochter Elisabeth bis kurz vor ihrer Verlobung »ein rundes, nicht besonders schönes Gesicht, wie ein Bauernmädel«, gehabt habe, dass dann aber plötzlich »eine Wandlung in ihrem Äußeren« eingetreten sei und sie sich zu einer großen Schönheit entwickelt habe.[9] Etwa im Alter von fünfzehneinhalb Jahren, unmittelbar vor der Verlobung, dürfte aus dem pubertären Entlein ein schöner Schwan geworden sein.

Auf dem Monate vorher aufgenommenen Foto Löcherers sieht man Elisabeth mit ernstem Ausdruck, einem strengen Zug um den Mund und Schatten unter den Augen. Ist ihr ernster, fast trotziger Blick – der so gar nicht zu dem exzeptionellen Ereignis passt, das ein Besuch eines Fotostudios in den Anfangsjahren der

Fotografie darstellte – der damals nötigen langen Belichtungszeit zuzuschreiben oder klassischem pubertären Widerwillen? Immerhin bescheinigte Ludovika rückblickend ihrer Tochter zwar »ein besonders liebenswürdiges Wesen«, aber auch »einen Widerspruchsgeist«, der sie dazu getrieben habe, »Dinge zu sagen, die sie [Ludovika] verletzten, oder doch zumindest sehr erstaunten«.[10] Heute würde man hierbei wohl von entwicklungsphysiologisch bedingtem pubertären Verhalten sprechen, als Teil des Ablösungsprozesses von den Eltern. Die Konfliktneigung Pubertierender gilt heute als natürliches Element der Persönlichkeitsentwicklung und war auch im 19. Jahrhundert gegeben. Allerdings waren die damaligen Erziehungsmethoden wesentlich strenger, und die emotionale Ablösung von den Eltern, die sich als »Widerspruchsgeist« äußerte, wurde weder familiär noch gesellschaftlich akzeptiert.

Dass Elisabeths Gefühlsleben zum Zeitpunkt ihres Fototermins bei Löcherer großen emotionalen Schwankungen unterlag, mögen einige ihrer damaligen Gedichte bezeugen, deren Abschriften erhalten sind. Während Ludovika nach einem Ehemann für sie suchte, musste Elisabeth den Verlust eines Jugendfreundes erleben. Graf David von Paumgarten, der Bruder ihrer engsten Freundin Irene, war einen Tag nach ihrer Firmung an Typhus verstorben.[11] Sisi widmete David, der nur einen Monat jünger gewesen war als sie, ein Gedicht, in dem ihre große Trauer über seinen Tod zum Ausdruck kommt. Noch vor Davids Tod, höchstwahrscheinlich im Herbst vor ihrem fünfzehnten Geburtstag, hatte zudem ein neues, vorher nie gekanntes Gefühl ihr Herz in innere Unruhe versetzt: Sie hatte sich zum ersten Mal verliebt. Wer der Schwarm der jungen Elisabeth war, weiß man bis heute nicht. Es muss jemand gewesen sein, der Zugang zum herzoglichen Haus hatte. Denn eine junge, ledige Frau von Elisabeths Rang traf keinen Mann außerhalb ihres familiären Umfelds. Es gibt ein ihm gewidmetes Gedicht der jungen Sisi mit dem Titel »An ihn«, in dem sie ihn »Richard« nennt und seinen plötzlichen Tod beklagt. Vielleicht gehörte er zum Gefolge ihres Vaters, war ein Beamter des herzoglichen Hauses in München oder ein Adjutant oder Diener, der ihre Familie zum Séjour nach Possenhofen begleitet hatte. Für diese Annahme spricht zumindest die Gedichtzeile: »Geschmückt war der Liebesknoten, wir sah'n uns jeden Tag«. Denn vorausgesetzt, dass hier keine Wunschvorstellung oder verklärte Erinnerung zu Wort kam – welchem jungen Mann hätte Elisabeth Tag für Tag begegnen können, wenn nicht einem, der in Diensten ihrer Familie stand? Zur Verwandtschaft, oder auch zu deren Gefolge, konnte »Richard« nicht gehören, da man diese nicht täglich zu Gesicht bekam. »Du bist mein Gedanke, Alles bei Tag und Nacht, Und mein Herz, das kranke, Hat nur Dein gedacht«, schrieb die Verliebte sehnsüchtig in ihr kleines Poesiebuch.[12] Nichtsdestoweniger bleibt die Identität von »Richard« ein kleines Rätsel – in Elisabeths engerem Umfeld hat man bis heute niemanden mit diesem Vornamen ausmachen können.

Wie sehr ihre Gefühle ernsthafter Natur waren, wie sehr ihre Verliebtheit auf die für ihr damaliges Alter typischen Sehnsuchtsfantasien zurückzuführen war, lässt sich heute schwer einschätzen. Wie es bei Teenagern aller Zeitalter vorkommt, dürfte auch die heranwachsende Elisabeth öfters an Melancholie oder an leichten depressiven Verstimmungen gelitten haben.

Der Sommer 1853 – unmittelbar bevor sich herausstellte, dass die bayerische Herzogstochter Elisabeth nicht der Heerschar der heute unbekannten königlichen Prinzessinnen angehören, sondern die große imperiale Bühne betreten würde – traf Sisi als ein Mädchen an, über dessen künftigen Ehemann sich Mutter und Tanten bereits den Kopf zerbrachen und das im Begriff war, so plötzlich zu einer großen Schönheit zu erblühen, dass die Menschen in seiner Umgebung diesen schnellen Wandel noch gar nicht realisierten, weshalb sie, als er ihnen auffiel, geradezu überrascht davon waren. Ein Mädchen, das bereits das Gefühl von Verliebtheit kennengelernt hatte, aber offenbar auch heftige Pubertätsstürme und Stimmungsschwankungen durchlebte. Ein Mädchen, das unisono als außerordentlich liebenswert, empfindsam, schüchtern, still und zurückhaltend beschrieben wurde.

Mit diesem Mädchen und seiner älteren Schwester Helene machte sich Ludovika Mitte August auf den Weg in den österreichischen Kurort Ischl. Es stand ein weiterer Familienbesuch auf dem Plan. Eingeladen hatte diesmal Ludovikas Schwester Erzherzogin Sophie von Österreich. Ihr Erstgeborener, der gut aussehende Kaiser Franz Joseph von Österreich, würde am 18. August seinen dreiundzwanzigsten Geburtstag begehen – und er war nicht nur Herrscher eines mitteleuropäischen Großreichs, sondern auch der begehrteste Junggeselle dieses Jahrzehnts. Doch auch seine jüngeren Brüder waren für eine Frau, die mehrere Töchter zu verheiraten hatte, keineswegs uninteressant. Ein österreichischer Erzherzog war stets eine gute Partie für die Töchter aus dem Hause Wittelsbach. Und einer von Sophies Söhnen gab sogar nachweislich Anlass zur Hoffnung: Karl Ludwig, ihr dritter Sohn, hatte einige Jahre zuvor, beim letzten Familientreffen in Innsbruck, großes Interesse an Elisabeth gezeigt. Die damals Zehnjährige wurde von ihrer Tante Sophie so beschrieben: »Elise ist ohne schön zu sein – ein gar anziehend – liebes – freundliches Wesen – ihr warmer treuer Blick und ihr Lächeln sind unwiderstehlich; sie ist so sanft-weiblich und über ihre Jahre vernünftig«.[13] Wer weiß, vielleicht würde Karl Ludwigs Sympathie eines Tages in ein tieferes Gefühl übergehen? Aus den Augen lassen durfte Mutter Ludovika das Interesse eines Erzherzogs an einer ihrer Töchter sicherlich nicht.

Auch Ludovikas Schwester Sophie befand sich gerade auf der Suche nach einer guten Partie für eines ihrer Kinder. Franz Joseph war zwar bereits im Rahmen von Familientreffen mit standesgemäßen Heiratskandidatinnen zusammengeführt worden, doch jedes dieser Treffen hatte bisher erfolglos geendet. Kurz vor Weihnachten 1852 war der junge Kaiser mit seinen Brüdern Ferdinand Max und Karl Ludwig »mittelst Separat-Trains über Prag und Dresden nach Berlin« gefahren – wie die Reiseprotokolle des Wiener Hofes dezent vermerkten –, um dort bei einem Besuch seiner Tante, Königin Elisabeth von Preußen, unauffällig mit deren angeheirateter Nichte, Prinzessin Anna von Preußen, zusammenzutreffen.[14] Anna war ein bildhübsches Mädchen. Sie war ein Jahr älter als Elisabeth und sah ihr zudem recht ähnlich. Und sie gefiel Franz Joseph außerordentlich gut. Zurück in Wien, sprach er mit seiner Mutter über »das Gefühl, das ihn seit seiner Rückkehr vorrangig beschäftigt[e]«.[15] Die Wahl Franz Josephs wäre auf die hübsche Anna gefallen, doch eine Verlobung kam nicht zustande. (Später wurde oft kolportiert, dass der Berliner Hof angeblich aus politischen Gründen einer Verbindung nicht zugestimmt habe – was wohl so nicht richtig ist. Es gab damals keine politischen Verstimmungen zwischen Preußen und Österreich; auch die Idee einer deutschen Einigung unter Preußens Führung und dem Ausschluss Österreichs lag noch in der Zukunft. Wahrscheinlicher scheint, dass Prinzessin Anna zum Zeitpunkt des Besuchs von Franz Joseph bereits fest versprochen war, denn fünf Monate später heiratete sie den Thronerben des Kurfürstentums Hessen.)

Mutter Sophie versuchte zwar noch hinter den Kulissen, zugunsten ihres Sohnes zu intervenieren. Sie beschwor ihre Schwester Elisabeth, sich für Franz Joseph einzusetzen. Ihr diesbezüglicher Brief zeigt auch, wie offen die Schwestern miteinander kommunizierten: »Du kennst ihn genug, dass man seinem Geschmack nicht so leicht entsprechen kann und ihm nicht die nächste beste genügt, dass er das Wesen lieben können muss, die seine Gefährtin werde, dass sie ihm gefalle, sympathisch sei. Allen diesen Bedingungen scheint Eure liebe Kleine zu entsprechen, beurteile selbst, wie ich sie also für einen Sohn ersehne, der so sehr des Glücks bedarf, nachdem er so schnell auf die Sorglosigkeit und die Illusionen der Jugend hat verzichten müssen«.[16]

Auch ein nächster unauffälliger Familienbesuch führte nicht zu einer Verlobung. Auf der Rückreise nach Wien legte Franz Joseph einen Zwischenstopp in Dresden ein, um dort seine Cousine Sidonie von Sachsen zu sehen. Dieser Besuch war kurz. Der

Kaiser hatte die Cousine begutachtet, von weiteren Zusammentreffen wurde abgesehen. Das Mädchen gefiel ihm nicht. »Ihr Kopf soll schön, ihre Gestalt zu dick gewesen sein«, beschrieb später Elisabeths Nichte in der Erinnerung den Eindruck, den Sidonie hier hinterlassen hatte.[17]

Langsam wurde es also auch für den österreichischen Kaiser eng am Heiratsmarkt. Allzu viele katholische Prinzessinnen im richtigen Alter, die den ästhetischen Ansprüchen Franz Josephs genügt hätten, fanden sich im deutschsprachigen Raum nicht mehr, und ausländische Prinzessinnen passten nicht in die Heiratspläne des Wiener Hofes. Da traf es sich gut, dass es mit Franz Josephs dreiundzwanzigstem Geburtstag einen Grund für ein weiteres Familientreffen gab – und so organisierte seine rührige Mutter Erzherzogin Sophie rund um diesen Anlass eine mehrtägige Zusammenkunft. Eingeladen waren neben ihrer Schwester Ludovika und deren Töchtern Helene und Elisabeth auch ihre Schwestern Marie von Sachsen, Elisabeth von Preußen und Charlotte, die Ex-Kaiserin von Österreich, dazu der Halbbruder Ludovikas, Prinz Karl von Bayern, sowie Franz Josephs Großonkel, der alte Erzherzog Ludwig, und Verwandte aus dem hessischen Herrscherhaus.

Über diesen schicksalsträchtigen Ischler Séjour wurde im Nachhinein nicht nur viel geschrieben, sondern in ihn auch vieles hineininterpretiert, was mehr spekuliert als wahrscheinlich ist. Dass etwa, wie oft kolportiert, Sophie und Ludovika vorher wirklich geplant hätten, eine Heirat zwischen ihren Kindern Franz Joseph und Helene zu arrangieren, ist nicht mehr als eine unbewiesene Annahme (die im Laufe der Zeit zum kaum mehr hinterfragten Bestandteil der Erzählung dieser Tage wurde). Denn den vorhandenen Quellen lässt sich nicht entnehmen, dass es Absprachen dieser Art gegeben hätte. Beide Mütter werden wohl gehofft haben, dass Franz Joseph Interesse an Helene zeigte; doch für eine Vernunftehe nach altem Vorbild, bei der Politik, Diplomatie oder die Eltern die Wahl des Ehepartners bestimmten, war der Kaiser nicht zu haben. Ebenso muss man die Rolle von Erzherzogin Sophie, die gemeinhin als treibende Kraft hinter einem österreichisch-bayerischen Heiratsprojekt beschrieben wird, differenzierter betrachten. Franz Joseph war seiner Mutter sicherlich sehr ergeben, dennoch hätte er niemals um die Hand einer jungen Frau angehalten, die er nicht attraktiv fand und von der er sich nicht angezogen fühlte. Das hatte er in der Vergangenheit eindrücklich bewiesen. Entsprechende Absprachen zwischen Mutter und Tante hätten diesen jungen Kaiser wohl kaum beeindruckt. Und dass Sophie genau wusste, dass sie ihrem Sohn eine Ehefrau weder ein- noch ausreden konnte, belegt allein die Tatsache, dass sie alles in ihrer Macht Stehende versucht hatte, um die protestantische Prinzessin Anna für ihren Sohn zu gewinnen – und das, obwohl Sophie selbst streng katholisch war und die Habsburger generell keine Heiraten mit Protestanten förderten. Das Einzige, was Sophie tun konnte, war, ihren kaiserlichen Sohn mit ihr genehmen jungen Frauen zusammenzubringen, die vom Rang her als Ehepartnerinnen infrage kamen. Die Entscheidung, wen er heiraten würde, lag jedoch allein bei Franz Joseph.

Weil Sophie nur bestimmen konnte, in welchem Umfeld ihr Sohn mit einer Heiratskandidatin zusammentraf, nicht aber, wer ihre Schwiegertochter werden würde, musste dieses Umfeld besonders gut gewählt werden. Hier war nun die Schraube, an der sie drehen konnte. Die Erzherzogin konnte die von ihr bevorzugten jungen Frauen in die Nähe ihres Sohnes holen und in ein gutes Licht rücken. Sie konnte die hierfür passenden Rahmenbedingungen festlegen, und genau das tat sie im Fall der Einladung nach Ischl. Ein Familientreffen in der Art, wie es Sophie arrangiert hatte, zu dem Herzogin Ludovika und ihre beiden Töchter im heiratsfähigen Alter, aber keine weiteren jungen Damen, sondern nur noch ältere Familienmitglieder eingeladen wurden, zeigt, dass hier bewusst ein Umfeld geschaffen wurde, in dem sich der Kaiser ganz auf Elisabeth und Helene konzentrieren sollte. Inmitten ihrer alten Tanten und Onkel – die jüngsten hatten längst das fünfzigste Lebensjahr überschritten – müssen

Ludovikas Töchter in ihrer Frische wie der Inbegriff der Jugend gewirkt haben. Was wohl ganz im Sinne der Gastgeberin war.

Auch das Programm dieses familiären Séjours im Kurort Ischl war von Sophie sorgfältig geplant worden. Es entsprach ganz dem klassischen Ablauf einer mehrtägigen Familienzusammenkunft in höfischen Kreisen: Die Herren würden zur Jagd gehen, die Damen Spaziergänge oder Kutschfahrten in der schönen Umgebung genießen. Man träfe einander in ungezwungener Atmosphäre beim gemeinsamen Frühstück und beim nachmittäglichen Tee. Bei den abendlichen Diners würde es förmlicher zugehen und dem Protokoll mit einer streng hierarchischen Sitzordnung Genüge getan werden. Die Damen würden abends in großen Roben glänzen und teuren Schmuck tragen. Der Höhepunkt aber würde der große Ball sein, der zu Ehren des Kaisers an seinem Geburtstag stattfinden sollte.

Den Ort des Zusammentreffens hatte Sophie exzellent ausgewählt. Ischl war damals noch nicht der überfüllte Sommerfrische-Hotspot der Monarchie, der es in späteren Jahren werden sollte. Weder existierten dort damals die künftige touristische Infrastruktur noch ein kaiserlicher Sommersitz. Sophie hatte für ihre Familie eine Villa gemietet, der Großteil der geladenen Gäste musste in Hotels unterkommen. Für die relativ einfache Unterkunft wurden die Besucher jedoch durch die außerordentliche landschaftliche Schönheit der Ischler Umgebung und die Ruhe im beschaulichen Kurort entschädigt. Hier konnte die Familie unter sich sein, hier stand man nicht unter Beobachtung der Hofgesellschaft. Außerdem war der junge Kaiser nirgends so entspannt wie in Ischl, das er seit seiner frühesten Kindheit kannte und liebte.

Sowohl Ludovika als auch ihre Schwestern hofften wahrscheinlich, dass sich Franz Joseph für ihre Töchter, und hier vornehmlich für die ältere Helene, interessieren würde. An eine Verlobung dachte zu diesem Zeitpunkt aber keine der königlichen Heiratsvermittlerinnen – das belegt die aus diesen Tagen erhaltene Korrespondenz, das bezeugt die große Überraschung, die aus späteren Briefen spricht. Für Elisabeths Mutter war dieses Familientreffen dennoch eine bedeutende Angelegenheit. So familiär es auch ausgerichtet sein mochte – Ludovika wusste, was auf dem Spiel stand. Im Jahr zuvor war sie noch allein zu einem Besuch ihrer Schwester Sophie gereist und hatte ihre Töchter damals bewusst bei Königin Therese von Bayern in Berchtesgaden zurückgelassen, »damit es nicht aussehe, als wolle sie die Aufmerksamkeit des Kaisers auf eine von Beiden richten«.[18]

Vermutlich hatten sie ihre Schwestern damals darüber informiert, dass sich Franz Joseph an anderen Höfen nach einer Braut umsah. Aber vielleicht hatte sie auch instinktiv erkannt, dass die Zeit noch nicht reif war, um dem kaiserlichen Neffen ihre Töchter zu präsentieren. Sicher ist, dass nun, nach fünf Jahren, in denen Franz Joseph seine bayerischen Cousinen nicht zu Gesicht bekommen hatte, die Situation ideal war: Der Monarch hatte sich am Berliner Hof eine Abfuhr geholt und die Heiratskandidatin aus Dresden gleichgültig begutachtet und abgelehnt. Ludovikas beide Töchter befanden sich im Sommer 1853 somit in einer besseren Position als noch im Jahr zuvor. Helene, die seit Längerem zu Diners und Festen der Münchner Hofgesellschaft mitgenommen wurde, hatte gelernt, entsprechend aufzutreten. Sie konnte ungezwungen parlieren, wusste sich in der Gesellschaft zu bewegen und hatte in den Augen von Mutter und Tanten vielleicht die große Chance, einem Kaiser zu gefallen. Aber auch für Elisabeth musste Ludovika jetzt jede Gelegenheit wahrnehmen, um sie mit einem potenziellen Heiratskandidaten zusammenzubringen – zeigte sich doch am Beispiel Helenes, dass es durchaus lange dauern konnte, bis sich eine gute Partie ergab.

Bleibt die Frage, wie sich die beiden Schwestern gefühlt haben mögen, als sie zu diesem Ischler Séjour fuhren. Hier freilich helfen die vorhandenen Quellen nicht weiter. Wie war wohl der fünfzehnjährigen Elisabeth, wie der achtzehnjährigen Helene zumute bei der Aussicht auf ein Treffen mit dieser illustren, möglicherweise auf sie einschüchternd wirkenden Verwandtenrunde?

Ein Kaiser blieb schließlich auch in Gestalt eines Cousins eine Respektsperson, außerdem war Franz Joseph für die Töchter Ludovikas praktisch ein Fremder. Hinzu kamen viele weitere Menschen, die sie nicht kannten. Denn klein waren derartige Familientreffen nie, wenn zur Familie auch Mitglieder regierender Häuser gehörten. In Ischl reiste jede königliche Schwester mit einem Gefolge von mindestens zehn Personen an. Die Königinnen und Erzherzogin Sophie wurden von ihren Hofdamen, Hofkavalieren, Kammerpersonal und Dienern begleitet. Man verbrachte den Séjour auch nicht ausschließlich im Kreis der engsten Familie, sondern immer in Begleitung der Suiten, des Gefolges. Natürlich wussten auch die Suiten um die Hoffnungen, vor deren Hintergrund das Familientreffen stattfand. Ebenso werden Elisabeth und Helene im Voraus gewusst haben, dass man sie beobachten und taxieren und jede ihrer Bemerkungen interpretieren würde. Es ist heute kaum mehr vorstellbar, was es für eine junge Frau bedeutete, auf dem Heiratsmarkt vorgeführt zu werden und der Begutachtung preisgegeben zu sein. All das konnte auf junge, oft noch heranwachsende Frauen, die keinerlei Erfahrungen mit dem Leben und schon gar nicht mit Männern hatten, angsteinflößend wirken. Von der jungen Elisabeth weiß man zudem, dass unbekannte Menschen sie grundsätzlich einschüchterten. Aber auch für Helene wird dieses Treffen schwierig gewesen sein. Natürlich war allen Beteiligten klar, dass hier zwei Heiratskandidatinnen präsentiert wurden, von denen die ältere bereits ein Alter erreicht hatte, in dem für sie jede weitere Saison ohne Aussicht auf eine Verlobung peinlich werden würde.

Doch wie auch immer die Schwestern sich gefühlt haben mögen, sie konnten sich einem Treffen wie diesem nicht verweigern, hatten den Erwartungen ihrer Eltern zu folgen. Mitte des 19. Jahrhunderts rebellierte man als junge Frau auch nicht gegen die Verkupplungsversuche seiner Mutter, weil man genau wusste, dass die Alternative, nämlich unverheiratet zu bleiben, den gesellschaftlichen Tod bedeutet hätte. Hierin wurzeln auch die aus heutiger Sicht übertrieben wirkenden Bemühungen damaliger Mütter, ihre Töchter unter die Haube zu bringen. Denn für unverheiratete Frauen gab es damals schlichtweg keinen Platz in der Gesellschaft. Eine Frau ohne Ehemann war die Personifizierung des gescheiterten weiblichen Lebensideals. Unverheiratet zu bleiben traf die jeweiligen Frauen auch ganz konkret als persönliches Schicksal. Eine Frau, die keinen Mann fand, musste bei ihrer Herkunftsfamilie bleiben und von deren Zuwendungen leben. Sie nahm somit die Position der armen Verwandten ein. Auch wenn man in den Familien ungern darüber sprach – eine unverheiratete Tochter brachte stets Komplikationen mit sich. Man konnte sie nicht einfach wegschicken. Man musste ihr Quartier und Apanage zur Verfügung stellen. Sie war permanent anwesend im Haushalt, ohne dass dort eine Rolle für sie vorgesehen war. Was bei den Eltern noch einigermaßen funktionieren mochte – unverheiratete Töchter wurden meist die Altersgefährtinnen der betagten Eltern –, wurde bei der nächsten Generation oft zum Problem. Denn die Verantwortung für eine unverheiratete Tochter ging nach dem Tod des Vaters auf dessen ältesten Sohn oder den Neffen über, von dem die Frau nun abhängig war. Auch in höchsten Kreisen beziehungsweise solchen, wo es zumindest finanziell kein Problem war, eine ehelose Tochter mit zu versorgen, konnte es für sie unwirtlich werden, denn eine alte Jungfer wollte niemand im Haus haben. Sie war das fünfte Rad am Wagen jeder Familie, und dies ließ man sie oft genug deutlich spüren.

Es gab kaum Möglichkeiten für unverheiratete Frauen, der nachteiligen und kränkenden Situation zu entkommen, die der Status ihrer Ehelosigkeit mit sich brachte – gerade einmal der Eintritt in ein Kloster wurde toleriert. Was es hieß, als Unverheiratete leben zu müssen, sah Elisabeth später bei ihrer engsten Jugendfreundin Irene Paumgarten. Als einzige der sieben Schwestern fand Irene keinen Ehemann, und da ihr Bruder David, der einzige Sohn und Erbe, bereits in jungen Jahren gestorben war, konnte nach dem Tod ihres Vaters die verwitwete Mutter den Familienbesitz nicht halten. Das Vermögen und der

Familiensitz Schloss Ering südwestlich von Passau gingen, wie in solchen Fällen üblich, an einen entfernten männlichen Verwandten. Irene blieb nichts als eine geringe Leibrente und der Ruf einer schrulligen alten Jungfer.[19]

Dass ihre Töchter unverheiratet blieben, war keine Option für Herzogin Ludovika, und so machte sie sich am 15. August 1853 mit den beiden auf den Weg nach Ischl. Drei Reisekutschen sollten sie samt Gefolge in den bekannten Kurort im Salzkammergut bringen. Begleitet wurden sie unter anderem von Ludovikas Obersthofmeisterin, ihrer Kammerfrau und Hofrat Dr. Heinrich von Fischer, dem Leibarzt der herzoglichen Familie.[20] Es lag eine beschwerliche Reise vor der kleinen Gesellschaft. Die Straßen waren zu dieser Zeit staubig und uneben, und auch wenn die besseren Reisekutschen, die sich begüterte Personen leisteten, mit Stoßdämpfern ausgestattet waren, wurde man nolens volens während einer mehrstündigen Kutschfahrt über Landstraßen gehörig durchgeschüttelt. Mit der Eisenbahn konnte man damals noch nicht bequem nach Ischl reisen. Im August kam noch die Sommerhitze hinzu, die auch das Wageninnere aufheizte. Ludovika und ihre Töchter konnten mit ihren drei vollbepackten und belegten Kutschen unmöglich direkt von München nach Ischl reisen – diese Route war ohne Pferdewechsel und einen Zwischenaufenthalt nicht zu schaffen. Deshalb wurde nach dem ersten Tag im bayerischen Traunstein übernachtet.

Am nächsten Morgen, dem 16. August, verzögerte ein Migräneanfall der Herzogin die rechtzeitige Abreise. Statt um sieben fuhr die kleine Reisegesellschaft erst um neun Uhr von Traunstein ab, was den minutiös getakteten Tagesplan durcheinanderbrachte. Es stand ein anstrengender Tag bevor. Ludovika hatte auf dem Weg nach Bad Ischl noch einen Besuch in der Stadt Salzburg abzustatten. Es galt, den hier anwesenden Geschwistern der Herzogin, Ex-Kaiserin Karoline von Österreich und Ex-König Ludwig von Bayern, sowie dessen Frau Therese eine Aufwartung zu machen. Weil einer der Brüder Thereses erst zwei Wochen zuvor gestorben war, mussten bei diesem Besuch

Trauerkleider getragen werden, das verlangte das Zeremoniell. Ludovika und ihre Töchter setzten sich also an diesem warmen Sommertag in hochgeschlossenen Trauerkleidern aus blickdichtem Wollstoff in die Reisekutsche, um am frühen Nachmittag den Pflichtbesuch in der passenden Kleidung absolvieren zu können. Ludovika hatte ihrer Schwester Sophie bereits im Vorfeld mitgeteilt, dass sie wie geplant am 16. August einträfen, jedoch nicht schon beim nachmittäglichen Tee, sondern erst beim festlichen Diner am Abend zur Ischler Verwandtenrunde stoßen würden. So blieb noch genügend Zeit, um sich nach der langen Reise frisch zu machen, das Trauergewand abzulegen und in helle Kleider zu schlüpfen.

Erzherzogin Sophie wartete wie vereinbart am Nachmittag des 16. auf ihre Schwester und deren Töchter, »bei einem hübschen Bauernhof in Strobl, dessen Leute ich sehr gerne habe«, wie sie schrieb.[21] Die übrige Geburtstagsgesellschaft unternahm derweilen in Ischl einen Spaziergang entlang der Traun. Sophie wollte offenbar als Erste die beiden Nichten inspizieren, auf denen das Hauptaugenmerk dieses Verwandtenbesuchs lag, und noch einmal allein mit ihrer Schwester Ludovika sprechen.[22] Doch sie musste ganze eineinhalb Stunden warten. Dass die Münchner Reisegesellschaft am Morgen nicht pünktlich aufgebrochen war, hatte nun zu einer gehörigen Verspätung geführt.

Als sie endlich ankam, überredete Sophie die Schwester, doch am Nachmittagstee teilzunehmen. Allerdings waren der herzogliche Gepäckwagen und Ludovikas Kammerdienerin noch nicht in Ischl eingetroffen, was bedeutete, dass die drei Neuankömmlinge ihre Kleider vor dem Tee nicht wechseln konnten. So begleitete Sophie ihre Schwester und die Nichten sofort ins Hotel Talachini und ließ ihre eigene Kammerfrau holen, die den jungen Frauen den Staub aus den schwarzen Kleidern bürstete und Helene auch frisierte. Elisabeth richtete sich selbst das Haar. »Mit innigem Wohlgefallen sah ich Sisi zu, wie sie mit Anmut und Grazie ihr schönes Haar selbst ordnete«, beschrieb die Erzherzogin nachträglich diese intime Szene.[23] Warum sie allerdings

Helene und Sisi in ihrem dunklen Trauergewand der versammelten Verwandtenrunde in Ischl – inklusive des Kaisers – vorstellen wollte, anstatt ihnen Zeit zu geben, um sich auszuruhen, frisch zu machen, nach deren Ankunft von ihrer eigenen Kammerfrau frisieren zu lassen und helle, luftigere Kleider anzulegen, lässt sich den Quellen nicht entnehmen. Sophie hatte ihre Nichten seit Jahren nicht mehr gesehen und war nun, wie sie später niederschreiben sollte, überrascht, zu welcher Schönheit vor allem Elisabeth herangereift war und wie entzückend sie sogar in ihrem Trauerkleid aussah. In Elisabeths Familie sprach man noch eine Generation später davon, was für eine »besonders schöne Erscheinung Sisi damals gewesen sein muss«.[24] An diesem Sommertag im August muss ein großer Reiz von der Fünfzehnjährigen ausgegangen sein, deren frische Farbe und von der Hitze geröteten Wangen im Kontrast zu ihrem einfachen schwarzen Kleid wohl aufs Bezauberndste betont wurden.

Nach diesem dürftigen Frischmachen begleiteten Elisabeth, Helene und ihre Mutter ihre Gastgeberin ins von ihr angemietete »Seeauer Haus«: »Sie folgten mir dann bald […] in unser Haus, wo die ganze Gesellschaft […] bereits den Thee und Souper genommen hatten«, erzählte die Erzherzogin später.[25] Hier warteten die Verwandten mitsamt Suiten auf die Neuankömmlinge. Um zu vermeiden, dass Sisi und Helene in die versammelte Runde hineinplatzen mussten, ließ Sophie die beiden und Ludovika in ihr Boudoir führen. Hier konnten sie ihre Tanten und Onkel, aber auch ihren Cousin Franz Joseph ganz »en famille« und ohne Gefolge begrüßen. Hier sah auch der Kaiser seine Cousine Elisabeth zum ersten Mal nach fünf Jahren wieder – und verliebte sich auf den ersten Blick Hals über Kopf in sie. Dies war der Wendepunkt im Leben der bayerischen Herzogstochter und gleichzeitig die Geburtsstunde eines Mythos.

Was mag Elisabeth empfunden, was mag sie wahrgenommen haben, als sie, im wollenen Trauerkleid und vermutlich müde nach der beschwerlichen Reise, im Boudoir ihrer Tante inmitten der geladenen Verwandten auf den sieben Jahre älteren Kaiser traf? Dass dieser von der ersten Sekunde nur noch Augen für seine junge Cousine hatte, war für alle Anwesenden offensichtlich. Sophie zitierte wenige Tage später in einem Brief an die nicht nach Ischl gekommene Schwester Marie ihren jüngeren Sohn, Erzherzog Karl Ludwig (der vielleicht als Sisis Kinderfreund selbst ein Auge auf sie geworfen hatte und den Konkurrenten umso schärfer erkannte), mit der Bemerkung, »daß in dem Augenblick, als der Kaiser Sisi erblickte, ein Ausdruck so großer Befriedigung auf seinem Gesicht erschien, daß man nicht mehr zweifeln konnte, auf wen seine Wahl fallen würde«.[26] Elisabeth selbst dürfte als einziger Person im Raum entgangen sein, wie umwerfend sie auf den Kaiser wirkte. Oder mit den Worten der Erzherzogin: »Die liebe Kleine ahnte nichts von dem großen Eindruck, den sie auf Franzi gemacht hatte«.[27] Elisabeth war mit anderem beschäftigt. Sie war unsicher, fürchtete, sich nicht erwachsen genug zu benehmen, und hoffte, gegenüber der älteren, weltgewandteren Helene nicht zu sehr abzufallen. Am Abend klagte sie der Kammerfrau ihr Leid: »Die Néné [Helene] hat es gut, denn sie hat schon so viele Menschen gesehen, aber ich nicht. Mir ist so bang«.[28] Elisabeth hatte niemanden, an den sie sich halten konnte. Die Mutter wurde von ihrer Migräne in Beschlag genommen, die Schwester stand unter dem Druck, sich von ihrer besten Seite zu zeigen und möglichst ungezwungen zu parlieren. Und die älteren Verwandten waren Respektspersonen, die man nicht einfach ins Vertrauen zog. Ihrer Wirkung auf Franz Joseph sollte sich Elisabeth bis zum Ende dieses schicksalsträchtigen Tages nicht bewusst werden.

Was auf das erste Zusammentreffen von Franz Joseph und Sisi folgte, wurde in diversen Briefen innerhalb der Habsburger-Wittelsbacher Familie beschrieben und allen Verwandten, die nicht dabei gewesen waren, in den schönsten Farben geschildert. Filtert man die Unterschiede in der Zeitwahrnehmung und die Verschiedenheiten der individuellen Perspektiven aus den brieflichen Schilderungen heraus, bleibt Folgendes übrig: Franz Joseph war dermaßen hingerissen von Elisabeth, dass alle im Boudoir Versammelten begriffen, dass sie gerade Zeugen eines »coup de foudre« wurden, einer Liebe auf den ersten Blick. Kaisermutter Sophie reagierte blitzschnell. Sie ordnete an, dass ihr im großen Salon auf sie und ihre Gäste wartendes Gefolge in einen hinteren Salon geführt wurde, sodass der anschließende Tee nur im kleinsten Verwandtenkreis stattfand. Keine Etikette sollte die starke Gefühlsaufwallung ihres Sohnes stören. Vielleicht sollte das Gefolge den Kaiser auch nicht derart aufgewühlt sehen, ohne dass sicher war, was sich daraus entwickeln würde. Franz Joseph jedenfalls war für seine jüngere Cousine entbrannt.

Vor der Villa musizierte ein kleines Orchester, doch in ihrem Inneren wurde der Nachmittag zunehmend interessant. Während die Verwandten scheinbar ungezwungen beim Tee parlierten, registrierte Sophie genau, welche Veränderung mit Franz Joseph vor sich ging. Der Kaiser beobachtete seine jüngere Cousine unaufhörlich, starrte sie zum Teil unverhohlen an und strahlte dabei übers ganze Gesicht. Ins Gespräch mit ihr kam er an diesem Nachmittag aber eigentlich nicht, denn Höflichkeit und Zeremoniell verlangten, dass er sich zuerst seinen im Vergleich zu Sisi ranghöheren Tanten widmete. Gegen Abend ging dieses erste familiäre Zusammentreffen in ein Diner über, bei dem Franz Joseph und Elisabeth an gegenüberliegenden Enden der Tafel saßen. Die Erzherzogin hatte Helene in auffallender Nähe zu Franz Joseph platziert, der aber weiterhin nur Augen für ihre jüngere Schwester hatte. Nun erst bemerkte auch Elisabeth, dass sich der Kaiser vorwiegend mit ihr beschäftigte und ihr feurige Blicke zuwarf.[29]

Am nächsten Tag, dem 17. August, stürmte er frühmorgens ins Schlafzimmer seiner Mutter – »kaum, dass ich aufgestanden war«, schrieb diese – und schwärmte von Elisabeth. Die Mutter bat ihn, »die Sache nicht zu überstürzen« und sich Zeit zu nehmen, um die Cousine besser kennenzulernen, bekam allerdings als Antwort, dass man es auch »nicht in die Länge ziehen dürfe«.[30] Franz Joseph hatte Elisabeth ja erst am Tag zuvor getroffen und bisher kaum ein Wort mit ihr gewechselt. Nach dem Besuch bei seiner Mutter versuchte er, Elisabeth noch am Vormittag zu begegnen, was allerdings misslang, da sie bis Mittag das Hotel nicht verließ. Franz Joseph sah Sisi erst bei der gemeinsamen Mittagstafel wieder, wo sich das gleiche Spiel wie am Tag zuvor wiederholte. Er saß an der Tafel seiner jungen Cousine gegenüber, warf ihr schmachtende Blicke zu. Elisabeth war weiterhin schüchtern und wagte vor Nervosität fast nicht zu essen.

Am Nachmittag dieses Tages war das kaiserliche Heiratsprojekt vonseiten Franz Josephs abgeschlossen. Keine vierundzwanzig Stunden, nachdem er Elisabeth begegnet war, informierte er seine Mutter, dass er beim abendlichen Ball seiner Cousine das Blumenbouquet für den Kotillon, die ausgelassene Mitternachtsquadrille, überreichen werde – was in Hofkreisen einem eindeutigen, nonverbalen Heiratsversprechen gleichkam. Der Kaiser hatte seine Wahl getroffen. Elisabeth freilich ahnte noch nicht, dass diese Wahl auf sie gefallen war. Und auch Ludovika wird zwar, wie der Rest der Familie, bemerkt haben, dass der kaiserliche Neffe von ihrer Sisi entzückt war, aber dessen ernste Absichten nicht vorausgesehen haben. Allein anzunehmen, dass der begehrte Junggeselle tatsächlich an einer ihrer Töchter interessiert sein könnte, überstieg die hochgespanntesten Erwartungen der unsicheren Herzogin.

Am selben Abend – dem vor seinem Geburtstag – fand zu Ehren Franz Josephs der Ball statt, der das mehrtägige hochkarätige Familienzusammentreffen krönen sollte. Der Auftritt Elisabeths wurde von allen Anwesenden mit Spannung erwartet. Nicht nur die Familie mitsamt Suiten, sondern auch die achtzig zum Ball geladenen Gäste wussten jetzt schon vom großen Interesse des Kaisers an der schönen Herzogstochter. Elisabeth erschien in ihrem schönsten Kleid aus dem Reisegepäck, einem rosa-weißen Mousselinkleid im Tarlatanstil mit mehrreihigen Volants, entsprechend der aktuellen Damenmode. Ein mit Diamanten verzierter Kamm hielt ihr das Haar aus dem Gesicht, das in Zöpfe geflochten und dann im Nacken zu einem Knoten gebunden war. »Charmant wie eine aufblühende Rosenknospe« sei Sisi gewesen, schrieb tags darauf die Erzherzogin in ihr Tagebuch.[31] Während des Kotillons forderte Franz Joseph die so hübsch aussehende Fünfzehnjährige zu einer Tour auf und überreichte ihr sein Blumenbouquet. Dies war, so Sophie, jener Moment, der »die ganze Welt über die Absichten des Kaisers ihr gegenüber erklärte [sic: aufklärte]«.[32] Elisabeth selbst war dermaßen unerfahren, was die Feinheiten höfischer Umgangsformen betraf, dass sie nicht verstand, was die Geste des ihr überreichten Bouquets bedeutete. Sie musste erst darüber aufgeklärt werden. Als sie zwei Tage nach dem Ball gefragt wurde, ob ihr »diese Aufmerksamkeit wirklich nicht aufgefallen« sei, verneinte sie. Dass sie im Mittelpunkt gestanden habe, sei ihr unangenehm gewesen.[33]

Am nächsten Tag, seinem Geburtstag, macht ihr Franz Joseph einen Antrag. Alle Zeichen hatten schon auf eine Verlobung hingedeutet: Beim Mittagstisch saß Elisabeth bereits neben dem Kaiser, ihren früheren Platz am entgegengesetzten Ende des Tisches musste nun Helene einnehmen. Nach dem Essen brachen Franz Joseph, seine Mutter, Elisabeth und Helene im geschlossenen Wagen zu einer Spazierfahrt durch die Ischler Umgebung auf. Es muss für die beiden Mädchen eine bedrückende Fahrt gewesen sein. Helene hatte seit ihrer Ankunft in Ischl nur Desinteresse vonseiten des Kaisers erfahren. Sie stand völlig im Schatten ihrer jüngeren Schwester, von der Franz Joseph so hingerissen war, und hatte nun sogar ihren Platz an der Tafel zugunsten der Favoritin räumen müssen – nonverbale Gunstbezeugungen bei Hof für die einen konnten für die anderen grausam sein. Elisabeth wiederum sah und spürte gerade die Aufmerksamkeit ihrer Umgebung in einem Maß auf sich gerichtet, wie sie es noch nie erlebt hatte. Sie hatte bisher nie im Mittelpunkt gestanden, und die Vorgänge der letzten sechsunddreißig Stunden hatten sie verunsichert und peinlich berührt. Der Tratsch des Gefolges und die Tatsache, dass man plötzlich jede ihrer Bewegungen mit Argusaugen beobachtete, müssen eine Belastung für eine schüchterne Fünfzehnjährige gewesen sein, die seit ihrer Kindheit als außergewöhnlich scheu beschrieben wurde. Und nun saßen sie und Helene ohne Begleitung Ludovikas oder einer anderen vertrauten Person in einer engen Kutsche dem Kaiser und seiner Mutter gegenüber und konnten nur abwarten, wie sich die Dinge entwickeln würden. Sicher war nur: Nicht eine der Schwestern, sondern allein Franz Joseph bestimmte, was weiter geschehen sollte. Frauen dieser Zeit warteten ab, welche Entscheidungen die Männer trafen.

Nach dieser Ausfahrt bat Franz Joseph seine Mutter, bei Ludovika in Erfahrung zu bringen, ob Sisi ihn zum Mann nehmen wolle. Elisabeth erfuhr dann durch ihre eigene Mutter nach dem Nachmittagstee von Franz Josephs Heiratswunsch. Bei diesem Gespräch weinte sie vor Aufregung, wahrscheinlich auch vor Überforderung. Der Kaiser hatte seine Mutter beauftragt, Ludovika zu instruieren, wie sie bei dem Gespräch vorzugehen habe: Man dürfe Elisabeth nicht zureden, dürfe sie auch nicht drängen. Die Entscheidung müsse ganz bei ihr liegen. Ludovika solle sie fragen, »ob sie den Muth hätte, seine schwere Stellung mit ihm zu teilen. Überrascht und sehr ergriffen« sei Elisabeth gewesen, als sie ihr den Heiratsantrag unterbreitete, ließ Ludovika anschließend per Brief eine bayerische Verwandte wissen.[34]

Eine Antwort erhielt der Kaiser erst am nächsten Morgen, dem 19. August. Frühmorgens brachte Ludovika in einem kleinen Briefchen Elisabeths Einwilligung in die Verlobung zu Papier und ließ ihm dieses zukommen. Bereits eine Viertelstunde nachdem er Elisabeths Ja erhalten hatte, fuhr Franz Joseph auch schon vor ihrem Hotel vor, ließ sich bei seiner Tante melden und bat diese, allein mit Elisabeth sprechen zu dürfen. Was Ludovika selbstverständlich gestattete. Denn jetzt, nach erfolgter Verlobung, durfte sich Franz Joseph mit seiner Cousine allein in einem Zimmer aufhalten – vorher wäre dies aus Schicklichkeitsgründen nicht möglich gewesen. Zum ersten Mal konnten diese beiden jungen Menschen, die bald ein Ehepaar sein würden, unter vier Augen miteinander sprechen. Nach diesem Gespräch begaben sich die Verlobten zur Mutter der Braut. Der Kaiser »sah [...] recht zufrieden, recht heiter aus und sie auch – wie es einer glücklichen Braut ziemt«, schwärmte Ludovika.[35]

Nachdem die Verlobung so plötzlich erklärt worden war, gingen eilig Telegramme ab. Ludovika musste die Zustimmung zur Verlobung einholen – erst von ihrem Ehemann, dann von König Maximilian, der als Oberhaupt des Hauses Wittelsbach ebenfalls sein Einverständnis erteilen musste. »Wir sind alle glückselig«, ließ sie nach München kabeln, von wo ihr Hofmarschall den Inhalt des Telegramms an Herzog Max weiterleitete, der wie stets seinen individualistischen Séjour in Unterwittelsbach verbrachte.[36] Den bayerischen König informierte Ludovika in einem persönlichen Brief vom Heiratsantrag des österreichischen Kaisers. Daran, dass Maximilian der Verlobung zustimmen würde, hatte die Herzogin keine Zweifel: »Gewiss wirst du, lieber Max, deine Einwilligung zu dieser uns alle beglückenden Vereinigung geben«.[37] Nicht anders geschah es.

Die Tage nach der Verlobung waren ein einziger Taumel. Aus Ischl wurden Briefe über Briefe mit detaillierten Schilderungen der Entwicklung der letzten Tage abgeschickt, damit alle abwesenden Verwandten auch alles über den Kaiser und Elisabeth erfuhren. Die Zeitungen berichteten von der Verlobung des Monarchen und veröffentlichten die ersten hymnischen Beschreibungen der Braut. Selbstverständlich wurden auch die obersten Hofbeamten in Wien informiert. Und Augenzeugen wie Adjutanten und Hofdamen, die in Ischl dabei gewesen waren, informierten ihre Verwandten und Freunde. Kurz, in sämtlichen Himmelsrichtungen verbreitete sich die Nachricht, dass der Kaiser von Österreich seine Wahl getroffen hatte. Die Neugier auf jene Frau, die er heiraten würde, war ungeheuer und sollte selbst nach ihrem Lebensende nicht abreißen.

Wie hat die Braut selbst diese Zeit erlebt? In einem Punkt gleichen sich alle Berichte und Erinnerungen der Zeugen der Ischler Verlobung: Es heißt, Elisabeth habe außerordentlich schüchtern, geradezu verschreckt gewirkt und habe permanent geweint. »Immer voller heißer Tränen über ihrem lieblichen Gesicht«, schrieb Sophie über ihre künftige Schwiegertochter während dieser Tage.[38] Spätere Biografen, die erst im 20. Jahrhundert Bewertungen vornahmen, haben Elisabeths Schüchternheit als deutliches Zeichen dafür gedeutet, dass sie noch nicht reif war für ihre künftige Rolle. Allerdings sind solche Interpretationen mit Vorsicht zu betrachten. Aus der Perspektive der Nachgeborenen zieht man leicht Schlüsse, die nicht mit den Konventionen einer vergangenen Zeit in Einklang stehen. Denn was im Fall Elisabeths außer Acht gelassen wurde, war die Tatsache, dass Mitte des 19. Jahrhunderts Schüchternheit bei Mädchen und jungen Frauen als äußerst reizvoll und anziehend galt. Im sogenannten »bürgerlichen« Jahrhundert wurde geradezu erwartet, dass sich die aufblühende Weiblichkeit verschreckt und zu zart besaitet für die raue männliche Welt gab. Die Zeiten, als Frauen bei Hof stark und dominant auftraten oder als Regentinnen selbstbewusst ihre politische Macht einsetzten – wie im 17. und 18. Jahrhundert –, waren vorbei. Nun entsprach das schüchterne Mädchen, das sogleich errötete, wenn ein Mann es ansprach, und das stets von seinen Emotionen überwältigt wurde, dem Idealtyp einer jungfräulichen Braut. Dass Elisabeths zartes, zurückhaltendes Wesen in Hinblick auf ihre künftige Rolle als Ehefrau eines Monarchen zu einem Problem werden könnte, wäre den Anwesenden des Ischler Séjours nicht eingefallen. Elisabeth war zwar blutjung, und alle wussten, dass sie in ihre Rolle noch hineinwachsen musste, aber die liebliche Schüchternheit, die sie auszeichnete und alle entzückte, sah man nicht als Problem, sondern als Inbegriff von Mädchenhaftigkeit und Demut.

Hinzu kam allerdings eine mütterliche Prägung, die es ihr wirklich erschweren sollte, in die Rolle der österreichischen Kaiserin hineinzuwachsen. Elisabeth war mit einer Mutter aufgewachsen, die äußerem Druck nur schwer standhielt. Ludovika war, wie sich ihre Enkelin Amélie – Elisabeths Nichte – später in ihren Aufzeichnungen erinnerte, im täglichen Leben eine pragmatisch handelnde Frau. Doch die ihrer Position einer Herzogin geschuldeten Auftritte auf dem großen, höfischen Parkett bereiteten ihr Schwierigkeiten. Jede Teilnahme an einer höfischen Veranstaltung wurde für sie aufgrund ihrer großen Nervosität zu einer psychischen Belastung. Amélie beschreibt ihre Großmutter als hypernervöse Frau, der jeder öffentliche Auftritt, ja jedes Zusammentreffen mit Personen, die nicht zu ihren engen Vertrauten gehörten, eine Pein war.[39] So ist auch bezeichnend, dass Ludovika auf der Fahrt nach Ischl ausgerechnet am Tag ihrer Ankunft, wenige Stunden vor ihrer Teilnahme am – für sie und ihre Töchter wichtigen – Familientreffen, einen schweren Migräneanfall erlitt.

Aus zahlreichen erhaltenen Korrespondenzen geht hervor, dass viele Frauen, auch Elisabeths künftige Schwiegermutter Sophie, regelmäßig mit starkem Kopfweh und Migräneattacken zu kämpfen hatten. Doch die meisten von ihnen absolvierten trotzdem ihre gesellschaftlichen Pflichten. Ludovika tat sich hier schwerer, sie neigte dazu, sich zu entziehen. Selbstbewusstes Auftreten bei Hof, ein souveräner Umgang in schwierigen Situationen – derlei hatte Elisabeth nicht vorgelebt bekommen. Ihre Mutter hatte selbst nie eine Strategie im Umgang mit ihrer Furcht vor öffentlichen Auftritten (die man heute vielleicht als soziale Phobie bezeichnen würde). Nicht nur Elisabeth, auch ihre Geschwister, Frauen wie Männer, hatten – Höflingen des herzoglichen Hauses zufolge – später dieselben Probleme mit öffentlichen Auftritten wie ihre Mutter. Auch ihr Vater eignete sich, was die Erfüllung gesellschaftlicher Pflichten anging, nicht eben als Vorbild für die künftige Kaiserin von Österreich.[40]

Inmitten der allgemeinen Freude, die die plötzliche Verlobung des Kaisers ausgelöst hatte, sorgte sich Ludovika um ihre Tochter. Sie hatte Elisabeth dank ihres Engagements zwar die glänzendste Partie ihrer Zeit ermöglicht und war damit nach damaligen Maßstäben als Mutter so erfolgreich, wie man nur sein konnte. Doch sie machte sich auch Gedanken über das neue, so ganz andere Leben, das Elisabeth künftig führen müsste. Ihre

Sisi würde durch die Hochzeit mit dem Herrscher von Österreich zum Mittelpunkt eines riesigen Hofes und einer großen Hofgesellschaft werden. Das beschauliche Leben, das sie als Abkömmling einer nicht regierenden Nebenlinie der Wittelsbacher in München geführt hatte, war ab nun Vergangenheit. Ludovika konnte sich ihr Kind in diesen neuen Verhältnissen noch gar nicht vorstellen. Für sie selbst war schon das – für Wiener höfische Verhältnisse: kleine – Familientreffen in Ischl zu viel. Nach Bayern berichtete sie irritiert vom äußerst hektischen Alltag in Ischl, davon, dass Elisabeth das nunmehrige späte Schlafengehen gar nicht gewohnt sei. Doch die Tochter schlug sich anfangs sogar recht gut: »Ich bin angenehm überrascht, wie sie sich darein findet mit den vielen fremden Menschen zu reden und dass sie trotz ihrer Verlegenheit eine so ruhige Haltung hat«.[41] Vor allem aber quälte Ludovika schon der Abschiedsschmerz. Bereits zwei Tage nach Elisabeths Verlobung sprach sie von »den letzten Monaten, wo sie uns noch bleibt«.[42] So realisierte sie im Moment ihres größten Triumphs, dass der Preis dieser außergewöhnlichen Partie, die ihre Tochter gemacht hatte, für sie der Verlust ihres Kindes war. Trost fand Ludovika im Bewusstsein, dass Franz Joseph für ihre Tochter aufrichtige Liebe empfand. Dennoch sorgte sie sich, ob Elisabeth den Erwartungen ihres künftigen Ehemannes gerecht werden könne. »Wenn ihm nur sie, sie in allem genügt, seine Liebe zu ihr macht mich sehr glücklich, und er scheint sie recht innig zu lieben«.[43]

Jenes weiße, duftige Kleid im Kunsthistorischen Museum von Wien, das mit seinen einst in großer Eile angebrachten Stickereien noch heute auf so bezaubernde Art und Weise von der kaiserlichen Blitzverlobung im August 1853 erzählt, hatte vier Monate darauf seinen großen Auftritt. Am 28. Dezember 1853 öffneten Herzog Max und Herzogin Ludovika noch einmal wie in den ersten Jahren ihrer Ehe die traumhaften Festappartements ihres Palais für ein grandioses Fest. Franz Joseph war aus Wien angereist, um Weihnachten mit seiner Verlobten zu verbringen. Dem Schwiegersohn zu Ehren gab das Herzogspaar nun eine große, rauschende Ballnacht, von der die Anwesenden noch lange sprechen sollten. Bis drei Uhr früh feierten die königliche Familie und die Münchner Hofgesellschaft das Brautpaar.[44] An diesem besonderen Abend trug Elisabeth jenes weiße, grün-golden eingefasste Ballkleid, auf dem sich die gestickten Blätter- und Blumenornamente aus Floss-Seide ranken. Man war sich einig, dass sie bezaubernd darin aussah. Die Kunde von ihrem außergewöhnlichen Auftritt erreichte auch den Hof in Wien. »Auf diesem letzten Ball soll Sisi besonders allerliebst gewesen sein in einem ganz leichten, frischen weißen Kleid«, wurde der künftigen Schwiegermutter berichtet.[45] Vier Monate später sollte die von allen bewunderte, mädchenhaft zarte und bildhübsche Braut selbst nach Wien reisen, um dort den Kaiser Österreichs zu heiraten.

HOCHZEIT

»Tante Sisi war nicht geblendet durch den Glanz der Stellung, die ihr bevorstand; im Gegenteil, sie fürchtete sich eher davor.«[1]

Einen Monat nach der Hochzeit des Jahrzehnts kamen der Burghauptmann der Wiener Hofburg und der Hofsekretär endlich dazu, die längst fällige Inventarliste der kostbaren Gegenstände abzuzeichnen, mit denen das neu adaptierte Appartement der Kaiserin eingerichtet worden war. Aus der kaiserlichen Schatzkammer, aus Schloss Ambras in Tirol und aus Schloss Laxenburg waren so wertvolle wie schöne Artefakte angefordert worden, um damit die Zimmer der Sechzehnjährigen einzurichten, die den jungen Kaiser von Österreich geheiratet hatte. Die Gegenstände aus den Habsburgischen Sammlungen waren erst kurz vor der Hochzeit aufgestellt worden. Die seitenlange Liste, in der sie angeführt und mit viel Liebe zum Detail beschrieben sind, lässt noch heute die Pracht des Appartements erahnen.

So glänzten im Spiegelsaal, wo die Kaiserin künftig Audienzen halten würde, große vergoldete Blumenvasen mit Ornamenten. Vasen aus Gold und Silber wurden auf den Tischen aufgestellt, und auf dem mächtigen Parkett thronten große, schwere Bodenvasen, die ein Doppeladler schmückte. In den Speisesaal hatte man Dutzende Schüsseln, Tassen und Assietten aus feinstem chinesischem Porzellan mit goldenen Einsätzen gebracht, und im Kabinett wartete unter anderem ein fein gearbeitetes silbernes Schreibzeug darauf, verwendet zu werden.[2]

In Elisabeths Salon und Schlafzimmer wurden Preziosen aufgestellt, die auf eine Vorliebe für alles Maritime schließen ließen. Eine große Muschel aus Lapislazuli, verziert mit Katzenperlen, Smaragden und Rubinen, gehörte ebenso dazu wie eine mit Silber ummantelte Muschel oder eine Meerestier-Szenerie aus Kristall. Im Salon der Kaiserin fand sich neben einer mit Rubinen verzierten, zu einem dreieckigen Trinkgefäß umgearbeiteten Muschel und mehreren Figurinen mit Meerestieren auch eine Wasserszene mit länglicher Muschel, auf der sich Neptun und Delfine tummelten. Elisabeths Tante und baldige Schwiegermutter, Erzherzogin Sophie, hatte die schönen Objekte ausgesucht. Sie wusste, dass mit ihrer Nichte hier eine junge Frau einzog, auf die – seit einem achttägigen Aufenthalt in Venedig (im Jahr 1852, im Zuge einer Reise durch Südtirol und Oberitalien) – das Meer und seine »Seetiere, die ich so gerne habe«, eine unwiderstehliche Anziehungskraft ausübten.[3]

So aufwendig die Bestückung eines Appartements für eine neue Kaiserin auch gewesen sein mag – am Wiener Hof hatte man damit genug Erfahrung. Zwar mochte jeder Ankauf und jede Entlehnung einen schier endlosen Aktenlauf in Gang setzen, bei dem alles notiert, geprüft und gegengezeichnet wurde, doch das Ergebnis war exzellent; das fein geölte Räderwerk der Verwaltung des kaiserlichen Hofstaates funktionierte tadellos. Schwierig wurde es für die versierten Hofwürdenträger erst, als eine nicht unwichtige Position in der Kammer der jungen Kaiserin kurz vor deren Eintreffen noch immer unbesetzt war: »Die Aufnahme einer Leibwäscherin für Ihre Majestät ist noch nicht erfolgt«, schrieb Fürst Karl zu Liechtenstein, Obersthofmeister des Kaisers – und damit der erste Mann im kaiserlichen Hofstaat – sechs Tage vor der Hochzeit an Fürst Joseph von Lobkowitz, den neu ernannten Obersthofmeister Elisabeths.[4] Liechtenstein, ein ehemaliger Militär, war Chef der Kromauer Nebenlinie des Hauses Liechtenstein und leitete seit dem Thronantritt Franz Josephs dessen Hof. Der Fürst galt als umsichtiger, freundlicher und allseits beliebter Mann, der sich jedem Tratsch gegen seinen jungen Herrn verweigerte und dessen Loyalität unbestritten war. Nun suchte dieser ranghöchste Hofbeamte mit der gleichen Akribie nach einer Leibwäscherin, mit der er nach einem wertvollen Kunstwerk für den Kaiser suchen würde.

Leibwäscher und Leibwäscherinnen waren grundsätzlich nicht leicht zu finden, auch wenn der Wiener Hof Tausende Personen beschäftigte, denn dieser Dienstposten war nicht besonders begehrt. Die Position gehörte zu den niedersten Rängen innerhalb der streng hierarchisch gegliederten Dienerschaft des Wiener Hofes und bot keinerlei Sozialprestige. Ein Leibwäscher – oder eine Leibwäscherin – musste schwere Eimer voll Wasser durch die engen Dienstbotengänge der Schlösser tragen, die Wannen befüllen und entleeren. Auch einen allerhöchsten Leib zu waschen war körperlich anstrengend und das Abspülen, Einseifen und Trockenreiben einer erwachsenen Person mit nicht wenig Kraftaufwand verbunden. Und dann war diese Arbeit auch noch äußerst schlecht bezahlt.

Fürst Liechtenstein hatte allerdings Glück. Kurz vor Sisis Ankunft in Wien meldete ihm Fürst Lobkowitz, dass sich Elisabeth Ranner, die bisherige Leibwäscherin der ehemaligen Kaiserin Auguste und Erzherzog Franz Karls, gemeldet habe und nun der neuen Kaiserin zu Diensten sein wolle. Die Entscheidung, ob diese Leibwäscherin nun in die Kammer der neuen Kaiserin aufgenommen wurde, konnte deren Obersthofmeister Lobkowitz jedoch nicht allein treffen. Zuvor mussten sowohl Karl Liechtenstein, als erster Mann bei Hof, und die ebenfalls kürzlich neu ernannte Obersthofmeisterin der Kaiserin, Gräfin Sophie Esterházy, überprüfen, ob Elisabeth Ranner alle sittlichen und professionellen Auflagen erfüllte, um der neuen Kaiserin von Österreich den Leib zu schrubben.[5]

Doch nicht nur wurden deren Appartements vor ihrer Ankunft bis auf das letzte kleine Stück Nippes ausgestattet und die letzten offenen Personalfragen geklärt. Auch ihre Kammer – wie man bei Hof das Boudoir, die Garderobe sowie alle Räume nannte, die zum privatesten Bereich zählten – wurde bis auf die letzte Kleinigkeit neu eingerichtet. Freilich brauchte es hierzu keine kostbaren Artefakte aus den Habsburger Sammlungen, sondern all die Dinge des täglichen Gebrauchs, die auch eine Kaiserin für ihre Schönheitspflege und Hygiene benötigte, sowie alles, was ihrem Kammerpersonal ermöglichte, in diesem privatesten Bereich für Ordnung zu sorgen. Wie bei der Ausschmückung ihres Appartements ließ es Franz Joseph auch bei der Einrichtung ihrer Kammer an nichts mangeln. Damit seine Braut in Wien ein bis aufs letzte Detail fertig eingerichtetes Boudoir vorfand, zog er seine Mutter hinzu. Erzherzogin Sophie beauftragte eine Kammerfrau, alles Nötige zu besorgen. Auf diese Weise vereinfachte der junge Kaiser die sonst übliche, langwierige Korrespondenz im Obersthofmeisteramt und verkürzte den Aktenlauf in dieser Angelegenheit drastisch. Diesmal musste kein Sekretär erst die Erlaubnis seines Obersthofmeisters für eine Zahlungsanforderung einholen, mussten keine anderen Stellen informiert und auf Antwort gewartet werden. Stattdessen erteilte Sophie der Kammerfrau Maria Doré die Vollmacht, sich allein und ohne ihre Entscheidungen rechtfertigen zu müssen, auf Einkaufstour zu begeben, und wies die Hofkassa an, alle Rechnungen zu begleichen.

Maria Doré war die Tochter eines Wiener Beamten. Sechsundzwanzig Jahre alt, galt sie als erfahrene und vertrauenswürdige Kammerfrau.[6] Schon kurz nach der Verlobung ihres Sohnes mit Elisabeth hatte Sophie entschieden, dass Maria, die sich in den letzten Jahren in den Kammern einiger Erzherzoginnen ihre Meriten erworben hatte, zu Elisabeths Kammerfrau werden sollte.[7] Die Erzherzogin hatte damit eine kluge Wahl getroffen. Maria Doré würde die Kammer der jungen Kaiserin neun Jahre lang zu deren voller Zufriedenheit führen und ein enges Vertrauensverhältnis zu ihr aufbauen. Als Doré schließlich heiratete und aus dem Hofdienst ausschied, bedauerte Elisabeth ihren Verlust sehr.[8]

Aber was war zu erwerben, um die Kammer der Kaiserin auszustatten? Maria Doré ließ sich zur Ansicht Waren in die

Hofburg kommen, besuchte auch selbst die feinsten Geschäfte für Damenzubehör und traf vor Ort ihre Wahl. Sobald sie alles Nötige ausgewählt hatte, erteilte sie die Kaufaufträge. Ihr Kredit war unbegrenzt. Die Gesamtsumme betrug schließlich knapp 13 000 Gulden, ein stolzer Betrag, der nach heutiger Kaufkraft mindestens 250 000 Euro entspräche. In einer seitenlangen Liste dokumentierte Maria Doré, was sie in den besten Geschäften der Residenzstadt für die hohe Kammer erwarb. Sie besorgte Porzellanlavours und Boudoirtische, Kleiderkisten und Wäschetruhen, Hutschachteln und Reisekisten für Kleider, Körbe für Putzgegenstände und Wäschesäcke. Dazu kamen noch Matratzen und Leinentücher, ganze Garnituren feinster Bettwäsche und mit üppigen Posamenten bezogene Bettdecken, aber auch Bürsten, Kämme, Frisiermäntel und Haarnadeln. An jede Kleinigkeit hatte Maria Doré gedacht. Auf die Braut Franz Josephs wartete nun eine Kammer, die einer Kaiserin würdig war.[9]

Während in Wien jedes Detail, das die Ausstattung der künftigen Kaiserin betraf, von mehreren erfahrenen Personen geprüft wurde und gleich zwei Fürsten und eine Gräfin darüber berieten, ob die einzige Frau, die sich freiwillig um die Position der Leibwäscherin bewarb, auch genommen werden sollte, verliefen die entsprechenden Vorbereitungen im vierhundert Kilometer entfernten München nicht so glatt. Am kleinen Hof des Herzogs in Bayern konnte man nicht auf Dutzende distinguierte Beamte, erfahrene Sekretäre und versierte Kammerfrauen zurückgreifen. Hier lag die Organisation des Trousseaus – also dessen, was eine Braut mit in ihr neues Heim nahm und was vor der Hochzeit ausgestellt wurde – von Elisabeth in der Hand dreier Frauen, die darin gleichermaßen unerfahren waren. Für Herzogin Ludovika war es überhaupt das erste Mal, dass sie sich um derlei kümmern musste, denn Elisabeth war die erste ihrer Töchter, die sie verheiratete. Auch die zwei Frauen, die Ludovika halfen, ihre Obersthofmeisterin und die Gouvernante ihrer Kinder, hatten noch nie irgendeine Brautausstattung zusammengestellt. Die Obersthofmeisterin, Gräfin Auguste von Rottenhan, hatte zum Zeitpunkt von Elisabeths Verlobung die fünfzig bereits weit überschritten. Die Gouvernante Camilla von Otting-Fünfstetten hingegen war hypernervös und so durchsetzungsschwach, dass sie nicht nur das willkommene Opfer der Streiche von Elisabeths Geschwistern war, sondern dass Ludovika ihr vor nicht allzu langer Zeit auch noch verboten hatte, allein mit ihren Schützlingen spazieren zu gehen.[10] Diese drei Damen mussten, nach der plötzlichen Ischler Verlobung quasi von einem Tag auf den anderen, den Trousseau einer künftigen Kaiserin erstellen.

Für eine solche Aufgabe brauchten selbst erfahrene Obersthofmeisterinnen und souveräne Hofdamen Organisationstalent, einen geschulten Blick und die Fähigkeit, vorausschauend zu planen; unerfahrenes oder gar unorganisiertes Hofpersonal tat sich natürlich dementsprechend schwerer.[11] Als ersten Schritt auf dem Weg zu einem Trousseau, der den Status der Familie der Braut widerspiegelte, gab man bei den besten Schneidern der Stadt eine vollständige Garderobe in Auftrag, organisierte Anproben und verhandelte den Preis dafür. Eine künftige Kaiserin wie Elisabeth musste zu ihrer Hochzeit mit einer kompletten Ausstattung anreisen. Sie benötigte prächtige Hofkleider mit langer Schleppe, Ballkleider nach der neuesten Mode, Dutzende Tages-, Nachmittags- und Abendkleider, diverse Mäntel, Hüte und Handschuhe, Unterröcke, Mieder und Hemdchen, Strümpfe und Nachtwäsche, Weißwäsche, Frisiermäntel, Sonnenschirme, Taschentücher und dergleichen noch mehr. Aber auch diese große Bestellmenge konnten Modehäuser und Schneider – angesichts der damaligen Heerscharen von Lohnnäherinnen – in den sieben Monaten zwischen Elisabeths Verlobung und ihrer Hochzeit leicht bewältigen, war doch selbst ein aufwendig besticktes Ballkleid in weniger als drei Tagen angefertigt.[12] Wenn also Franz Joseph seiner Mutter klagte: »[…] mit dem Trousseau geht es, scheint mir, nicht recht vorwärts und ich kann mir nicht denken, dass es hübsch wird«,[13] so sagte dies weniger über die Auftragnehmer des herzoglichen Hofes in München aus als über die dort verantwortlichen Damen. An Fleiß jedenfalls mangelte es Ludovikas Helferinnen nicht: »Rotenhan [sic] und Camilla Ötting [sic] sind sehr mit dem Trousseau beschäftigt«,[14] schrieb die Herzogin noch vier Monate nach Franz Josephs Kritik. Dennoch schien die Erstellung von Elisabeths Aussteuer bis zu ihrer Abreise ein Gegenstand permanenter Klagen und Nervositäten zu sein. Herzog Max interessierte sich erst gar nicht dafür, ob und wie die Ausstattung seiner Tochter in Wien ankam. Er lebte weiterhin seine »Passion« aus, die auch Franz Josephs Adjutant Wilhelm von Weckbecker anlässlich eines Besuchs gleich erkannte: »Mit hübschen Damen auf Reisen zu gehen«.[15]

Neben der Garderobe der Braut gehörte zu einem standesgemäßen Trousseau auch Hausrat, also Teegeschirr, Necessaires, Waschgarnituren und andere Dinge des mehr oder minder täglichen Gebrauchs, die bei einer Prinzessin aus Silber und Gold zu sein hatten. So wurden aus der Silberkammer des Palais Max schöne alte Stücke geholt, geputzt und restauriert und Neues bei Silberschmieden in Auftrag gegeben.[16] Einen dritten großen Posten des Trousseaus stellte der Schmuck dar. Elisabeth besaß als sehr junge und unverheiratete Frau nur Schmuck von bescheidenem Wert: zarte Goldketten, Armbänder, Medaillons und Ohrgehänge. Ihrer Aussteuerliste ist zu entnehmen, dass man ihr auch keine Schmucksets, Diamantcolliers oder Diademe aus dem Hausschmuck der herzoglichen oder der königlichen Linie der Wittelsbacher mitgab. Erst vierzig Jahre nach ihrer Hochzeit, nach dem Tod Ludovikas im Jahr 1892, erhielt Elisabeth dann ein Fünftel von deren umfangreicher Schmuckkollektion.[17] Auch darüber, warum man für Elisabeth weder große Garnituren noch Diademe und Colliers anfertigen ließ, verraten die vorhandenen Quellen nichts. Höchstwahrscheinlich ging Elisabeths Familie davon aus, dass sie bald als Kaiserin von Österreich Zugriff auf die außerordentliche Schmucksammlung des Hauses Habsburg haben würde. Ungewöhnlich war es keineswegs, dass die wertvollsten Schmuckstücke auf der Trousseauliste vom Bräutigam stammten und nicht von der Familie der Braut. Es war üblich, und wurde auch erwartet, dass der künftige Ehemann seine

Braut mit Schmuck ausstattete. So hatte auch Elisabeths Vater laut Heiratsvertrag ihrer Mutter bei der Hochzeit Schmuck zu schenken, der ihrem hohen Rang entsprach.[18]

Neben dem Trousseau war der Heiratsvertrag die wichtigste Sache, die vor der Hochzeit unter Dach und Fach zu bringen war. Als Vorlage für den Heiratspakt zwischen Kaiser Franz Joseph von Österreich und Herzogin Elisabeth in Bayern wurde ein älterer Wittelsbacher-Habsburger Heiratskontrakt genommen – jener von Elisabeths Tante Charlotte, die im Jahr nach dem Wiener Kongress mit Franz Josephs Großvater, Kaiser Franz I. von Österreich, verheiratet worden war, als österreichische Kaiserin hieß sie fortan Karoline Auguste. Seither waren achtunddreißig Jahre vergangen.[19] In jenen Punkten, die die Erbrechte der Frauen und deren Austritt aus dem Hause Wittelsbach betraf, waren die Heiratsverträge von Tante und Nichte identisch, sie unterschieden sich jedoch deutlich in der Höhe der Mitgift. Während Prinzessinnen aus der königlichen Linie der Wittelsbacher – wie Charlotte – gemäß Artikel II des Familienstatuts jeweils 100 000 Gulden Mitgift erhielten, stattete Herzog Max in Bayern seine Tochter mit nur 50 000 Gulden aus.

Elisabeths Mitgift wurde oft als bescheiden bezeichnet – aber war sie das wirklich?[20] In Bezug auf den Standard deutscher Fürsten- und Herzogshäuser war die Höhe der Mitgift angemessen. Zudem darf bei Vergleichen nicht vergessen werden, dass Elisabeth, anders als ihre Mutter, nicht die Tochter eines bayerischen Königs war. Ein Rangunterschied wie dieser schlug sich auch in der Höhe der Mitgift nieder, denn von einem König durfte man mehr erwarten als von einem Herzog. Darum waren auch Elisabeths Tanten aus dem Hause Wittelsbach, die in ein Herrscherhaus eingeheiratet hatten, finanziell weitaus großzügiger ausgestattet worden als sie. In Ausnahmefällen konnte sich der Rahmen auch umfangreicher gestalten: Erwies sich etwa eine Eheanbahnung als schwierig, wollte man eine Tochter unbedingt unter die Haube bringen oder war eine anvisierte Allianz für die Brautfamilie wichtiger als für die Familie des Bräutigams, kam es durchaus vor, dass die Brauteltern noch das eine oder andere Scherflein Goldmünzen nachlegten. So erhielt etwa Elisabeths gleichnamige Tante, als sie den preußischen Kronprinzen heiratete, sogar 175 000 Gulden Mitgift, also fast das Vierfache der Nichte.[21] Allerdings verliefen die damaligen Ehevertragsverhandlungen sehr zäh, was darauf schließen lässt, dass man vonseiten des preußischen Königshauses die Mitgift in die Höhe treiben wollte. (Auf heutige Verhältnisse umgerechnet, entsprach Elisabeths Mitgift rund 870 000 Euro, jene ihrer Tante Elisabeth von Preußen 3,3 Millionen Euro.)

Vor diesem Hintergrund war die Höhe von Elisabeths Mitgift ihrer Herkunft aus einem herzoglichen Haus angemessen und keinesfalls bescheiden. Angesichts dessen, dass Herzog Max als außerordentlich reich, sogar reicher als der bayerische König galt, stellt sich aber natürlich die Frage, warum er zur Ehre seines Hauses – eine Mitgift zeigte den finanziellen Status einer Familie an – Elisabeths Mitgift nicht erhöhte. Eine der Antworten wird wohl lauten: weil er es nicht musste. Der junge österreichische Kaiser hatte mit seinem blitzschnellen offiziellen Heiratsangebot Tatsachen geschaffen – und sich damit um alle Mitgiftverhandlungen gebracht. Grundsätzlich wurde eine Verlobung erst offiziell verkündet, nachdem in ihrem Vorfeld sämtliche finanziellen Verhandlungen abgeschlossen waren. Franz Josephs Drängen auf eine sofortige Verlobung brachte Max jedoch in die herrliche Position, sich ein Jawort für seine Tochter nicht erhandeln zu müssen. Ob er Elisabeth eine kleinere oder größere Mitgift gab, war unter diesen Umständen unerheblich. Der Kaiser hatte sein Heiratsversprechen längst öffentlich gemacht, und bei seiner großen Verliebtheit war auch nicht davon auszugehen, dass er es wegen einiger Zehntausend Gulden mehr oder weniger wieder zurücknähme.

Dafür, dass Elisabeth von ihrem Vater nur 50 000 Gulden Mitgift erhielt, könnte es aber auch einen anderen Grund gegeben haben: Längst stand es um die finanziellen Verhältnisse des herzoglichen Hauses nicht mehr so gut wie bei Max' Antritt als Familienchef. »Er trieb großen Luxus und verlor hierbei einen großen Teil seines Vermögens«, liest man in den Erinnerungen einer seiner Enkelinnen.[22] Elisabeths Bruder Karl Theodor, der nach dem Tod ihres Vaters im November 1888 als Oberhaupt der Nebenlinie der Wittelsbacher nachfolgte, brauchte Jahre, um die Finanzen der herzoglichen Hofhaltung ohne Substanzverlust wieder auf gesunde Beine zu stellen. Einen Menschen dürfte die 50 000-Gulden-Mitgift jedoch geschmerzt haben: Herzogin Ludovika. Aus ihrem Testament geht hervor, dass sie die Mitgift ihrer Tochter noch um zusätzliche 25 000 Gulden aus ihrem Privatvermögen aufstockte.[23] Elisabeths Mitgift belief sich damit auf 75 000 Gulden, und das war nun doch ein ansehnlicher Betrag für eine Herzogstochter.

Der Kaiser wiederum verpflichtete sich gemäß Artikel IV des Heiratsvertrages vom 4. März 1854, die Mitgift seiner Braut mit 100 000 Gulden zu »wiederlegen« [sic!], diese Summe also für sie anzulegen.[24] Beide Beträge wurden bis zu Elisabeths Lebensende von der Generaldirektion der Familienfonds verwaltet. Jahrzehnte später schienen sowohl Mitgift als auch die Widerlage, die beide mit »5%-igen österreichischen Metalliques-Obligationen« veranlagt worden waren, im Nachlass der Kaiserin wieder auf.[25] Ebenfalls festgelegt wurde im Ehevertrag, dass Elisabeth ab dem ersten Tag ihrer Ehe mit jährlich 100 000 Gulden für Garderobe und Ausgaben wie Geschenke oder Almosen rechnen konnte. Alle anderen Kosten – wie die Löhne ihrer privaten Dienerschaft, die Ausgaben für Kutschen und Pferde sowie alle Kosten im Zusammenhang mit ihren Appartements, Séjours und Reisen – würde künftig der Kaiser übernehmen. Auch für den Fall einer Witwenschaft hatte Franz Joseph vorgesorgt. Sollte er vor Elisabeth sterben, würde sie eine Witwenapanage von 100 000 Gulden erhalten, auszuzahlen von seinem Nachfolger auf dem Kaiserthron.

Mit diesen finanziellen Angelegenheiten, die ihre Zukunft absicherten, hatte Elisabeth nichts zu tun. Derlei regelte man als Frau der damaligen Zeit weder selbst, noch wurde man dazu konsultiert. Elisabeth hatte in den acht Monaten ihrer Brautzeit andere Aufgaben. Vor allem sollte sie sich an die Pflichten einer österreichischen Kaiserin und Ehefrau Franz Josephs gewöhnen. Hierzu erhielt sie schon eineinhalb Monate nach ihrer Verlobung erstmals Gelegenheit, denn Anfang Oktober 1853 sagte sich Franz Joseph zu einem ersten Besuch bei ihrer Familie an – was für seine Braut bedeutete, dass sie erstmals in die Repräsentationspflichten des Kaisers miteinbezogen wurde. Ludovika sah dem Besuch ihres Schwiegersohnes in spe mit Bangen entgegen. Sie sorge sich, bekannte sie, dass der Kaiser sich im ruhigen herzoglichen Palais langweilen könnte, und fürchte sich vor seiner selbstbewussten Entourage.[26] Dass seine Umgebung, aber auch Franz Joseph selbst, in München ein kritisches Auge auf die Verhältnisse nicht nur am herzoglichen, sondern auch am königlichen Hof werfen würde, war der Herzogin nur zu klar.

Erst wenige Wochen zuvor war es zu einer peinlichen Situation gekommen: Erzherzog Wilhelm, ein Vertrauter von Erzherzogin Sophie, war nach München gereist, um Elisabeth im Auftrag von Franz Joseph ein Geschenk zu überbringen. In dem anschließenden Bericht, den er nach Wien schickte, lobte er erst die kaiserliche Braut, die sich aufs Höflichste für das Geschenk bedankt habe, um sich in der Folge über den bayerischen König zu empören: König und Königin seien ihm, so Erzherzog Wilhelm, zwar überaus huldvoll begegnet, doch »so freundlich und zuvorkommend« das Königspaar, alle anwesenden Minister und auch alle bayerischen Hofchargen gewesen seien, »ebenso wenig ist der regierende König um seine Gäste bekümmert«. Dann kommt Wilhelm zum springenden Punkt: »Jedoch nicht allein, dass auf der ganzen Reise für nichts gesorgt wurde, es wurde bei meiner Ankunft wohl Loge und Equipage, aber keine Wohnung angeboten«.[27] Fast habe er in einem ordinären Gasthof absteigen müssen, hätte ihm nicht der österreichische Gesandte Logis angeboten. Die nachgereichte Einladung des Königs, in der Residenz zu logieren, wollte der gekränkte Erzherzog nicht mehr annehmen, auch deshalb, weil er bei seiner Ankunft am

Bahnhof von keinem einzigen Mitglied der königlichen Familie empfangen worden war. Der österreichische Gesandte hatte beim Anblick des leeren Bahnsteiges blitzschnell nach Herzog Max telegrafieren lassen, der zufällig gerade in München war und nun prompt zum Bahnhof beordert wurde.

Situationen wie diese waren nicht dazu angetan, eine nervöse Brautmutter ruhiger zu stimmen. Und dass ausgerechnet Elisabeths herbeigerufener Vater – der höfische Auftritte mied, wo er nur konnte und zum Leidwesen Ludovikas »aus München bei allfälligen hohen Fremdenbesuchen« verschwand[28] – in Vertretung der gesamten königlichen Familie dem blasierten Erzherzog die Honneurs machen musste, entbehrt nicht einer gewissen Komik. Doch Vorkommnisse wie diese zeigen auch, wie schnell ein kleines Versehen, hinter dem keine böse Absicht stand, in Hofkreisen zum Skandal aufgebläht wurde, der Vorurteile und Tratsch bestens nährte. Wilhelms Empörung und seine übertriebene Darstellung der Versäumnisse des bayerischen Königshauses ihm gegenüber kündigte freilich bereits an, mit was für einem Menschenschlag Elisabeth es am Wiener Hof zu tun haben würde. Die kaiserliche Familie wie die gesamte Hofgesellschaft hatten hohe Ansprüche. Jeder kleine Fehltritt, jede Unachtsamkeit wurde registriert, weitergegeben und kommentiert. Ludovikas Nervosität vor dem Besuch des Kaisers war somit nur allzu verständlich.

Am 10. Oktober 1853 traf schließlich der Bräutigam in München ein und reiste nach einer kurzen Stippvisite beim bayerischen Königspaar unverzüglich nach Possenhofen weiter, wo Elisabeth bis November mit den Geschwistern und der Mutter den alljährlichen Séjour verbrachte. Elisabeth hatte im herzoglichen Landschloss die letzten Wochen nicht anders gelebt als vor ihrer Verlobung. Unmittelbar nach der Rückkehr aus Bad Ischl war Ludovika mit ihr und Helene nach einem kurzen Aufenthalt im Münchner Palais an den Starnberger See weitergereist. Elisabeth sollte nach den anstrengenden Tagen in Bad Ischl zur Ruhe kommen, denn diese waren »äußerst belebt. Sisi besonders ist das noch gar nicht gewohnt, besonders das später schlafen gehen [sic!]«, hatte die Herzogin damals einer Verwandten geschrieben.[29] Elisabeth blieben nun noch sechs Wochen in Possenhofen, um sich auszuruhen, die Ereignisse in Ischl Revue passieren zu lassen und sich mental auf die nun kommenden Änderungen in ihrem Leben einzustellen.

Vier Tage nach Franz Josephs Ankunft in Bayern begannen für die Fünfzehnjährige die repräsentativen Pflichten an der Seite ihres künftigen Ehemanns. In der Münchner Residenz nahm das Brautpaar an den Geburtstagsfeierlichkeiten für die bayerische Königin teil. Neben Auftritten bei Festen und einer Parade musste Elisabeth erstmals eine Vorstellung der in München akkreditierten Diplomaten abnehmen – eine Aufgabe, die sie als österreichische Kaiserin in regelmäßigen Abständen übernehmen müsste. Die offiziellen Berichte waren voll des Jubels über eine strahlende, glückliche Braut. Wie sich Elisabeth dabei gefühlt haben mag, im Mittelpunkt der allgemeinen Aufmerksamkeit zu stehen und die spröden Aufwartungen der Diplomaten entgegenzunehmen – darüber verraten ihre noch erhaltenen Aufzeichnungen und Briefe kein Wort. Franz Joseph jedenfalls war nach dem ersten Besuch bei seiner Verlobten begeistert und ließ sich nicht nehmen, sie bei jeder nur möglichen Gelegenheit zu loben: »Alle Tage liebe ich Sisi mehr, und immer mehr überzeuge ich mich mehr, dass keine für mich besser passen kann, als sie«.[30]

Noch zwei Mal besuchte er vor der Hochzeit seine Braut in ihrer Heimat. Daran konnte den Verliebten nicht einmal die schwierige politische Lage in Europa kurz vor Ausbruch des Krimkrieges hindern, in den außer Österreich und Preußen alle Großmächte des Kontinents involviert waren. Selbst Jahrzehnte später, als Sechzigjähriger, erinnerte sich der Kaiser noch, wie wichtig es ihm war, seine Braut zu besuchen, wie er trotz aller politischen Verpflichtungen niemals auf die Idee gekommen wäre, nicht zu Elisabeth zu eilen. Als es damals – im Jahr 1890 – einmal hieß, der deutsche Bräutigam von Erzherzogin Margarethe könne zu einem bestimmten Termin nicht nach

Wien kommen, weil er noch zu einem Kostümball gehen müsse, äußerte der Kaiser sein Missfallen: »Zu meiner Zeit pflegte man ohne Rücksicht auf Bälle und Feste augenblicklich herbei zu fliegen, wenn man wusste, dass einen die geliebte Braut erwartet. So ändern sich die Anschauungen. Mir gefällt die damalige, vielleicht zopfige besser«.[31]

Bei jedem Besuch in München, aber auch jedes Mal, wenn ein kaiserlicher Kurier dorthin abging, bedachte Franz Joseph seine Braut mit kostbaren Geschenken wie Armbändern, Broschen, Brillantketten, kleinen Aufmerksamkeiten wie Blumenbouquets aus den kaiserlichen Glashäusern oder etwa einem Papagei aus dem kaiserlichen Tiergarten. Doch Elisabeth konnte man mit Schmuck nicht beeindrucken. Die so junge Frau konnte mit den überaus wertvollen Gaben wenig anfangen. Ihrer ehemaligen Erzieherin, der Gräfin Hundt, schrieb sie über die Weihnachtsgeschenke des Kaisers: »Da Sie meinen Geschmack aus früherer Zeit kennen, so werden Sie sich nicht wohl wundern, dass mir unter diesen ein Papagei die meiste Freude macht«.[32] Auch Franz Joseph erhielt ein Weihnachtsgeschenk, über das er sich besonders freute – und von dem er sich nicht mehr trennen würde: Elisabeths Eltern hatten für ihn ein fast lebensgroßes Gemälde in Auftrag gegeben, das die Fünfzehnjährige hoch zu Ross vor Schloss Possenhofen zeigte. Es war ein gemeinschaftliches Werk der beiden Starmaler Carl Theodor von Piloty und Franz Adam, wobei Piloty das Porträt Elisabeths und den Hintergrund anfertigte und Adam – der gefragteste Pferdemaler des Jahrhunderts – das Pferd. Was das Gemälde so außerordentlich machte, war, dass es Piloty gelungen war, den ganzen Reiz der jugendlichen Elisabeth einzufangen. Er malte sie hochgewachsen und zart, mit einem zierlichen, fein geschnittenen Gesicht, das mit seiner rosigen Frische und dem verhaltenen Lächeln ganz den schüchternen Charme ausstrahlte, der den Kaiser im August 1853 so bezaubert hatte. (Bis an Franz Josephs Lebensende hing dieses Bild Elisabeths auch über seinem Bett in der Hofburg.)[33]

Während Franz Josephs Besuch zu Weihnachten 1853 scheint es erstmals Spannungen zwischen dem Brautpaar gegeben zu haben. Vielleicht erwartete der Kaiser von seiner Braut mehr Souveränität bei ihren öffentlichen Auftritten? Fühlte sich Elisabeth vielleicht von seinen gut gemeinten Ratschlägen überfordert? Widersprach sie, die bisher so verlegen und schüchtern schien, ihm auf einmal? Jedenfalls ging die Kunde, dass es zu Missstimmigkeiten zwischen dem Brautpaar gekommen sei, bis Berlin. Der preußische Gesandte in München, Freiherr Heinrich von Bockelberg, befragte seine Informanten, wie Franz Joseph und seine Braut bei ihren Auftritten gewirkt hätten, und berichtete dies dem preußischen König, Elisabeths Onkel: »Wie Augenzeugen versichern, begleitete der Monarch während seines hiesigen Aufenthaltes jeden Schritt und jede Bewegung seiner Braut mit beobachtendem Blicke und es soll seinem Scharfblicke auch bereits der sehr bestimmte und entschiedene Wille, der einen Hauptzug in dem Charakter der jugendlichen Prinzessin bildet, nicht entgangen sein. Es scheinen in dieser Beziehung selbst bezeichnende Worte gefallen zu sein und man will nach der diesmaligen Abreise des Kaisers eine gewisse ernste Stimmung im herzoglichen Palaste wahrnehmen«.[34]

Mit dem ersten, dem Oktoberbesuch Franz Josephs in Bayern endete Elisabeths Schonfrist. Ab nun musste sie regelmäßig und auch ohne ihren Bräutigam zu Festakten in der Münchner Residenz erscheinen. Die übrige Zeit war für Sprach- und Konversationstraining reserviert. Elisabeths Erziehung – und damit auch die Schulstunden der Mädchenzeit – galt ja seit der Erklärung ihrer Heiratsfähigkeit als beendet. Nun ging es ausschließlich darum, sie auf ihre künftigen Auftritte bei Hof vorzubereiten und ihr den letzten gesellschaftlichen Schliff zu verpassen. Herzog Max, der sich bisher in die Auswahl der Lehrer und Erzieherinnen seiner Tochter nicht eingemischt hatte, wurde jetzt erstmals aktiv und engagierte einen »Herrn Hörschel«, der Elisabeth Tanzstunden geben sollte, sowie den ihm persönlich bekannten Geschichtsforscher und Autor Johann Majláth, der Elisabeth ab nun in der Geschichte Österreichs und Ungarns unterrichtete.[35] Der Sprachunterricht, den sie jetzt verstärkt erhielt, teilte sich in reinen Unterricht und Konversation. So war der Italienischlehrer dafür zuständig, dass seine Schülerin ihre Grammatikkenntnis und ihren Wortschatz erweiterte, während eine befreundete italienischsprachige Gräfin die Konversationsstunden übernahm – schließlich sollte Elisabeth nicht nur die Regeln des Italienischen beherrschen, sondern vor allem kurzen Small Talk in dieser Sprache führen können. Aus demselben Grund wurde für sie auch ein französischer Konversationspartner ins Palais geladen.[36]

Doch wie sah Elisabeths Alltag während der Brautzeit aus? Anhand der erhaltenen Briefe ihrer Mutter lässt sich eine typische Woche rekonstruieren: Der Tag begann mit einer Messe um neun Uhr morgens und einem gemeinsamen Frühstück mit der Mutter. Viermal pro Woche erschienen der Italienischlehrer und die italienische Konversationspartnerin. Mehrmals pro Woche musste Elisabeth nachmittags unter Anleitung französisch parlieren, an zwei Nachmittagen kam der Tanzlehrer und an den anderen drei Tagen Graf Majláth und hielt spätnachmittags bis abends Lektionen in österreichischer Geschichte. Um drei Uhr am Nachmittag wurde gemeinsam mit der Mutter und den älteren Geschwistern gegessen. Dazwischen musste sich Elisabeth regelmäßig Zeit nehmen und die Garderobe für den Trousseau anprobieren, und natürlich musste sie auch zu den Familiendiners in der Münchner Residenz erscheinen. Die freien Stunden waren für Familienbesuche oder Spazierfahrten an die Isar und in den Park von Bogenhausen reserviert, dessen Besitzer Herzog Max war. Im letzten Winter in der Heimat lief Elisabeth zudem auf zugefrorenen Teichen Schlittschuh, im Frühling unternahm sie mit ihrer Familie Spaziergänge oder ritt aus.[37]

Ihre Brautzeit muss der jungen Frau wie ein Wechselspiel zwischen ihrem alten und ihrem künftigen Dasein vorgekommen sein. Einerseits war sie noch in das Familienleben des herzoglichen Hauses eingebunden. Sie war noch inmitten ihrer großen Geschwisterschar, befand sich unter vertrauten Bezugspersonen und Hofbediensteten und lebte weiterhin nach dem Takt des Alltags im Palais Max. Hier war sie noch Teil des Familienlebens, zu dem Vergnügen wie Eislaufen und ausgelassene Spiele in der herzoglichen Kinderstube gehörten.[38] Auf der anderen Seite nahm Elisabeth jetzt natürlich eine Sonderstellung innerhalb ihrer eigenen, aber auch der königlichen Familie ein. Sie war nun die Braut des Kaisers von Österreich. Königliche Hoheiten und Diplomaten beugten vor ihr bereits das Knie. Wenn sie Hoffeste und Bälle besuchte, versuchten alle Gäste, einen Blick auf sie zu erhaschen. Bei höfischen Auftritten wurde jeder ihrer Schritte und jedes Wort, das sie an jemanden richtete, genau registriert. »In München lenkten sich alle Blicke auf Tante Sisi, die Kaiserbraut, die damals eine besonders schöne Erscheinung gewesen sein muss«,[39] schrieb Elisabeths Nichte später eingedenk Ludovikas Erinnerung an diese Monate. Das mittlere Kind einer großen Kinderschar, dem man bisher nur begrenzte Aufmerksamkeit geschenkt hatte, stand jetzt im Zentrum. Elisabeth lebte noch im vertrauten Kreis, aber ihr Alltag verlief nicht mehr wie früher synchron mit dem ihrer Familie. Was diese Veränderung im emotionalen Gleichgewicht einer zartbesaiteten, keineswegs schon erwachsenen jungen Frau auslöste, kann man nur erahnen.

Elisabeths Mutter wiederum fürchtete sich vor der im Frühling anstehenden Trennung von ihrer Tochter und versuchte, bis dahin so viel Zeit wie möglich mit ihr zu verbringen. Sie denke nicht gerne an die »Entfernung und möchte die Zeit immer hinausschieben«, schrieb Ludovika vier Monate vor der Hochzeit.[40] Die Herzogin quälte auch der Gedanke an die großen Hochzeitsfeierlichkeiten in Wien, an denen sie in nicht allzu ferner Zukunft würde teilnehmen müssen. »Wenn wir Sissy nach Wien begleiten, ist das ein großes Unternehmen, ein so großer Hof, die so zahlreich versammelte Familie, die Wiener Gesellschaft, die Feste etc. … Für all das passe ich nicht … Ich mag gar nicht daran denken, und bis jetzt weiß ich selbst nicht, was geschieht«, klagte sie. Hätte Ludovika das Sagen gehabt, hätte es vielleicht eine »procuratione Heirat« gegeben.[41]

Natürlich dachte Franz Joseph nicht an eine Per-procurationem-Heirat, bei der ein Stellvertreter an seiner statt in München die Rolle des Bräutigams übernehmen würde. Diese Art der Heiratsschließung hatte sich in royalen Kreisen zwar in früheren Zeiten bewährt, wenn etwa eine königliche Braut mehrere Wochen brauchte, um den Ort ihrer Hochzeit zu erreichen, man jedoch die mit der Eheschließung verbundene politische Allianz schon vorher besiegeln wollte. Auch Franz Josephs Großvater Franz I. hatte im Jahr 1816 per procurationem geheiratet. Elisabeths Tante Charlotte wurde ihm in ihrer Heimatstadt München über einen bevollmächtigten Stellvertreter angetraut; später, nach ihrer Ankunft in Wien, fand dann in der Hofburgkapelle eine kleine Hochzeitsfeier statt. Allerdings unterschied sich die Hochzeit von Franz I. mit einer Wittelsbacherin deutlich von der seines Enkels mit Elisabeth. Angesichts seiner Vorgeschichte waren bei diesem Paar zwei kleine Trauungen, eine davon in München, durchaus angebracht gewesen, nicht aber bei Franz Joseph und Elisabeth. Während es für das österreichische Kaiserhaus keine Bedeutung mehr hatte, ob Franz I. in seiner vierten Ehe Nachkommen erhalten würde, so verhielt es sich bei Franz Joseph völlig anders. Seine Hochzeit sollte ein demonstratives und deutliches Zeichen für die Zukunft der Monarchie werden.

Für den jungen Kaiser, der in den Wirren der Revolution von 1848 auf den Thron gekommen war, war die bevorstehende Hochzeit, neben aller Liebe zu seiner Verlobten, auch ein Politikum. Anlässlich seiner Hochzeit, bei der ihm die Wiener Bevölkerung zujubeln würde, ließe sich seine Beliebtheit deutlich herausstreichen. Zudem symbolisierte diese Heirat die Zukunft der österreichischen Monarchie, bald würde hoffentlich ein Stammhalter den Fortbestand des Kaiserhauses in direkter Linie garantieren. Kurzum, die Hochzeit zwischen Kaiser Franz Joseph und Herzogin Elisabeth in Bayern konnte gar nicht groß genug gefeiert werden – und fand sicherlich nicht als Stellvertreterhochzeit in München statt. Auf die Gefühle und Ängste der Brautmutter konnte man hier keine Rücksicht nehmen.

Die Repräsentationspflichten im Zuge ihrer Heirat begannen für Elisabeth schon vier Tage vor der Abfahrt nach Wien. Am Ostersonntag, dem 16. April 1854, musste sie ein Galakonzert in der Münchner Residenz besuchen und anlässlich ihrer bevorstehenden Abreise noch einmal eine Vorstellung des diplomatischen Korps abnehmen. Am 20., einem Donnerstag, war es so weit: Elisabeths Brautzeit war zu einem Ende gekommen. Die Hochzeit hatte der Kaiser auf den 24. April festgesetzt, einen Montag. Elisabeth war jetzt sechzehn Jahre und knapp vier Monate alt und trat ihre Reise nach Wien an. Der Ablauf war von Franz Joseph vorgegeben und von seinem Obersthofmeisteramt minutiös geplant und niedergeschrieben worden. Noch heute lässt sich in Wien in den erhaltenen Zeremonialbüchern des Hofes blättern und jedes Detail von Elisabeths Fahrt nach Wien nachlesen.

Am frühen Morgen des Abreisetages verließ ein sechsspänniger, offener Wagen das Palais Max in München. Auf dem Rücksitz saßen Elisabeth und ihre Mutter, ihnen gegenüber Elisabeths Schwestern Helene, Mathilde und Marie. Die älteren Brüder und der Vater fuhren in begleitenden Kutschen, ebenso Ludovikas Hofstaat, die Diener, das Kammerpersonal und auch der herzogliche Leibarzt. Die Braut reiste mit leichtem Gepäck. Der Trousseau sowie jene Kleider und der Schmuck für den feierlichen Einzug in Wien waren bereits eine Woche zuvor in siebzehn großen und acht kleineren Reisekoffern vorausgeschickt worden. Das mitreisende Kammerpersonal führte nur jene Kleider mit, die Elisabeth bis zu ihrer Ankunft in Wien benötigte, sowie selbstverständlich ihre Toilettegarnitur, das heißt Spiegel, Bürsten, Parfumflakons und alles, was sie zum Frischmachen benötigte.

Zur Mittagsrast hielt man in Landshut, danach ging es weiter nach Straubing, wo die Braut die erste Nacht ihrer Reise im Hotel »Zum schwarzen Bären« verbrachte. Selbstverständlich gab es an jeder einzelnen Station einen Empfang mit Blasmusik, Stadthonoratioren und jubelnden Menschen. Am zweiten Reisetag bestiegen Elisabeth, ihre Familie und deren Gefolge ein Dampfschiff, dass sie an die bayerisch-österreichische Grenze nach Passau brachte. Die österreichische Delegation war bereits zwei Tage vor der bayerischen Hochzeitsgesellschaft aufgebrochen. Elisabeths künftiger Obersthofmeister Fürst Joseph Lobkowitz war nach Engelhardtszell im österreichischen Innviertel gereist, um bereits hier »auf allerhöchsten Befehl die höchsten Herrschaften ehrfurchtsvollst zu empfangen«.[42] Gemeinsam bestieg man nun in Passau den Dampfer und reiste nach Linz. Hier erwarteten bereits wieder Würdenträger und Honoratioren die kaiserliche Braut. Zu Elisabeths großer Überraschung kam auch Franz Joseph an Bord. Der Kaiser hatte es sich nicht nehmen lassen, sie bei ihrer ersten Station in Österreich selbst zu empfangen. In Linz absolvierte Elisabeth auch das erste Festprogramm zu Ehren ihrer Hochzeit, zu dem unter anderem der Besuch einer Festvorstellung im Schauspielhaus gehörte.

Die erste Nacht auf österreichischem Boden verbrachte Elisabeth in den Repräsentationsräumlichkeiten des Linzer Landhauses. Für das abendliche Diner hatte der Wiener Hof nebst Hofköchen, Küchendienern und Personal der Hofwirtschaft auch das für den Saal- und Tafeldienst erforderliche Personal rechtzeitig vorausgeschickt. Zwei ebenfalls mitgereiste Kammerdiener sollten der herzoglichen Familie zur Verfügung stehen, zwei Saaltürhüter hatten darauf zu achten, dass kein Unbefugter Zutritt zur Kaiserbraut hatte.[43] Die Burghauptmannschaft hatte Elisabeths Schlafzimmer vorab herrichten lassen. Eine erhaltene Gouache zeigt dieses Zimmer als hohen, ganz in Blau gehaltenen Raum. Elisabeths Bett und ein für ihr Abendgebet bestimmter Gebetstisch standen in einem großen Alkoven mit blausamtenen Vorhängen bereit. Eine Sitzgarnitur in derselben Farbe war für das morgendliche Frühstück aufgestellt worden, ebenso ein Toilettetisch mit großem Spiegel und goldenen Leuchtern, vor dem die Kammerfrau die Kaiserbraut am nächsten Morgen frisieren konnte. Für ungestörten Schlaf sorgte neben den schweren Samtvorhängen auch ein dicker blauer Teppich, der den Laut eines jeden Schrittes schluckte, den die Kammerfrau im Zimmer machte.[44]

Am folgenden Morgen startete Elisabeths letzte Reiseetappe. (Franz Joseph war schon vorher, knapp nach vier Uhr in der Früh, mit einem Separat-Dampfschiff wieder nach Wien zurückgekehrt, hatte aber seinen Bruder Maximilian als Begleiter bei seiner Braut zurückgelassen.) Diesen letzten Teil ihrer Reise zu Schiff trat Elisabeth an Bord des über und über mit Blumen sowie Fahnen geschmückten Raddampfers »Franz Joseph« an. Ziel war der pittoreske, am Rande Wiens gelegene Ort Nußdorf, an dem sich damals der größte Donauhafen der Residenzstadt befand. Hier war bereits alles für den Empfang der kaiserlichen Braut vorbereitet. Vor der Schiffsanlegestelle war ein Pavillon errichtet worden, in dem ihre offizielle Begrüßung stattfinden sollte. Eine mit üppigem Blumenschmuck dekorierte und mit einem grünen Teppich ausgelegte Treppe verband den Pavillon mit dem Anlegeplatz, ein großer Triumphbogen war ebenfalls zu Ehren der Braut errichtet worden. Durch diesen hindurch sollten sie, auf einem Weg voller Blumen, ihre ersten Schritte an Land führen. Rechts und links davon hatte man Galerien aufgestellt, von denen ihr die Menschen zujubeln konnten. »An ein sehr gewähltes Publikum« seien »Billets ausgeteilt« worden, ist in den Zeremonialprotokollen zu lesen, und natürlich waren damit kaisertreue Zuschauer gemeint. Denn das Letzte, was der Wiener Hof brauchen konnte, waren unflätige oder gar revolutionäre Zurufe.[45] Auf eigens für sie errichteten Tribünen warteten das diplomatische Korps und Teile der Hofgesellschaft. Eine Ehrenkompanie und ein Orchester vervollständigten den festlichen Rahmen. Da sich die Ankunft der Braut nicht auf die Minute genau bestimmen ließ und der Kaiser kaum inmitten zahlreicher Schaulustiger auf sie warten konnte, hatte die Burghauptmannschaft im ersten Stock eines Gasthauses vis à vis des Landungsstegs für die kaiserliche Familie und deren Gefolge einige Räume abgesperrt und herausgeputzt. Hier konnten die hohen Herrschaften bleiben, bis das Schiff in Sicht kam, und mussten sich nicht unters Volk mischen.[46]

Um zwei Uhr nachmittags an diesem 22. April 1854 trafen die ersten Honoratioren ein. Der Wiener Bürgermeister kam mit einer Abteilung des Gemeinderates. Auch der Polizeipräsident und der Fürsterzbischof von Wien waren gekommen.[47] Eineinhalb Stunden später fuhr Franz Joseph mit seinen Eltern, zwei Brüdern und dem kaiserlichen Gefolge vor. Die für seine Familie dekorierten Räume des reservierten Gasthauses betrat der Kaiser erst gar nicht. Er wartete stattdessen ungeduldig, aber über das ganze Gesicht strahlend, im Pavillon und unterhielt sich mit den Ehrengästen – oder in der Sprache des Protokolls: »Seine Majestät geruhten daselbst an die zum Empfange versammelten Personen und an einzelne Mitglieder der gedachten Corporationen bis zur Annäherung des Schiffes, huldreichste Ansprache zu pflegen«.[48]

Um Viertel nach vier war es endlich so weit. Der geschmückte Raddampfer war in der Ferne zu erkennen und näherte sich dem Landesteg. Schon von Weitem gut sichtbar stand Elisabeth auf dem Deck neben ihren Eltern, Geschwistern und Erzherzog Maximilian und winkte eifrig mit einem weißen Taschentuch. Kaum hatte das Schiff angelegt, eilte der Kaiser an Bord, stürmte auf Elisabeth zu und umarmte sie fest. Die Eltern einer späteren Hofdame Elisabeths, die in Nußdorf dabei gewesen waren, beschrieben diese – bald berühmt gewordene und immer wieder kolportierte – Szene ihrer Tochter so: »Als das Schiff anlegte, sprang der Kaiser, noch ehe die Brücke befestigt war, hinüber & schloss seine Braut in die Arme, unter dem lauten Jubel der Menge am Ufer«.[49] Nun erst folgten ihm seine Eltern und Brüder an Bord, um Elisabeth und ihre Familie zu begrüßen.[50] Danach führte der Kaiser seine Braut am Arm vom Schiff und stellte ihr die anwesenden Würdenträger vor. Die Begrüßungszeremonie dauerte nicht allzu lang. Elisabeth winkte huldvoll in alle Richtungen, und schon stieg die Reisegesellschaft in die bereitstehenden Kutschen und fuhr nach Schloss Schönbrunn, wo der nächste Programmpunkt wartete, den Elisabeth zu absolvieren hatte.[51]

Dort angekommen, entstieg sie vor der großen Freitreppe im Ehrenhof des kaiserlichen Sommersitzes der Kutsche. In der Großen Galerie in der Beletage – die mit ihrer Weiß-Gold-Stuckdekoration, den einander gegenüberliegenden Kristallspiegeln und den Deckenfresken des italienischen Malers Gregorio Guglielmi einer der prächtigsten Rokokofestsäle Europas ist – warteten bereits die gesamte kaiserliche Familie, alle Erzherzöge und Erzherzoginnen sowie deren Obersthofmeister und Hofdamen. Am Arm von Franz Joseph stieg Elisabeth die große steinerne Treppe hinauf und winkte dabei den vor dem Schloss versammelten Menschen zu. Sie war bereits den ganzen Tag unterwegs gewesen und hatte eine lange und ermüdende Reise hinter sich. In der Großen Galerie wurde sie von jedem einzelnen der zahlreich anwesenden Habsburger begrüßt, und jeder Obersthofmeister einer kaiserlichen Hoheit sowie jede Hofdame wurden ihr vorgestellt. Gemessen an den für die nächsten Tage geplanten Feiern war dies ein kleiner Empfang, ausschließlich zu dem Zweck, dass sich die neue erste Frau am Wiener Hof und ihre neue Großfamilie in Ruhe begrüßen konnten. Die meisten der anwesenden Habsburger waren bis zu diesem Zusammentreffen Fremde für die bayerische Herzogin – bis auf ihre Tanten Erzherzogin Sophie und Ex-Kaiserin Karoline, ihren künftigen Schwiegervater Franz Karl von Österreich und natürlich ihren Bräutigam und dessen Brüder hatte sie bisher noch keinen Kontakt zu diesen neuen Familienmitgliedern gehabt –, nun küssten alle Erzherzoge und Erzherzoginnen, vom Greis bis zum Jüngling, von den älteren Tanten bis zu den jungen Mädchen, der Sechzehnjährigen die Hand. Kurz wollte sie sich dagegen verwehren. Als ihr auch ihre bayerischen Cousinen Hildegard und Adelgunde die Hand küssen wollten, rief sie erschrocken aus: »Wir sind ja Cousinen!«, doch nach einem schnellen Eingreifen ihrer neuen Obersthofmeisterin war die Situation geklärt. Natürlich mussten auch die bayerischen Cousinen Elisabeth die Hand küssen.[52]

Während dieser Begrüßung in der Galerie musste sie sich immer wieder auf der Treppe zeigen und den vielen Menschen zuwinken, die sich im Ehrenhof von Schönbrunn versammelt hatten. In diesem – zumindest für höfische Verhältnisse – familiären Rahmen überreichte Franz Joseph Elisabeth sein Brautgeschenk: eine Diamantkrone und eine diamantene Devant de Corsage mit Smaragden, eine größere Brillant-Garnitur, die man vorn in der Mitte des Kleidoberteils befestigte.

Nachdem die Begrüßungszeremonie beendet und die kaiserlichen Schätze gebührend bewundert worden waren, »beurlaubten« sich (wie es im Protokoll heißt) die Hofwürdenträger und die weniger engen kaiserlichen Verwandten, was bedeutete, dass sie sich nun unaufgefordert zurückzuziehen hatten.[53] Nur der Kaiser, seine Eltern und Brüder verblieben noch einige Zeit in Schönbrunn und nahmen gemeinsam mit Elisabeth, ihren Eltern und Geschwistern ein kleines Souper ein.[54]

Am Sonntag, dem 23. April 1854, fuhr der Kaiser, der in der Hofburg übernachtet hatte, um neun Uhr morgens nach Schönbrunn, um mit seiner Braut und ihrer Familie zu frühstücken. An diesem Tag stand der offizielle Einzug Elisabeths in die Residenzstadt Wien auf dem Programm. Nach altem Brauch sollte die Braut des Kaisers, ausgehend von der Favorita, einem alten habsburgischen Sommersitz vor den Toren der Stadt und nun die Theresianische Ritterakademie, in einer großen Prozession, und begleitet von Hofwürdenträgern, Kämmerern und Pagen, feierlich in die Hofburg einziehen. Unmittelbar nach dem Frühstück wurden Elisabeths Vater, ihr Bruder Ludwig und ihre Schwester Helene in die Hofburg kutschiert, wo sie die für sie bestimmten Appartements bezogen und sich für den Einzug Elisabeths am frühen Abend bereithalten mussten.[55] Auch Franz Joseph verließ nun Schönbrunn Richtung Hofburg. Elisabeth konnte sich bis zum Mittag ausruhen, dann wurde sie für den festlichen Einzug in die Hofburg – ihre erste große Repräsentationspflicht anlässlich ihrer Hochzeit – eingekleidet und frisiert. Die Koffer mit ihrer Garderobe waren einige Tage zuvor in Schönbrunn eingetroffen. Zofen und Kammerfrauen legten Elisabeth eines der neuen, für die Auftritte am Wiener Hof gedachten Kleider an, die aus München gekommen waren – ein prachtvolles rosafarbenes Atlaskleid mit weißen Einsätzen –, eine Spitzenschärpe, wie sie in den 1850er-Jahren so modern war, und befestigten ein kostbares Diadem in ihrem Haar, um das sie kleine weiße und rosa Rosen gewunden hatten.[56]

Während Elisabeth für ihre erste Begegnung mit der Hofgesellschaft und der Wiener Bevölkerung hergerichtet wurde, fanden sich in der Favorita bereits jene Menschen ein, die das Gefolge der Kaiserin bei ihrem Einzug bildeten: ihr neuer Obersthofmeister Fürst Lobkowitz, der sie bereits nach Nußdorf begleitet hatte, die Geheimen Räte und Kämmerer (so hießen die Adeligen, die gerade ihren turnusmäßigen Dienst bei Hof leisteten), die kaiserlichen Leibgarden, hohe Militärs, Palastdamen sowie die Hofdienerschaft. Die Herren waren in großer Galauniform erschienen, die Damen in »reichen runden Kleidern«.[57] Nachmittags um Viertel vor vier fuhr die mit einem Gespann von acht Pferden versehene Kutsche vor, die Elisabeth – in Begleitung kaiserlich-königlicher Bereiter in reicher, festlicher Campagne-Uniform – zur Favorita bringen sollte. Das elegante Gefährt vom Typ »Berline« war einst für Napoleons Krönung zum König von Italien gebaut und von den Habsburgern, in deren Besitz es gelangt war, schon vor dieser Hochzeit als Brautwagen verwendet worden. Der obere Teil des Wagens war rundum verglast, sodass Elisabeth für die Zuschauer ihres Einzugs gut sichtbar war. Neben ihr saß Ludovika, die bei diesem wichtigen Auftritt an der Seite ihrer Tochter blieb. In einem zweiten Wagen folgten die Obersthofmeisterinnen von Braut und Brautmutter. In der Favorita angekommen, halfen die beiden Obersthofmeister den Damen aus dem Wagen und geleiteten sie in das Appartement, das man für die junge Kaiserin vorbereitet hatte. Hier wartete schon das Kammerpersonal, das Elisabeths Toilette noch einmal abbürsten, ihr das Haar richten und kontrollieren sollte, ob sich alles am richtigen Platz befand. Die neue Landesmutter sollte bei ihrer Ankunft in Wien perfekt aussehen.[58] Es heißt, sie sei bei ihrer Ankunft in der Favorita angesichts der vielen sie erwartenden Hofwürdenträger und Adeligen vor Nervosität in Tränen ausgebrochen, sodass sie von ihrer neuen Obersthofmeisterin und Ludovika beruhigt werden musste.[59]

In der Wiener Hofburg versammelte sich indessen die kaiserliche Familie im Pietra-dura-Zimmer, dem prächtigen ehemaligen Audienzzimmer Maria Theresias. In den daran anschließenden Räumen trafen die höchsten Militärs der kaiserlichen Armee ein sowie der gesamte männliche Hofstaat und alle »palast- und appartementmäßigen Damen« – also jene adligen Frauen, denen das Recht zukam, um eine Audienz bei der Kaiserin anzusuchen –, um Elisabeth nach deren Ankunft die Aufwartung zu machen.[60] Bald darauf gab in der Favorita Elisabeths Obersthofmeister das Zeichen, dass alles bereit für die Abfahrt sei. Die Kämmerer und Geheimen Räte bestiegen ihre Gala-Equipagen, und Fürst Lobkowitz führte seine junge Herrin und ihre Mutter in Begleitung der zwölf Palastdamen, der Hoffouriere, der Edelknaben und der sechs Kämmerer zu ihrem Wagen und half den beiden Damen beim Einsteigen.[61]

Dann setzte sich der beeindruckende Zug in Bewegung. In dem Moment, als die Wagenkolonne losfuhr, wurde vom Turm der Paulanerkirche eine Fahne gehisst und damit das Signal gegeben, auf den Basteien der mittelalterlichen Stadtmauern die Kanonen abzufeuern. Gleichzeitig begannen in allen Kirchen der Wiener Vorstädte die Glocken zu läuten.[62] Unüberhörbar sollten Glockengeläut und Kanonendonner Groß und Klein, Alt und Jung ankündigen, dass soeben etwas Außergewöhnliches und Feierliches geschah, eine neue Kaiserin in die Stadt einzog. Elisabeth selbst müssen die aufwühlenden Böllerschüsse, das fortgesetzte Läuten der Glocken und die Tatsache, dass sie sich unwiderruflich im Zentrum einer altertümlich ehrwürdigen Zeremonie befand, derart zugesetzt haben, dass sie wieder zu weinen begann. Für die Wiener war ihr Einzug ein großartiges Spektakel, das man nicht alle Tage zu sehen bekam. An der Spitze des Zuges ritten die kaiserlichen Ulanen, die in ihren roten Stiefelhosen, den blauen Waffenröcken und umgehängten Pelzkrägen einen malerischen Anblick boten. Ihnen folgten die Kämmerer und Geheimen Räte zu Pferd samt den Edelknaben. Der »Mailänder Krönungswagen« mit Elisabeth war der Mittelpunkt des Zuges. An jeder Seite des Wagens marschierten Leiblakaien, außen flankiert von je zwei Reitern der Trabantenleibgarde.[63] Elisabeths Wagen folgten Trompeter der k. k. Arcièren-Leibgarde (was bedeutete, dass sie und Ludovika die ganze Zeit laute Trompetentöne direkt hinter sich hörten), anschließend eine sechsspännige Kutsche mit den beiden Obersthofmeisterinnen Elisabeths und ihrer Mutter und darauf, ebenfalls in sechsspännigen Kutschen, die zwölf Palastdamen.[64] Die Nachhut bildeten die begleitenden Diener in Galalivreen und mit gepuderten Perücken, die Leiblakaien, Kammer- und Hofbüchsenspanner, und Hoffouriere.

Und so zog, unter Kanonendonner und Glockenklang, beim Spiel der Hof- und Garde-Trompeter, im Trommelrhythmus der Garde-Tambours, eine verschreckte Sechzehnjährige als neue Landesmutter eines Vielvölkerreiches in die Residenzstadt ihres Bräutigams ein.[65] Die Straßen, auf denen der Festzug seinen Weg nahm, wurden von kaiserlichem Militär, Abordnungen der Innungen sowie den Vertretern der Vorstadtgemeinden – also Bürgermeister, Gemeinderäte, Honoratioren – gesäumt.[66] In dem Augenblick, als Elisabeth in die innere Stadt einfuhr, stimmten zusätzlich die Glocken aller Wiener Kirchen in das erhabene Getöse ein.[67] Am Stadttor erwartete der Militär-Gouverneur der Stadt Wien, Feldmarschallleutnant Freiherr Johann von Kempen, die kaiserliche Braut und begleitete sie, mit gesenktem Säbel neben ihrem Wagen reitend, bis zur Einfahrt in die Hofburg. Aus dem Brautzug löste sich nun ein Hoffourier und ritt voraus, um den Oberzeremonienmeister darüber in Kenntnis zu setzen, dass Elisabeth eingetroffen war, woraufhin sich der Oberzeremonienmeister zum Kaiser begab und die bevorstehende Ankunft der allerhöchsten Braut meldete.[68]

Als Elisabeth mit Ludovika vor der Hofburg ankam, wurden sie von Franz Joseph und seiner Familie sowie Herzog Max und Elisabeths Geschwistern empfangen. Dann besichtigte man gemeinsam die Räume des für Elisabeth bestimmten Amalienhof-Appartements, die sich in der sogenannten »Amalienburg« befanden – einem im 16. Jahrhundert erbauten Trakt der Hofburg, dessen Name von seiner früheren Bewohnerin Amalie Wilhelmine stammt, der Witwe Josephs I. Nun, am Ende dieses anstrengenden und aufregenden Tages, musste die junge Braut noch im Vorübergehen die Aufwartungen der hohen Generalität, des Offizierskorps und des Hofstaates entgegennehmen – während sie durch die Räume schritt, neigte sie den Anwesenden huldvoll den Kopf zu. Damit endeten die Feierlichkeiten des ersten Tages.[69] Nach einem Diner im Kreis der engsten Verwandten konnte sich Elisabeth zurückziehen. In der letzten Nacht vor ihrer Hochzeit teilte sie sich mit ihrer Schwester Helene das Rosenberg-Appartement.[70]

Der Hochzeitstag – der 24. April 1854 – begann mit einer gemeinsamen Andacht von Franz Joseph und Elisabeth, anschließend frühstückte das Paar mit seinen Eltern und Geschwistern.[71] Danach zog sich Elisabeth zurück. Sie hatte nun bis am Nachmittag Zeit, sich auszuruhen und auf die bevorstehende Hochzeit einzustimmen und die großen Bögen, auf denen der minutiöse Ablauf des Zeremoniells von den Beamten des Obersthofmeisteramtes aufgeschrieben worden war, in Ruhe zu studieren – bis die Kammerfrauen beginnen würden, sie für die Hochzeit herauszuputzen.

Die Trauung von Kaiser Franz Joseph und Kaiserin Elisabeth in der Augustinerkirche – der Hofkirche – fand als klassische höfische Hochzeit in den Abendstunden statt und war ganz im alten Stil gehalten. Einzige Augenzeugen waren die Hofgesellschaft und das diplomatische Korps. Während im Jahr 1840 in Großbritannien die Hochzeit Königin Victorias mit Prinz Albert von Sachsen-Coburg und Gotha auf Geheiß von Premierminister Lord William Melbourne schon nicht mehr abends, sondern untertags anberaumt worden war und die Frischvermählten sich nicht nur der Hofgesellschaft gezeigt hatten, sondern auch durch die jubelnde Menge kutschiert worden waren, blieb Franz Josephs und Elisabeths Hochzeit noch einer geschlossenen Gesellschaft vorbehalten.

Damit bei der Hochzeit alles wie am Schnürchen lief, waren neben den vielen Beamten des Obersthofmeisteramtes und dem Zeremonialdepartement noch sechs Kämmerer hinzugezogen und zu »Ceremonien-Kommissären« ernannt worden.[72] Einige Tage vor der Trauung hatte man die Herren zu einer Besprechung in die Hofburg kommen lassen, ihnen ihren streng abgegrenzten Aufgabenbereich erklärt und jedem aus dem Depot der Zeremonienabteilung einen schwarz lackierten Stab mit einer kleinen Goldquaste übergeben. Die Aufgabe dieser Ceremonien-Kommissäre war nun, in ihren Zuständigkeitsbereichen genau auf die Einhaltung des Zeremoniells zu achten – wie etwa die richtige Anordnung der einzelnen Gruppen beim Hochzeitszug oder die Einhaltung der Sitzordnung in der Kirche. Gab es Irritationen, so griffen diese sechs Herren, die durch ihre Zeremonienstäbe sofort als Aufsichtsorgane zu erkennen waren, korrigierend ein und verhinderten – indem sie mit dem Stab denen die Richtung wiesen, die nicht wussten, wo sie hingehörten –, dass es zu Abweichungen vom Zeremoniell oder gar zu Unterbrechungen kam.

Angesichts all dieser Vorbereitungen bleibt die Frage, woher die unzähligen Eingeladenen und am Hochzeitszug Teilnehmenden jeweils wussten, wann sie wo erscheinen mussten, wo sie sich einzureihen, aufzustellen und zu warten und welchen der vielen Wege in die Hofburg sie jeweils zu nehmen hatten. Immerhin sollten sich im Rahmen der Hochzeitsfeierlichkeiten mehrere Hundert Personen in vorher genau festgelegten Abläufen bewegen und an genau definierten Orten einfinden. Wie bei jedem anderen Großereignis des Kaiserhauses ließ das Zeremoniendepartement nun sogenannte »Hofansagen« oder »Cirularien« drucken und an die geladenen Gäste und Mitwirkenden versenden. Diese erfuhren dann aus den Hofansagen, zu welcher

Uhrzeit sie sich in welchem Gebäude, Appartement und Raum einzufinden und welche Uniform, welches Hofgewand oder Kleid mit oder ohne Schleppe sie dabei zu tragen hatten. Den Ansagen waren auch Fahrordnungen beigelegt, damit das Stallpersonal der Gäste wusste, wo sie mit ihren Kutschen vorfahren, sich einreihen und halten durften.[73] Trotz solch genauer Planung lief es auch bei Hof nie perfekt ab; allerdings gab es zwei absolute Tabus: zu spät zu kommen und nicht angemessen gekleidet zu sein. Bei beiden Fehltritten konnte Kaiser Franz Joseph, der stets Wert auf korrekte Umgangsformen legte, recht ungehalten werden. Angespannt und nervös war angesichts des präzise festgelegten Zeremoniells und der Bedeutung dieser kaiserlichen Hochzeit also nicht nur die junge Braut, sondern auch die Schar der geladenen Gäste und Mitwirkenden.

Um halb sieben Uhr abends begannen an diesem 24. April 1854 die Hochzeitsfeierlichkeiten. Der Hofstaat hatte sich in den Festappartements versammelt. Das Zeremoniell sah vor, dass der Kaiser und seine Braut gemeinsam in die Kirche einzogen. Die versammelten Hofwürdenträger, Geheimen Räte, Truchsessen und Kämmerer sowie die Palastdamen bildeten ihre Entourage. Sobald alle anwesend waren und sich in der Ordnung formiert hatten, die sie als Gefolge des Kaiserpaares einnehmen sollten, meldete der Oberzeremonienmeister dem Obersthofmeister des Kaisers, dass der Einzug in die Kirche beginnen könne.[74] Fürst Liechtenstein, der mit dem Brautpaar und der kaiserlichen Familie in den privaten Appartements gewartet hatte, informierte nun Franz Joseph, dass alles bereit sei – und so machte man sich auf den Weg zu den Festappartements.[75]

Jetzt sah die Hofgesellschaft Elisabeth zum ersten Mal in ihrem Brautkleid. Sie war eine außergewöhnlich schöne Braut – darüber waren sich alle Anwesenden einig. Die überaus schlanke und zarte Sechzehnjährige trug ein weit ausladendes Schleppenkleid aus schimmernder Moiré-antique-Seide, das reich in Gold und Silber bestickt war, dazu eine schwere, lange Courschleppe aus Seidenrips, die ebenfalls mit goldenen Stickereien verziert und an der Taille festgeschnürt war. Sie war so frisiert wie auf ihren ersten, in den Monaten nach der Verlobung entstandenen Porträts: Das Haar war in der Mitte gescheitelt, rechts und links nach innen eingerollt, nach hinten zusammengefasst und im Nacken festgesteckt worden. Ein hauchzarter Schleier, der an einem funkelnden Diadem festgemacht war, bedeckte das Haar. Um das Diadem herum, ebenso wie auf Elisabeths Kleid, hatten die Kammerzofen noch blühende Myrtenzweige angebracht – ganz wie es einer jungfräulichen Braut geziemte.

Nachdem Franz Joseph und Elisabeth die Festappartements betreten und alle Anwesenden sich verneigt hatten, formierte man sich, und der Zug zur Kirche setzte sich in Bewegung. Seine Spitze bildeten zwei Hoffouriere. Ihnen folgten die Edelknaben – junge Aristokraten, die bei Hofzeremonien kleinere Aufgaben übernahmen. An diese schlossen wiederum die Truchsessen an, danach kamen die Kämmerer, die Geheimen Räte und schließlich die höchsten Hofwürdenträger. Diese Reihenfolge illustrierte die Rangordnung bei Hof. Je näher zum Kaiser man positioniert war, desto höher war der eigene Rang. Auf diese hierarchisch geordnete Vorhut folgten alle männlichen Mitglieder der kaiserlichen Familie. Nach den Erzherzögen kam in der Mitte des Zuges der Kaiser, begleitet von seinem Oberstkämmerer, dem Hauptmann der Trabantenleibgarde und seinem ersten Generaladjutanten.[76] Erst nach den Männern war die Reihe an den Frauen, die den Zug abschlossen. Gleich hinter Franz Joseph ging seine Braut, deren lange Schleppe von Edelknaben getragen wurde. Begleitet wurde Elisabeth von ihrer und Franz Josephs Mutter, die rechts und links neben ihr gingen. Ihnen folgten alle Erzherzoginnen, dann die Palastdamen und schließlich die Hofdamen der Erzherzoginnen. Das Herz des Hochzeitszuges wurde also selbstverständlich vom Brautpaar gebildet, an dessen Seiten noch je sechs Soldaten der Arcièren-Leibgarde mit gezogenem Seitengewehr marschierten.[77]

Der aus zig Personen bestehende Zug gelangte, ohne die Straße betreten zu müssen, über den Augustinergang in die

Kirche. Diese alte Verbindung ermöglichte es, von der Hofburg direkt in die Augustinerkirche zu kommen. Und so zog die eindrucksvolle Hochzeitsprozession an den Leibgarden vor den Appartements vorbei und durch den von einem schweren Gewölbe getragenen Augustinergang, der mit Tausenden Kerzen beleuchtet, kostbaren Teppichen ausgelegt und üppigem Blumenschmuck dekoriert worden war. Inzwischen hatten sich all jene in der Kirche versammelt, denen kraft ihrer Position oder Herkunft hier ein Platz zustand (freilich nach strenger Rangordnung): die appartementmäßigen Aristokraten sowie die k. k. Generalität, das Offizierskorps und das diplomatische Korps, sie alle erwarteten den Hochzeitszug. Als dessen Hauptakteur, der Kaiser, den Kirchenraum betrat, erschallten Trompeten und Pauken.

Die Trauung nahm der Wiener Kardinal Joseph von Rauscher mit Unterstützung von siebzig Erzbischöfen, Bischöfen und Prälaten vor.[78] Franz Joseph und Elisabeth traten zunächst unter einen Baldachin, knieten sich auf einen Betschemel und verrichteten leise ein kurzes Gebet. Nachdem der Kardinal die Weihe der Eheringe vorgenommen hatte, erhoben sie sich und gingen an die Stufen des Hochaltars, wo sie einander das Eheversprechen gaben. Nun reichte der Hofburgpfarrer dem Brautpaar auf einem goldenen Tellerchen die Eheringe. Braut und Bräutigam steckten sie einander an und reichten sich die Hände. Während der anschließenden Einsegnung donnerten auf der Augustinerbastei die Kanonen los, und auf dieses Signal hin wurden auch von den Kanonen der anderen Basteien Wiens Salven für den Kaiser und seine neue Kaiserin abgefeuert.[79] In der Augustinerkirche hatten Franz Joseph und Elisabeth indessen auf Thronsesseln Platz genommen. Nach der Segnung erhoben sie sich und verließen wiederum unter Trompetenschall und Paukenschlägen sowie einer weiteren Salve Kanonenschüsse die Kirche, um im wie zuvor gereihten Hochzeitszug in die Hofburg zurückzukehren.[80]

Dort zogen sich das frisch vermählte Paar und seine Familien kurz zur Erfrischung in ihre Appartements zurück. Denn der letzte, und für Elisabeth wohl auch anstrengendste, Teil der Feierlichkeiten dieses Tages stand noch aus. Während die neue Kaiserin sich in ihren privaten Appartements noch einen Moment lang ausruhen konnte – freilich nicht allein, sondern in Gesellschaft einiger Dutzend Erzherzöge und Erzherzoginnen –, stellten sich in den Empfangsräumen derweil die Würdenträger zum »Cercle« auf.[81] Sämtliche anwesenden Diplomaten und Gesandten, Aristokraten und Hofwürdenträger hatten nämlich das Recht, nun dem Kaiserpaar vorgestellt und von diesem durch eine kurze persönliche Anrede ausgezeichnet zu werden.

Auf ein Zeichen des Obersthofmeisters begann der Hochzeitsempfang. Zuerst wurden die Feldmarschälle Graf Josef Radetzky, Fürst Alfred Windisch-Grätz und Graf Laval Nugent wie auch der Banus Graf Jellaćić in die persönlichen Appartements zum Kaiserpaar geführt – eine hohe Auszeichnung, mit der Franz Joseph die Bedeutung und Stellung der Armee verdeutlichte. Anschließend ließ man nacheinander die Botschafter und Gesandten zum Kaiserpaar vor, das mit jedem einzelnen ein paar Worte wechselte. Unmittelbar darauf begaben sich Franz Joseph und Elisabeth in den Spiegelsaal, wo die Frauen der Botschafter der Kaiserin vorgestellt wurden.[82] Als Nächstes hieß es für Franz Joseph und Elisabeth an seinem Arm, in den prächtigen Zeremoniensaal überzuwechseln, wo jetzt alle anderen Geladenen versammelt waren. Hier wurden der neuen Kaiserin, die dabei unter einem Baldachin stand, von ihrer Obersthofmeisterin die palast- und die appartementmäßigen Damen – also fast alle Aristokratinnen – vorgestellt, während der Kaiser die Botschafter und fremden Minister ins Gespräch zog.

Für Elisabeth bedeutete dieser letzte Akt des Festprogramms am Hochzeitstag, dass ihr Hunderte Damen mit Namen vorgestellt wurden und sie an jede einzelne einen Satz richten musste. Dieses Vorstellen dauerte bis in die späten Abendstunden und war dementsprechend fordernd für die Sechzehnjährige, die bereits seit drei Tagen nicht nur unter permanenter Beobachtung stand, sondern auch an einer zeremoniellen Großinszenierung nach der anderen teilnehmen musste. Anders als oft kolportiert brach Elisabeth bei diesem Hochzeitsempfang aber nicht in Tränen aus und flüchtete auch nicht in ein angrenzendes Zimmer.[83] Sie mochte zwar bei ihrer Ankunft in der Favorita geweint und auch bei ihrem Einzug in Wien Tränen vergossen haben, doch sie lernte schnell und hatte sich nun im Griff. Ab dem zweiten Tag in Wien absolvierte Elisabeth ihre Verpflichtungen, wenn auch zurückhaltend, so doch souverän und ohne jegliche Tränen – eine große Leistung für eine so junge Frau, die seit ihrer Kindheit unter extremer Schüchternheit litt.

Nach dem Hochzeitsempfang »geruhten Ihre Majestäten Sich unter Cortegierung aus dem Saale in die inneren Gemächer zurückzubegeben, worauf sich Alles entfernte«, wie es recht hölzern im Zeremonialprotokoll vermerkt wurde.[84]

An diesem Abend bezog die neue Kaiserin von Österreich ihr Appartement, das mit so viel Liebe zum Detail eingerichtet worden war. Und sie teilte das erste Mal das gemeinsame Schlafzimmer mit ihrem frisch angetrauten Ehemann. Elisabeth ging aufgeklärt in die Ehe. Anders als es damals bei vielen jungen Bräuten der Fall war, war sie von ihrer Mutter beizeiten darüber aufgeklärt worden, was hinter verschlossenen Türen zu einer Ehe gehörte.[85]

DIE KAISERIN

»Dann kommt ein fünftes liebes, holdes Kind dazu, dessen Eintritt in unser Haus Gott segnen möge!«[1]

Das Erste, worauf man bei der frisch verheirateten Kaiserin ein Auge hatte, war ihre Menstruation. Man wartete und hoffte am Wiener Hof auf das Ausbleiben von Elisabeths Monatsblutung, da dies ein Anzeichen für eine Schwangerschaft und, vor allem, die baldige Geburt eines Erben sein konnte. Heute neigt man dazu, Intimitäten wie diese aus den Biografien königlicher und kaiserlicher Frauen auszuklammern. Dabei wurde es im 19. Jahrhundert von einer verheirateten Frau erwartet – und besonders wenn sie die Ehefrau eines Monarchen war –, dass sie einen gesunden männlichen Erben gebar. Entsprechend aufmerksam wurde der weibliche Zyklus dieser Frauen beobachtet. Erst mit dem Beginn ihrer ersten Schwangerschaft würde Elisabeth den Nachweis erbringen, dass sie gebärfähig war. Bis dahin musste sie akzeptieren und aushalten, dass ihr Körper unter Beobachtung stand. Was aus heutiger Perspektive als Einbruch in die Privatsphäre und geradezu als übergriffig gälte, war damals selbstverständlich. Der Körper einer Kaiserin gehörte – im übertragenen Sinn – nicht nur ihr, sondern auch der Dynastie und hatte eine für den Fortbestand der Herrschaft wichtige Aufgabe zu erfüllen, der sie sich als Frau nicht entziehen konnte. Aus diesem Grund war auch, was im kaiserlichen Ehebett vor sich ging, keineswegs privat. Das Kammerpersonal, das unter anderem für die Hygiene der Kaiserin verantwortlich war, registrierte zuerst, wenn ihre Menstruation ausblieb, und teilte dies – zumindest zu Beginn ihrer Ehe – unverzüglich ihrer Schwiegermutter mit.

Trotz der Gefühle von Liebe und Zuneigung, auf denen sie basierte, war die Heirat von Franz Joseph und Elisabeth keine persönliche Angelegenheit. Deshalb war es auch keine Frage, dass sich das junge Paar in der Hochzeitsnacht nicht allein ins Ehebett begab. Nach alter Tradition, wenngleich deutlich abgemildert, hielt sich auch Erzherzogin Sophie im Schlafzimmer des frisch vermählten Paares auf. Zeremoniell geleitete sie Franz Joseph ins Ehebett, in dem Elisabeth, bereits im Nachtkleid und mit gelöstem Haar, lag. Der jungen Frau war diese Situation denkbar unangenehm: Wie Sophie in ihrem Tagebuch festhielt, hatte Elisabeth die Decke bis zum Kinn hochgezogen und den Kopf in das Kissen gedrückt. Bereits am nächsten Morgen eruierte die Mutter des Kaisers, ob der Vollzug der Ehe geklappt hatte: »Danach vertrauliche Unterredung eines jeden Kindes mit seiner Mutter«, vermerkte die Erzherzogin in ihrem Tagebuch.[2] Als das, worauf Sophie wartete, in einer der nächsten Nächte vonstatten ging, litt Elisabeth darunter, dass schon am Morgen darauf die Schwiegermutter alles erfahren würde: »Am ersten Morgen des Tages – wo wir uns ganz gehörten, mußten wir zum Frühstück erscheinen, der Kaiser war so gewohnt zu folgen, daß er sich auch darein ergab, aber mir war das gräßlich – aber ihm zu lieb ging auch ich«.[3]

Dass die Vorgänge im Ehebett Gesprächsthema innerhalb der Familie waren, mochte für Elisabeth unangenehm sein, konnte sie aber nicht überraschen. Auch ihre eigene Mutter hatte offen über diese Dinge gesprochen. In späteren Jahren erzählte Ludovika voll Stolz, dass ihre Töchter wie erwähnt schon vor ihren Trauungen gewusst hätten, was zu den Pflichten einer Ehefrau gehörte. Elisabeth war aber nicht nur über den Zeugungsakt informiert, sondern auch darüber, mit welchen Schwierigkeiten das Gebären eines Kindes verbunden sein würde. Die Herzogin, die viel auf ihre diesbezügliche Fortschrittlichkeit hielt, nahm auch bei diesem Thema gegenüber ihren Töchtern, und später auch gegenüber ihren Enkelinnen, kein Blatt vor den Mund. Offen sprach Ludovika mit ihren weiblichen Nachkommen über ihre eigenen Geburten, selbst schwierige Details sparte sie nicht aus.[4]

So unangenehm es für Elisabeth sein mochte, dass die Vorgänge im Ehebett nicht privat blieben, so sicher war auch: Solange es keine Ergebnisse aus den intimen Zusammentreffen von Kaiser und Kaiserin gab, würden die Fragen und neugierigen Blicke nicht aufhören. Und solange die Frau eines Herrschers nicht zumindest eine Schwangerschaft erfolgreich beendete – selbst wenn es nur ein Mädchen war, ein Junge konnte ja nach dem erfolgreichen Nachweis der Gebärfähigkeit noch kommen –, so lange ließ der Erwartungsdruck ihrer Umgebung auf sie auch nicht nach. Kinderlose Ehen gab es nicht wenige in Königs- und Kaiserhäusern; gleich drei Tanten Elisabeths waren kinderlos geblieben, bei zweien von ihnen ging die Thronfolge deshalb auf eine andere Linie über – das Schlimmste, was in regierenden Häusern passieren konnte. Dass ein Paar keine eigenen Kinder haben konnte, kam auch im 19. Jahrhundert keineswegs selten vor und mochte wie heute vielfältige Ursachen haben; allerdings war die Medizin weniger fortgeschritten, und es gab bei Unfruchtbarkeit keine Diagnose- und Behandlungsmöglichkeiten. Der enorme Druck, der auf Frauen aus katholischen Dynastien zur Zeit Elisabeths ausgeübt wurde, solange sie ihrem Haus keinen Erben geboren hatten, wurde hier noch durch die Unauflöslichkeit der Ehe verstärkt. Ein katholischer Monarch, dessen Ehe kinderlos blieb, konnte sich nicht scheiden lassen und versuchen, mit einer neuen Frau Nachkommen zu zeugen. Diese Möglichkeit hätte er erst als Witwer.

Im Fall des österreichischen Kaiserpaares wäre ein ausbleibender Kindersegen besonders dramatisch gewesen. Denn so zynisch es klingen mag: Kinderlosigkeit bei jungen, gesunden Frauen wie Elisabeth wurde von den Familien, in die sie eingeheiratet hatten, als Tragödie gesehen – da man bei ihnen nicht einmal hoffen durfte, dass sie bald sterben und ihren Mann zum erneut

»ungebundenen« Witwer machen könnten. Es ist heute kaum mehr nachvollziehbar, wie groß die diesbezüglichen Erwartungen an Frauen waren, die einen Monarchen oder Thronfolger geheiratet hatten.

Bis sich die ersten Anzeichen einer Schwangerschaft einstellten, musste Elisabeth repräsentative Pflichten übernehmen. So begann am Morgen nach der Eheschließung ihr erster Tag als Kaiserin mit einer Fortsetzung der Hochzeitsfeierlichkeiten. Zunächst fand ein Familiendiner im kleinsten Kreis statt. Eingeladen waren nur die Eltern und die Geschwister des frischgebackenen Paares. Die Verwandten blieben auch unter sich, denn das Gefolge der kaiserlichen Familie und die Hofwürdenträger waren auf Wunsch von Franz Joseph an einer eigenen Marschalltafel platziert worden.[5]

Am selben Abend absolvierte Elisabeth ihren ersten Auftritt als neue Landesmutter. Es handelte sich um ein lang geplantes und mit Liebe zum Detail arrangiertes Festprogramm: Die Honoratioren von Wien hatten eine Illumination der Residenzstadt vorbereitet. Tausende Leuchtkörper waren an den öffentlichen Gebäuden angebracht und erhellten diese aufs Festlichste, und auch die Wiener Palais- und Hausbesitzer beleuchteten ihre Häuser zu Ehren des frisch vermählten Kaiserpaares. Diese Lichterpracht musste Elisabeth nun bestaunen, und diese Besichtigungstouren würden künftig eine ihrer wichtigsten Aufgaben sein: Als Kaiserin sollte sie von nun ab in regelmäßigen Abständen durch ihre Anwesenheit und den Glanz, den ihre Stellung mit sich brachte, die Aufmerksamkeit auf jene lenken, die sich um Kaiserhaus, Staat, Gesellschaft, Kultur und Wohltätigkeit verdient gemacht hatten. Und so setzte sich die Sechzehnjährige an ihrem ersten Tag als Kaiserin abends um halb neun neben ihren Ehemann in eine offene, zweispännige Kutsche, um hinter der des Bürgermeisters – und selbstverständlich mit einer Entourage weiterer Kutschen, in denen Elisabeths Eltern und Geschwister sowie die gesamte kaiserliche Familie saßen – durch das abendliche Wien zu fahren und dessen Festbeleuchtung gebührend zu bestaunen.

Es muss eine märchenhafte Stimmung geherrscht haben: Auf den Straßen drängten sich die Menschen, alle wollten das außergewöhnliche Spektakel bestaunen. Die Stadtregierung hatte keine Kosten gescheut, um entlang der Fahrtroute ein Lichtermeer zu installieren. Der Adel wetteiferte darum, wer die originellste und prächtigste Fassadenbeleuchtung zustande gebracht hatte. (Den Sieg errangen nach einstimmiger Meinung von Publikum und Presse die Grafen Harrach, an deren Wiener Palais das Licht von 19 000 Lampions den Umriss des Dogenpalastes von Venedig nachzeichnete. Man habe allein hundertvierzig Personen gebraucht, um alle Lampions zu entzünden, war am nächsten Tag in den Zeitungen zu lesen.)[6] Als Abschluss der kaiserlichen Rundfahrt ließ der Wiener Bürgermeister zu Ehren der neuen Kaiserin und zum entzückten Staunen der 200 000 Zuschauer ein gigantisches Feuerwerk entzünden: 40 000 Feuerwerkskörper formten am Nachthimmel ein riesiges leuchtendes Blumenbouquet. Der Abend endete für Elisabeth und Franz Joseph mit einer Festvorstellung im Kärntnertor-Theater, wo das Publikum die neue Kaiserin mit tosendem Applaus willkommen hieß.

War der erste Tag nach Elisabeths Hochzeit für sie nur zur Hälfte mit Repräsentationspflichten angefüllt gewesen, so hatte sie am zweiten bereits ein Programm, das sich vom frühen Vormittag bis spät die Nacht hinein zog. Ab zehn Uhr musste sie an der Seite ihres Mannes Erzbischöfe und Bischöfe sowie Deputationen aus Dalmatien, Kroatien, Galizien und der Lombardei empfangen. Unmittelbar danach folgte im Zeremoniensaal der Hofburg ein großes Galadiner mit hundertsechzig Gedecken, zu dem die ranghöchsten Hochzeitsgäste geladen waren. Anschließend gab es um acht Uhr abends noch eine Theatervorstellung. Damit die junge, zarte Kaiserin nach diesem anstrengenden Tag auch so spät am Abend noch bei Kräften blieb, servierte man ihr in der Hofloge während der Zwischenakte Leckereien aus der Hofzuckerbäckerei.[7] Tage wie dieser, bei dem sie von früh bis spät repräsentieren musste, waren für Elisabeth körperlich anstrengend und kamen ab nun immer wieder vor. Doch aller Erschöpfung zum Trotz – als Kaiserin musste sie perfekt auftreten, durfte auf keinen Fall müde oder gelangweilt wirken und erst recht nicht vergessen, dass sie überall, wo sie sich aufhielt, von den dort Anwesenden beobachtet wurde. Zwischen jedem einzelnen Tagesordnungspunkt musste sie sich neu einkleiden, frisch frisieren und nochmals aufputzen lassen. In der kurzen Zeit zwischen den einzelnen Auftritten erhielt die Kaiserin einen kleinen Vortrag – oder wie man heute sagen würde: ein Briefing – ihrer Obersthofmeisterin darüber, wen sie als Nächstes empfangen würde, wer durch eine kurze Ansprache auszuzeichnen war oder bei wem ein leichtes Kopfnicken als Auszeichnung genügte.

Elisabeths dritter Tag als Kaiserin begann aufs Neue mit dem Empfang von Deputationen – diesmal aus den innerösterreichischen Provinzen, der Bukowina und der Krain. Am Abend hatte sie zudem ihren ersten Hofball zu absolvieren. Mehr als 2500 Gäste strömten zu diesem Anlass in die Hofburg – deutlich mehr als bei den sonstigen Hofbällen. Schließlich wollte jeder die neue Kaiserin sehen.[8] Es habe ein »solches Drängen« geherrscht, dass man »beinah zerquetscht« worden sei, berichtete Ludovika anschließend postwendend nach Bayern.[9] Das Kaiserpaar blieb bis kurz vor Mitternacht, dann zog es sich zurück.

Am Tag nach dem großen Hofball konnte sich Elisabeth zum ersten Mal seit ihrer Hochzeit bis zum Abend ausruhen, an dem sie eine Vorstellung des Hofburgtheaters besuchen musste.[10] Den Abschluss einer Woche voller repräsentativer Pflichten bildeten am fünften und vorletzten Tag wieder der Empfang von Deputationen – diesmal aus Mähren, Österreichisch-Schlesien, Siebenbürgen, Tirol, der Woiwodina, Serbien und der Stadt Wien – sowie am späten Nachmittag die Anwesenheit bei einem großen Volksfest im Prater.[11] Dieser Besuch im Naherholungsgebiet der Wiener war von ebenso großer politischer Bedeutung wie die Empfänge in der Hofburg oder der Hofball, denn hier präsentierte sich das frisch verheiratete Kaiserpaar dem Volk. Sein Auftritt war eine politische Demonstration, denn der Kaiser – der selbst kutschierte – hatte angeordnet, dass er und Elisabeth mit ihrer Familie in offenen Wagen und ohne die Begleitung von Leibgarden (beziehungsweise hielten sich diese dezent im Hintergrund) über die Prater Hauptallee fuhren. Nur wenige Jahre nach der Revolution von 1848 und nur ein Jahr, nachdem er einem Attentatsversuch entkommen war, nahm Franz Joseph mit seiner jungen Frau ein Bad in der Menge. Dass er bei diesem Auftritt seine militärische Entourage auffällig verkleinert hatte, rechneten ihm die Wiener hoch an: Als das Kaiserpaar auf der großen Feuerwerkswiese erschien, brandeten Jubelrufe und Applaus auf. Die hier feiernden Wiener hießen den Kaiser aber wohl nicht zuletzt auch deshalb so begeistert willkommen, weil er ihnen ein solches Fest spendierte: Auf den Wiesen waren Buden aller Art errichtet, es gab Zelte mit Erfrischungen und Bierausschänke, Weinfässer wurden geöffnet, Essen ausgegeben. Eine riesige Tanzfläche lud zum ausgelassenen Miteinander ein, Schausteller zeigten exotische Tiere und artistische Darbietungen. Kurz vor dem Höhepunkt des Festes – dem Einzug des Zirkus Renz – war auch das Kaiserpaar eingetroffen, um wie die Bevölkerung bei der Auffahrt der Renz'schen Triumphwagen zu unterschiedlichen historischen Themen zuzuschauen. Auch die Ärmsten unter den Wienern hatten an diesem Tag einmal die Möglichkeit, mit glänzenden Augen und alltagsfern die Darbietungen des berühmten Zirkus zu verfolgen, dessen Eintrittskarten sie sich niemals leisten konnten. Ganz Wien, so schien es, war auf den Beinen – das anlässlich der Hochzeit des Kaisers veranstaltete Prater-Fest war ein außergewöhnlicher Erfolg.

Elisabeths letzter Auftritt im Rahmen der Hochzeitsfeierlichkeiten fand genau eine Woche nach ihrer Ankunft in Wien statt. Die Aristokratie, die Diplomatie und die Generalität hatten mit dem Hofball ihr Fest gehabt; nun war das Bürgertum an der Reihe, in die kaiserliche Residenz geladen zu werden. Und so bat Franz Joseph 9000 Bürger, Unternehmer und Industrielle anlässlich seiner Vermählung zum »Städtischen Ballfest in die Winterreitschule«.[12] Um neun Uhr abends erschien das junge

Kaiserpaar und wurde vom Wiener Bürgermeister durch den großen Redoutensaal und dann in die zum Ballsaal umgestaltete Reitschule geleitet. Auf der Galerie nahmen Elisabeth und Franz Joseph in der Hofloge Platz und sahen von hier aus dem Tanz zu. Anders als beim Hofball beehrten sie den Ball der Bürger aber nur kurz mit ihrer Anwesenheit. Eine Stunde, dann zog man sich wieder zurück. Als Kaiser und Kaiserin die Winterreitschule verließen, wurden sie von den Ballgästen mit lauten Vivat-Rufen verabschiedet. Hiermit endeten für das junge Paar die Hochzeitsfestivitäten. Bald würde ein Beamter des Obersthofmeisteramtes die diesbezüglichen Einträge in die Zeremonialprotokolle mit dem Vermerk schließen, dass sämtliche Festlichkeiten ohne Störung abgelaufen seien, was ebenso auf die »mit aller Umsicht getroffenen Vorsichtsmaßregeln« zurückzuführen sei wie auf die »herzliche und harmlose Theilnahme« der Wiener an der Vermählung des Kaisers.[13]

Der Hof war zufrieden mit diesem Ergebnis. Die Hochzeitsfestlichkeiten waren von der Bevölkerung gut aufgenommen worden, der Kaiser konnte als beliebter Landesvater punkten, und auch Elisabeth hatte exzellente Auftritte absolviert: Ihre Attraktivität und ihr glanzvolles Erscheinen hatten das öffentliche Interesse am kaiserlichen Hof nachdrücklich belebt. Die Wiener freuten sich über die Feste, die Unternehmer und Kaufleute sowie die Luxusartikelindustrie hofften auf neue Impulse, die von einem Hof ausgingen, an dem es endlich wieder eine Landesmutter – mehr noch: eine junge, strahlende Kaiserin – gab. Die Stimmung war gut in der Residenzstadt: »Alles [war] voll Freude & Enthusiasmus … Man sprach von der wunderbaren Schönheit der Braut«, berichtete Elisabeths spätere Hofdame Therese von Fürstenberg über diese Apriltage des Jahres 1854.[14]

Bereits in dieser frühsten Anfangszeit in Wien zeigten sich für Elisabeth die Unterschiede zwischen dem herzoglichen Hof in München und dem hiesigen kaiserlichen – und damit auch die ersten Schwierigkeiten, die sie in ihrem neuen Leben, in der neuen Umgebung zu überwinden hatte: Sie wusste zwar aufgrund ihrer Erziehung über die repräsentativen Pflichten einer Frau königlichen Bluts Bescheid, wusste, welche Auftritte von ihr erwartet wurden. Im Unterschied zu ihrem Mann hatte sie jedoch ihr Wissen darüber, wie man am Wiener Hof auftrat, noch nicht verinnerlicht. Vereinfacht gesagt: Elisabeth fehlte die Praxis zur Theorie. Dazu kam ein kultureller Unterschied: Am Wittelsbacher Hof ging es freier, ungezwungener zu als am habsburgischen. Natürlich gab es in der Münchner Residenz ebenso ein Zeremoniell, und auch dort gab die Hofgesellschaft den Ton an. Trotzdem war die Atmosphäre leichter, lebhafter und die Konversation nicht so steif wie in Wien. König Max und Königin Marie schafften es, den Hofritualen ihre Strenge zu nehmen, und hatten keine Scheu, ihren Gästen auch auf einer persönlichen Ebene zu begegnen. Franz Josephs Adjutant Wilhelm von Weckbecker, der seinen Herrn in den Monaten zwischen der Verlobung und der Hochzeit mit Elisabeth überallhin begleitet hatte, schrieb über München: »Ich konnte am bayrischen Hofe beobachten, wie sehr der dortige Brauch von der strengen Wiener Hofetikette abstach. Die Königin stellte mich ganz sans facon ihren Gästen vor, unter anderen ihren beiden ›Kusinen‹, wie sie ausdrücklich sagte«.[15] Für Elisabeth war eben dieser »nahbare« Umgang, den die Wittelsbacher mit ihren Verwandten, ihren Mitmenschen pflegten, eine prägende Erfahrung gewesen. Doch am Wiener Hof musste sie ihre zugängliche Art verbergen.

Elisabeth war dort in ihrer ersten Woche von früh bis spät im Einsatz gewesen. Die neue Rolle als Kaiserin forderte ihren Tribut. Die Auftritte während der Hochzeitsfestivitäten waren anstrengend gewesen, die Hofburg gesteckt voll mit Besuchern, und täglich hatte Elisabeth neue Gesichter gesehen, pausenlos neue Eindrücke verarbeiten müssen. Die Aufregung der Sechzehnjährigen muss groß gewesen sein, zumal sie noch nicht einmal die fixen Protagonisten bei Hof kannte. Ob Besucher aus den Kronländern, ausländische Diplomaten oder Mitglieder der Wiener Hofgesellschaft – alle waren ihr gleichermaßen fremd.

Dass diese Umstände eine junge Frau überfordern konnten, die an keinem so großen Hof aufgewachsen war, liegt auf der Hand. Zwar befanden sich auch Elisabeths Eltern und Geschwister noch in Wien, aber der jungen Kaiserin blieb kein Augenblick Zeit für sie. »Ich sehe sie sehr wenig, sie ist sehr in Anspruch genommen«, schrieb Ludovika nach Bayern. Die Herzogin hielt sich bewusst im Hintergrund. Sie war von der starren höfischen Etikette und den vielen Hofwürdenträgern, die nun ihre Tochter umgaben, eingeschüchtert.[16] Zudem hatte sie Angst, den Kaiser »zu genieren« – wie sie es ausdrückte –, falls sie versuchte, eine größere Nähe zu ihrer Tochter herzustellen. Schließlich, resümierte Ludovika, sollte »ein junges Ehepaar ungestört bleiben«.[17]

Ungestört blieben Franz Joseph und Elisabeth nach dem Ende der Festlichkeiten für einige Wochen. Am 11. Mai 1854 verließ das frisch vermählte Ehepaar Wien und fuhr mit dem kaiserlichen Sonderzug nach Schloss Laxenburg. Hier, in der ehemaligen kaiserlichen Jagdresidenz südlich von Wien, die unter Franz Josephs Großvater Franz zu einem kaiserlichen Landsitz mit riesigem Park, großem Teich und einer mittelalterlichen Wasserburg umgestaltet worden war, verbrachte Elisabeth ihre »Flitterwochen« – wenngleich diese Bezeichnung bei Hof nicht benutzt wurde. Hier sprach man stattdessen vom »Séjour«, den das Kaiserpaar nun in Laxenburg antrat. Hochzeitsreisen in die Ferne waren zu dieser Zeit noch nicht üblich. In kaiserlichen Kreisen zog sich ein junges Paar wie Elisabeth und Franz Joseph nach der Hochzeit in ein ruhiges Landschloss zurück.

Die Entscheidung, die ersten Ehewochen in Laxenburg zu verbringen, ging vom Kaiser aus, dem dieser habsburgische Landsitz seit seiner Kindheit vertraut war. Sein Großvater hatte seine Kinder und Enkelkinder regelmäßig hierher eingeladen und ein biedermeierliches Familienidyll inszeniert. Entsprechend zeigen auch erhaltene Gemälde und Aquarelle Kaiser Franz und seine große Familie in beschaulichen Szenen im Laxenburger Park. Franz Joseph nun hatte schon Monate vor seiner Hochzeit das für Elisabeth vorgesehene Appartement im blauen Hof – dem repräsentativsten der zahlreichen Gebäudekomplexe von Laxenburg – neu adaptieren lassen. Die Möbel, die aus der Zeit des Biedermeier stammten, wurden neu bespannt, Fußböden und Teppiche frisch verlegt und Vergoldungen aufgefrischt. Auch den riesigen Teich im Schlossgarten sowie den gesamten Park ließ der Kaiser von den Hofgärtnern instand setzen. Selbst die Boote des Schlossteichs ließ er überholen.[18] Er wusste ja, wie gerne seine Braut auf dem heimatlichen Starnberger See Bootsfahrten unternommen hatte. Auch in Laxenburg sollte sie dieser Leidenschaft frönen können. Der Kaiser, den mit diesem Ort schöne Kindheitserinnerungen verbanden, scheute keine Kosten, um Elisabeth einen traumhaften Séjour zu bereiten.

Doch stattdessen erlebte sie in Laxenburg einen Aufenthalt, den sie im Nachhinein als traumatisch beschreiben sollte. Die gut gemeinte Absicht ihrer Mutter, das junge Paar nicht stören zu wollen, führte bei Elisabeth zu einer Stresssituation. Denn nun fühlte sie sich von einem Extrem ins nächste geworfen. Waren die Tage vor und nach der Trauung noch von früh bis spät mit zeremoniellen Pflichten ausgefüllt gewesen, so sah sich Elisabeth in Laxenburg plötzlich von allem und allen abgeschnitten und isoliert. Während ihre Geschwister mit Ludovika weiter in der Hofburg wohnten – sie blieben noch zwei Wochen in Wien –, residierte die junge Kaiserin außerhalb der Stadt. Zwar besuchten sie, ihre Mutter und ihre Schwester Helene einander, doch spätestens mit ihrer Ankunft in Laxenburg wird Elisabeth klar geworden sein, dass sie nun, als verheiratete Frau, nicht mehr wie selbstverständlich die Anwesenheit ihrer Herkunftsfamilie voraussetzen konnte. Die Zeit, in der sie Mutter und Schwester noch sehen konnte, war ab jetzt begrenzt. Das schrieb Elisabeth auch einer ihrer Tanten: »[…] jetzt [ist] jeder Tag zu kurz, den ich noch mit Mama und Nene zubringen kann«.[19] Als Ludovika schließlich die Heimreise antrat, wurde Elisabeth schwermütig. Die Anfangszeit in ihrer neuen Heimat, ohne die Mutter und ihre Geschwister, sei für sie unendlich »hart« gewesen, erinnerte sie sich später. Nun dachte sie mit Wehmut daran, wie

»sorglos und glücklich« sie »daheim«, im Elternhaus, gewesen war.[20]

Allein in der Fremde zu sein war bereits schwierig für die Sechzehnjährige. Aber noch etwas anderes muss für Elisabeth – wie für jede andere junge Frau ihrer Schicht in dieser Situation –, verstörend gewesen sein: Sie war in Laxenburg auch zum ersten Mal allein mit Franz Joseph. Damals kamen junge und sehr junge Frauen ihrer Herkunft vor ihrer Ehe nie mit dem anderen Geschlecht näher zusammen. Trafen sie auf junge Männer, so geschah dies nie ohne die Anwesenheit von erwachsenen Familienmitgliedern oder Erzieherinnen, die diese Begegnungen überwachten. Wie jeder jungen Frau ihres Standes war es auch Elisabeth untersagt gewesen, vor ihrer Verlobung mit dem anderen Geschlecht allein in einem Raum zu sein. Und in ihrem Fall kam noch hinzu, dass ihr im Grunde auch die Erfahrung fehlte, mit einem Mann – dem Vater – im selben Haushalt zu leben, denn Herzog Max verbrachte ja den Großteil seiner Zeit räumlich getrennt von seiner Familie. Selbst in ihrer mehrmonatigen Verlobungszeit war Elisabeth kaum mit Franz Joseph allein gewesen. In den acht Monaten zwischen Verlobung und Hochzeit hatten die beiden einander nur einige Tage lang und immer in Gegenwart der Familie oder der Hofgesellschaft gesehen. Die plötzliche Nähe zu einem Mann – ihrem Ehemann – war für frisch verheiratete Frauen des 19. Jahrhunderts aufwühlend.

Neben all diesen Gefühlen der Unruhe belastete eine weitere Veränderung Elisabeth: Durch ihre Heirat hatten sich nicht nur ihr Heimatland und ihre gesellschaftliche Stellung geändert, sondern auch die zwischenmenschlichen Beziehungen in ihrem Leben. Seitdem sie Kaiserin war, erfuhr sie, dass Menschen ihr anders begegneten, als sie es bisher gewohnt war. Dies zu verinnerlichen dauerte. Aus dem Mädchen, das in einer engen emotionalen Verbindung zu seiner Mutter und seinen Geschwistern gelebt und ein herzliches Verhältnis zu den Gouvernanten und dem Hofpersonal des herzoglichen Hauses gehabt hatte, war mit der Vermählung eine junge Ehefrau geworden, deren hohe

Position sie wie eine unsichtbare Wand von den Menschen in ihrer Umgebung trennte. Niemals wieder würde man ihr unbeschwert und außerhalb eines zeremoniellen Rahmens begegnen. Ab nun würde jeder, auf den sie traf, daran denken, dass sie die Frau eines mächtigen Kaisers war. Spontane Äußerungen der Freundlichkeit und Anteilnahme, der Freude oder auch anderer Gefühle – all die unmittelbaren Gesten des Miteinanders, der zwischenmenschlichen Nähe, die sie trotz ihrer hohen Herkunft im Elternhaus erfahren hatte, gehörten für sie nun der Vergangenheit an. Die Heirat mit dem österreichischen Kaiser hatte Elisabeth zwar an die höchste Position katapultiert, die eine Frau in Mitteleuropa einnehmen konnte, sie hatte aber auch jede Unbeschwertheit im Umgang mit anderen aus ihrem Leben vertrieben. Wäre sie die Tochter eines ein Großreich regierenden Monarchen gewesen, wäre Elisabeth dieser Umstieg wohl nicht so schwergefallen. Sie wäre mit jener unsichtbaren Wand eines strengen Hofzeremoniells zwischen sich und ihrer Umgebung aufgewachsen.

Während dieser ersten Ehewochen, die das junge Paar in Laxenburg verbrachte, wurde Franz Joseph selbstverständlich jeden Tag nach Wien kutschiert. »Urlaub« gab es für einen Kaiser nicht, weder als Begriff noch als damit gemeinte Freizeit. In der Hofburg ging Franz Joseph seinem gewohnten Arbeitsalltag nach, empfing seine Minister und erteilte Audienzen. Elisabeth blieb währenddessen zumeist in Laxenburg. Die einzigen Menschen, die sie sah, waren ihre Obersthofmeisterin Gräfin Esterházy, die beiden Hofdamen Gräfin Paula von Bellegarde und Gräfin Karoline von Lamberg sowie ihr Kammerpersonal und die Dienerschaft.[21] All diese Personen hatte sie erst in den Tagen vor der Hochzeit kennengelernt, mit keiner von ihnen tauschte sie sich näher aus, durfte das auch gar nicht. Für eine Kaiserin schickte es sich nicht, mit den Mitgliedern ihres Hofstaates auf vertrautem Fuß zu stehen. (Erst später, als erwachsene Frau, sollte sich Elisabeth den Luxus gönnen, diese Regel zu brechen – mit Menschen, die sie selbst zu ihrer Begleitung ausgesucht hatte.)

Die neue Kaiserin war in Laxenburg somit allein unter Fremden. Sie durfte sich aber nicht zurückziehen, denn das wäre einem Affront gegenüber ihrem hochadeligen Gefolge gleichgekommen. Die Mahlzeiten sollte sie so oft wie möglich mit ihrer Entourage einnehmen. Sogar bei den abendlichen Diners nach Franz Josephs Rückkehr aus Wien blieb das junge Paar nicht unter sich. Ein Kaiserpaar brauche schließlich immer ein »Dekorum«, befand auch die Schwiegermutter.[22] Für Elisabeth bedeutete dies, dass in der kurzen Zeit, die sie abends mit ihrem Ehemann verbringen konnte, auch noch Höflinge dabei waren. Und weil der neuen Kaiserin noch jener Schliff fehlte, der eine perfekte First Lady des Wiener Hofes auszeichnete, hatte man ihr auferlegt, während des gemeinsamen Diners auch noch ein Schnellprogramm in der Kunst der höfischen Konversation zu absolvieren. Franz Josephs Adjutant Weckbecker, der während dieses ersten Séjours des Kaiserpaares in Laxenburg Dienst tat, erinnerte sich: »Auf Befehl des Kaisers musste ich bei den Mahlzeiten stets neben der Kaiserin sitzen und trachten, sie zu einem Gespräch zu bewegen, da sie noch gar so schüchtern war und nun gesellschaftlich geschult werden sollte«.[23]

Versucht man, die ersten Wochen Elisabeths am Wiener Hof zu rekonstruieren, so ergibt sich das Bild einer jungen Frau, die unter starker Sehnsucht nach ihrem alten Zuhause litt und in ihrer neuen Heimat emotional noch lange nicht angekommen war. Sie war von ihr fremden Personen umgeben, und der einzige Mensch, zu dem sie eine emotionale Beziehung hatte – ihr Ehemann –, verbrachte den ganzen Tag fern von ihr in Wien. Bis er am Abend wieder in Laxenburg eintraf, musste sie die langen Stunden der Vormittage, Mittage und Nachmittage mit dem ihr unvertrauten Gefolge verbringen. Eine Möglichkeit, dieses zeitweise fortzuschicken, um sich in Ruhe an ihr neues Leben zu akklimatisieren, gab es für die Sechzehnjährige nicht. Man erwartete von ihr, dass sie jederzeit würdevoll auftrat, ihre Gefühle hintanstellte und sich in höfischen Angelegenheiten von ihrer neuen Umgebung leiten und schulen ließ. Kam es zu einem der seltenen Augenblicke, in denen Elisabeth unbeobachtet war, brachen die aufgestauten Emotionen und unterdrückten Ängste aus ihr heraus. Die Erinnerung an die ersten traumatischen Wochen nach ihrer Hochzeit blieb für Elisabeth über Jahrzehnte gegenwärtig und bedrückend, besonders bei Besuchen in Laxenburg. Auf den Monat genau neunzehn Jahre nach dem Hochzeitsséjour erzählte sie bei einem Rundgang durch das blaue Schloss ihrer neuen Hofdame Gräfin Marie Festetics: »Hier habe ich viel geweint, Marie – wenn ich nur zurückdenke an diese Zeit, wird mir das Herz schwer – hier war ich nach meiner Ehe[schließung], ach Sie können sich nicht einmal denken, was für ein Leben ich gelebt habe – ich habe mich so verlassen gefühlt – so einsam«.[24] Und selbst, als rund siebenundzwanzig Jahre vergangen waren, kam Elisabeth noch – diesmal gegenüber ihrer jüngsten Tochter – auf ihre einsamen ersten Ehewochen zurück: »Bei einem Besuch in Laxenburg, dem so genannten blauen Haus: da waren die Zimmer, wo einmal Mama und Papa wohnte[n] … Mama zeigte uns den Schreibtisch, wo sie viel nach Possi [Schloss Possenhofen] schrieb und viel viel weinte, weil sie Heimweh hatte. Die Arme!«[25] Nicht wenige der Schreiben Elisabeths waren wohl an ihre Mutter gerichtet. Aus Ludovikas erhaltenen Briefen weiß man, dass sie regelmäßig tröstende Worte an die Tochter nach Laxenburg schickte: »Meine fleißige Korrespondenz mit Sisi nimmt viel Zeit in Anspruch«.[26]

Ein Sonderfall in der königlichen Welt des 19. Jahrhunderts war Elisabeth mit diesen Erfahrungen nicht: Trennungsschmerz war in allen Königs- und Kaiserhäusern ein so trauriger wie üblicher Begleiter von Hochzeiten, zumindest für die Frauen, denn sie waren es, die bei einer Heirat ihre Umgebung und in vielen Fällen auch ihr Heimatland wechselten. Den meisten königlichen Bräuten fiel es schwer, ihre Herkunftsfamilie zu verlassen, und alle hatten nach ihrer Heirat zu kämpfen: mit Heimweh, dem abrupten Ende ihrer bisherigen Sozialkontakte, den ungewohnten Umgangsformen in der neuen Familie, am neuen Hof. Litt Elisabeth wirklich um so viel stärker als andere Frauen ihres Standes an diesem klassischen Trennungstrauma, wie es der »Sisi-Mythos« verlangt, für den das Thema ihrer Einsamkeit bei Hof quasi zur »Grundausstattung« gehört? Alle Kaiserinnen und Königinnen hatten – zum Teil große – Schwierigkeiten, sich an den Höfen zu akklimatisieren, an die sie durch ihre Hochzeit geraten waren. Vier Jahre nach Elisabeth heiratete etwa die älteste Tochter von Queen Victoria, Kronprinzessin »Vicky«, den preußischen Kronprinzen. Auch sie sollte ihre Familie unendlich vermissen und sich nur schwer am preußischen Königshof einleben, dessen Strenge sie beklagte. Ähnlich erging es Vickys Schwägerin, Kronprinzessin Alexandra, die mit dem britischen Thronfolger verheiratet wurde und sich später daran erinnerte, dass sie in ihrer Anfangszeit am britischen Königshof »furchtbar verängstigt« gewesen war.[27] Und noch an der Schwelle zum 20. Jahrhundert sollte die letzte russische Zarin Alexandra, die Ehefrau von Zar Nikolaus II., kurz nach ihrer 1894 gefeierten Hochzeit in ihre deutsche Heimat schreiben: »Ich fühle mich so einsam«.[28]

Ob an den großen Höfen europäischer Herrscher oder den kleineren deutschen: Die Frauen waren durch die gleichen Erfahrungen verbunden. Ihre gemeinsame Geschichte war die der kaiserlichen oder königlichen Heiratskandidatin, die mit einem harten Schnitt in ein neues Leben, ein neues Land, eine neue Kultur verpflanzt wurde. Elisabeths Schicksal war so gesehen keine Ausnahme, sondern eine typische Folge dieses Systems des dynastischen Heiratskarussells – von dessen weiblichen Protagonisten man erwartete, dass sie ihre Einsamkeit, ihr Heimweh und ihre Unsicherheit in der neuen Umgebung mit Würde und Grazie verbargen. Wenn Elisabeth in späteren Jahren jenen ersten Laxenburger Séjour thematisierte und davon sprach, dass sie sich wie »in der Welt der Fremden – der Großen« vorgekommen sei, wo ihr »alles anders [als sonst] erschien«, und sie »Heimat u[nd] Geschwister« vermisst habe, dann beschrieb sie nicht nur ihr eigenes Schicksal, sondern gleichzeitig auch jenes ihrer Standesgenossinnen.[29]

Doch wie sahen eigentlich die Tage der jungen Kaiserin aus, wenn – wie eben während des Séjours nach der Hochzeit – keine Repräsentationspflichten anstanden? Im Prinzip nicht viel anders als die einer Aristokratin oder begüterten Bürgersfrau, außer dass ihre Umgebung freilich prächtiger ausgestattet und die Verhältnisse kaiserlicher waren. Ansonsten verbrachten hier wie dort die Frauen ihre Tage grundsätzlich zu Hause und im Kreis ihrer Familie. Die Öffentlichkeit war im 19. Jahrhundert kein Terrain für Frauen hoher Herkunft. Eine Frau vom Rang Elisabeths kam damals nicht mit anderen Menschen zusammen als mit ihren Verwandten. Nur für Besuche verließ sie ihr Heim, und selbst dann hielt sie sich nicht in der Öffentlichkeit auf, sondern in den Salons ihrer Verwandten. Selbstverständlich brach eine Dame auch nie allein zu Besuchen auf, sondern nur in Begleitung von Verwandten oder ihres Gefolges. In der Öffentlichkeit bewegte sie sich ausnahmslos nur, um spazieren zu gehen oder frische Luft zu schnappen, natürlich ebenfalls nur in Begleitung. Solche Spaziergänge stellten neben Ausfahrten in der Kutsche für eine Dame das Maximum an Gelegenheit dar, sich öffentlich zu exponieren. Auch Elisabeths Leben lief nach der Hochzeit in diesen Bahnen ab, die den Bewegungsradius von Frauen ihresgleichen festlegten. Aus den genannten Gründen ging eine Frau, wenn sie einer höheren Gesellschaftsschicht angehörte, im 19. Jahrhundert nach der Heirat unweigerlich völlig im Familienverband ihres Mannes auf. Wie hätte sie auch mit anderen Personen zusammentreffen können?

So ist es nicht erstaunlich, dass die einzigen Menschen, mit denen Elisabeth ab nun ihre Zeit verbrachte, die Verwandten ihres Mannes waren. Der engste Familienkreis bestand zu dieser Zeit aus Elisabeths neunundvierzigjähriger Schwiegermutter Erzherzogin Sophie, ihrem einundfünfzigjährigen Schwiegervater Franz Karl und deren jüngstem Sohn, dem zwölfjährigen Erzherzog Ludwig Viktor. Die beiden älteren Brüder Franz Josephs waren zu diesem Zeitpunkt außerhalb Wiens stationiert und noch unverheiratet; gleichaltrige oder ähnlich junge Schwägerinnen musste Elisabeth noch entbehren. Dafür schloss sich der siebzigjährige Erzherzog Ludwig, ein Onkel ihres Schwiegervaters und quasi ein Faktotum der kaiserlichen Familie, dem engsten Kreis an. Elisabeths unmittelbares familiäres Umfeld bestand also aus wesentlich älteren Personen und einem Knaben. Auch ihr Gefolge setzte sich zum überwiegenden Teil aus Personen zusammen, die längst die Lebensmitte überschritten hatten: Ihr Obersthofmeister Fürst Joseph Lobkowitz war einundfünfzig Jahre alt, ihre Obersthofmeisterin Gräfin Sophie von Esterházy sechsundfünfzig. Nur ihre Hofdame Gräfin Caroline von Lamberg senkte mit ihren damals vierundzwanzig Jahren den Altersschnitt.[30] Die zahlreichen anderen Mitglieder der Habsburgerfamilie, von denen einige altersmäßig besser zu ihr passten, sah Elisabeth nur höchst unregelmäßig. Im Grunde traf sie mit ihnen nur bei großen Familiendiners oder zeremoniellen Ereignissen zusammen. Der Altersunterschied zwischen den Personen, die Elisabeth jetzt in Wien umgaben, und jenen, die in Bayern zu ihrem nächsten Umfeld gehört hatten, hätte kaum größer sein können. Die neue Kaiserin war tagein, tagaus von Menschen umgeben, die ihre Eltern, wenn nicht Großeltern hätten sein können.

Doch nicht nur hinsichtlich ihrer Altersstruktur unterschied sich Elisabeths Familie von der Franz Josephs. Noch stärkere Differenzen zeigten sich beim Blick auf das Familiengefüge und die Stellung der einzelnen Mitglieder. In München war, trotz seiner fast ständigen Abwesenheit, Elisabeths Vater der dominante Faktor, um dessen Wünsche und Vorgaben ihre Mutter rotierte. In Wien hingegen verhielt es sich genau umgekehrt: Hier war Elisabeths Schwiegermutter das familiäre Zentrum, der Schwiegervater galt als Trabant seiner Frau. Erzherzog Franz Karl war eine vernachlässigbare Größe – zumindest in den Augen der Hofchargen und ehemaligen Erzieher der kaiserlichen Kinder. Hier herrschte die einhellige Meinung, das Beste, was er tun könne, sei, seinem Nachwuchs und allen wichtigen Aufgaben bei Hof möglichst aus dem Weg zu gehen. So schrieb Franz Josephs einstiger Erzieher Graf Johann Coronini über »die Untätigkeit, das läppische Wesen, [...] Nichtstun und die Miserabilität des Erzherzog Franz Karl« und resümierte: »Welch traurigen Aussichten! Und welch permanent schlechtes Vorbild für unsere Kleinen«.[31] Franz Karls Ehefrau Sophie dagegen attestierte derselbe Erzieher eine »unerklärbare Geduld mit Ihm, dem herzensguten, aber Geistes so unbedeutenden Mann«.[32] Ungeachtet dieser abfälligen Urteile sollte Elisabeth ihren Schwiegervater zeitlebens schätzen und, nachdem sie ihm auch in seinen letzten Stunden beigestanden hatte, seinen Verlust betrauern. Mehr als zwanzig Jahre nach Franz Karls Tod schrieb sie noch, sich erinnernd, an Ludovika, dass er stets »heiter und theilnahmsvoll« gewesen sei.[33]

Auch das Verhältnis, in dem Franz Joseph und seine Geschwister zueinander standen, gestaltete sich anders, als Elisabeth es gewohnt war. Während sich in München der älteste Sohn als künftiger Majoratsherr keine Sonderstellung herausnahm und ein offenes und gleichberechtigtes Miteinander unter den Geschwistern herrschte, dominierte Franz Joseph seine drei jüngeren Brüder von frühester Jugend an. Diese vergaßen nie, dass der Älteste von ihnen Kaiser war, hatten großen Respekt vor ihm und hätten nie eine seiner Anordnungen hinterfragt.

Sich als eingeheiratete, sehr junge Frau eine eigene Stellung in einem etablierten Familiengefüge des 19. Jahrhunderts zu verschaffen, war per se schwierig – jedoch für eine Sechzehnjährige praktisch unmöglich, unabhängig davon, ob es sich bei ihr um eine Kaiserin, eine Aristokratin oder eine Bürgerstochter handelte. Denn es galt als selbstverständlich, dass sich die neue Schwiegertochter der Struktur und den Eigenheiten ihrer neuen Familie anpasste beziehungsweise unterordnete. So wurde auch Elisabeth in der Familie ihres Mannes vom Tag der Verlobung an zu einem »fünften Kind«, wie es Sophie ausdrückte.[34] Das ist wörtlich zu verstehen. Die Erzherzogin nahm vom ersten Tag an eine Mutterrolle bei Elisabeth ein. Sie sprach nicht nur von einem »Kind«, sie agierte auch wie eine Mutter: Sie übernahm alle Entscheidungen für sie, umsorgte und beschützte, leitete und überwachte sie.

Selbst Außenstehenden war seit der Verlobung klar, welche Rolle Sophie gegenüber ihrer Schwiegertochter eingenommen hatte. So schrieb ein Vertrauter des Kaisers, Baron Karl Kübeck von Kübau, bereits kurz nach der Verlobung über die jugendliche Braut und die künftigen Verhältnisse in der kaiserlichen Familie: »Die Prinzessin [...] ist noch nicht sechzehn Jahre alt. Ihre Mutter ist eine Schwester der Erzherzogin Sophie, die also auch ganz Mutter ihrer künftigen Schwiegertochter sein wird und so ihre Kinder auf dem Thron sieht und leitet«.[35] Franz Josephs Adjutant Weckbecker, der während der Verlobungszeit und in den ersten Monaten der Ehe stets um seinen Herrn war, sah es genauso. Für ihn war Sophie »eine sehr verständige Frau, die mit offenen Augen umhersah und von den besten Absichten für ihre glühend geliebten Kinder und für ihr Wahlvaterland Österreich erfüllt war«.[36]

Sophie betrachtete es als Elisabeths wichtigste Aufgabe, sich – wie sie selbst – mit Selbstdisziplin und Pflichtgefühl in den Dienst der Dynastie zu stellen. Die Mutter des Kaisers empfand es aber auch als ihre Pflicht, die schüchterne, unerfahrene Schwiegertochter an allen Fallstricken des Wiener Hofes vorbeizulotsen und ihr zu helfen, Fauxpas zu vermeiden, über die die scharfzüngige Hofgesellschaft klatschen würde. Schließlich kannte Sophie den Wiener Hof seit Jahrzehnten. Sie hatte Intrigen und Günstlingswirtschaft erlebt und gesehen, wie leicht das Vertrauen in falsche Berater zu Respektverlust vor dem Thron, ja sogar zu einer Revolution führen konnte. Derlei sollte nie wieder eintreten. Die Herrschaft ihres Sohnes sollte sicher sein. Und dazu gehörte, dass seine Frau, die Kaiserin, so tadellos auftrat, dass sie selbst dem missgünstigsten Höflingsauge keinen Anlass zur Kritik bot.

Genau an dieser Schnittstelle zwischen gut gemeintem Behüten, hohen Erwartungen und mütterlicher Dominanz, die so typisch für alle Ehefrau-Schwiegermutter-Beziehungen an

Königs- und Kaiserhöfen war, setzte später in der Populärkultur des 20. Jahrhunderts ein Hauptthema des »Sisi-Mythos« an: die Fama der bösen Schwiegermutter beziehungsweise der Konflikt der freiheitsliebenden Elisabeth mit der reaktionären Sophie. Das nach ihrem Tod kreierte Bild von Elisabeths Schwiegermutter ist historiografisch ein interessanter Sonderfall in der habsburgischen Familiengeschichte. Zu kaum einer anderen Habsburgerin gibt es weniger aussagekräftige Quellen und dabei derart fixe Zuschreibungen wie zu Erzherzogin Sophie. Zudem wurden die Unterschiede zwischen Elisabeth und ihr in der Vergangenheit unter Zuhilfenahme einzelner Quellen – und meist ohne Kontextualisierung – so scharf akzentuiert, dass sich ein erstaunliches Phänomen ergibt, wenn man die Veröffentlichungen zu Kaiserin und Erzherzogin vergleicht: Je genauer in einem dieser Werke die Handlungsweisen Elisabeths zu ihren Gunsten erläutert werden, desto ungünstiger fällt hier die Beurteilung der Beweggründe ihrer Schwiegermutter aus. Und vice versa: Jene Autoren, die sich Sophies Biografie widmen, kratzen unweigerlich am tradierten »Sisi-Bild«. Fazit: Wo die Betonung auf Elisabeths Freiheitsdrang liegt, erscheint Sophie als »Schwiegermonster«. Und wo deren Engagement für ihre Dynastie hervorgehoben wird, ist im Vergleich zu ihr die Schwiegertochter als unkooperative bis schwierige Person dargestellt. Gerecht wird man so weder der einen noch der anderen historischen Persönlichkeit.

Fest steht, dass Sophie 1854, als Elisabeth in die kaiserliche Familie einheiratete, die Matriarchin des Wiener Hofes war. Sie war aus anderem Holz geschnitzt als ihre Schwester Ludovika, die bisher als Elisabeths Mutter deren Frauenbild geprägt hatte. Sophie war zwar ebenso liebenswürdig wie Ludovika und ein ebensolcher Familienmensch, aber sie war auch eine Person, die Entscheidungen treffen konnte. Darüber hinaus vermochte sie Situationen, die sich nicht ändern ließen, mit stoischer Geduld hinzunehmen, um das Beste daraus zu machen. Angesichts eines Ehemannes, dem man bei Hof jegliches Format absprach, in Selbstmitleid zu versinken war nicht Sophies Sache – allerdings hatte sie, anders als Ludovika, auch einen Mann, der sich nur zu gern von seiner beeindruckenden Frau leiten ließ. Vor allem aber hatte die Mutter Kaiser Franz Josephs – wieder im Gegensatz zu Ludovika – die Möglichkeit, quasi als Entschädigung für ihre arrangierte Ehe am Wiener Hof eine bedeutende Rolle zu spielen und ihre Fähigkeiten entsprechend einzusetzen: Sie konnte und durfte sich mit Billigung ihres Ehemanns zur Herrin des Hauses entwickeln.

In dem Jahr, in dem Elisabeth in die kaiserliche Familie kam, feierten Sophie und Franz Karl bereits ihren dreißigsten Hochzeitstag. Sie war neunzehn Jahre alt gewesen, als sie mit ihm, damals einundzwanzig und der Zweite in der österreichischen Thronfolge, verheiratet worden war. Für Sophie war es keine Liebesheirat gewesen, aber das war ja auch kein Kriterium für die Verheiratung einer Wittelsbacher Königstochter. Dafür hatte sie einen Ehemann erhalten, der – wenn auch weder körperlich anziehend noch über Intellekt oder Esprit verfügend – seine begabte Braut bewunderte. Aus der arrangierten Heirat entwickelte sich ein harmonisches Miteinander, Sophie und Franz Karl begegneten einander bis an ihr Lebensende mit Respekt und pflegten einen behutsamen Umgang miteinander. Wie später ihre Schwiegertochter hatte auch Sophie in ihrer ersten Zeit am Wiener Hof unter großem Heimweh gelitten. Zusätzlich hatte sie als junge Frau in den ersten Ehejahren mit Kinderlosigkeit und folglich dem Druck zurechtkommen müssen, den ihr Umfeld in der zunehmend fordernden Erwartung eines Erben für die Dynastie auf sie ausübte.

Erst als Sophie nach sechs Jahren Ehe und diversen Fehlgeburten Mutter geworden war, konnte sie langsam, aber sicher ihre Position am Hof ausbauen. Ihr großes Engagement für ihre nun stetig größer werdende Familie – dem Erstgeborenen Franz Joseph folgten noch drei Brüder und ein Schwesterchen, das im Kleinkindalter verstarb – füllte ihr Leben bei Hof aus. Durch ihre Kinder hatte die Erzherzogin eine Aufgabe, über die sie sich definieren und auch die Zukunft der Habsburgerdynastie beeinflussen konnte. Denn angesichts der Tatsache, dass bei Kaiser Ferdinand I., dem älteren Bruder ihres Ehemannes, aufgrund seiner körperlichen Einschränkungen kaum mit Nachwuchs zu rechnen war, lag auf der Hand, dass eines Tages ihr Erstgeborener Kaiser von Österreich werden würde. Sophie überwachte akribisch die Erziehung ihrer Söhne – besonderes die Franz Josephs – und schuf am Hof kleine familiäre Inseln zwischen Protokoll und Zeremoniell. Wie Ludovika lebte auch Sophie nach, was ihr einst ihre Eltern, das bayerische Königspaar, vorgelebt hatten: ein großes Interesse an und eine tiefe Bindung zu ihren Kindern. Sophies Familienleben spielte sich zwischen höfischer und familiärer Pflichterfüllung, dem Dienst an ihrer Dynastie und tiefer Hingabe zu ihren Kindern ab. Was die Erzherzogin auszeichnete, war eine große Disziplin in allen Belangen. Diese zeigte sich nicht zuletzt in einer geradezu stoischen Haltung gegenüber Krankheiten. Sophie hatte zwar lebenslang mit diversen körperlichen Leiden zu kämpfen, sie ließ sich von diesen aber nie einschränken. Neben einer Neigung zu Migräne – die familiär bedingt war und sie wie Ludovika betraf – litt Sophie regelmäßig an Rotlauf. Die Häufigkeit, mit der diese durch Bakterien ausgelöste Infektion, die oft wochenlanges Fieber nach sich zog, sie heimsuchte, lässt vermuten, dass die Mutter des Kaisers Diabetes mellitus hatte, also zuckerkrank war – was damals weder erkannt noch behandelt werden konnte.[37] Doch all diese Malaisen und Schmerzen, die sie regelmäßig zu Bett zwangen, konnten Sophie nie daran hindern, ihren Pflichten nachzukommen, oder sie dazu bringen, sich unter Berufung auf ihre Leiden zurückzuziehen.

Im Revolutionsjahr 1848 zeigte sich, welch kompetente Frau die Habsburger mit der Wittelsbacher Königstochter bekommen hatten. Die Erzherzogin kämpfte mit Hartnäckigkeit und Geschick für den Fortbestand der Dynastie und dafür, dass ihr Sohn überhaupt noch einen Thron vorfand, den er besteigen konnte. In diesem Krisenjahr gehörte sie zu jenen, die auf ihren Schwager Kaiser Ferdinand I. einwirkten, dass nur ein Neubeginn mit einem unverbrauchten Gesicht – das nicht mit dem mächtigen Staatskanzler Klemens Fürst Metternich und der Geheimen Staatskonferenz (die die Regierungsentscheidungen für Ferdinand getroffen hatte) assoziiert wurde – die Dynastie retten konnte. Dem Sohn den Kaiserthron zu sichern bedeutete freilich auch, dass Sophie selbst nie Kaiserin sein würde – dabei hätte sie eine perfekte Schattenkaiserin an der Seite ihres Ehemannes abgegeben: Ohne vordergründig mitzumischen beziehungsweise ohne offiziell ein politisches Amt innezuhaben, hätte sie die Politik des Landes bestimmen können. Dieser Verzicht war auf Sophies Umsicht zurückzuführen. Sie wusste, dass nach der Niederschlagung der Revolution die Habsburger Dynastie, wollte sie längerfristig die Herrscher des Landes stellen, nur eine Chance hätte, wenn sie einen Monarchen vorwies, dem man auf Grund seiner Jugend nicht vorwerfen konnte, die Politik des verhassten Metternich mitgetragen zu haben.

Dass die Übergabe des Throns von Ferdinand I. an den achtzehnjährigen Franz Joseph im Dezember 1848 problemlos über die Bühne ging, war zu großen Teilen Sophies Verdienst. Wann sie welche Schritte setzte und wann sie wen bei Hof überzeugte, in ihrem Sinn zu agieren, welche Personen sie hinter den Kulissen auf ihre Seite ziehen konnte – all das ist heute nicht mehr zu eruieren. Sicher ist nur, dass Erzherzogin Sophie eine der treibenden Kräfte hinter der damaligen Ernennung ihres Sohnes zum Kaiser war und dass sie damit der jahrelangen Schattenherrschaft von Höflingen und Ministern, aber auch habsburgischen Verwandten, unter einer Staatskonferenz, die sich auf nichts einigen konnte, ein Ende bereitete. Eine ihrer engsten Vertrauten bei diesem Unternehmen war Kaiserin Maria Anna, die Ehefrau Kaiser Ferdinands, deren Einfluss auf den Thronwechsel bis heute nicht erforscht ist. Sophie resümierte jedenfalls nach ihrer und Maria Annas erfolgreichen Einflussnahme im Sinne der Dynastie in einem Brief an ihren Onkel, Erzherzog Ludwig: »Unter uns gesagt – wir dürfen uns eingestehen, wir haben einen guten Kampf gekämpft – als schwache Weiber, aber in Gottes Hand!«[38] Und so konnte Sophie am 2. Dezember 1848 mit einem Gefühl der Erleichterung ein weißes Moirékleid anziehen und jene Kette aus Diamanten und Türkisen, die ihr ihr Ehemann zur Geburt ihres ersten Sohnes geschenkt hatte, anlegen, um im erzbischöflichen Palast von Olmütz der Inthronisierung ebendieses Sohnes beizuwohnen.[39] Die Wochen davor waren allerdings enorm belastend für sie gewesen. Zwei Tage nach dem Thronwechsel zwangen ein schwerer Migräneanfall, Übelkeit und Unwohlsein die sonst so robuste Sophie für längere Zeit ins Bett.

Freilich wusste jeder, wem der achtzehnjährige Kaiser Franz Joseph seinen Thron zu verdanken hatte. Sophies Schwester, Königin Marie von Sachsen, hatte kurz vor dem Machtwechsel eine Freundin informiert: »In W[ien] scheint alles auf bestem Wege zu seyn und dass es so ist, verdankt man grossenteils ihr – sie rühmt sich dessen nicht, nicht einmal gegen mich, und ihrer frommen Bescheidenheit, aber alle guten Österreicher wissen es und lieben und verehren sie deshalb mehr als je, während die schlechten sie als eine ausgezeichnete Individualität (die ihnen immer gefährlich ist) schmähen. Sie weiß dies recht wohl, ihre schöne große Seele ist aber weiter erhaben über dergleichen Erbärmlichkeiten und hat nur Gott und ihre Pflicht vor Augen«.[40] Dieser Brief spiegelt bereits wider, wie sehr Sophie als Frau der Tat ab nun bis an ihr Lebensende polarisierte: Für die einen war sie die starke und bewundernswerte Doyenne des Wiener Hofes; für die anderen, wenn nicht ein geradezu unheilvoller Machtfaktor, so doch zumindest eine Persönlichkeit, die – für eine Frau ungebührlich – hinter den Kulissen Politik betrieb.

Mit ihrer Heirat war Elisabeth in eine über die Jahrzehnte gewachsene, feste Familienstruktur geraten. Franz Josephs Kernfamilie war eine Schicksalsgemeinschaft, die viel miteinander erlebt und eine existenzbedrohende Krise überlebt hatte. Die Familie war aus der für sie schwierigen Zeit um 1848 unbeschadet hervorgegangen, weil sie zusammengehalten hatte. Der Thronwechsel wäre niemals so glatt verlaufen, wäre das Familiengefüge nicht derart eng gewesen. Als Elisabeth an den

Wiener Hof kam, stand Erzherzogin Sophie in ihrer Lebensmitte und war an einem Punkt angelangt, an dem sie die Ernte bisheriger Mühen und Entsagungen einfuhr. Sie nahm als Mutter des Kaisers bis zu dessen Verheiratung den ersten Rang unter allen Frauen bei Hof ein. Sie war wie gesagt die Matriarchin des Wiener Hofes. Die selbstsichere und pflichtbewusste Frau hatte sich – das wussten alle – ganz in den Dienst der Dynastie gestellt, in die sie eingeheiratet hatte, und dieser über eine schwere Krise hinweggeholfen; von diesem Nimbus sollte sie zehren. Ihr Mann und ihre Söhne vertrauten ihr aufrichtig. Sie hingen an der liebevollen Ehefrau und Mutter, die stets für ihre Familie da war und im entscheidenden Moment die Nerven behalten und aktiv werden würde. Vor allem aber hatte sie damit auch das Ohr des Kaisers, der ihren Rat schätzte und ihr vertraute wie keinem anderen Menschen.

Aus diesen Gründen war Sophie ein nicht zu unterschätzender Machtfaktor bei Hof. Doch niemals war sie bei Kabinettssitzungen anwesend, niemals mischte sie sich öffentlich in die Politik ein. Sophie besaß Macht, aber sie zeigte sie nicht. Stattdessen sah man die Mutter des Kaisers, stets mit einer Handarbeit beschäftigt, häufig bei dem einen oder anderen Familienmitglied im Salon sitzen. Außerdem widmete sie sich eifrig ihren Korrespondenzen, hatte ein Auge auf alle Geburts- und Namenstage, gab die dafür erforderlichen Geschenke in Auftrag und richtete – ganz Hausfrau – *petits déjeuners* und Nachmittagstees für ihre Familie und die weitere Verwandtschaft aus. Nie erhob sie die Stimme, nie kommandierte sie die Männer in ihrer Umgebung herum, und nie gab sie sich den Anschein, die »Hosen anzuhaben«. Kurz, Sophie entsprach ungeachtet ihres großen Einflusses ganz dem Ideal einer Frau und Mutter ihrer Zeit. Dementsprechend stellte sie sich, rückblickend auf die Jahre nach der Revolution, auch selbst dar: »Wie beseeligend nach der langen, mühseligen, sorgenvollen Zeit das Gefühl für mich ist, wieder ganz Frau sein zu können, beschränkt auf meinen stillen Wirkungskreis und auf nur mildernden Einfluss – wenn irgendeiner nötig ist – nachdem er bisher immer anregend und ankämpfend sein musste«.[41]

Die Menschen in Sophies Umfeld fühlten sich wohl in Gegenwart dieser einnehmenden und kultivierten Frau, und ihr Gefolge war ihr treu ergeben. Eine ihrer Hofdamen erinnerte sich nach ihrem Tod: »Das erzherzogliche Paar führte mit seinem Hofstaate ein Familienleben; die Erzherzogin war gern umgeben, ließ sich viel vorlesen, Zeitungen, Geschichtswerke zumeist, hatte lebhaftes Interesse für Musik, Kunst und Naturschönheiten. Man nahm, da sie sehr mitteilsam war, an ihrem inneren Leben ebenso teil, wie am Äusseren [sic!]. Die Wünsche ihres Mannes waren der, in jeder Hinsicht überlegenen, Frau zu erfüllende Pflicht; sie hatte kein Interesse am Theater, ging aber täglich ins Burgtheater, als es noch am Michaelerplatz war, weil er sie auch dort neben sich haben wollte. Politische Gespräche mied sie«.[42] Sophie entsprach nicht dem Klischee der hartherzigen Schwiegermutter, das ihr posthum verpasst wurde. Sie war auch keine verbitterte Frau, die nie verschmerzt hatte, dass sie nicht Kaiserin wurde – das hätte auch nicht ihrem Frauenbild entsprochen. Die Menschen, die für sie arbeiteten, beschrieben sie hingegen als liebenswert, zuvorkommend, an ihren Mitmenschen interessiert und ungemein gebildet: »Die Herrin, die wirklich wohlwollend und nachsichtig ist [...] und einem gern Freude macht [...] interessiert sich für alles, weiß das Unglaublichste, so daß man etwas lernen kann«.[43]

Sophie war sozusagen die »Familien-Managerin« der Habsburger. Sie hatte alle Fäden in der Hand. Sie organisierte das Familienleben und stellte das Gefolge jedes ihrer Kinder zusammen. So wie sie früher entschieden hatte, welche Erzieher diese unterrichten sollten, so entschied sie nun, welche Obersthofmeister und Begleiter sie zugeteilt bekamen. Durch die Auswahl des geeigneten Gefolges und Personals ging sie sicher, dass ihre Söhne das persönliche Umfeld hatten, das ihnen gebührte, und niemand in ihre Nähe kam, der dies nicht sollte. Durch eine kluge Auswahl schützte sie sie vor – ihrer Meinung nach –

schlechten Einflüssen und Personen, die es mit dem Respekt vor dem Zeremoniell vielleicht nicht so genau nahmen. Sophie hatte in ihrer Jugend erlebt, wie die beiden Vorgänger ihres Sohnes umschmeichelt und manipuliert oder sogar von denen, denen sie vertrauten, für eigene politische oder private Zwecke ausgenutzt worden waren. Indem sie nun den Zugang zu ihren Söhnen und die strikte Einhaltung des Zeremoniells – als »Sicherheitspuffer« vor zu viel Nähe zu Dritten, das heißt Nichtfamilienmitgliedern – überwachte, hoffte Sophie, sie zu schützen, besonders Franz Joseph.

Den Anspruch, das persönliche Umfeld ihrer Kinder zu deren Schutz zu kontrollieren, weitete sie nun auch auf das neue Familienmitglied Elisabeth aus. Für Sophie war es nur selbstverständlich, dass sie sich auch um alle Belange kümmerte, die ihre Schwiegertochter betrafen. Dazu zählte, dass sie über die Zusammensetzung von Elisabeths Gefolge ebenfalls entschied. Die meisten der hierfür von ihr ausgewählten Personen hatten bereits in ihrem eigenen Hofstaat, ihrer Kammer oder bei einem ihrer Söhne Verdienste erworben: So war etwa Elisabeths Obersthofmeisterin Gräfin Esterházy zuvor jahrelang Hofdame bei Sophie gewesen, und auch Elisabeths Hofdame Paula Bellegarde hatte zu Sophies Gefolge gehört. Die Mutter des Kaisers setzte bei ihrer Auswahl auf Loyalität und Kontinuität, hatte aber, so sollte es sich wenig später herausstellen, wenig Gespür dafür, ob ihre Vertrauten ebenso mit der jungen Elisabeth harmonierten. Vor allem Gräfin Esterházy stellte sich als denkbar unglückliche Wahl heraus. Auch jenen Menschen, die Elisabeth in ihren ersten Wochen nach der Hochzeit umgaben, war schnell klar, dass das »gouvernantenmäßige« Auftreten der Gräfin gegenüber der jungen Kaiserin bald Schwierigkeiten bereiten würde.[44] Elisabeth war keine selbstbewusst auftretenden, adelsstolzen Damen gewöhnt, weder von ihrer Mutter noch ihren Erzieherinnen her. Zudem fehlte es Gräfin Esterházy anscheinend an Feingefühl gegenüber der empfindsamen Sechzehnjährigen. Jedenfalls gelang es ihr nie, Elisabeths Vertrauen zu gewinnen.

Auch deren Kammerpersonal und engste Dienerschaft wurden von Sophie ausgesucht. Diese Personen waren jedoch im Unterschied zur Obersthofmeisterin und den Hofdamen exzellent gewählt. Doch selbst wenn Elisabeth mit einigen der von ihrer Schwiegermutter für ihre Kammer ausgesuchten Personen so zufrieden war, dass sie sie kräftig fördern sollte, blieb die Tatsache, dass sie hinsichtlich der Auswahl ihres persönlichen Umfelds kein Mitspracherecht hatte. Nicht einmal jene Menschen, die ihr physisch am nächsten kamen – die Kammerfrauen und Kammerdienerinnen, die sie morgens weckten und sie anzogen; die Kammerdiener, die ihre privatesten Räume betraten –, durfte sie selbst auswählen.

Vor diesem Hintergrund musste Elisabeth unweigerlich auch jeden nicht besprochenen, kurzfristigen Personalwechsel in ihrer Umgebung als Machtdemonstration ihrer Schwiegermutter wahrnehmen. So enthob Sophie wenige Wochen nach der Hochzeit in einer Hauruckaktion Elisabeths Obersthofmeister Fürst Joseph Lobkowitz seines Amtes und ersetzte ihn durch den gleichaltrigen Prinzen Friedrich Hannibal von Thurn und Taxis. Warum sie dies tat, lässt sich den Quellen nicht entnehmen. Elisabeth wurde mit dieser Umbesetzung in ihrem Hofstaat jedenfalls vor den Kopf gestoßen. Dazu Ludovika: »In einem Brief, den ich gestern von ihr erhielt, sagt sie, es hätte ihr sehr leid getan, dass Fürst Lobkowitz von ihr weg gekommen wäre, sie wäre schon so an ihn gewöhnt gewesen, den Fürst Taxis finde sie viel weniger angenehm, das schien mir auch. Über das warum dieser Versetzung sagt sie aber kein Wort«.[45]

Dass man die junge Kaiserin mit einer Personalrochade derart überraschte, weist auf die schwache Stellung hin, die sie anfangs am Wiener Hof hatte. Das eigenmächtige Vorgehen Sophies war ein untrügliches Zeichen dafür. Denn wer über das persönliche Umfeld eines Königs oder Kaisers bestimmte, war der tatsächliche Machtfaktor bei Hof. Und wer die eigenen Vertrauensleute derart selbstbewusst in Stellung brachte, degradierte die damit zwangsweise Beglückten zu Befehlsempfängern. Unabhängig davon, welchen Rang er oder sie selbst einnahm. Die Hofgesellschaft wusste das Zeichen zu lesen: Wer die mächtige Frau in der Familie war, musste nicht erst kommuniziert werden.

Für Elisabeth wurde die starke Stellung und die nicht minder starke Persönlichkeit ihrer Schwiegermutter bald zu einer Herausforderung. Doch es sollte dauern, bis sie sich traute, das Machtgefüge innerhalb der kaiserlichen Familie infrage zu stellen. Elisabeth war beileibe nicht die einzige königliche beziehungsweise kaiserliche Braut, der es so erging, und sie war auch nicht die einzige, die Jahre brauchte, um ihren persönlichen Einfluss zu vergrößern. Betrachtet man die Biografien von königlichen und kaiserlichen Bräuten des 19. Jahrhunderts, so zeigt sich, dass sich all diese jungen Frauen in genau der gleichen Situation befanden wie Elisabeth. Als etwa Prinzessin Alix von Dänemark 1863 den britischen Thronfolger Albert Edward heiratete, stellte ihre Schwiegermutter Queen Victoria sofort klar, dass ab nun sie allein über alles entscheiden würde, was ihre neue Schwiegertochter betraf: »Die Königin mit ihrem wunderbaren Willen und Wissen traf alle Vorkehrungen für die Ehe«, verklausulierte die ehemalige Hofdame und spätere Diplomatengattin Lady Walburga Paget euphemistisch die Tatsache, dass Queen Victoria extrem dominant jedes Detail im Leben von Kronprinzessin Alix bestimmte.[46] (In diesem Fall zeigt sich auch deutlich, wie weit die Dominanz einer mächtigen Matriarchin gehen konnte: So bestimmte Victoria etwa, dass der Großteil von Alix' dänischen Verwandten nicht zur Hochzeit kommen durfte. Der Gedanke dahinter: Je weniger Kontakt die Frau des britischen Thronfolgers zu ihrer Herkunftsfamilie hatte, desto besser würde sie sich in die neue Familie einfügen).[47] Nichtsdestoweniger sollte Alix später ihre eigenen Schwiegertöchter nicht minder dominieren – anders als Elisabeth, die der nächsten Generation nicht mehr zumutete, worunter sie selbst einst gelitten hatte.

Der Vergleich mit ihren Zeitgenossinnen zeigt: Neu eingeheiratete Frauen hatten sich immer dem Regime der regierenden

Monarchin, der Ehefrau oder der Mutter des Monarchen unterzuordnen. Dazu kam das jugendliche Alter der Bräute: Viele von ihnen waren kaum der Kinderstube entwachsen und aus diesem Grund noch ganz im Respekt vor Älteren gefangen. Niemals hätte sich eine dieser sehr jungen Frauen herausgenommen, einer Schwiegermutter gegenüber fordernd aufzutreten. Für jede der Bräute, die an Europas Höfen verheiratet wurden, galt dasselbe: Es dauerte Jahre, bis sie sich eine Position erarbeiten und Entscheidungen, die ihren Haushalt betrafen, selbst treffen konnte. Und für jede von ihnen war es ein mühsamer Weg der kleinen Siege, die man mit defensiven Manövern und langem Atem errang: aussitzen, ausweichen, teilweise passiven Widerstand leisten und warten, bis die eigene Zeit gekommen war. Bei Elisabeth sollten elf Jahre vergehen, bis sie das Ruder selbst in die Hand nahm und von Franz Joseph mehr Entscheidungsbefugnisse über ihr eigenes Leben einforderte.[48]

Heutzutage gestaltet es sich als schwierig, die komplexe Beziehung zwischen Elisabeth und ihrer Schwiegermutter genauer zu beleuchten. Es sind dazu nur wenige Quellen erhalten, und für Elisabeth-Biografen stellt es eine der größten Herausforderungen dar, die Aussagen, die sich dort finden, in den richtigen Kontext einzuordnen. Es ist durchaus verführerisch, nur einzelne prägnante Quellen heranzuziehen, um zu einer grundsätzlichen Ansicht und Bewertung des Verhältnisses von Elisabeth und Sophie zu kommen. Allerdings verliert man auf diese Weise leicht das große Ganze einer langjährigen Beziehung aus den Augen und konzentriert sich zu sehr auf die großen Unterschiede zwischen den beiden – was in der Vergangenheit zu überzeichneten, wenn nicht gar ins extrem Gegensätzliche stilisierten Darstellungen der beiden Frauen geführt hat.

Forscht man dem Verhältnis Elisabeths zu ihrer Schwiegermutter nach, erweist sich vor allem der große zeitliche Abstand zwischen den verfügbaren Quellen als problematisch. So stammen ihre wenigen dokumentierten Bemerkungen zu ihren ersten Ehejahren und der damaligen Einflussnahme Sophies aus einer

Zeit, in der sie als Jahrzehnte ältere Frau auf ihre Anfangsjahre am Wiener Hof zurückblickt – was die Verlässlichkeit ihrer Aussagen schmälert: Wenn Elisabeth im Alter von sechsunddreißig Jahren einer Hofdame von Erfahrungen und Eindrücken erzählt, die fünfzehn bis zwanzig Jahre zurückliegen, so sind diese Erinnerungen anders zu bewerten als etwa solche, bei denen die Zeitspanne zum erinnerten Erlebnis nur ein Jahr oder weniger beträgt. Denn die Persönlichkeitsentwicklung darf hierbei nicht außer Acht gelassen werden: Menschen verändern sich im Laufe ihres Lebens, bewerten im fortgeschrittenen Alter Ereignisse und Erlebnisse ihrer Jugend anders. Manche sehen später Dinge, die sie erlebt haben, differenzierter, aus einem anderen Blickwinkel als in jungen Jahren; sie werden nachsichtiger in der Beurteilung ihrer früheren Zeitgenossen oder verklären sogar schmerzhafte Erfahrungen. Andere wiederum verhärten in ihren Ansichten, erinnern sich vereinfacht an Geschehenes und urteilen, ohne zu differenzieren, nach den Maßstäben der eigenen Gegenwart über vergangene Zeiten. Selbst persönliche Erinnerungen sind, wie die Biografieforschung zeigt, mit Vorsicht zu genießen. So wertvoll Zeitzeugenberichte sein mögen – auch hier gilt es, im Sinne einer möglichst authentischen Rekonstruktion der Vergangenheit, Verklärendes und Tendenziöses auszuklammern. All diese Faktoren müssen bei Erinnerungen in Betracht gezogen werden, die von länger zurückliegenden Ereignissen berichten. Vereinfacht formuliert: Die besten Quellen zum Leben der sechzehnjährigen Elisabeth am Wiener Hof und ihrem Verhältnis zur Schwiegermutter wären solche, die von ihr selbst stammten, in Form von Tagebüchern oder Korrespondenzen. Aber genau diese gibt es leider nicht. Die Aussagen der knapp Sechsunddreißigjährigen über ihre Jugendjahre als alleinige Quelle zur Beurteilung ihrer zu diesem Zeitpunkt bereits verstorbenen Schwiegermutter heranzuziehen ist jedenfalls problematisch. Nicht minder verlockend und fragwürdig ist es – wie oft geschehen –, die traurigen Gedichte Elisabeths aus ihren ersten Ehewochen als wichtigste historische Quelle heranzuziehen. Schließlich sollte man bei Zeilen wie »Ich bin erwacht in einem Kerker, und Fesseln sind an meiner Hand« keinesfalls die künstlerische Freiheit zu Übertreibung und Maskenspiel außer Acht lassen oder das dichterische »Ich« allzu biografisch nehmen.[49]

Aber nicht nur die Verlässlichkeit der dokumentierten Aussagen und Aufzeichnungen, die es von Elisabeth zu ihren ersten Jahren als Kaiserin gibt, muss hinterfragt werden, sondern auch der zweite Quellenkomplex dazu: Sophies Tagebücher und Korrespondenzen. Die Erzherzogin war über viele Jahrzehnte eine eifrige Tagebuchschreiberin, und sie war auch eine eifrige Briefschreiberin, die täglich abwechselnd ihren Schwestern, Söhnen, Vertrauten und später auch Enkelkindern schrieb. Sucht man nach Beschreibungen des kaiserlichen Alltags, sind Sophies Tagebücher und Briefe eine unerschöpfliche Fundgrube. Was darin aber nicht zu finden ist, sind Hinweise auf familiäre Differenzen oder gar Streit. Mit keinem Wort erwähnt die Erzherzogin Spannungen innerhalb ihrer Familie. Nie kritisiert sie die Schwiegertochter. So gesehen, hat Sophie der Nachwelt kein einziges böses oder auch nur ironisches Wort über Elisabeth, ihre Kinder oder ihren Ehemann hinterlassen. Jeder Ärger, jede Enttäuschung, jeder Disput wurde ausgeklammert. Kurz, die Erzherzogin legte in ihren Tagebüchern eine meisterhafte Selbstzensur an den Tag. Es ist davon auszugehen, dass sie mit ihren Aufzeichnungen ein geschöntes Bild vom kaiserlichen Familienleben malen wollte. Dass ihre Tagebücher dereinst von späteren Generationen gelesen würden, war ihr bewusst. Spätestens, seit sie den Historiker Alfred von Arneth bei seinem Vorhaben unterstützte, den Briefwechsel Maria Theresias und ihrer Tochter, der französischen Königin Marie Antoinette, zu veröffentlichen, und ihm für seine wissenschaftliche Arbeit den Zugang zum kaiserlichen Privatarchiv ermöglichte, wird sie davon ausgegangen sein, dass auch ihre privaten Niederschriften einst von Historikern gelesen werden würden.[50] Demnach verhinderte sie mit ihrer Selbstzensur, dass – wie im Fall Maria Theresias und Marie Antoinettes – allzu Privat-Menschliches aus ihrer Familie überliefert wurde.

Sophies Aufzeichnungen helfen also nur sehr bedingt dabei, ihr Verhältnis zu Elisabeth in deren frühen Wiener Jahren genauer nachzuzeichnen, zu eruieren, wann es zu ersten Konflikten zwischen den beiden Frauen kam und wie diese ausgetragen wurden. Was sich aus den wenigen gesicherten Aussagen erschließt, ist nur mehr das Bild einer zurückhaltenden, schüchternen Elisabeth, die, noch unsicher in der ungewohnten Umgebung, ganz auf das neue Familienleben einging und sich bereitwillig von ihrer Schwiegermutter leiten ließ.

Wesentlich leichter lässt sich hingegen der Alltag der jungen Kaiserin rekonstruieren. Alltag bei Hof bedeutete – sofern keine repräsentativen Pflichten zu absolvieren waren –, dass sich die kaiserliche Familie regelmäßig zum Frühstück, Dejeuner, Nachmittagstee und Diner traf, im kleinen wie im größeren Rahmen. Manchmal speiste Elisabeth nur mit den Schwiegereltern oder lud diese zum Tee. Regelmäßig wurden auch fernere Verwandte eingeladen oder Verwandte, die sonst im Ausland lebten und sich gerade in Wien aufhielten. Waren ausländische Hoheiten – mit denen man ohnehin meistens über mehrere Ecken verwandt war – in der Residenzstadt zu Besuch, konnten sie ebenfalls mit einer Einladung der kaiserlichen Familien rechnen. Sofern man nicht bewusst »en famille« blieb, saßen auch die Suiten – die Hofdamen, Adjutanten, Obersthofmeister und Obersthofmeisterinnen – mit am Tisch. Das Familienleben an einem Kaiser- oder Königshof hatte nichts mit der heutigen bürgerlichen Vorstellung zu tun. Man verbrachte den Großteil seiner Zeit nicht ausschließlich mit der Kernfamilie – regelmäßig war auch das Gefolge zugegen. Der Rückzug ins Private war nicht vorgesehen. Stand man an der Spitze des Hofes, musste man auch die Hofgesellschaft am eigenen Leben teilhaben lassen.

Den Rahmen von Elisabeths Alltag bildeten also gemeinsame Essen, Spaziergänge und Ausfahrten mit den Schwiegereltern und dem Gefolge. Als sie in den ersten Ehewochen mit Franz Joseph den Séjour in Laxenburg verbrachte, lebten Erzherzogin Sophie und Erzherzog Franz Karl in Schönbrunn. Dennoch sah man sich oft und regelmäßig »bei Tisch und beim Thee«.[51] Entweder ließ sich Elisabeth nach Schönbrunn kutschieren, oder Sophie fuhr nach Laxenburg. Die kaiserliche Familie lebte zwar nicht regelmäßig unter einem gemeinsamen Dach, doch war man sehr mobil und besuchte einander regelmäßig mehrmals pro Woche. Nicht ohne Grund standen dafür Kutschen und Stallpersonal in einem Ausmaß zur Verfügung wie sonst nur an wenigen Höfen Europas. Ebenso regelmäßig unternahm man gemeinsame Spaziergänge und Kutschfahrten in einem der kaiserlichen Parks oder in den kaiserlichen Jagdrevieren. An sonnigen Tagen traf sich die Familie gerne im Prater, dem beliebten Wiener Erholungsgebiet, wo Elisabeths Schwiegervater auf der heute noch so genannten Kaiserwiese ein kleines Gartenensemble mit Pavillons und Terrassen besaß.[52] Bei diesen Gelegenheiten ritt Elisabeth über die Prater Hauptallee – die bevorzugte Flaniermeile der feinen Wiener Gesellschaft – zur Kaiserwiese und erfrischte sich dort bei kühlen Getränken und feinen Speisen auf der Terrasse des Schwiegervaters. Diese halb öffentlichen Auftritte zu Pferd sorgten stets für Furore: »Alle Herzen flogen der jungen Kaiserin zu, alles was sie betraf interessierte, sah man sie im Prater reiten, gefolgt von 4 Reitknechten auf schneeweissen Pferdchen, war man beglückt«.[53]

Zumindest der familiäre Alltag Elisabeths in Wien glich – außer dass sie kein Mädchen mehr war – dem früheren in München oder Possenhofen. Doch selbst in diesem privaten Rahmen zeigte sich, sogar anhand von Nebensächlichkeiten, wie sehr Sophie den Alltag ihrer Schwiegertochter bestimmte. Zwischen den Zeilen ist in den Korrespondenzen einiges zu erfahren: So berichtete Sophie zum Beispiel wenige Monate nach der Hochzeit, dass sie während eines gemeinsamen Spazierganges mit Verwandten und Hofdamen Elisabeth zugestand, sie »hinter Tante Elise und mir in den Thälern gehen zu lassen, was sie so beglückt, dass, als ich sie neulich frug: ›Nicht wahr, Du genießest recht das Nachgehen?‹, sie mir mit inniger Freude und ihr eigenen Lieblichkeit antwortete: ›Ja freilich‹. Ich veranlasste dann

Herzogin Ludovika in Bayern mit ihren beiden Kindern Helene und Ludwig. In der Wiege liegt das jüngste Familienmitglied: die am 24. Dezember 1837 in München zur Welt gekommene Prinzessin Elisabeth Amalie Eugenie.

Elisabeths Geburtshaus, das imposante »Palais Max« (links im Bild), galt mit seiner prächtigen Fassade im Stil der Spätrenaissance als schönstes Palais von Bayerns Hauptstadt. Aus den Fenstern der Repräsentationsräume blickte man direkt auf das pulsierende Leben auf der Ludwigstraße, den Prachtboulevard im Herzen Münchens.

Das malerisch am Starnberger See gelegene Schlösschen Possenhofen war der Sommersitz von Elisabeths Familie. Von Mai bis Oktober hielt sich Mutter Ludovika mit den Kindern hier auf. Der Vater, Herzog Maximilian, kam jedoch kaum zu Besuch.

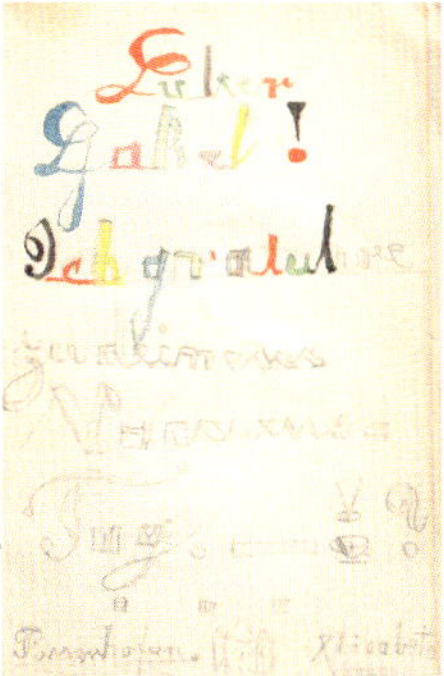

Diese Glückwunschkarte für den jüngeren Bruder Karl Theodor (»Gackel«), die Skizzen und das Bild hat Elisabeth selbst gezeichnet und aquarelliert. Ihr künstlerisches Talent zeigte sich früh und blieb auch ihren Erzieherinnen nicht verborgen.

Elisabeth stammte aus reichem Haus, dementsprechend exquisit waren ihre Alltagsgegenstände. Dieses Näh- und Schreibset, das sie als Elfjährige geschenkt bekam, war für Reisen gedacht. Auf der geschlossenen Schachtel konnte sie während langer Kutschfahrten Briefe verfassen.

Als Elisabeth ungefähr zehn Jahre alt war, fertigte der berühmte Bildhauer Anton Fernkorn diese Holzbüste der Herzogstochter an. Ihr bezauberndes Aussehen gab der Mutter schon früh Anlass zur Freude: »Elise wird sehr hübsch«, schrieb sie stolz einer Freundin.

Kaiser Franz Joseph I. von Österreich, einer der mächtigsten Männer Europas, bestieg 1848 den Thron. Kurz vor seinem dreiundzwanzigsten Lebensjahr intensivierte seine Mutter die Suche nach Heiratskandidatinnen für ihn.

Im Jahr 1853 wurde diese Fotografie von Elisabeth aufgenommen. Es ist das früheste erhaltene Fotodokument der späteren Kaiserin und zeigt sie im Alter von 15 Jahren. Zu diesem Zeitpunkt suchte ihre Mutter bereits nach einem geeigneten Ehemann für sie.

»Allerliebst« soll Elisabeth in jenem Kleid ausgesehen haben, dessen Oberteil hier zu sehen ist. Sie trug die weiße Ballrobe mit grün-goldenen Einfassungen an Ausschnitt, Ärmeln, Taille und Volant, über deren Brust sich gestickte Blätter- und Blumenornamente aus grüner Floss-Seide ranken, bei einem Ball zu Ehren des Besuchs ihres Verlobten im heimatlichen München.

Elisabeth als junge Braut, hoch zu Ross vor Schloss Possenhofen. Kurz vor der Entstehung des Gemäldes, im Sommer 1853, hatten sich Kaiser Franz Joseph und die bayrische Herzogstochter verlobt. Das Porträt war Elisabeths Weihnachtsgeschenk an ihren Bräutigam, es sollte bis zu Franz Josephs Tod über seinem Bett in der Wiener Hofburg hängen.

Bei ihrer Hochzeitsfahrt nach Wien verbrachte Elisabeth die erste Nacht auf österreichischem Boden in den Repräsentationsräumlichkeiten des Linzer Landhauses. Diese erhaltene Gouache zeigt den in Blau gehaltenen Raum, den man für die künftige Kaiserin neu eingerichtet hatte.

Kanonen wurden abgefeuert und in allen Kirchen der Wiener Vorstädte die Glocken geläutet, als der feierliche Einzug der kaiserlichen Braut in die Residenzstadt begann. Elisabeth fuhr im prächtigen »Mailänder Krönungswagen« des Wiener Hofes ein.

Gleich nach der Hochzeit am 24. April 1854 entstanden zahlreiche große Staatsporträts von Elisabeth. Auf diesem wurde die neue, sechzehnjährige Landesmutter in großer Hofrobe, geschmückt mit Hermelinmantel und kostbarem Diadem, dargestellt, im Hintergrund sind die Insignien der Macht platziert.

Dieses Aquarell zeigt Sophie, das erstgeborene Kind von Kaiserin Elisabeth und Kaiser Franz Joseph auf dem Totenbett. Der Tod des Mädchens im Alter von zwei Jahren stürzte die Kaiserin in eine schwere Krise.

Die Kaiserin mit ihrem neugeborenen Sohn Rudolf und dessen Schwester Gisela. Mit der Geburt des Kronprinzen hatte Elisabeth ihre wichtigste dynastische Pflicht erfüllt. Das Porträt an der Wand zeigt die früh verstorbene Tochter Sophie.

»Blass, abgemagert und betrübt«, so berichtete der britische Botschafter in Wien seinem Außenminister, sei Kaiserin Elisabeth beim Abschied in Wien gewesen. Am 17. November 1860 brach sie zu einem mehrmonatigen Aufenthalt auf die Atlantikinsel Madeira auf.

Für die Überfahrt nach Madeira stellte Queen Victoria der Kaiserin ihre luxuriöse Yacht »Victoria and Albert II« zur Verfügung. V. o.: die Yacht auf See, das Schlafgemach, der Salon und der Speisesaal. Das Personal, das Elisabeth begleitete, und das Gepäck wurden auf der zweiten Yacht, der »Osborne«, eingeschifft.

Kaiserin Elisabeth und ihre Hofdamen im Garten der Villa »Quinta das Angústias« auf Madeira. Sie hatte das über der Stadt Funchal inmitten eines tropischen Parks gelegene Haus mit Meerblick selbst ausgesucht. Eine Verwandte hatte die Kaiserin auf diesen paradiesischen Flecken aufmerksam gemacht: Amélie von Leuchtenberg, die Tochter einer Halbschwester Ludovikas, ehemalige Kaiserin von Brasilien war 1852 mit ihrer an Tuberkulose erkrankten Tochter nach Madeira gereist und hatte im Familienkreis von der Blumeninsel und der malerisch gelegenen Villa geschwärmt.

Der Maler Franz Xaver Winterhalter porträtierte Kaiserin Elisabeth im Jahr 1865 als strahlende Schönheit. Zu diesem Zeitpunkt war sie nach Jahren der Kämpfe und Kränkungen, der geraubten Illusionen und enttäuschten Erwartungen bei sich angekommen. Elisabeths Werdegang vom schüchternen Mädchen zur selbstbewussten Frau war abgeschlossen.

die Hofdamen, sich ihr während des Spazierganges zu nähern und so lachten und freuten sie sich zusammen, dass es mich erquickt[e]«.[54]

Diese Briefstelle bezeugt eindeutig die Stellung und Dominanz Sophies: Sie wachte selbst bei Spaziergängen darüber, dass die höfische Rangordnung eingehalten wurde. An der Spitze der Promenierenden ging demnach die Kaiserin, und nur auf Veranlassung von Sophie konnte daran etwas geändert werden. Sie war es, die die Kaiserin aufforderte – und ihr damit erlaubte –, hinter den beiden Tanten zu gehen. Und auf ihre Aufforderung hin arrangierte sich auch die Entourage, legten die Hofdamen und Elisabeth ein Stück weit die zuvor gebotene Förmlichkeit ab, scherzten miteinander und lachten. Mit einem Wink, einer kleinen Geste konnte die Erzherzogin eine Situation ändern und eine entspannte Atmosphäre herbeizaubern – ein kleiner, aber deutlicher Beweis ihrer Stellung. Wenige Tage später eine ähnliche Szene, diesmal ging es um eine Sitzordnung: »Ich nahm den Tee mit Tante Elise allein bei ihr, die Übrigen in meinem Salon, wo ich seit einigen Tagen Sisi mit den Hofdamen an einem der Seitenetablissments placierte [...] Das junge Volk spielte dann ein Kartenspiel, wobei viel gelacht und gescherzt wird [sic!]«.[55] Also hatte nicht Elisabeth, die Kaiserin, für sich entschieden, an welchem Tisch sie bei dieser kleinen Teegesellschaft Platz nahm, sondern Erzherzogin Sophie. Es stand damals nicht in Elisabeths Macht, häusliche Arrangements zu ändern. Sie nahm sich auch nicht heraus, selbst aktiv zu werden und Konventionen zu brechen. Sie war zwar dem Titel nach Kaiserin, aber innerhalb ihres familiären Systems war sie nur die devote Schwiegertochter.

Dennoch bemühte sich Sophie auch um sie und eine gute Beziehung zu ihr. So erkannte und lobte sie die – aus ihrer Sicht – guten Seiten Elisabeths: ihre vornehm-zurückhaltende Art, die große Bescheidenheit, die sie an den Tag legte, und ihr schüchtern-freundliches Wesen. Jedermann erfuhr durch Sophie von den Vorzügen ihrer Schwiegertochter: »Hübscher, anmutiger wie jemals« sei Elisabeth.[56] Kaum ein Brief an die zahlreiche

Verwandtschaft, in dem nicht die Schönheit, die Anmut, die Bescheidenheit und Grazie der jungen Kaiserin hervorgestrichen wurden. Sophie war hier äußerst großzügig gegenüber ihrer Schwiegertochter, was sie deutlich von den anderen königlichen Schwiegermüttern dieses Jahrhunderts unterscheidet. Während etwa Queen Victoria bei der Garderobe ihrer Schwiegertochter auf ein absolutes Minimum setzte – »drei oder vier Hofschleppen und große Toiletten werden völlig ausreichen«[57] – und Mary von Großbritannien oder Russlands Alexandra nicht einmal als Königin beziehungsweise Zarin Zugriff auf die Kronjuwelen hatten, weil die Schwiegermütter darauf saßen, bot Sophie Elisabeth die schönsten Objekte der kaiserlichen Sammlungen an. Auch die wertvollsten Diademe aus der habsburgischen Schatzkammer standen seit dem Tag ihrer Ankunft ausschließlich Elisabeth zu.

Diese wiederum nahm die Schwiegermutter ganz zu Beginn ihrer Ehe wohl nicht ausschließlich negativ, sondern in einigen Aspekten durchaus auch positiv wahr – aller Bevormundung durch Sophie zum Trotz. So fragte Elisabeth mehr als dreißig Jahre nach ihrer eigenen Hochzeit eine frisch verlobte Dame,[58] die zur kaiserlichen Tafel in Ischl geladen war, mit viel Humor über deren Schwiegermutter aus. Elisabeths Tochter Marie Valerie hielt diese Konversation in ihrem Tagebuch fest – wo es heißt: »›Ist Ihre Schwiegermutter recht zuwider?‹ fragte die Kaiserin. Als die Dame daraufhin das Gegenteil versicherte, antwortete Kaiserin Elisabeth: ›O warten Sie nur, anfangs sind Schwiegermütter immer ganz charmant, aber dann …‹«.[59] (Elisabeths späterer Schwiegersohn Erzherzog Franz Salvator, der bei dem Gespräch zugegen war, sei – so Marie Valerie – bei dieser Bemerkung vor Lachen beinah vom Stuhl gefallen.)

Nicht nur Erzherzogin Sophie bemühte sich um ein gutes Einvernehmen, sondern auch Elisabeth. Die Sechzehnjährige wollte es ihrer Schwiegermutter, ihrem Ehemann und der ganzen Familie recht machen – ganz so, wie es von einer jungen Frau auch erwartet wurde. Vor allem aber versuchte sie, den Anforderungen, die an sie als Ehefrau des österreichischen Kaisers gestellt wurden, gerecht zu werden. Die ersten öffentlichen Auftritte nach den mehrwöchigen »Flitterwochen« in Laxenburg absolvierte Elisabeth zur vollen Zufriedenheit der Schwiegermutter. Sophie betonte gegenüber ihren Verwandten immer wieder, auf welch würdevolle Weise die Kaiserin ihren Repräsentationspflichten nachgekommen sei. So schrieb sie etwa, dass bei der Fronleichnamsprozession – einer der wichtigsten Zeremonien des katholischen Habsburgerhofes, bei der die festlich gewandete Hofgesellschaft mit dem Kaiser an der Spitze hinter der Monstranz durch die Wiener Innenstadt zog – Elisabeth »so sittsam, lieblich und demütig fromm« aufgetreten sei, und fügte hinzu: »Das Entzücken über Sisi war allgemein [...] als ich Sisi mit ihrer Kerze mit den Blumenkränzchen umwunden in der Hand langsam kommen sah, Franzi vor ihr, konnte ich mich der Thränen nicht erwehren«.[60] Auch während Elisabeths erster Reise als Kaiserin, die fünf Wochen nach der Hochzeit begann und sie und Franz Joseph in die Kronländer Böhmen und Mähren führte, erzählte Sophie anderen voll Stolz, wie angetan man dort von ihrer Schwiegertochter sei. Und Kaiserin Maria Anna, die Ehefrau von Franz Josephs Vorgänger Ferdinand I., wurde von Sophie mit den Elisabeth betreffenden Worten »Mir gefällt so sehr, wie bescheiden sie ist« zitiert. Die Erzherzogin ergänzte, dass Maria Anna und ihre Umgebung »ganz bezaubert von Sisi« seien.[61]

Von dieser ersten Reise, für die sie so viel Lob von Sophie erhalten hatte, kehrte Elisabeth allein zurück. Franz Joseph blieb noch eine Weile fern von Wien und erhielt am 29. Juni 1854 einen Brief seiner Mutter, worin sie ihm mitteilte, was das Kammerpersonal bemerkt hatte: Elisabeths Periode war ausgeblieben. Ein kaiserlicher Erbe war unterwegs. Nicht seine Ehefrau – seine Mutter informierte den Kaiser über die Schwangerschaft. Auch Elisabeths Mutter erfuhr nicht von ihrer Tochter, sondern von ihrer Schwester, dass ihr erstes Enkelkind unterwegs war: »Sisi in gesegneten Umständen. Mir teilte es Sophie zuerst mit, als eine Vermutung, dann schrieb es mir ja der Kaiser als eine Hoffnung, die ihn sehr glücklich« machen würde.[62] Erzherzogin Sophie schickte dem erwachsenen Sohn auch gleich Verhaltensregeln für das Ehebett mit: Er möge die Schwangere schonen – »dass Du Sisi nun rarely … Du verstehst mich«.[63] Anschließend gab es auch noch einen Rat für die Schwangere: »Auch glaube ich, daß Sisi sich nicht zu sehr mit ihren Papageien abgeben sollte, dazumal in den ersten Monaten man sich so leicht an den Thieren verschaut, die Kinder Aehnlichkeit mit ihnen erhalten. Sie sollte lieber sich beim Spiegel und Dich anschauen. Dies Verschauen laß ich mir gefallen«.[64]

Aber der Einmischung in intimste Angelegenheiten, der gut gemeinten Bevormundung und der Dominanz ihrer Schwiegermutter sollte Elisabeth bald überdrüssig werden. Sobald sie erwachsen wurde und ihre Persönlichkeit heranreifte, begann sie, dagegen aufzubegehren.

DER SEKRETÄR DER KAISERIN

»An den Kleinigkeiten des Alltagslebens scheiterte ihre Geduld.«[1]

Voller Vorfreude fuhr die schwangere Kaiserin in den heißen Sommertagen des Jahres 1854 nach Ischl, um hier mit ihrer bayerischen Familie zusammenzutreffen. Seit ihrem ersten Besuch in dem kleinen, in den Bergen gelegenen Kurort, der Kutschfahrt dorthin mit Helene und Ludovika, dem von Sophie organisierten Familienséjour und der Blitzverlobung mit Franz Joseph, die über ihr weiteres Leben entschieden hatte, war etwa ein Jahr vergangen.

Elisabeths Reise ins Salzkammergut fand jetzt natürlich unter ganz anderen Umständen statt als damals. Sie musste nicht mehr mit nur wenigen Koffern und mit weiteren Personen in eine Kutsche gezwängt auf Reisen gehen. Undenkbar auch, dass – wie im Jahr zuvor geschehen – die Koffer mit ihren Kleidern zurückblieben oder bei ihrer Ankunft keine Kammerzofe auf sie wartete. Nun konnte sie gewiss sein, am Ankunftsort den gleichen Komfort vorzufinden wie in Wien: Ihr Kammerpersonal stünde bereit, ihre Kleidung wäre ausgepackt, ihre Bürsten und Toiletteartikel hätte man bereits auf dem Boudoirtisch aufgelegt, und sie würde sich bei kühlen Getränken und feinem Gebäck von den Anstrengungen der Reise erholen können.

Doch nicht nur ihr Kammerpersonal, das gesamte Personal wartete schon darauf, der Kaiserin auch in der Sommerfrische zu Diensten zu sein. Die Hausdiener würden Elisabeth die Türen aufhalten, ihr die köstlichen Speisen der Hofküche servieren, ihre Besorgungen erledigen, auf ihren Wunsch hin Kutschen vorfahren und alles Weitere erledigen, was es für einen angenehmen Aufenthalt noch brauchte: Zimmer reinigen, Betten machen, Wäsche waschen oder Holz in die Villa schleppen, sodass auch an kühlen Abenden nichts den Komfort schmälerte, den eine Kaiserin von Österreich erwarten durfte. Der Wiener Hof konnte es sich zugutehalten, über loyales Personal zu verfügen; das traf auf die Hofbeamten ebenso zu wie auf die Hofdiener. Doch bei der Ankunft der Kaiserin in Ischl rumorte es in der Dienerschaft. Die Diener waren unzufrieden.

Ein Beamter bemerkte diese Unzufriedenheit und beschloss, sie nicht zu ignorieren. Was ungewöhnlich war – denn üblicherweise lautete die Devise bei Hof: Kümmere dich nicht um die Dienerschaft. Wer in der höfischen Hierarchie aufgrund von Geburt oder Stellung über den Dienstboten stand, gab sich nicht mit ihnen ab und tat zumeist so, als hörte und sähe er sie nicht. Doch dieser Beamte hörte keineswegs weg, sondern im Gegenteil sehr genau hin. Er versuchte, sich ein Bild von der Lage zu machen, und als er genug Informationen zusammengetragen hatte, setzte er einen ungewöhnlichen Schritt – und erwies sich damit als umsichtiger und souveräner Vertreter seines Berufsstandes. Dieser Mann, der im Sommer 1854 in Ischl aktiv wurde, hieß Leopold Bayer, war neunundvierzig Jahre alt und Elisabeths Privatsekretär. In dieser Position sollte er bis an sein Lebensende eine der wichtigsten Personen im Haushalt Elisabeths sein.

Das »Sekretariat der Kaiserin« war im übertragenen Sinn ihr Schreibtisch. Bei dieser Bezeichnung mag man an eine Schreibstube denken, an einen öden Kanzleialltag. Doch hinter dem trockenen Begriff steckte mehr, als man heute vermuten würde. Denn das Sekretariat der Kaiserin war nichts Geringeres als die Kommandozentrale von Elisabeths Mikrokosmos. Es war die Schaltstelle für alle in ihrem Leben relevanten Bereiche. Von hier aus kommunizierte ihr Sekretär mit der Außenwelt. Hier kamen alle Akten, Anfragen und Rechnungen zusammen, die Elisabeth betrafen; Leopold Bayer verwaltete hier das Geld, das ihr jährlich zur Verfügung stand, organisierte von hier aus ihre Reisen und wickelte hier alle Personalangelegenheiten ab. Der reibungslose Ablauf von Elisabeths Alltag lag also nicht in der Verantwortung ihres Obersthofmeisters oder ihrer Hofdamen, sondern einzig in der ihres Sekretärs.

Das Sekretariat der Kaiserin agierte unabhängig von den vier großen Behörden des Hofes. Mit diesen vier Hofstäben – dem Obersthofmeisterstab als Zentralbehörde des Wiener Hofes, bei der die wichtigsten Agenden zusammenliefen; dem Oberstkämmererstab als Kulturbehörde und Schatzkammerverwalter; dem Obersthofmarschallstab als Rechtsabteilung und dem Oberstallmeisterstab als Infrastrukturbehörde, die den kaiserlichen Marstall verwaltete – stand Elisabeths Sekretär zwar in dauerndem Austausch, aber er war gegenüber keinem der vier obersten Hofwürdenträger weisungsgebunden, die diesen Megabehörden vorstanden. Wie das Sekretariat war auch dessen Vorsteher unabhängig. Demgemäß wurde Leopold Bayer nicht wie die anderen Beamten über die Hofstaatsdotation bezahlt, sondern aus der kaiserlichen Familienkasse – damit war er ein Privatbeamter des Kaisers und kein Hofbeamter.

Elisabeths Sekretär hatte zwischen den verschiedenen hierarchischen Ebenen des Wiener Hofes eine klassische Sandwichposition inne. Sein Erfolg hing von seinem Geschick ab, nach oben und nach unten zu kommunizieren, Order zu erteilen, anstehende Aufgaben im Sinne seiner Herrin zu erledigen, ohne dabei unter die Räder zu kommen. Über sich hatte Leopold Bayer die hochadeligen Hofwürdenträger: den Obersthofmeister, den Obersthofmarschall und den Oberstkämmerer. Sie waren allesamt Aristokraten, denen gegenüber Bayer stets devot auftrat und sich als »ergebener Diener« zeigte – wie er auch seine Briefe an sie unterschrieb. Für die untergeordneten Beamten und Diener wiederum war er ein Vorgesetzter; hier war er es, der anschaffte. In der perfekten Balance zwischen diesen Ebenen lag der Schlüssel zur erfolgreichen Erledigung seiner Arbeit: Mit sanftem Drängen und Schmeichelei musste er bei den Hofwürdenträgern versuchen, Dinge in seine Richtung zu lenken, ohne zu vergessen, dass er als Bürgerlicher gegenüber den Aristokraten nicht fordernd auftreten durfte. Die ihm untergeordneten Diener hingegen musste er mit Zuckerbrot und Peitsche zur Arbeit antreiben. Auch hierbei musste er aber umsichtig agieren: Setzte er zu viel auf Eigenverantwortung an diesem patriarchalen Hof, musste er damit rechnen, dass die Arbeitsleistung nicht so ausfiel, wie er es wünschte. War er hingegen zu streng und zeigte zu wenig Verständnis für die oft schwierigen Arbeitsverhältnisse der Diener, rächten sich die Bediensteten mit passivem Widerstand (ein Problem, das sich durch alle Dienstränge und alle Zeiten zog, wie die vielen Beschwerden bei Hof zeigten). Wer auf diesem Beamtenposten zwischen den Hierarchien bei Hof reüssieren wollte, musste souverän und selbstbewusst sein. Er musste einerseits den korrekten Umgang mit hochgeborenen Herren verinnerlicht haben, andererseits Untergebenen gegenüber Autorität ausstrahlen. Leopold Bayer verfügte über diese Eigenschaften, vor allem aber kannte er den kaiserlichen Hof bis in die letzte Dienststelle.

In den Hofakten taucht Bayer erstmals im Jahr 1847 auf.[2] Er war damals Beamter des Obersthofmarschallamtes und wurde nach Ofen gesandt, um dort eine Inventur vorzunehmen. Dass der Sohn eines Medizinprofessors aus Prag erst sieben Jahre vor Elisabeths Ankunft in Wien erstmals in den Akten erwähnt wurde, bedeutet nicht, dass er auch erst seit diesem Zeitpunkt bei Hof angestellt war. Einträge zu niederen Beamten erfolgten nämlich nur, wenn deren Namen in Zusammenhang mit gewissen, nicht alltäglichen Abläufen genannt wurden, die es wert waren, niedergeschrieben zu werden. Gesichert ist jedenfalls, dass Leopold Bayer in den kommenden Jahren in die Zentralbehörde Obersthofmeisteramt wechselte, denn von dort aus wurde er im Frühjahr 1854 zum »provisorischen Sekretär Ihrer Majestät der Kaiserin« ernannt.[3]

Über die nötige fachliche Erfahrung für seinen neuen Verantwortungsbereich verfügte er zweifelsfrei. In seiner Laufbahn hatte er nicht nur einen, sondern gleich zwei der wichtigen vier obersten Hofstäbe genauestens kennengelernt. Seine fachliche Erfahrung benötigte Bayer auch, denn bei seiner Stelle ging es im Unterschied zu anderen nicht um einen Ehrenposten bei Hof, bei dem das einzig entscheidende Kriterium die hohe Abstammung war. Darum konnte, salopp gesagt, der Obersthofmeister der Kaiserin ein talentfreier Organisator und gleichzeitig ein miserabler Manager sein, ohne dass es ihm schadete. Dafür musste der Sekretär sich auskennen, organisieren können und über Managerqualitäten verfügen. Überspitzt formuliert: Elisabeths Obersthofmeister repräsentierte den Hofstaat der Kaiserin und brauchte keine administrativen Fachkenntnisse. Es reichte, wenn er kraft seines Namens und seiner Herkunft die Elite des Reiches verkörperte. Ihr Sekretär wiederum konnte gesellschaftlich ein Nobody sein, solange er all das mit Bravour erledigte, worum sich ein Obersthofmeister nicht kümmern musste. Sein Büro war das administrative Herz ihres Hofstaates. (Interessanterweise sollten die außerordentlichen Leistungen von Elisabeths Sekretariat später zu Kritik an den Obersthofmeistern führen. Denn eben weil es so perfekt funktionierte – auch unter Bayers Nachfolger –, hatten alle Obersthofmeister Elisabeths ein angenehmes Leben. Auch ohne sie lief alles wie am Schnürchen, und so mancher Obersthofmeister hatte eine bemerkenswerte Menge an Zeit für private Vergnügen – weshalb es im Gefolge der Kaiserin immer wieder zu Klagen über die »faulen« Obersthofmeister kam.)[4]

Mit seiner Ernennung war Leopold Bayer ein gemachter Mann. Dem Ehemann einer Wiener Wirtstochter und Vater eines fünfzehnjährigen Sohnes stand nun eine große Karriere bevor,[5] in deren Verlauf er mit dem Titel »Wirklicher Regierungsrat« und diversen Orden ausgezeichnet wurde und an deren Ende er mit der gleichzeitigen Verleihung des Hofrats- und eines Adelstitels als Leopold Bayer, Ritter von Mörthal, in Pension ging.[6] Eine größere Karriere bei Hof konnte ein Bürgerlicher nicht machen. Der spätere Ritter von Mörthal hatte seiner Kaiserin aber auch bis zu seiner Pensionierung treu gedient. Rückblickend lässt sich sagen, dass mit Leopold Bayer ein Beamter das Sekretariat Elisabeths leitete, der mit großem Weitblick, akribischer Genauigkeit und einem guten Gespür für Menschen agierte. Er baute die administrative Kommandozentrale der Kaiserin so perfekt auf, dass die Organisation ihrer Geschäfte und ihres Alltags bis an ihr Lebensende durch sämtliche turbulente Zeiten und Krisen hindurch und, wie sich dann zeigen sollte, auch über Ländergrenzen hinweg perfekt funktionierten.

Doch zurück ins Frühjahr 1854, an den Beginn von Bayers Aufstieg: Der erste Akt, den er als einstweilen noch provisorischer neuer Sekretär der Kaiserin bearbeitete, trug die Aktenzahl »1« und behandelte die beiden wichtigsten Aspekte von Elisabeths künftigem Alltag: Personal und Finanzen. In diesem Akt findet sich die Bestätigung, dass Elisabeth ab dem Tag ihrer Hochzeit jährlich 100 000 Gulden »Spenadelgeld« – das zur Deckung ihrer persönlichen Auslagen für etwa Garderobe, Kammerbedarf, kleinere Anschaffungen, Geschenke und Zuwendungen diente – erhalten sollte.[7] Die Anweisung und Auszahlung eines so hohen Betrages konnte nur mit einer handschriftlichen Bestätigung des Kaisers erfolgen. Und diese hatte Franz Joseph bereits am 26. März für seinen Obersthofmeister verfasst: »Ich habe meiner zukünftigen Frau Gemahlin der durchlauchtigsten Frau Elisabeth Herzogin in Baiern ein jährliches Spenadelgeld von 100/t fl zugesichert, und befehle [...] dass derselbe [Betrag] von Meinem Finanzminister in monatlichen Raten vom Tage der Vermählung an antizipative an das Hofzahlamt abgeführt werde«.[8] Vorsorglich deponierte Elisabeths Sekretariat auch gleich eine metallene Kassette im Hofzahlamt: für jene 12 000 Dukaten, die der Kaiser gemäß Heiratsvertrag seiner Frau als Morgengabe versprochen hatte.[9] Auch hier hatte Franz Joseph seinen Finanzminister persönlich angewiesen, die Summe »an die allerhöchste Privatkasse in neuem Golde« zu transferieren. Die Golddukaten wurden Elisabeth dann am 24. April nach dem Vermählungsakt überreicht (und gleich vom Hofzahlamt in Verwahrung genommen).[10]

Neben diesen finanziellen Regelungen betrafen die Dokumente, die Elisabeths Sekretär in das Aktenkonvolut mit der Nummer 1 einordnete, die wichtigsten Personalangelegenheiten ihrer ersten Zeit am Wiener Hof. So findet man hier eine Liste der Personen, aus denen sich der Hofstaat und die Kammer der neuen Kaiserin zusammensetzten; Unterlagen zur Ernennung von Fürst Lobkowitz zum Obersthofmeister; die Information, welche Dienstkutschen Elisabeths Hofstaat zugewiesen wurden. Hinzu kam – besonders wichtig am Habsburger Hof – noch die Auflistung, wer aus Elisabeths Hofstaat welchen fixen Platz im Hofburgtheater erhalten sollte (es war eine von den Begünstigten geschätzte Tradition am Wiener Hof, dass den höheren Chargen ein Sperrplatz im Theater zustand).[11]

Die letzten Vorbereitungen für den reibungslosen Alltagsbetrieb von Elisabeths Sekretariat erfolgten während ihres und Franz Josephs Hochzeitsséjour in Laxenburg. Leopold Bayer benötigte noch ein amtliches Siegel – schließlich sollte man den Schriftstücken, die das Sekretariat verließen, auch ansehen, dass ihr Absender die Kaiserin von Österreich war. Darüber hinaus machte ein eigenes Siegel die Eigenständigkeit des Sekretariats sofort offenkundig. Und so fragte Elisabeths Sekretär beim Obersthofmeister an: »Ich habe danach die Ehre Eure Durchlaucht um die gefällig baldige Bekanntgabe zu ersuchen, in welcher Form [...] das Siegel zum Gebrauche für die Kammer I. M. [Ihrer Majestät] auszusehen hat«.[12] Nach wenigen Tagen kam die Antwort: Für hochoffizielle Schreiben werde man ein Siegel mit »kaiserlichem Doppeladler mit leeren Klauen, auf dessen Brust das dreigeteilte Herzschild angebracht ist«, in Auftrag geben, für interne Schriftstücke genüge jedoch ein »Siegel ohne Wappen blos mit Aufschrift«.[13]

Außerdem fehlte für die Sekretariatsräume in der Hofburg noch ein Wachmann, der Unbefugte vom Betreten jener Räumlichkeiten abhielt, in denen die privaten Angelegenheiten der Kaiserin behandelt wurden. Der erhaltene Schriftverkehr in dieser Sache zeigt anschaulich, wie umständlich es bei Hof zuging, wie viel Papier beschrieben, verschickt und schließlich abgelegt wurde – sofern man die Amtswege einhielt. Kurz: Leopold Bayer konnte nicht einfach einen Wachmann anfordern, sondern musste an den Obersthofmeister der Kaiserin ein diesbezügliches Ansuchen stellen. Dieser – zu jener Zeit noch Fürst Lobkowitz – trug das Anliegen dem Obersthofmeister des Kaisers, Fürst Liechtenstein, vor. Der Vorgang an sich war banal: Dem Obersthofmeister des Kaisers unterstanden alle Leibgarden und die Hofburgwache, er konnte also jederzeit einen Mann anfordern. Dennoch erforderte auch dieser Schritt eine mehrseitige Korrespondenz. Elisabeths Sekretariat erhielt einen Leibgardisten als Türsteher und dieser zu seinem Sold eine monatliche Zulage von zehn Gulden aus der Privatkasse des Kaisers. Und damit wurde der Akt geschlossen und mit dem regulären Bürobetrieb im Dienste der Kaiserin begonnen.

Einige Wochen nach Elisabeths Hochzeit endete Bayers Probezeit, und er konnte um seine Definitivstellung ansuchen. Ironischerweise musste er dafür sein eigenes Empfehlungsschreiben aufsetzen, das der Obersthofmeister, für den er es konzipiert hatte, dann dem Kaiser vorlegte. Er schrieb über sich selbst in der dritten Person: »Bayer hat während seiner wenn gleich [sic!] nur sechswöchigen provisorischen Verwendung solche Beweise von Geschäftskenntnis, unermüdlichen Eifers und Gesinnungstüchtigkeit an den Tag gelegt [...] dass ich [der Obersthofmeister] keinen Anstand nehmen kann, Eurer Majestät denselben schon jetzt zur definitiven Anstellung als Privatsekretär bei allerhöchst durchlauchtigster Frau Gemahlin in Antrag zu bringen«.[14] Der selbstbewusste Bayer schlug auch gleich einen höheren Titel für sich vor. Die Argumentation war bestechend: Weil er mit so vielen »hochgestellten Personen und ämtlichen Autoritäten« zu tun habe, brauche er, um »Achtung und Stellung« auszustrahlen, einen Titel, am besten den eines »Regierungsraths«, zumindest aber jenen eines »Wirklichen Hofsekretärs«. Der Kaiser geruhte zwar, Bayer zum definitiven Sekretär seiner Frau zu ernennen – was dem Beamten 1200 Gulden Gehalt und ein Quartiergeld von 400 Gulden einbrachte –, aber den gewünschten Titel enthielt er ihm einstweilen vor. Erst zwei Jahre später durfte man Bayer als »Wirklichen Hofsekretär« titulieren.[15]

Zusätzlich zu den vielen Agenden, die Tag für Tag für Elisabeth zu erledigen waren, administrierte Bayer natürlich auch die wichtigste Aufgabe, der sie als Kaiserin neben der Repräsentation nachkommen musste: die Wohltätigkeit. Von alters her übernahm die Frau des jeweiligen Herrschers die Aufgabe, mildtätig zu sein und Bedürftigen Almosen, Spenden und Geschenke zukommen zu lassen. Für Sozialpolitik im heutigen Sinne waren Mitte des 19. Jahrhunderts Gemeinden und Kirchen zuständig. In Härtefällen wandte man sich direkt an den Herrscher. Wie sehr in diesem Zusammenhang »Staat« und »Kaiserhaus« noch ineinander übergingen, lässt sich gut an Elisabeths Sekretariat sehen. Denn dieses diente quasi als Durchlauferhitzer: Von den 100 000 Gulden Spenadelgeld, die Elisabeth jährlich aus der Hofstaatsdotation bekam, wurde sofort ein großer Teil an die unterschiedlichsten karitativen Organisationen weitergeleitet. Aus heutiger Sicht hätte das Finanzministerium die Hilfsgelder auch direkt den Begünstigten zukommen lassen können, aber man dachte damals anders: Nicht der anonyme Staat war für Wohltätigkeit zuständig, sondern das Kaiserhaus als Personifikation desselben. Bedürftige wandten sich deshalb auch nicht an einen Beamten, sondern an den Kaiser. Es verwundert daher nicht, dass der größte Verrechnungsposten von Elisabeths Spenadelgeld stets für wohltätige Zwecke ausgegeben wurde.

Den Großteil der Gelder erhielten etablierte Hilfsinstitutionen. Kurz nach seinem Dienstantritt informierte Leopold Bayer den Minister des Inneren in einem Brief darüber, dass die Statthalter der einzelnen Kronländer die Auszahlungen vornehmen sollten. Bedacht wurde das gesamte Spektrum der Wohltätigkeitsinstitutionen: Waisenhäuser, Krippen, Blindenvereine, Erziehungsanstalten, Pensionate, Pensionsinstitute, Schulen, Spitäler, Altenheime, Armen- und Siechenhäuser sowie Kirchen und Pfarren. Am häufigsten findet man in den Rechnungsbüchern jedoch Abbuchungen wie »an die Armen Wiens« oder »an die Armen der Provinzen«. Hierbei handelte es sich nicht um Unterstützungsgelder, sondern um klassische Almosen, die im großen Stil im Namen der Kaiserin verteilt wurden.[16]

Zusätzlich zu den 40 000 Gulden, die jährlich an Wohltätigkeitsvereine und als regelmäßige Almosen ausbezahlt wurden, erhielten auch Einzelpersonen, die sich als Bittsteller an die Kaiserin wandten, finanzielle Hilfe. Generell wurden Unterstützungsbitten, vor allem wenn sie von den Ärmsten kamen, anstandslos angenommen. Bevor man Unterstützungsbeträge anwies, wurden die Antragsteller allerdings überprüft. Das Sekretariat beziehungsweise das Obersthofmeisteramt bat dann die Behörden um Auskunft zur materiellen Lage und zum Leumund eines Bittstellers oder einer Bittstellerin.

Die meisten waren Witwen und Waisen. Sie baten die Kaiserin aus unterschiedlichen Gründen um finanzielle Hilfe: weil sie nicht von ihrer Pension leben konnten, weil ihr Arbeitsverdienst nicht zur Lebenshaltung ausreichte, weil sie wegen eines pflegebedürftigen Angehörigen nicht arbeiten konnten oder weil sie selbst chronisch krank oder pflegebedürftig waren. Aus den Aktenvermerken Bayers und seiner Korrespondenz mit dem Obersthofmeister geht hervor, dass Elisabeth alle Bittschriften vorgelegt wurden.

Neben den Armen waren in Not geratene Angehörige des niederen Adels sowie sogenannte höhere Töchter die zweite große Gruppe, die sich in großer Zahl um Hilfe an die Kaiserin wandte. Hier fand sich stets die gleiche Geschichte: Die Damen waren unverheiratet oder Witwen und damit ohne Versorger – eine Situation, in der auch bürgerliche Frauen oder Frauen aus dem niederen, nicht begüterten Adel leicht in Armut abrutschen konnten. Die Zuwendungen, die Elisabeth hier erteilte, waren so unterschiedlich wie die Schicksale der Bittstellerinnen. Der verarmten Marie d'Ellevaux ließ die Kaiserin etwa hundert Gulden auszahlen, damit sie zu ihrer hochschwangeren Tochter nach Wien reisen konnte.[17] Die prekäre Lage von verheirateten Unterleutnantstöchtern linderte sie hingegen in der Regel mit zwanzig Gulden.

Womit Elisabeth jedoch nicht dienen konnte, waren Posten bei Hof. So manches vermögenslose Fräulein mit guter Erziehung bat um eine Stelle in der Kammer der Kaiserin oder darum, als Kindermädchen oder Gouvernante aufgenommen zu werden. Doch in diesen Fällen erfolgte immer eine Absage. Der Hof rekrutierte sein Personal fast ausschließlich aus den Kindern und Enkelkindern der Menschen, die man schon als Beamten oder Diener beschäftigte oder zu denen bereits eine Verbindung bestand. Einerseits sicherte man sich damit Loyalitäten, andererseits kam man damit einem alten Anspruch nach: Seit jeher durften Bedienstete erwarten, dass sich ihre Herrschaft auch ihrer Familien annahm. Doch nicht nur fremden Bittstellern, die um eine Anstellung bei Hof ansuchten, erteilte das Sekretariat der Kaiserin kategorische Absagen. Auch wer um Protektion zur Erlangung eines Postens oder um Interventionen bat, hatte hier keine Chance.

Ein weiterer großer Aufgabenbereich Leopold Bayers war die Verwaltung der vielen Geschenke und Zuschriften, die Elisabeth erhielt. Aus allen Landesteilen der Monarchie trafen Zeichnungen und Bilder ein, kleine Handarbeiten oder künstlerische Arbeiten sowie Literarisches in Form von Gedichten und Erzählungen. Nur die wenigsten Absender schickten ihrer Landesmutter etwas aus purem Patriotismus, die meisten knüpften ihre postalischen Gaben an Erwartungen, sei es in Form von Unterstützung oder finanziellen Zuwendungen. Immerhin gehörte Wohltätigkeit zum Geschäft, und so wussten die meisten, dass Österreichs Monarchen Geschenke nicht ohne eine kleine Anerkennung annahmen. In Elisabeths Sekretariat wurde stets fein säuberlich verzeichnet, ob die Kaiserin etwas behielt oder ablehnte – auch das geschah – und ob sie sich im ersten Fall mit einem Retourgeschenk oder einem Geldbetrag bedankte.

Künstlerische Werke – seien es Kompositionen, Gedichte oder Kunstdrucke –, die mit einer Widmung an die Kaiserin versehen waren, erhielten dadurch zumeist mehr Aufmerksamkeit. Es war allgemein bekannt, dass man für eine solche – mit einem Werk wie ein Gütesiegel veröffentlichte und vervielfältigte – Widmung die Zustimmung des allerhöchsten Hofes benötigte, was einen Künstler gleich in die Nähe des Kaiserhauses rückte. Und wer weiß, vielleicht gewann man die Kaiserin als Mäzenin? Der große österreichische Dramatiker Franz Grillparzer widmete Erzherzogin Sophie regelmäßig Gedichte und konnte sich über ihre Protektion freuen, weshalb so mancher ihm nacheiferte. Bei der Durchsicht der Zuschriften an Elisabeth finden sich recht viele Briefe von dichtenden Beamten, die vielleicht auf eine ähnliche Schriftstellerkarriere wie die von Grillparzer hofften, der als Beamter im Hofkammerarchiv seinem Brotberuf nachging. Auch wenn nur wenigen eine Widmung an Elisabeth genehmigt wurde und den Sekretariatsakten auch kein Fall langfristiger Protektion eines Künstlers zu entnehmen ist, so konnten doch die meisten Einsender mit einem Dankschreiben, finanzieller Anerkennung oder einem Geschenk rechnen.

Jedes Geschenk nahm Elisabeth aber wie gesagt nicht an. Wie bei den Bittstellern beauftragte ihr Sekretariat auch bei den Künstlern die Behörden, Nachforschungen anzustellen – schließlich sollte die Frau des Kaisers nicht brüskiert werden, indem sie unwissentlich eine Person unterstützte, die keinen einwandfreien Leumund besaß. Über einen gewissen Guiseppe Pontini, der von der Kaiserin eine Widmung für einen Gedichtband erbat, fand der Polizeiminister etwa heraus, dass er allerorten behauptete, das Vertrauen der piemontesischen Regierung zu besitzen, und damit Leichtgläubige ausnutzte. Selbstverständlich wurde Pontinis Bitte unverzüglich abgelehnt. Schlimm genug, dass er den italienischen Nationalisten zuzurechnen war, die Österreich lieber heute als morgen von der Apenninhalbinsel vertrieben hätten, doch dass dieser wichtigtuerische Lügenbold mit dem Namen der Kaiserin verbunden wäre, dem war definitiv ein Riegel vorzuschieben.[18]

Ein anderer Aufgabenbereich von Elisabeths Sekretariat hatte eine ausgesprochen wirtschaftspolitische Komponente. Denn die Kaiserin vergab auch – modern ausgedrückt – Lizenzen an ihrer »Marke«. Gewerbetreibende konnten im Sekretariat darum ansuchen, ihr Geschäft oder ihre Gaststätte »Zur Kaiserin Elisabeth« zu nennen. Mit dieser Maßnahme unterstützte man kleine Unternehmer. Das Recht, den Namen der Kaiserin für einen Laden oder ein Lokal zu verwenden, war quasi die kleine Schwester des offiziellen Titels »kaiserlich-königlicher Hoflieferant«. Diesen Titel erhielten Geschäfte, die den kaiserlichen Hof beliefern durften, weil ihre Waren von ausgesuchter Qualität waren. Er war ein Gütesiegel erster Klasse, und wer es erhielt, dessen Prestige stieg ebenso wie, in der Regel, der Umsatz in seinem Betrieb. Kleine Geschäfte erhielten immerhin einen Hauch dieser Exklusivität, wenn man sie »Zur Kaiserin Elisabeth« nannte, denn die Kunden wussten natürlich, dass diese Benennung nicht ohne Zustimmung des Hofs – beziehungsweise in diesem Fall: der Kaiserin – erlaubt war. Vergeben wurde diese Auszeichnung an diverse Klein- und Kleinstbetriebe. So durfte etwa die Damenputzhändlerin Rosa Kasperkowitz ihr Geschäft »Zur Kaiserin Elisabeth« nennen und mit »allerhöchster Bewilligung« noch eine Lithografie der Kaiserin in die Auslage stellen.[19] Anders der Zuckerbäcker Klein aus Prag: Er erhielt lediglich die Erlaubnis, das Schild »Kaiserin Elisabeth« in seinem Ladengewölbe aufzuhängen.[20]

Elisabeths Sekretariat studierte jeden Antrag genau und holte vor einer Entscheidung alle relevanten Informationen ein. Auch hier galt: Wen der Hof unterstützte, der musste sich dessen würdig erweisen. Mit der Kaiserin werben durfte nur, wer ihre »Marke« nicht durch seinen schlechten Ruf – oder den seines Geschäfts – beschädigte.

Sofort herausgefischt aus dem Pool der Antragsteller wurden Gauner. Einmal wandte sich ein Badearzt namens Dr. Adamovich aus Hall in Oberösterreich an die Kaiserin und berichtete, dass er aus Hall einen Kurort machen wolle. Er bat zum einen um die Bewilligung, eine Heilquelle »Elisabethquelle« zu nennen, und zum andern darum, einen Spendenaufruf für sein Vorhaben mit dem Namen der Kaiserin zu versehen. Polizeirecherchen ergaben nun, dass in Hall kein Badearzt namens Adamovich existierte (dieser Umstand wurde im Akt sogar unterstrichen). Dafür war ebendort ein pensionierter k. k. Finanzamts-Kassier aus Wien namens Johann Adamovic erschienen, hatte sich – mit auffälliger »Zudringlichkeit« und sonderbarem Geschäftsgebaren – als Agent des berühmten Wiener Apothekers (und späteren k. u. k. Hoflieferanten) August Moll ausgegeben und um die Abfüllung diverser Wässer bemüht. Offenbar wollte der falsche Doktor mit dem Namen der Kaiserin gefälschtes Heilwasser teuer verkaufen und sich diese Geschäftsidee von Dritten – heute würde man sagen: per Crowdfunding – finanzieren lassen. Anstelle einer Benachrichtigung an den Bittsteller erging in diesem Fall eine Aufforderung an den Statthalter zwecks »Abstellung der missbräuchlichen Verwendung des Namens der Kaiserin zur Spendensammlung für die Heilquelle in Hall«.[21]

Neben den bisher erwähnten Agenden gab es auch hausinterne Dinge, um die sich Leopold Bayer kümmern musste. Witterte er irgendwo ein Problem oder kam ihm zu Ohren, dass jemand seinen Dienst bei der Kaiserin nicht ordentlich verrichtete – oder nicht verrichten konnte –, griff er ein. Elisabeths Sekretär war auch die Anlaufstelle, wenn ihre Diener einen Antrag bei den obersten Hofbehörden oder beim Hofzahlamt stellen mussten. Vor allem Diener mit niederem Rang, die oft über wenig Bildung verfügten, brauchten hierbei Hilfe. Gerade ihre Anträge wurden von den Beamten gerne abgelegt – einem einfachen Diener gegenüber musste sich ein k. k. Hofbeamter schließlich nicht erklären. Wenn so etwas geschah, machte sich Bayer stets für Elisabeths Diener stark. Als etwa einer von ihren Kammerhausknechten – intern kurz »Hausburschen« genannt – namens Johann Bauer um einen neuen Mantel für seine Hausdienerlivree ansuchte und damit beim Hofkontrollamt abblitzte, griff der Sekretär sofort ein. Bayer recherchierte im Umkreis des Kaiserpaares und machte dann eine Eingabe an Obersthofmeister Liechtenstein. Dabei argumentierte er: Wenn den Hausknechten in der Kammer des

Kaisers neue Mäntel vom Hofkontrollamt bewilligt würden, sei es nur recht und billig, dass auch die Hausburschen der Kaiserin welche bekämen. Elisabeths niederrangige Diener in abgewetzten Mänteln – wie sehe denn das aus? Auch dass man Bauers Ansuchen abgelehnt habe, obwohl ihm ein neuer Mantel zustehe, entspreche nicht dem Usus. Liechtenstein konnte dem nichts entgegensetzen und wies das Hofkontrollamt an, Bauer unverzüglich einen neuen Mantel auszuhändigen.[22] Wie dieses Beispiel zeigt, hatte Bayer ein Auge auf alle Vorgänge in Elisabeths Umfeld. Geriet eines der vielen kleinen Räder, die das große Hofgetriebe am Laufen hielten, ins Stocken, wurde er aktiv.

Ein Beispiel dafür, dass sich durch beherzte Initiative auch Strukturprobleme bei Hof zumindest partiell lösen ließen, war Bayers bereits angedeutetes Vorgehen, als er im Sommer 1854 die Unzufriedenheit der Dienerschaft während Elisabeths Séjour in Ischl bemerkte. Wie geschildert begleiteten die Kaiserin bei diesem Aufenthalt nicht nur Hofdamen und Kammerpersonal, sondern auch das Personal, das es brauchte, um den Haushalt zu führen. In den verschiedenen kaiserlichen Residenzen verblieb, wenn kein Mitglied der kaiserlichen Familie sich dort aufhielt, nur wenig Personal vor Ort, um auf Gebäude und Grundstücke aufzupassen und alles instand zu halten. Reisten nun Kaiser und Kaiserin an, musste – da es dort keinen fix und fertigen Haushalt gab – der Haushalt beziehungsweise das Personal mit ihnen reisen (genauer gesagt fuhren die Bediensteten voraus, um alles für die Ankunft der hohen Herrschaften vorzubereiten): Köche, Küchenpersonal, Zuckerbäcker, Heizer, Holzträger, Saaldiener, Tafeldiener, Hausdiener, Knechte, Kutscher, Reitknechte, Wäscherinnen und so weiter, mitsamt allem Equipment wie Tafelgeschirr, Küchenutensilien, Tafel- und Kammerwäsche, Fourageausrüstung. Für die Bediensteten waren Arbeitseinsätze fern vom höfischen Zentrum Wien eine Belastung, denn sie waren unter schwierigeren Bedingungen tätig. Küchenpersonal, das etwa den Komfort, die reichliche Ausstattung und das stets einsetzbare Hilfspersonal der Hofküche in Wien gewohnt war, musste in Ischl in einem kleinen Küchengebäude, mit der nötigsten Ausrüstung und nur wenigen Hilfskräften auf dem gleichen Niveau wie in der Hofburg die kaiserlichen Menüs zubereiten. Der übrigen Dienerschaft ging es kaum anders: Die Arbeitsbedingungen waren schwieriger als in Wien, doch die Erwartungshaltung des Hofes blieb die gleiche wie dort.

Natürlich hatten die Bediensteten längst gelernt, mit dieser Situation umzugehen. Was für sie jetzt, bei Elisabeths erstem Séjour in Ischl, wirklich zum Problem wurde, war die Frage der eigenen Verpflegung. Generell stand jedem, der bei Hof tätig war – und zwar vom Obersthofmeister bis zum kleinsten Aushilfsdiener –, eine ausreichende kulinarische Versorgung zu: täglich jeweils ein warmes Menü, ein kaltes Abendessen und eine gewisse Menge Wein. Die Hofküche bekochte nicht nur die kaiserliche Familie und deren Gäste, sondern auch die insgesamt rund 1500 bis 2000 Bediensteten. Das Angebot umfasste stets mehrere Menüs, von denen mindestens die Hälfte quasi zum Selbstkostenpreis zu erwerben war. So konnten sich auch die unzähligen, nur gering entlohnten niederen Bediensteten für wenige Kreuzer eine nahrhafte Mahlzeit leisten. Waren Hofbedienstete für einen Séjour eingeteilt, hatten sie natürlich fern von Wien ebenso Anspruch auf Verpflegung – allerdings war es dann meistens nicht möglich, für sie zu kochen. Auch in Ischl gab es weder die dafür nötige Küche noch genügend Hilfskräfte; deshalb wurde, wie bei solchen Aufenthalten üblich, ein »Séjourkostgeld« ausgezahlt, das gemäß einem Bezahlungsschema allen zustand, die den Hof begleiteten.

Die Ungerechtigkeit der Auszahlungen lag im Detail: Für Elisabeths Gefolge war dieses Kostgeld ein netter Zusatzverdienst, denn Hofdamen und Obersthofmeister speisten oft gemeinsam mit ihr in der kaiserlichen Villa. Außerdem bestand das persönliche Gefolge im Gegensatz zur Dienerschaft durchwegs aus begüterten Personen, die ohne finanzielle Sorgen in einem der Hotels speisen konnten. Für die einfachen Hofdiener war die Lage eine andere: Sie mussten ihre warmen Mahlzeiten in den umliegenden Gasthäusern essen. Hier fingen nun die Probleme an, die das Potenzial bargen, die Arbeitsmoral der Dienerschaft zu untergraben. Denn die Ischler Gastwirte witterten ein glänzendes Geschäft und erhöhten, kaum war das erste Hofpersonal im Kurort eingetroffen, saftig die Preise. Das Ergebnis: Die niederrangigen Bediensteten der Kaiserin würden sich ihr Essen über die ganze Dauer des Ischler Séjours nicht leisten können. Ihr Kostgeld reichte bei Weitem nicht aus.

Als Leopold Bayer den Grund für die Unzufriedenheit der Dienerschaft erfuhr, wurde er aktiv. Der Hofsekretär stellte sich hinter die Hofdiener, umging die fixen Amtswege und forderte den kaiserlichen Obersthofmeister in Wien auf, tätig zu werden. Konkret: Elisabeths Sekretär wandte sich nach Absprache mit ihrem eigenen Obersthofmeister vor Ort direkt an den Kaiser, setzte ihn über die missliche Lage der Diener in Kenntnis und bat ihn darum, seinen Obersthofmeister zum Handeln auffordern zu dürfen. Bayers Vorgehen ist bemerkenswert, denn grundsätzlich war es tabu, den Kaiser direkt mit – aus Sicht des Hofes – derart nebensächlichen Angelegenheiten zu belästigen. Alle Eingaben, Beschwerden, Anregungen mussten zunächst das Büro seines Obersthofmeistes passieren. Und selbst hier überlegte man sich lieber zweimal, ob man eine Beschwerde einreichte. Auch einem Fürsten Liechtenstein kam man nicht mit Lappalien, und die Not von Hofdienern war angesichts des Gefälles, das es zwischen diesen und den Hofwürdenträgern gab, prinzipiell nichts, was für hohe Herren von Bedeutung war. Dass das Besoldungssystem bei Hof generell ein Problem war, war bekannt (erst 1873 sollten die Löhne deutlich erhöht werden). Aber was sollte man tun, es ging ja auch sonst irgendwie.

Am 2. August 1854 setzte Bayer Liechtenstein schriftlich davon in Kenntnis, dass sich die Hofdiener »über die außerordentlich hohen Preise in Ischl beschwert, und dass sie mit ihren Genüssen kein Auslangen finden«.[23] Dann argumentierte er – recht mutig, denn das stand ihm als Hofbeamter eigentlich nicht zu – mit Verweis auf den Herrscher: dass es gewiss »nicht im Sinn des Kaisers wäre, dass seine Hofbeamten und Diener anstrengendere Dienste machen müssen [...] und weniger dafür bekommen«.[24] Er habe sich selbst davon überzeugt, »dass nicht nur die Lebensmittel, sondern auch die ›kleinen Bedürfnisse‹« in Ischl exorbitant teuer seien. Dann verglich er: Während der traditionellen sommerlichen Aufenthalte in Schönbrunn könnten die Hofbeamten und Diener ihr Mittagessen bei zwei Wirten kaufen, die im Schloss einquartiert seien. Diese Wirte zahlten keinen Mietzins und hätten sich dafür verpflichtet, »ihre Preise auf das Billigste zu stellen«. In den Gasthäusern von Ischl seien Elisabeths Bedienstete jedoch »der Willkür gewinnsüchtiger Menschen [...] überlassen«.[25]

Noch ein weiteres Problem trat bei diesem Ischler Séjour zutage, und auch dieses machte Bayer publik: Die Beamten und Diener mussten selbstverständlich in sauberen Uniformen zum Dienst erscheinen, aber: »Während der in Schönbrunn oder Laxenburg auf Séjour befindliche Familienvater in der Lage ist, die in dieser Jahreszeit häufig nothwendige Reinigung seiner Wäsche durch seine Angehörigen kostenfrei besorgen zu lassen, erwächst ihm in Ischl hierfür eine sehr bedeutende Auslage«.[26] Selbst die malerische Lage der Villa, in der die kaiserliche Familie hier residierte – mitten im Grünen, weitab vom Ortszentrum –, entpuppte sich als Nachteil für die Diener und Beamten: Aufgrund der Abgeschiedenheit der Villa konnten sie sich »nicht leicht von dieser entfernen, ohne dass der allerhöchste Dienst darunter leiden würde«.[27] Die Bediensteten, so Bayer, seien »dadurch genötigt, die Hilfe anderer Leute in Anspruch zu nehmen, was ihnen gleichfalls erhöhte Auslagen verursacht«. Gönnte sich also ein Diener ein überteuertes Essen aus einem Ischler Gasthaus, musste er auch noch für dessen Anlieferung bezahlen – jedenfalls, wenn er nach seiner Mahlzeit die Arbeit ohne Verspätung fortsetzen wollte. Elisabeths Sekretär schloss seinen Bericht mit den Worten, dass er sich »in Anbetracht dieser an Ort und Stelle gemachten Erfahrung« verpflichtet fühle, »die vorgebrachte Bitte [der Hofbediensteten] zu unterstützen und Eurer Durchlaucht zur geneigten Berücksichtigung mit der Bemerkung anzuempfehlen«.[28] Er selbst trete mit seiner vollen Verantwortung für diese Bitte ein.

Bayers Schreiben an den Obersthofmeister belegt, wie engagiert er für die Hofdiener eintrat. Seine Botschaft war trotz aller devoten Floskeln eindeutig: Es war beschämend, dass die Diener sich nicht ausreichend versorgen konnten. Dass ihnen das Geld für die Reinigung von Wäsche und Kleidung fehlte und sie in der Sommerhitze mit nach Schweiß riechenden Uniformen dienen mussten (darauf bezog sich Bayers Formulierung »die in dieser Jahreszeit häufig nothwendige Reinigung seiner Wäsche«). Dass dieses Auftreten keines Kaisers und keiner Kaiserin würdig war. Zwischen den Zeilen warb der Sekretär noch um Verständnis für die Dienerschaft, deren Dienst gerade durch die von der Kaiserfamilie geschätzte Abgeschiedenheit der Villa enorm erschwert wurde. Im Bewusstsein möglicher unangenehmer Konsequenzen überging Bayer anschließend den vorgeschriebenen Dienstweg, um die für die Hofdiener bittere, für die kaiserliche Familie peinliche Situation zu ändern.

Man fragt sich natürlich, wie die Hofbeamten und Diener vor dem Sommer 1854 in Ischl über die Runden kamen. Der Kaiser und seine Familie waren ja nicht zum ersten Mal hier. Allerdings unterschied sich dieser Séjour in zweifacher Hinsicht von vorigen Aufenthalten: Zum einen hatte Franz Joseph in früheren Jahren noch keine Ehefrau gehabt. Sobald an seiner Seite Elisabeth zur Kaiserin wurde, wuchsen die Anforderungen an den Hofstaat. Denn eine Kaiserin benötigte eine ihr würdige Hofhaltung, was bedeutete, dass neben dem Hofstaat Franz Josephs nun auch für Elisabeth ein Hofstaat ersten Ranges organisiert, untergebracht und unterhalten werden musste. Zum anderen aber – und das war der wesentliche Unterschied zu früher – gab es nun einen Sekretär der Kaiserin, der nicht gewillt war zuzusehen, wie die Hofbediensteten darbten, von gierigen Wirten ausgenutzt wurden und nicht einmal ihre Uniformen sauber halten konnten, ohne Wucherpreise zahlen zu müssen.

Offiziell war Leopold Bayer gar nicht zuständig für die Belange der Beamten und Diener, sondern allein das Obersthofmeisteramt. Die von Bayer angeprangerten Missstände waren auch seit Langem bekannt. Die geringe Besoldung führte immer wieder zu Unzufriedenheit und Problemen und diese in letzter Konsequenz zu Beschwerden der höchsten Hofchargen über die vermeintlich schlampige und unmotivierte Dienerschaft. Doch nun gab es den Sekretär der neuen Kaiserin, der seine Aufgabe ernst nahm. Bayer hatte dafür zu sorgen, dass in Elisabeths Haushalt alles wie am Schnürchen lief. Wo schlechte Arbeitsbedingungen zum Hindernis wurden, musste man Abhilfe schaffen. Selbst wenn es bedeutete, den vorgeschriebenen Amtsweg zu verlassen.

Leopold Bayer gehörte zu jenen heute vielfach unbekannten Menschen, die ihr ganzes Können und Engagement in ihre Dienste für die Kaiserin einbrachten. Sie waren es, die das Umfeld Elisabeths organisierten, sie vor Ärger abschirmten, für sie mühsame, alltägliche Tätigkeiten aufs Positivste erledigten und sich ankündigende Probleme, wo möglich, im Keim erstickten. Betrachtet man Elisabeths Haushalt – also alle Personen im unmittelbaren Dienst der Kaiserin, die nicht Obersthofmeister, Hofdamen oder Adjutanten, sondern Sekretäre, Kammerpersonal und Diener waren –, so zeigt sich ein erstaunliches Paradoxon: Die Abläufe am großen Wiener Hof mochten oft mehr schlecht als recht funktionieren, und so etwas wie Engagement oder Eigeninitiative stellte sich bei den Beamten und Dienern bis zum Ende des patriarchalischen Hofes nicht ein. »An den Kleinigkeiten des Alltagslebens scheiterte ihre Geduld«, erinnerte sich ihre Nichte Amélie später an Elisabeth.[29] Die Kaiserin war jedoch in der glücklichen Lage, sich mit diesen »Kleinigkeiten« nicht abgeben zu müssen. Sie verfügte bis zu ihrem Lebensende über einen Haushalt, dessen Mitglieder im Mikrokosmos des Wiener Hofes durch großes Engagement, selbstständiges Arbeiten, Fachwissen und vor allem ihre unbedingte Loyalität hervorstachen.

Ganz in diesem Sinn hatte ihr Sekretär Leopold Bayer ein für alle Mal die schwierige Lage der Diener im kaiserlichen Haushalt verbessert. Nun konnte Elisabeths erster Séjour als Kaiserin in Ischl beginnen.

WACHSTUM

»Ich bitte Sie inständigst, Sisi nachsichtig zu beurteilen.«[1]

Elisabeth verbrachte die ersten Wochen ihrer Schwangerschaft in Ischl.[2] Hier, in dem beschaulichen Kurort, besaß die kaiserliche Familie seit Kurzem einen eigenen Sommersitz: die ehemalige Villa Mastalier. Nach der Verlobung ihres Sohnes hatte Sophie die kleine, aber feine Villa ihrem Eigentümer, dem Arzt Eduard Mastalier, abgekauft und sie im Laufe der Zeit zu einer echten »Kaiservilla« ausbauen lassen: Dem kompakten Biedermeierbau wurden zwei Seitenflügel hinzugefügt, sodass sein Grundriss als Referenz an die Schwiegertochter ein »E« darstellte, und es wurden neue Stallgebäude errichtet. Sophie sollte zudem in den nächsten Jahren rund um die Villa Grundstücke kaufen und hierauf einen prächtigen Park anlegen lassen.[3]

Anfang August 1854 war auch Ludovika – diesmal mit Elisabeths Geschwistern Mathilde, Marie und Karl Theodor – nach Ischl gereist, um ihre Tochter in der Kaiservilla zu besuchen. Ludovikas Schwestern Elise und selbstverständlich Sophie waren ebenfalls ins Salzkammergut gekommen. Und kurz vor seinem Geburtstag am 18. August traf dann auch Franz Joseph aus Wien ein. Wie stets verbrachte man den sommerlichen Séjour »en famille«.[4]

Hier in Ischl erlebten die Suiten Elisabeth zum ersten Mal seit ihrer Hochzeit nicht mehr ständig als in sich gekehrt und schweigsam. Selbst in Gegenwart ihrer Schwiegermutter zeigte sie nun eine Unbeschwertheit, die diese bisher an ihr nicht gekannt hatte. Elisabeth sei, schrieb Sophie, »so heiter, dass sie oft recht herzlich lacht, theils wenn ich oder Tante Elise ihr etwas komischer [sic!] erzählen«.[5] Der Grund für Elisabeths Gemütswandel war die Anwesenheit Ludovikas. In den Wochen zuvor hatte sie ihre Mutter unablässig gebeten, sie zu besuchen; doch erst mit ihrer Schwangerschaft und nachdem auch Franz Joseph Ludovika ausdrücklich nach Ischl eingeladen hatte, war diese den Bitten nachgekommen: »Dieser Umstand [die Schwangerschaft] hat mich bewogen, der dringenden Einladung Sisis, die der Kaiser auf das Freundlichste unterstützte, Folge zu leisten«, informierte Ludovika ihren Ehemann über ihre Reisepläne.[6] Dass sie schließlich sogar mit den Geschwistern Elisabeths – außer den zwei Kleinsten – nach Ischl fuhr, lag ebenfalls an deren Beharrlichkeit: »Noch viel weniger dachte ich daran«, so Ludovika, »Marie und Mathilde mitzunehmen, Sisi drückte in ihren Briefen eine so lebhafte Sehnsucht aus, nicht alleine nach Helene und Karl, aber auch nach diesen zwei jüngeren Schwestern und auch der Kaiser schrieb, ich möchte Sisi diese Freude gewähren«.[7]

Ludovika hatte sich gescheut. Noch im Monat zuvor hatte sie ihrer Schwester Marie geschrieben: »Eingeladen hat mich Sophie und der gute Kaiser. Ich weiß aber nicht, ob es in so mancher Hinsicht vernünftig wäre […] Ob es für Sisi gut wäre, sobald wieder mit uns zusammen zu kommen? […] Deswegen habe ich noch keinen Entschluss gefasst, obgleich ich eine große Sehnsucht nach ihr habe!«[8] Ludovika wollte, dass sich Elisabeth zuerst am Wiener Hof eingewöhnte, und sorgte sich, dass ein zu schnelles Wiedersehen das in ihren Briefen zum Ausdruck kommende schmerzliche Heimweh verstärken könnte. Höchstwahrscheinlich wollte sie auch ihrer Schwester Sophie bei deren Bemühen, Elisabeth näherzukommen, nicht im Weg stehen.

Die sechzehnjährige Kaiserin war jedenfalls überglücklich, anlässlich des sommerlichen Séjours wieder mit ihrer Familie zusammenzutreffen, und dementsprechend herzlich war das erste Wiedersehen. Ludovika konstatierte gleich die auffallende körperliche Veränderung ihrer Tochter, die bei der Heirat noch mehr einem Mädchen als einer Frau geglichen hatte. Nun, nach fast drei Monaten, in denen sie Elisabeth nicht gesehen hatte, stellte die Herzogin fest: »Sisi fand ich größer und stärker geworden, obgleich man ihr ihren Zustand noch nicht viel ansieht«.[9] Getrübt wurde das Familientreffen nur von den üblichen Begleiterscheinungen der Schwangerschaft. Elisabeth war müde, fühlte sich matt, und immer wieder wurde ihr schlecht.[10] Schon vor der Fahrt nach Ischl hatten sie diese Beschwerden oft ins Bett gezwungen. Einmal hatte sie einen Kirchenbesuch abbrechen müssen, weil sich die Übelkeit nicht mehr kontrollieren ließ. Damals hatte Franz Joseph seiner Mutter berichtet: »Sie musste schon aus der Kirche weg und erbrach sich dann mehrere Male«.[11] Obwohl dem Kaiser seine Frau unendlich leid tat, behielt er natürlich die Ursache des Ganzen im Blick: den potenziellen Thronerben, der in ihr heranwuchs. Und so befürchtete er schon am nächsten Tag, als es Elisabeth wieder deutlich besser ging, dass es »nichts mit den Hoffnungen« sei.[12] Wie wichtig ein künftiger Erbe für die Habsburger war, zeigt sich auch daran, dass die gesamte Familie Franz Josephs den Verlauf von Elisabeths Schwangerschaft aufmerksam beobachtete und besprach. Selbst unter seinen jüngeren Brüdern war dies ein Thema – wie folgende Stelle aus einem Brief des zwanzigjährigen Erzherzogs Karl Ludwig beweist: »Jetzt kömmt aber die schwere Periode des Schonens, und das wird bei der Kaiserin sehr schwierig sein, da sie auch in dem, wie in manchem Anderen, Ähnlichkeiten mit ihren [sic!] Herrn Gemahl hat, nehmlich in der zu geringen Aufmerksamkeit auf ihre werthe Gesundheit; doch rechne ich da auf den Kaiser, dass Er wie ich schon jetzt bemerkte, ängstlich auf sie sein wird«.[13]

Trotz ihrer Beschwerden genoss Elisabeth die Anwesenheit ihrer Mutter und der Geschwister wie gesagt sehr. Die Ischler Séjourgesellschaft verbrachte ihre Tage genauso wie im Jahr zuvor: Man traf einander zum Frühstück und zum Tee, unternahm Spaziergänge, der Kaiser ging mit den Herren auf die Gamsjagd, und die Abende verlebte man gemeinsam. Elisabeth verbrachte tagsüber, fast wie früher, viel Zeit mit ihren Geschwistern, wenn auch die Schwangerschaft ihren Tribut forderte: »Die Abende waren sehr kurz, denn sie war immer früh schläfrig«, schrieb Ludovika.[14] Auch der Jahrestag des großen Ereignisses im Sommer zuvor – der Verlobung – wurde angemessen begangen: Am 18. August, zur selben Stunde, zu der Elisabeth vom Heiratsantrag Franz Josephs erfahren und eingewilligt hatte, überreichte er ihr nun vor der versammelten Familie ein »superbes Armband mit einem großen Saphir«.[15]

Einige Szenen dieses Séjours erinnerten Franz Josephs Mutter auch daran, wie sie Elisabeth als junges Mädchen im Kreis ihrer Herkunftsfamilie erlebt hatte, der sie so jäh entrissen worden war: »Im schönen Garten in St. Wolfgang, wo Sisi, immer froh und kindlich heiter auf einem Baumstamm in Form eines Sessels saß, ganz umgeben von ihren Schwestern und Bubi, mit Haselnüssen, Obst und Blumen beschäftigt«.[16] Die Diskrepanz zwischen dem Mädchen, das am glücklichsten war, wenn es mit seinen Schwestern Blumen binden und Nüsse knacken konnte, und ihrer neuen Rolle sticht sofort ins Auge. Dass Elisabeth mit dem Glanz ihrer jetzigen Position nichts anfangen konnte, dass sie weder von ihrer hohen Stellung noch dem Reichtum noch ihren Möglichkeiten beeindruckt war, war ihrer ganzen Familie – der bayerischen wie der in Wien – bewusst. Sie mochte ihrem Titel nach Kaiserin von Österreich sein, doch in ihrem Inneren war sie noch immer jenes junge Mädchen, das Sophie beschrieben hatte. In dieser Diskrepanz liegt wohl auch eine der Ursachen für die mangelnde Adaptionsfähigkeit Elisabeths an ihre neue Rolle.

Wie beim Ischler Séjour im Jahr zuvor gab Elisabeths Schwiegermutter auch dieses Mal den Ton an. Wiederum war sie es, die das kaiserliche Familientreffen organisiert hatte und nun mit der ihr eigenen Dominanz dirigierte. Sophie orchestrierte die gemeinsamen Essen, die Ausflüge, die Unterbringungen der Gäste und kümmerte sich selbst um die Sitzordnung bei den abendlichen Diners. Kraft ihrer Persönlichkeit hatte sie eine so starke Stellung, nicht nur in der engeren, sondern auch der weiteren Familie, dass sich neben ihr niemand entwickeln oder gar die Rolle, die sie als brillante Organisatorin und Gastgeberin innehatte, übernehmen konnte. Wenn Sophie die Szene verließ, tat sich ein Vakuum auf, das niemand auszufüllen vermochte. Offensichtlich wurde dies, als die Erzherzogin vorzeitig aus Ischl abreisen musste, um in Dresden ihrer Schwester Marie von Sachsen beizustehen, die am 9. August ihren Ehemann bei einem Unfall verloren hatte.

Eigentlich sollten zum Zeitpunkt von Sophies Abreise auch Ludovika und Elisabeths Geschwister wieder nach München zurückkehren. Doch der Ausbruch der Cholera dort zwang sie, ihren Aufenthalt in Ischl beträchtlich zu verlängern. Was Elisabeth überglücklich machte, führte bei ihrer Mutter zu großer Unruhe. Man sollte annehmen, dass die Abwesenheit der dominanten Schwester Ludovika eher entspannter werden ließ – ganz abgesehen davon, dass sie nun länger bei ihrer verheirateten Tochter bleiben konnte. Doch das Gegenteil war der Fall. Nach Sophies Abreise fehlte die »Managerin« der Familie. Ludovika war aber alles andere als dazu fähig. Sie fühlte sich unsicher – sogar gegenüber den rangniedrigeren Suiten – und hatte weder das Selbstbewusstsein, Entscheidungen zu treffen, noch die Selbstsicherheit, den Suiten Anweisungen zu erteilen. Sie selbst war die Erste, die dies wahrnahm. So schrieb sie an ihre Schwester Marie: »Ich möchte jetzt doppelt Sophie wäre hier, denn sie ist doch die Seele von allem und ohne sie weiß man nicht an wen sich wenden«.[17] Dass die Herzogin allein nicht einmal in der Lage war, die Suiten und die Dienerschaft in Schach zu halten, belegt ein weiterer, höchst interessanter Brief, den Sophies jüngster Sohn Ludwig Viktor der abwesenden Mutter schickte: »Liebe Mama, seit Du weg bist, geht es hier zur Verzweiflung von Papa eigens zu, nämlich die Kaiserin und Lenza [Joseph Legrenzi, erster Kammerdiener des Kaisers] machen, was sie wollen. Der arme Papa klagt mir alle Morgen beim Frühstück [...] der arme Zehkorn [Franz Zehkorn, ein Beamter im Dienst der Erzherzogin] läuft ganz toll herum [...] Graf Esterhazy und Paula [Gräfin Bellegarde, Hofdame der Kaiserin] ringen die Hände«.[18]

Dieser Brief ist in mehrfacher Hinsicht interessant: Als Erstes sticht ins Auge, dass der zwölfjährige Erzherzog Ludwig Viktor sich in einem Satz zugleich über die Kaiserin und den Kammerdiener beklagt, deren Verhalten also auf eine Stufe stellt. Eigentlich hatte bei Hof das Verhalten der Kaiserin, welcher Art auch immer, unkommentiert zu bleiben, ganz abgesehen davon, dass man sie keinesfalls mit einem Kammerdiener vergleichen durfte. Doch Elisabeth mochte qua Heirat zwar Kaiserin sein – den Nimbus einer solchen hatte sie bei Hof und in der kaiserlichen Familie noch nicht. Weiter kann man diesem Brief entnehmen, dass sich Elisabeths Suiten ihr gegenüber nicht loyal verhielten. Von den Hofdamen und Ehrenkavalieren einer Kaiserin wurde erwartet, dass sie alles taten, um ihre Herrin vor Peinlichkeiten zu bewahren, nötigenfalls auch Personen in ihrem Umfeld zur Räson riefen – was gekrönte Häupter nie taten beziehungsweise tun mussten. Stattdessen stimmten die hohen Damen und Herren in Ischl in das allgemeine Gejammer über die junge Kaiserin ein. Allenfalls beklagten sie die fehlende Disziplin – statt diese einzufordern. Noch fehlten der jungen Kaiserin souveräne, loyale Hofdamen, Obersthofmeisterinnen und Obersthofmeister, die sich schützend vor sie stellten. Der Brief des noch so jungen – und später durchaus für seine spitze Zunge berühmten – Erzherzogs belegt auch aufs Neue die starke Rolle Erzherzogin Sophies: Offenbar brauchte es eine Persönlichkeit, wie sie es war, damit der kaiserliche Haushalt reibungslos funktionierte. Wenn bereits ihre kurze Abwesenheit dazu führte, dass ihr Beamter wie »toll« herumlief und weder Erzherzog Franz Karl noch die Suiten eines Kammerdieners Herr wurden, dann zeigt dies nicht nur, dass in diesem Haushalt etwas Grundsätzliches schieflief, sondern auch, dass hier alles zu sehr auf eine einzige Person – Sophie – ausgerichtet war.

Die Anwesenheit Ludovikas quasi als Seniorverwandte hatte hingegen gar keine Wirkung auf die Disziplin des kaiserlichen Haushalts. Die Herzogin in Bayern war keine der respekteinflößenden Damen, bei der die Diener kuschten und das adelige Gefolge parierte. Wie mag Ludovikas unsichere Art – ihre ängstliche Nervosität, sobald sie in einer ungewohnten Umgebung auf sich gestellt war und unter Menschen, deren scharfes Urteil sie fürchtete – auf ihre Tochter gewirkt haben? Eine selbstbewusstere Mutter, die Sophies Abwesenheit einfach genutzt hätte, um in der kleinen Ischler Séjourgesellschaft die Führung zu übernehmen, hätte Elisabeth auch lehren können, wie sie langsam, aber sicher Terrain in ihrem Haushalt und bei Hof gewinnen könnte. Stattdessen erfuhr sie, wie ihre Mutter, so hilflos wie unbeholfen, ihre Schwester Sophie herbeisehnte (unter deren Dominanz Elisabeth litt). Mit Vorbildwirkung und Tricks, wie man souverän und dezent Schritt für Schritt seinen Machtbereich in der Familie und bei Hof erweiterte, konnte Ludovika nicht dienen. Elisabeth würde ihren eigenen Weg finden müssen, um Souveränität zu entwickeln, selbst wenn dieser nicht besonders diplomatisch wäre.

Der Ischler Séjour, und damit das erste Zusammentreffen mit ihrer Familie, endete für Elisabeth am 20. September 1854.[19] Dass sie sich wieder von ihrer Mutter und ihren Geschwistern trennen musste, war hart für die schwangere Sechzehnjährige. Ein Brief Ludovikas, in dem dieser Abschied angesprochen wird, lässt erahnen, warum die Herzogin so sehr gezögert hatte, ihre Tochter zu besuchen. Doch wollte sie Elisabeth natürlich in ein gutes Licht rücken und hervorheben, dass deren Prioritäten bei aller Sehnsucht nach ihrer Herkunftsfamilie selbstverständlich beim Kaiser lagen. Sophie gab Ludovikas Beteuerungen einige Tage später in einem Brief an ihren zweitältesten Sohn, Erzherzog Ferdinand Maximilian, weiter: »[Ich vergaß,] dem Kaiser zu schreiben, dass seine Schwiegermama mir gesagt, sie hätte mit großer Freude bemerkt, wie leicht sich Sisi, trotz ihres Schmerzes, Mutter u. Geschwister zu verlassen, von ihnen allen in Ebensee getrennt, um ihrem geliebten Mann zu folgen, u. wie sie immer unendlich heiter u. zufrieden ist, wenn er bei ihr ist«.[20]

Aus demselben Brief geht auch hervor, dass Franz Joseph langen Zusammentreffen seiner Frau mit ihrer Familie eher ablehnend gegenüberstand: »Auch schrieb mir die gute, selbstlose Schwiegermama mit einiger Freude, wie sie deutl. bemerkt, dass Franzi trotz all seiner Freundlichkeit u. Zuvorkommenheit für sie und ihre Kinder doch recht froh war, Sisi wieder allein für sich zu haben u. mit sich fort zu nehmen«.[21] Und so hütete sich Ludovika davor, in Elisabeths neuem Leben als Ehefrau des Kaisers allzu präsent zu sein – schließlich wollte sie ja, dass die Tochter sich möglichst schnell daran gewöhnte. Für Elisabeth erschwerte dieser Rückzug der Mutter freilich die Situation.

Nach dem Abschied in Ischl übersiedelte sie nach Schloss Schönbrunn, wo die kaiserliche Familie regelmäßig den Herbst und den Frühling verbrachte. Kaum dort angekommen, verfiel sie in eine schwermütige Stimmung: Sie war traurig, bisweilen trübsinnig, sprach wenig. Man war zwar nach wie vor entzückt von der bildhübschen, sanften, liebenswerten jungen Frau, aber man wunderte sich auch über die Lethargie, die von ihr ausging. Obwohl es immer wieder Momente gab, in denen sie in kindlicher Ausgelassenheit strahlte, so wirkte sie doch überwiegend distanziert, in sich gekehrt, von einer bleiernen Traurigkeit niedergedrückt.

Auch beim Thema »Elisabeth und der Wiener Hof« stand der »Sisi-Mythos« vielfach dem genaueren Blick auf die einzelnen Lebensphasen der Kaiserin im Weg. So lautete die Universalerklärung für Elisabeths widersprüchliches Verhalten stets, dass sie sich von Anfang an am Hof nicht adaptieren konnte. All ihre psychischen Auffälligkeiten, ihre »Befindlichkeiten« wurden demgemäß nur unter dem Aspekt »freiheitsliebendes Kind am strengen Hof« betrachtet und dargestellt. Aber lässt sich ein ganzes Frauenleben über diesen einen »Hof-Kamm« scheren? Sollte man den Blick nicht auch auf die einzelnen Lebensabschnitte mit ihren alterstypisch wechselnden Herausforderungen richten? Schließlich hatte bereits Erzherzogin Sophie hier eine etwas differenziertere Sichtweise auf Elisabeth. Intuitiv ahnte sie, was mit ihrer Schwiegertochter los war, auch wenn Mitte des 19. Jahrhunderts noch die wissenschaftlichen Erkenntnisse und Begriffe fehlten, um die Sache explizit zu benennen.

Denn Elisabeths psychische Verfassung war seit ihrer Hochzeit ein Gesprächsthema in ihrer Familie, nicht nur am Wiener Hof, sondern auch in der weiteren Verwandtschaft. Ihr zeitweiliges In-sich-Zurückgezogensein und Verstummen, ihre Stimmungsschwankungen – das war nichts, worüber ihre Familie hinwegsah. Sophie machte sich Sorgen und teilte diese mit Elisabeths anderen Tanten. Ein Brief an ihre Schwester Elise von Preußen belegt nicht nur ihre intensive Auseinandersetzung mit dem Befinden der Schwiegertochter, sondern gibt auch einen entscheidenden Hinweis auf Elisabeths Gemütszustand. Sophie schreibt: »Sisi ist bei mir gewesen [...] sie war wirklich gesprächig! Ihre Schweigsamkeit und zu Tage tretende Gleichgültigkeit verursachten mir Momente der Sorge, bis sich Marie unlängst erinnerte, dass sie ebenfalls im Alter von 16 bis 17 Jahren eine Phase der Schweigsamkeit u. von Theilnahmslosigkeit hatte [...] die arme Sisi musste sich mitten in ihrer physischen und moralischen Entwicklung einer völlig [sic!] Umstellung ihrer Lage, Existenz und ihres Verhaltens unterziehen«.[22]

Was Sophie hier ansprach, waren die klassischen Auswirkungen der Pubertät und Gefühlszustände, die Pubertierende gestern wie heute durchleben: Interessenverlust; die Neigung, sich zurückzuziehen; die Weigerung, sich mitzuteilen; das Gefühl, nicht verstanden zu werden. Was die Familie Elisabeths, in Bayern wie in Wien, nicht wahrhaben wollte – oder vielleicht auch nicht erkannte –, war die Tatsache, dass eine Pubertierende Kaiserin geworden war. Elisabeths Persönlichkeitsentwicklung war also bei ihrer Heirat noch längst nicht abgeschlossen gewesen. Der mit der Pubertät einhergehende »innere« Ablösungsprozess von der Familie beziehungsweise der Mutter und den Geschwistern hatte bei ihr erst eingesetzt, als sie mit der Hochzeit diese Bezugspersonen hatte verlassen müssen. Darüber hinaus war von ihr erwartet worden, dass sie sich sofort auf neue

Bezugspersonen einließ: Von der mütterlichen Obhut war sie in die schwiegermütterliche geraten. Dass diese Situation für Elisabeth enormen Stress bedeutete, hätte man erst im 20. Jahrhundert angemessen erklären können. Will man heute ihr damaliges Verhalten verstehen, sollte man sich vor Augen halten, wer sie im Jahr 1854 war: eine Pubertierende, die gleichzeitig schwanger war. Wechselhafte bis depressive Verstimmungen überraschen angesichts dieses doppelten hormonellen Ausnahmezustands nicht.

Was für eine große Bedeutung das Alter einer jungen Frau hat, die in eine ihr mehr oder weniger fremde Familie verheiratet wird und sich an diese adaptieren muss, zeigt auch der Vergleich Elisabeths mit ihrer älteren Schwester. Helene heiratete erst mit zweiundzwanzig Jahren den Fürsten Maximilian von Thurn und Taxis. Zu diesem Zeitpunkt lag die Pubertät längst hinter ihr. Dementsprechend leicht gewöhnte sich Helene auch in ihrer neuen Familie ein und hatte keinerlei Probleme, die Rolle der ersten Dame des Hauses Thurn und Taxis zu übernehmen. Dabei hatte sie wenige Jahre zuvor in ihrem Elternhaus noch als höchst anstrengend gegolten – Ludovika erinnerte sich noch Jahrzehnte später mit Schaudern an diese Zeit.[23]

Natürlich ist in Elisabeths Biografie das Leben bei Hof eines der zentralen Themen. Dennoch kann die Lebensgeschichte einer historischen Persönlichkeit – wie letztlich die jedes Menschen – nicht nur auf einen Aspekt reduziert beziehungsweise jede ihrer Handlungen und Entscheidungen aus nur einem Blickwinkel erklärt werden. Es gilt: Für die differenzierte Darstellung einer Person muss man ihre Persönlichkeitsentwicklung ebenso berücksichtigen wie die Lebensphasen, in denen sie sich jeweils befand. Eine Sechzehnjährige, die dazu neigte, sich zurückzuziehen, wird wohl weniger das System Hof als solches infrage gestellt als sich in entwicklungsbedingten Gemütsstürmen befunden haben.

Mit Elisabeths Schwangerschaft intensivierten sich auch Sophies Betreuungsversuche. Schließlich ging es jetzt nicht mehr nur um eine junge Frau, der man bei ihren ersten Schritten als Kaiserin helfen musste, sondern auch um das Leben des potenziellen Thronerben, der in ihrem Bauch heranwuchs. Und so erhielt Elisabeth nun noch mehr gut gemeinte Ratschläge, Anregungen und ungefragte Hilfestellungen – was sie als Bevormundung empfand. Hinzu kam, dass sie sich, sobald man ihr die Schwangerschaft ansah, häufiger öffentlich zeigen musste. Noch Jahre später sollte sie sich darüber beklagen: »Kaum war sie [Erzherzogin Sophie] da, schleppte sie mich schon hinunter in den Garten und erklärte, es sei meine Pflicht, meinen Bauch zu produzieren, damit das Volk sehe, dass ich tatsächlich schwanger bin. Es war schrecklich. Dagegen war es eine Wohltat, allein sein und weinen zu können«.[24] Sophie dachte hingegen in größeren Dimensionen: Dass die Kaiserin von Österreich ein Kind erwartete, bedeutete, dass die Zukunft der Dynastie gesichert war. Diese freudige Nachricht – oder positive PR, wie man es heute formulieren würde – konnte gar nicht deutlich genug kommuniziert werden. Elisabeth hingegen schämte sich, wenn sie in Hinblick auf ihre Schwangerschaft taxiert wurde. Anders als andere königliche und kaiserliche Ehefrauen empfand sie keine Genugtuung darüber, aller Welt zu zeigen, dass sie ihre wichtigste Pflicht erfüllt und damit einen Schritt weiter auf ihrem Weg zur künftigen Matriarchin gekommen war. Dieser Gedanke lag der bald Siebzehnjährigen fern. Angesichts ihrer psychischen Verfassung wäre auch denkbar, dass Sophie – die sich um Elisabeth sorgte – mit der ständigen Forderung, die Schwangere solle das Appartement verlassen und sich ihrer Umgebung zeigen, nicht zuletzt verhindern wollte, dass sie sich zu sehr zurückzog.

Körperlich hingegen schien es Elisabeth nach dem dritten Schwangerschaftsmonat gut zu gehen. Bei Hof traf man die üblichen Maßnahmen, um ihr die Zeit bis zur Entbindung zu erleichtern: Aus dem Depot der Burghauptmannschaft wurden die speziell für die werdenden Mütter des Hauses Habsburg angefertigten Ruheliegen und Armsessel geholt und in Elisabeths Appartements in Schönbrunn und in der Hofburg aufgestellt. Ihre Tage verbrachte die Kaiserin wie immer mit dem innersten Kreis der kaiserlichen Familie und ihren Suiten bei gemeinsamen Diners, nachmittäglichen Tees und Spaziergängen. Die medizinische Betreuung der zum ersten Mal Schwangeren übernahm der erste kaiserliche Leibarzt Dr. Johann von Seeburger. Als zweiter Mediziner wurde der Leibarzt von Elisabeths Familie, Dr. Heinrich von Fischer, hinzugezogen. Elisabeth kannte ihn seit ihrer frühen Kindheit, und auch Erzherzogin Sophie hatte »viel Vertrauen« in ihn. Sie ließ Dr. Fischer Ende November 1854 nach Wien kommen, um die zu diesem Zeitpunkt bereits hochschwangere Kaiserin zu untersuchen. »[Er war] von Sisi's blühendem Aussehen entzückt u. findet ihren ganzen Zustand sehr befriedigend. Er u. Seeburger sagen, dass Ende Februar, wenigstens die ersten Tage des März der große Augenblick eintreten wird«.[25]

Der große Augenblick trat am 5. März 1855 ein. Um sieben Uhr morgens ließ Franz Joseph seine Mutter benachrichtigen, um Viertel vor acht meldete Elisabeths Obersthofmeisterin Gräfin Esterházy dem Obersthofmeisteramt, »daß bei Ihrer Majestät der Kaiserin die Geburtswehen eingetreten« waren.[26] Mit dieser Meldung wurde die einsetzende Geburt des ersten Kindes von Kaiser Franz Joseph und Kaiserin Elisabeth zum offiziellen Akt: In der Hofburgkapelle mussten nun die Betstunden für eine glückliche Niederkunft beginnen. Die Burghauptmannschaft informierte die Bewohner der Hofburg, und diese begaben sich nun abwechselnd zum Gebet in die Kapelle. Während dieser Betstunden waren dort permanent Gardisten und Saaldiener anwesend. Für diese Männer wurden in Nebengebäuden Zimmer mit Notbetten hergerichtet, damit keiner von ihnen, wenn er für den Nachtdienst eingeteilt war, bei Schichtwechsel mitten in der Nacht zu seinem vielleicht weitab gelegenen Quartier gehen musste: Sollte sich die Geburt bis in den nächsten Morgen ziehen, musste dafür gesorgt sein, dass nichts die ununterbrochenen Gebete für Kaiserin und Thronerben störte.[27] Aber nicht nur in der Hofburgkapelle wurde für einen glücklichen Ausgang der

Geburt gebetet. Sobald der Hofburgpfarrer von den einsetzenden Wehen Elisabeths erfahren hatte, erging eine Meldung an den Fürsterzbischof von Wien, Joseph von Rauscher, beziehungsweise dessen Stellvertreter – da der Erzbischof in Rom weilte –, der unverzüglich Boten in alle Stadt- und Vorstadtkirchen Wiens schickte, mit der Order, auch hier ab sofort für die Kaiserin und das Ungeborene zu beten.[28]

Indessen bereitete man sich im Appartement Elisabeths auf die Entbindung vor. Mit dem Eintritt der Wehen waren die Wachposten vor ihren Räumen und die Saaltürhüter »in Folge ausdrücklichen Befehles Seiner Majestät« abgezogen worden. Wenn schon die Geburt ein hochoffizieller Akt sein musste, so sollte es wenigstens in der Nähe der werdenden Mutter keine unerwünschten Zeugen geben, die ihre Schmerzensschreie hören konnten.[29] Elisabeth sollte sich auch nicht durch die Anwesenheit Fremder vor den Türen ihres Appartements beschämt fühlen. Die Wachposten auf der schwarzen Adlerstiege – dem Verbindungsbau zwischen dem Amalientrakt und dem Leopoldinischen Trakt – wurden angewiesen, niemanden passieren zu lassen. Auch die Durchfahrten der Hofburg wurden für alle Kutschen außer jenen der kaiserlichen Familie gesperrt. Und den Kutschern dieser wenigen Gefährte von Erzherzögen und Erzherzoginnen zeigten die Hofburgwachen an, das Tempo ihrer Pferde zu drosseln, um ein »Anprellen der Wagen auf dem […] Pflaster zu verhindern«.[30] Weder Hufgeklapper noch anderer Lärm sollte Elisabeths schwere Stunden stören.

In ihrem Appartement waren bald jene Menschen eingetroffen, die ihr bei der Geburt beistanden beziehungsweise diese überwachten: eine Hebamme (deren Namen nicht in die Hofakten aufgenommen wurde) sowie die diensthabende Kammerfrau Karolina von Pilat, Erzherzogin Sophie und der werdende Vater, Franz Joseph. Ein Arzt wurde nicht hinzugezogen, denn Geburten waren damals noch Frauensache. Solange keinerlei Komplikationen auftraten, sollte kein Mann das Schlafgemach der Kaiserin betreten. Allerdings hielten sich die kaiserlichen Leibärzte für den Notfall bereit. Nur Elisabeths Mutter war nicht – wie bei der Geburt des ersten Kindes einer Tochter üblich – vor dem Geburtstermin angereist. Unter den Hofdamen klatschte man darüber. »Die Mutter der Kaiserin verweilt auf ihrem Landsitz, worüber man sehr erstaunt ist. Jedes Ding hat seine Ursache, darüber lässt sich nicht streiten«, stichelte eine von ihnen.[31] Ludovika selbst meinte wohl noch drei Wochen nach der Geburt, ihr Fernbleiben rechtfertigen zu müssen. Einer Verwandten schrieb sie, dass sie ihre kleineren Kinder in dieser winterlichen Jahreszeit nicht allein habe zurücklassen wollen. Angesichts deren Alters – sie waren sechs und acht, also dem Kleinkindalter längst entwachsen – klingt Ludovikas Erklärung allerdings nicht ganz stimmig, zumal sie die beiden Kinder schon im Vorjahr, als sie nach Ischl gefahren war, in der Obhut ihrer Gouvernanten und Lehrer in Bayern zurückgelassen hatte.[32] Es ist wohl davon auszugehen, dass wieder einmal ihr vorauseilender Gehorsam Ludovika dazu bewog, Elisabeth nicht beizustehen. Wie im Sommer in Ischl dürfte sie gespürt haben, dass der Kaiser, bei aller Ritterlichkeit ihr gegenüber, nicht wünschte, dass seine Ehefrau mit ihrer Familie in zu engem Kontakt stand. Da auch ihre Schwester Sophie bisher kein Vertrauensverhältnis zu Elisabeth aufzubauen vermocht hatte, befürchtete Ludovika wohl, ihre Anwesenheit in Wien könnte zu familiären Komplikationen führen. Elisabeth musste ihr erstes Kind ohne sie zur Welt bringen.

Anwesend bei der Geburt waren hingegen wie gesagt der Kaiser und seine Mutter. Die ersten Stunden saß Sophie noch mit einer Handarbeit vor dem Schlafzimmer Elisabeths, während ihr Sohn zwischen seiner Frau und ihr hin- und herging. Um elf Uhr am Vormittag nahmen Elisabeths Wehen an Stärke zu, und Sophie begab sich nun ebenfalls ins Schlafzimmer und setzte sich ans Bett ihrer Schwiegertochter. Die Geburt dauerte dafür, dass es Elisabeths erste war, nicht lang. Bereits fünfzehn Minuten nach drei Uhr nachmittags war das Kind auf der Welt: »Neun Stunden danach [nach dem Einsetzen der ersten Wehen] kam unsere liebe kleine Maus mit dem lauten Schrei eines sechswöchigen Kindes zur Welt. Die Seligkeit der jungen Eltern war unausprechl.«, berichtete Sophie einer bayerischen Verwandten.[33] Die Erzherzogin hatte den Kopf Elisabeths in der finalen Phase gehalten – ob diese die intime Nähe zu ihrer Schwiegermutter überhaupt wünschte, wurde nicht gefragt. Elisabeth sollte sich erst bei ihrem vierten und letzten Kind aussuchen können, wer ihr bei der Geburt beistand – und wer nicht. Das Neugeborene war ein kräftiges, gesundes Mädchen, für das man schon vorher den Namen Sophie ausgewählt hatte. Trotz aller Freude über die kleine Erzherzogin herrschte Enttäuschung darüber, dass das Kind kein Junge war – bei Elisabeth mehr als beim Kaiser, doch es war ja auch sie, auf der der Druck lag, den ersehnten Thronfolger zu gebären.

Der Bevölkerung Wiens wurde die Geburt der Kaisertochter mit einundzwanzig Kanonenschüssen verkündet, woraufhin die Kirchen die Betstunden einstellten.[34] (Im Vorfeld hatten Kaiser und Hofbeamte überlegt, ob die Geburt auch unmittelbar mit Kanonenschüssen angezeigt werden sollte, wenn das Kind in den Nachtstunden auf die Welt käme. Man hatte schließlich entschieden, in diesem Fall den Wienern und den Bewohnern der Vorstädte ihren wohlverdienten Schlaf zu gönnen und mit dem Schießen bis zum nächsten Morgen zu warten.)[35] Die Kanonensalven waren auch das Zeichen für die Honoratioren von Wien, sich bereit zu machen: Der Bürgermeister, die Mitglieder des Gemeinderates und des Magistrates hatten nun drei Stunden Zeit, sich in Schale zu werfen und sich dann in ihren besten Kleidern, hochdekoriert und in Begleitung ihrer Ehefrauen in den Stephansdom zu begeben, wo zum Dank für die Geburt des kaiserlichen Kindes ein feierliches »Te Deum« angestimmt wurde. Auch jene Hofbeamten und Diener, die in diesen Stunden nicht zum Dienst eingeteilt waren, hatten in Galauniformen zu diesem Dankgottesdienst zu erscheinen.[36] In der Burghauptmannschaft wurde »ein Tisch nebst einigen [sic!] Schreibzeug und Papier beigestellt«, damit die Wiener ihre Glückwünsche hinterlassen konnten.

Währenddessen waren die kaiserlichen Verwandten in Elisabeths Appartement geeilt, um den frischgebackenen Eltern zu gratulieren. Der Kaiser nahm die Glückwünsche entgegen, und bald darauf wurden die Verwandten von ihm »hinauskomplimentiert«.[37] Anschließend verließ auch er das Appartement seiner Frau: Elisabeth sollte sich von den Strapazen ausruhen.

Am Tag nach der Geburt fand die Taufe der kleinen Sophie statt. Elisabeth war noch zu erschöpft, um daran teilzunehmen, aber das wurde auch nicht erwartet – die Frauen des Kaiserhauses blieben den Taufen aus ebendiesem Grund fern. Wichtig war aber, dass die Kleine so früh wie möglich getauft wurde. Am katholischen Wiener Hof – und angesichts dessen, dass damals in der Residenzstadt die Säuglingssterblichkeit noch rund dreißig Prozent betrug – befürchtete man, dass ein eben zur Welt gekommenes Kind diese wieder verließ, ohne das Sakrament der Taufe empfangen zu haben.[38]

Daher beging man am 6. März 1855, also keine vierundzwanzig Stunden nachdem die kleine Sophie geboren worden war, ihre Taufe als feierlichen Akt, bei dem sich der ganze Glanz des kaiserlichen Hofes entfaltete: Gebettet wurde Sophie »auf einem reichen Polster«, wie die Zeremonialprotokolle präzise vermerkten.[39] Dieser »reiche Polster«, also Kissen und Taufkissen, auf die die kleine Sophie gebettet war, gehörte zum berühmten »Taufzeug« Maria Theresias, das in der kaiserlichen Schatzkammer verwahrt wurde. Dabei handelte es sich um eine – der Überlieferung nach – von Maria Theresia selbst angefertigte Garnitur, zu der folgende Teile gehörten: ein mit Gold und Perlen bestickter Polster aus Silberstoff, auf dem man den Täufling zur Taufe trug; eine gleichermaßen bestickte Decke, die auf einem Seitentisch neben dem Altar ausgebreitet wurde; ein kleineres Deckchen, das zwei Kämmerer während der feierlichen Prozession zur Hofburgkapelle wie eine Art Baldachin über dem Kind hielten; ein goldbesticktes Kleidchen, das man dem Kind kurz vor dem Taufakt überzog. Ergänzt wurde das Taufzeug Maria Theresias noch von einem mit Perlen bestickten Kleidchen mit Kapuze.

Für die kleine Sophie wurde aber eine Ausnahme gemacht: »Auf ausdrücklichen Wunsch der Kaiserin« trug das Mädchen statt Maria Theresias Kleidchen ein anderes, das aus München geschickt worden war.[40]

Der Ablauf der Taufzeremonie war genau vorgeschrieben und seit Jahrhunderten unverändert: Die »Aja«, die Vorsteherin der Kindskammer, übergab dem ersten Obersthofmeister Fürst Franz Liechtenstein den Polster mit dem Kind. Zwei weitere Fürsten, Joseph Dietrichstein und Ferdinand Trauttmansdorff, postierten sich links und rechts des Obersthofmeisters und ergriffen je einen Zipfel des Polsters. So schritten nun die drei Fürsten mit der kleinen Sophie – begleitet von den Obersthofchargen, Geheimen Räten, Kämmerern und Truchsessen, Kammer- und Hoffourieren, Edelknaben, Garde-Hauptleuten, der kaiserlichen Familie mit dem Kaiser an der Spitze und dem weiblichen Hofstaat – in feierlichem Zug – oder besser gesagt: in einer Cortège, denn bei Hof verwendete man das französische Wort für »Prozession«, sobald der Kaiser oder die Kaiserin daran teilnahmen – durch die Festräume der Hofburg Richtung Hofburgkapelle.[41]

Wie ein ältlicher Obersthofmeister, ein Neugeborenes auf einem Polster jonglierend, in einem zeremoniellen Akt durch die Prunkräume gehen konnte, ohne dass das Kind zu Boden fiel, darüber zerbrachen sich die zuständigen Beamten des Obersthofmeisteramtes den Kopf. Unvorstellbar, dass das Kind des Kaisers durch eine Unachtsamkeit des Trägers oder durch ein abruptes Stocken des Zuges vom Polster plumpste! Damit dies nicht geschah, bastelte ein geschickter Kammerdiener eine Vorrichtung: Er umwickelte einen Karton in der Größe des Polsters mit einem Silberstoff – sodass der profane Karton nicht hervorblitzte –, versenkte in diesen den Polster und befestigte daran ein breites Band, das um den Nacken des Trägers geschlungen wurde: Dank dieser Vorrichtung trug der Obersthofmeister den Polster samt Säugling wie in einem Bauchladen vor sich her und hatte die Hände frei, um das kleine Kind zu sichern.[42] Nun musste er es im Laufe der gesamten Zeremonie aber auch öfter aufnehmen und wieder ablegen und brauchte dann Hilfe beim Ab- und Überziehen seiner provisorischen Tragelade – ganz abgesehen davon, dass die bedeutende Zeremonie nicht dadurch gestört werden sollte, dass Liechtenstein vor der gesamten Hofgesellschaft damit kämpfte, Tragekarton und Kind mit Würde zu handhaben. Also wurde vorab bestimmt, dass der geschickte Kammerdiener und Konstrukteur der kaiserlichen Babytrage zur Unterstützung des vierundsechzigjährigen Fürsten stets in dessen Nähe zu bleiben habe. Einen Eintrag in die Bücher des Hofzeremoniells war dieses ausgefuchste Arrangement im Rahmen der Taufe der kleinen Sophie aber auf jeden Fall wert.[43]

Gut gesichert, kam das kaiserliche Kind in der festlich geschmückten Kapelle an – zu Ehren der kleinen Tochter des Kaiserpaares hatte man aus den Glashäusern von Schönbrunn die schönsten Blumen herbeitransportiert. Bei der heiligen Taufe erhielt das Kind die Namen Sophie Friederike Dorothea Marie Josepha, Taufpatin war Erzherzogin Sophie.[44]

Getauft wurde Sophie, so wie es im Hause Habsburg üblich war, mit geweihtem Wasser vom Fluss Jordan. Für den Taufakt war das alte goldene Taufservice der Habsburger aus der Schatzkammer geholt worden.

Für Elisabeth hatte nun das Wochenbett begonnen. Sofern es damals einer Frau möglich war, zog sie sich nach der Entbindung für sechs bis acht Wochen in ihre Kammer zurück, um sich von den Strapazen der Geburt zu erholen und in Ruhe die körperliche und hormonelle – damals sagte man »emotionale« – Umstellung abzuwarten. Der Begriff »Wochenbett« darf hier durchaus wörtlich genommen werden: Wie alle anderen Frauen ihres Standes lag Elisabeth zumindest zwei Wochen wirklich ausschließlich im Bett. Unterbrochen wurde diese Liege- und Ruhephase von einer jungen Mutter maximal, um an einem Tischchen ihre Mahlzeiten einzunehmen – freilich im Schlafzimmer – und die notdürftigste Toilette vorzunehmen. Die Wöchnerin konnte zwar Besuche empfangen – vorwiegend von weiblichen Verwandten und Freundinnen des Hauses, vereinzelt von den engsten männlichen Verwandten –, aber sie blieb auch bei diesen Besuchen im Bett. Wie ernst man diesen vollkommenen Rückzug ins Schlafgemach nahm, zeigt die Tatsache, dass Elisabeth in den ersten eineinhalb Wochen nach der Geburt nicht ein Mal frisiert wurde, wie Erzherzogin Sophie an einen Bruder des Kaisers später nach der zweiten Geburt der Schwiegertochter schrieb: »Sie lässt sich gerade ihr reiches Haar entwirren u. ordnen, eine lange Arbeit das erste Mal nach neun Tagen. Später steht sie zum ersten Mal auf, sie ist sehr bleich aber sehr wohl, Gottlob«.[45]

Die kleine Sophie hatte, wie es der Tochter eines Kaisers entsprach, eine eigene Kindskammer bekommen, modern formuliert: ein eigenes Team, das nur für ihr Wohlergehen zuständig war. Im kaiserlichen Haushalt wurde dabei fortgesetzt, was bisher üblich war: Selbstverständlich hatte Erzherzogin Sophie das nähere Umfeld ihres neuen Familienmitglieds ausgewählt – womit sie auch die Erziehung des Kindes bestimmte. Denn persönlich erzog kein einziges Mitglied einer Dynastie seine Kinder; man hatte vielmehr Personal, das für deren körperlichen Bedürfnisse wie Hygiene und Ernährung zuständig war und nach genau definierten Vorgaben die Erziehung übernahm. Später wählten die Eltern mit Bedacht die richtigen Lehrer aus und gingen so sicher, dass Lerninhalte vermittelt wurden, die ihnen wichtig erschienen.

Als Vorsteherin der kaiserlichen Kindskammer hatte Sophie die Baronin Karoline von Welden eingestellt. Die fünfundvierzigjährige Witwe des Feldzeugmeisters Ludwig Freiherr von Welden – vormals Oberkommandierender der kaiserlichen Armee in Ungarn – hatte keine eigenen Kinder, was Übelmeinende bei Hof zum Anlass nahmen, ihr die Fähigkeiten für ein solches Amt abzusprechen. »Aber sage mir ganz unter uns, welche Wahl von einer Aja!«, schrieb eine Hofdame und fügte, nicht ohne Gehässigkeit, an: »Die gute Welden, die in ihrem Leben kein kleines Kind gesehen hat, die gar nichts davon versteht und etwas sehr Unentschlossenes hat! [...] In München ging sie zur Zurheim, nur um zu lernen, ein Kind auf dem [sic!] Arm zu nehmen! Sie hat aber vermutlich nur den Namen, ohne die Pflicht, anordnen zu müssen«.[46] Karoline von Welden mochte zwar keine Erfahrung mit Babys haben, aber sie besaß ein Gespür für Kinder. Zudem war mangelnde Erfahrung in der Pflege und Betreuung von Neugeborenen und Kleinkindern kein Kriterium für die Wahl einer Aja, da für diese Aufgaben selbstverständlich Ammen und Kinderschwestern aufgenommen wurden. Dass sich Karoline von Welden die Grundkenntnisse im Umgang mit Babys nahebringen ließ, zeigt vor allem, wie ernsthaft sie sich auf ihre Aufgabe vorbereitete. Gebraucht hätte sie diesen Basiskurs nicht, denn die Hauptaufgabe einer Aja bestand darin, den reibungslosen Ablauf in der kaiserlichen Kindskammer zu gewährleisten. Das wichtigste Kriterium für ihre Auswahl war das Vertrauen, das man zu ihr hatte. Und Erzherzogin Sophies Wahl erwies sich im Nachhinein als eine goldrichtige. Denn Karoline von Welden sollte gleich für drei Kinder Elisabeths zur liebevollen Bezugsperson werden, und noch im Erwachsenenalter erinnerten sich ihre ehemaligen Schützlinge mit Zuneigung an sie – Kronprinz Rudolf ließ sogar noch in einem seiner Abschiedsbriefe seiner geliebten »Wowo« letzte Grüße ausrichten.

Neben der Aja gehörten der Kindskammer noch eine Amme, Kinderfrauen, Kindermädchen sowie natürlich eigene Diener und Lakaien an. In den ersten Wochen nach der Geburt wurden, je nach Bedarf, auch Säuglingsschwestern hinzugezogen. Untergebracht war die kleine Sophie nicht in Elisabeths Appartement, sondern in eigenen Räumlichkeiten. Dies entsprach zwar völlig den Usancen bei Hof, wo eine kaiserliche Kinderwiege nie im Schlafzimmer der Mutter stand, allerdings waren Mutter und Tochter in der Hofburg, und auch später in Schloss Schönbrunn, in unterschiedlichen Stockwerken untergebracht. Damit erschwerte man es der Kaiserin, ihr Kind abseits des Protokolls zu sehen. Denn unterschiedliche Stockwerke bei Hof bedeuteten – anders, als wenn sich die Kinderstube im selben Stock wie Elisabeths Räume beziehungsweise daneben befunden hätte –, dass die Kaiserin niemals »off-duty«, ohne Protokoll, zu ihrem Kind kommen konnte. Eine Kaiserin verließ ihr Appartement nämlich nur in perfekter Aufmachung – was eine lange Zeit des Ankleidens und Frisierens voraussetzte – und nur in Begleitung ihrer Hofdamen und eines Adjutanten oder Dieners. Kurz die Saaltürhüter fortzuschicken und durch ein gemeinsames Vorzimmer zu ihrer Tochter zu gelangen war für Elisabeth unter diesen Umständen nicht möglich. Dass die kleine Sophie hingegen im selben Stockwerk und in unmittelbarer Nähe ihrer Großmutter untergebracht war, sollte noch zu Konflikten führen.

Natürlich brachte man der Mutter, sobald sie nach ihm verlangte, ihr Baby, doch auch in der Kindskammer gab es Regeln: Die fixen und möglichst unverrückbaren Essens- und Ruhezeiten sollten nicht unterbrochen werden; zudem sollte das Kind stets in sauberem Zustand seinen kaiserlichen Eltern präsentiert werden. Eltern und Kind trafen somit in regelmäßigen Abständen zusammen, lebten bei Hof allerdings nicht innerhalb der gleichen vier Wände und mit unterschiedlichen Zeitplänen. Verkürzt wurde die gemeinsame Zeit noch durch die Tatsache, dass viele der Aktivitäten, die man heute mit seinem Kind unternimmt, Aufgabe des Personals waren: Die täglichen Spaziergänge mit der kleinen Sophie im Kinderwagen unternahm nicht die Mutter, sondern eines der Kindermädchen in Begleitung von Wachpersonal. Ebenso übernahmen das Stillen – und später die Fütterung des Kindes – Angestellte der Kindskammer.

Die Zeit, die Elisabeth mit dem Kind verbringen konnte, war angesichts dieser Umstände sehr eingeschränkt: Zieht man von einem Tag die Stunden ab, die für die Versorgung und Pflege eines Säuglings aufgewendet werden müssen, und bedenkt man zudem, dass selbst größere Kinder ihre Mahlzeiten in ihrer Kammer einnahmen, wird sichtbar, wie wenig Zeit königlichen und kaiserlichen Eltern grundsätzlich mit ihren Kindern blieb. Kindheit bei Hof bedeutete, dass Kinder ihre Eltern in einem so geringen Ausmaß sahen, dass man von »Besuchen« sprechen muss. Vor allem aber: Es gab keinen gemeinsamen Alltag. Jedoch dürfte man während Elisabeths Wochenbett Sophie oft zu ihrer

Mutter gebracht haben, denn die Kaiserin selbst schrieb zwei Wochen nach der Geburt nach Bayern: »Anfangs kam es mir recht sonderbar vor, ein ganz eigenes Kind zu haben; es ist wie eine ganz neue Freude, auch habe ich die Kleine den ganzen Tag bei mir, außer wenn sie spazieren getragen wird, was bei dem schönen Wetter oft möglich ist«.[47]

Das Wochenbett Sisis endete rund sieben Wochen nach der Geburt. Ihr offizieller Wiedereintritt in das öffentliche Leben begann mit der »Vorsegnung«, dem traditionell am Ende des Wochenbetts erteilten Muttersegen. Auch dieser Akt war mit einem Zeremoniell und mit Einladungen verbunden, allerdings deutlich kleiner gehalten als bei Sophies Taufe. So wurde nicht das diplomatische Korps geladen, sondern nur die diensthabenden Palastdamen und Kämmerer. Elisabeth wurde zu ihrer Segnung im Rahmen einer Messe in einer Sänfte getragen – eine frischgebackene Mutter ihres Ranges sollte sich nicht frühzeitig überanstrengen.[48] Der Kaiser hatte gegenüber den Verantwortlichen des Zeremoniells deutlich gemacht, dass nicht der geringste Luftzug Kaiserin und Kind – das Mädchen war in die Messe eingebunden – gefährden dürfe. Deshalb musste das Kirchentor sofort nach Elisabeths und Sophies Ankunft geschlossen werden, und auch im Appartement der Kaiserin, wo sich die Familie anschließend versammelte, hatten alle Fenster geschlossen zu bleiben.[49]

Elisabeths Alltag nach dem Wochenbett setzte dort an, wo er vor der Geburt aufgehört hatte: Eine Woche nach der Vorsegnung erschien sie wieder zu einem gemeinsamen Frühstück mit der kaiserlichen Familie, besuchte eine Vorstellung im Hofburgtheater, schloss sich einer familiären Kutschfahrt in den Prater an und begann zur Verzweiflung ihrer Schwiegermutter, die dies viel zu früh fand, wieder zu reiten: »Sisi ist heute mit dem Kaiser im Prater bei milder, schöner Luft geritten, denn leider, leider zur allgemeinen Desparation hat sie gleich nach den Wochen wieder begonnen zu reiten! Sie sah allerliebst aus, aber mit aufgehobenen Händen begrüßte ich beide!«[50]

Die Ankunft der kleinen Sophie – von Elisabeth und Franz Joseph bis an ihr Lebensende liebevoll »Baby« genannt – in der kaiserlichen Familie war eine große Freude. Elisabeths Erstgeborene dürfte ein besonders zugängliches, fröhliches und auch bildhübsches Kind gewesen sein, das in puncto Aussehen nach der Mutter kam: »Gottlob gleicht sie immer mehr der Kaiserin«, jubelte Erzherzogin Sophie.[51] Die Kleine war seit langer Zeit das erste Neugeborene in Franz Josephs Kernfamilie, und alle Mitglieder stürzten sich geradezu auf sie. Jede Entwicklung wurde entzückt zur Kenntnis genommen und in unzähligen Briefen anderen mitgeteilt. Sie war der geliebte neue Mittelpunkt der kaiserlichen Familie. Gleichzeitig verschärfte diese Konzentration auf die kleine Tochter Elisabeths auch die Unstimmigkeiten zwischen ihr und ihrer Schwiegermutter. Denn die Erzherzogin fühlte sich stärker zu ihrer ersten Enkelin hingezogen, als man es bei allem großmütterlichen Stolz erwartete. Das Mädchen, das sie in ihren Briefen stets die »liebe, kleine Maus« nannte und dessen großes Zutrauen sie berührte, nahm schnell eine Sonderstellung in ihrem Herzen ein. Was diese Zuneigung wohl noch steigerte, war der Umstand, dass die kleine Sophie allein durch ihre Existenz den seelischen Schmerz ihrer Großmutter milderte: Die Erzherzogin war einst selbst Mutter einer entzückenden Tochter gewesen, die früh verstorben war. Über den Verlust ihrer kleinen Anna – sie war einer neurologischen Erkrankung erlegen, die sich in schweren epileptischen Anfällen geäußert hatte – sollte sie nie hinwegkommen. Ebenso wenig wohl über die Behandlungen, die die Ärzte dem Mädchen hatte angedeihen lassen: Sie schoren Anna den Kopf und legten ihr Blutegel an, in der Hoffnung, so ihre Anfälle zu verringern. Trotz dieser Therapie, die für Kind und Mutter eine Zumutung war, starb das kleine Mädchen unter großen Krämpfen im Alter von nur vier Jahren.[52] Noch Jahre später schrieb Sophie in ihrem Tagebuch von »tiefstem Weh, das nimmer aus meinem Herzen weicht«.[53]

Doch nun gab es wieder ein kleines Mädchen in der Familie. Wie die Erzherzogin ihre Enkelin sah, was sie sich von ihr erhoffte und wie sie die junge Mutter Elisabeth wahrnahm, legte sie in einem Brief dar, als Sophie zehn Monate alt war: »Sie ist so ein lebensfrisches, lustiges, geselliges Kind, empfänglich für die geringste kleine Freude auf einem Grad, wie ich es noch bei keinem Kind in diesem Alter gesehen habe. Sie ist ›a god send‹, um manche Lücke anmuthig und wohthuend auszufüllen u. wird gewiss ihrem guten Vater, wenn sie uns Gott in seiner Gnade lässt, das oft so sorgenvolle Leben recht erheitern. Aber auch ihre Mutter hängt, wenn auch still und ohne große Worte, mit inniger Liebe an ihr u. sorgt mit großer Vorsicht für sie, was mir eine große Beruhigung ist«.[54] Hier finden sich gleich mehrere Aspekte, die ein Licht auf die einzelnen Protagonisten innerhalb der kaiserlichen Familie werfen: Da ist einmal die Großmutter, die ihre Enkelin ob ihres gewinnenden Wesens idealisierte. Dann die Erwähnung der »Lücke«, die Sophie im Herzen der Großmutter zu füllen imstande war – aber auch die nie versiegende Angst, ein geliebtes Kind zu verlieren: »wenn sie uns Gott in seiner Gnade lässt«. Hinzu kommt der Vater, der Sohn der Erzherzogin, dem das Kind den schweren Alltag erleichtern soll. Außerdem findet sich der interessante Hinweis auf Elisabeth mit ihrer »stillen« und »innigen« Liebe zu diesem Kind und die eigene »Beruhigung, dass die Kaiserin für das Kind sorgt«.

Erzherzogin Sophies Beschreibung Elisabeths verdeutlicht den Unterschied zwischen ihr und der Kaiserin: Hier die erfahrene, souveräne Großmutter, die gut mit Kindern konnte und sich auch nicht scheute, ihre Liebe zu diesen auszuleben und auszudrücken. Die intensiv den Kontakt zu ihrer Enkeltochter suchte – und jederzeit bekam, da die Appartements beider Sophies nebeneinanderlagen und sie Einfluss auf die Umgebung ihrer Enkelin hatte. Dort die siebzehnjährige, zurückhaltende Schwiegertochter, die ihre Gefühle nicht so leicht offen zeigen konnte – sich dies in ihrer neuen Familie vielleicht auch nicht traute. Die ihre Mutterrolle vielleicht noch nicht verinnerlicht hatte. Und die nun erlebte, wie ihre Schwiegermutter nicht nur die Kindskammer ihrer Tochter organisierte, sondern wesentlich leichter Zugang zu dem kleinen Mädchen bekam als sie, die doch die Mutter war.

Dass sich eine so junge Frau wie Elisabeth in dieser Familienkonstellation unzureichend vorkommen musste, lag auf der Hand – zumal man ihr jede Entscheidung ungefragt abnahm und zu diesem Zeitpunkt das Machtgefälle zwischen ihr und ihrer Schwiegermutter noch riesig war. Auch die andauernde Sorge um ihre Person – die ja in Sophies brieflicher Bemerkung mitschwingt – mochte dazu beitragen. War man in der Familie stets darum bemüht, Elisabeth alles abzunehmen, konnte dies bei ihr Gefühle von Ohnmacht und Fremdbestimmung hervorrufen. Sie muss sich unzulänglich vorgekommen sein innerhalb eines Familien- und Hofsystems, in das sie nicht eingreifen konnte und in dem sie bisher auch keinerlei Akzente zu setzen vermochte (was freilich viel verlangt gewesen wäre von einem siebzehnjährigen Neuling bei Hof). So paradox es klingen mag: Gerade weil beide Frauen, Elisabeth wie die Erzherzogin, und jede auf ihre Art die kleine Sophie innig liebten, traten die Eigenheiten beider, ihre Zugangsweisen zu den Dingen und ihre Möglichkeiten beziehungsweise mangelnden Möglichkeiten bei Hof umso deutlicher hervor. Was im Brief der Erzherzogin erstmals zart angedeutet wurde, sollte ein Jahr später zum offen ausgetragenen Konflikt führen.

Bei Hof zeigte sich Elisabeth nach der Rückkehr aus dem Wochenbett weiterhin still und immer wieder in einer schwierigen emotionalen Verfassung. Dazu plagten sie Verlustängste, die besonders dann zutage traten, wenn ihr Ehemann Wien für längere Zeit verlassen musste. Dann geriet Elisabeth in helle Aufregung und konnte ihre Tränen selbst vor den Suiten und Besuchern nicht mehr zurückhalten. Als Franz Joseph drei Monate nach Sophies Geburt eine Inspektionsreise nach Galizien antreten musste, versetzte schon die Ankündigung Elisabeth in einen Alarmzustand, in dem sie ihre Gefühle nicht mehr unter Kontrolle hatte: »Bei dem Diner am Mittwoch, dem viele Gäste beiwohnten, zerfloss Sisi in Tränen, da sie hörte, dass der Kaiser mir von seiner Reise nach Galicien sprach, welche sie schon vor Tisch während des Morgens hatte weinen machen. Ich wusste nicht, wie ich sie zerstreuen sollte«.[55] Immer wieder kam es zu Weinkrämpfen, immer wieder zeigte sich Elisabeth labil und ängstlich, zog sich in sich zurück. Franz Joseph und seine Mutter waren besorgt um sie.

Ihre instabile, emotionale Situation in den Monaten nach der Geburt kam regelmäßig in den Korrespondenzen der kaiserlichen Familie zur Sprache, was die Frage aufwirft, ob die Siebzehnjährige an einer postpartalen Depression litt beziehungsweise eine solche bereits vorhandene Probleme Elisabeths verstärkte. Der medizinische Begriff wurde zwar erst drei Jahre nach der Geburt der kleinen Sophie vom französischen Arzt Louis-Victor Marcé in einer Fachpublikation verwendet, aber das Phänomen war freilich schon vorher bekannt. Queen Victoria, die zur gleichen Zeit wie Elisabeth Kinder bekam – wenn sie auch deutlich früher damit begann –, litt mehrmals unter schweren postpartalen Depressionen, die am britischen Königshof und auch von der Königin selbst offen thematisiert wurden. Der allgemeinen Beschreibung nach tritt die typische postpartale Depression im ersten Jahr nach einer Entbindung auf, hat ursächlich mit einer neuen Lebenssituation zu tun und trifft vor allem Frauen, die hohe Ansprüche an sich selbst stellen, unter einem hohen Leistungsdruck stehen und eine gewisse Disposition für depressive Verstimmungen oder Angsterkrankung haben. All das träfe auf Elisabeth zu.

Abgesehen von ihrer Schwermut, die sie seit ihrer Pubertät immer wieder überfiel, muss sie sehr ängstlich gewesen sein – was die Korrespondenzen der Erzherzogin wiederholt ansprechen: Elisabeth fürchtete sich vor engen Räumen, vor ihr fremden Menschen, sie scheute sich, schwach beleuchtete Gänge der Hofburg zu benutzen, und fühlte sich nur in der Gegenwart ihr vertrauter Personen sicher. Hinzu kamen die hohen Erwartungen, die an die Siebzehnjährige gestellt wurden und die sie auch an sich selbst stellte: Sie musste die Rolle einer Kaiserin ausfüllen und auch die Thronfolge in direkter Linie durch die Geburt eines Sohnes sichern. Wie sehr dieser Druck auf ihrer Seele lastete, lässt sich aus den Quellen nur teilweise herausfiltern. Sicher ist, dass die aus heutiger Sicht wichtigste vorbeugende wie therapeutische Maßnahme gegen postpartale Depressionen in ihrem Fall nicht gegeben war: die Unterstützung und Hilfe von Bezugspersonen, die die Betroffene verstehen und keine Erwartungen an sie haben. Doch Elisabeth hatte außer ihrem Ehemann keine Vertrauensperson bei Hof. Entfernte er sich, traten bei ihr Ängste und depressive Verstimmungen auf.

So ungern der Kaiser seine Frau sonst nach Bayern reisen ließ – angesichts seiner bevorstehenden Abreise nach Galizien und ihres emotionalen Ausnahmezustands beschlossen er und seine Mutter, Elisabeth zur Erholung zu ihrer Familie zu schicken. Die kleine Sophie sollte freilich in ihrer Kindskammer in Wien zurückbleiben. Elisabeth lehnte es ab, ohne ihr Töchterchen zu reisen, doch Ehemann und Schwiegermutter beharrten auf dem Tapetenwechsel. Erzherzogin Sophie schrieb Franz Josephs jüngerem Bruder Maximilian: »Sisi wollte nicht nach Baiern, da es ihr schwer wird, ihr Kind zu verlassen, der Kaiser bestand aber darauf, da er glaubt (ich gestehe, ich bin auch überzeugt), Luftwechsel und zumal die heimatliche Luft ihr sehr gut tun werden«.[56] Es war ein Teufelskreis, der sich weiter und weiter fortsetzte: Je mehr man Elisabeth wie ein schutzbedürftiges Kind behandelte – auch wenn es gut gemeint war –, desto mehr musste sie sich fremdbestimmt vorkommen, desto größer sollte im Lauf der Zeit ihr Widerstand werden.

Mitte Juni 1855 trat Elisabeth ihre Reise nach Bayern an. Sie besuchte ihre Familie in Schloss Possenhofen, wo sie als Kind so viele glückliche Sommertage verbracht hatte. Es war das erste Mal seit ihrer Heirat. Und es war ihre erste Reise als Kaiserin außerhalb des Kaisertums Österreichs. Jetzt erfuhr sie, wie sie künftig Auslandsreisen zu absolvieren hatte: Auch wenn sie sich nicht auf Staatsbesuch befand, sondern nur auf einer privaten Reise – nun hatte sie bei der Ankunft im Gastland als Erstes dessen König und Königin Gelegenheit zu geben, ihr die Honneurs zu machen. Dieses Ritual diente dazu, die Freundschaft der Dynastien öffentlich zu demonstrieren. Selbst wenn, wie bei dieser Reise nach Bayern, der König des Gastlands ein Onkel Elisabeths war, den sie ohnehin bei einem Familientreffen sehen würde, galt es, vor versammelter Hofgesellschaft im Rahmen einer offiziellen Begrüßung aufeinanderzutreffen. Ebenso musste Elisabeth im Ausland den österreichischen Diplomaten vor Ort gestatten, sie als offizielle Vertreterin ihres Ehemannes empfangen zu dürfen. Für die Diplomaten stellte ein solches Treffen einen Höhepunkt in ihrem eher eintönigen Alltag dar – kam man doch seinem Souverän, dem Kaiser, und seiner Ehefrau nie so nahe, wie wenn diese auf Reisen waren und man ihnen einen Empfang bereiten konnte.

Deshalb war Rudolph Graf Apponyi von Nagy-Appony, der österreichische Gesandte in Bayern, sehr erfreut und empfand es als große Ehre, als er und seine Frau eine Einladung zur Tafel in Possenhofen erhielten – zumal er dort nicht nur seiner Kaiserin, sondern der ganzen bayerischen Königsfamilie begegnen würde. Auf dieser Klaviatur zu spielen, die Würdenträger ihres Mannes und deren Frauen heranzuziehen und zum Beispiel durch kleine Einladungen auszuzeichnen zählte zu Elisabeths wichtigsten Aufgaben als Kaiserin: Durch Gesten wie diese schuf und sicherte sie sich und dem Kaiser Loyalitäten. Und da in ihrem Fall das Ganze mit Herzlichkeit geschah, waren die Menschen hingerissen und Elisabeth die beste Botschafterin ihrer Dynastie: »Alle bezaubert von würdevoller Anmut und einnehmender Freundlichkeit der Kaiserin«, berichtete Graf Apponyi an Außenminister Karl Ferdinand Graf von Buol-Schauenstein. Elisabeth hatte einen perfekten Auftritt absolviert.[57] Sie verfügte über großen persönlichen Charme. Wenn sie diesen anderen gegenüber einsetzte, schmolzen die derart Ausgezeichneten geradezu dahin – das sollte bis an ihr Lebensende so bleiben.

Bei diesem Besuch in Possenhofen wandelte Elisabeth auf den Spuren ihrer Kindheit. Laut Ludovika wollte sie sofort alle Zimmer des Schlosses sehen. Doch trotz der Freude, wieder hier zu sein, Mutter und Geschwister um sich zu haben, vermisste sie Mann und Kind. »Sie ist zwar recht heiter und vergnügt, doch immer nach ihrer stillen, ruhigen Art«, bemerkte ihre Mutter. Nach einer Woche brach Elisabeth wieder nach Wien auf. [58]

Im November 1855 wurde bei ihr die zweite Schwangerschaft festgestellt. Vor der Geburt stieg die Anspannung bei Elisabeth und ihrem Umfeld. Dass das erste Kind nicht der ersehnte Thronfolger war, hatte das Glück über die Ankunft der kleinen Sophie nach einer anfänglichen Enttäuschung nicht trüben können. War das erstgeborene Kind eines regierenden Herrschers weiblich, konnte man es noch als ein »Bonus-Kind« betrachten und an einen Ausspruch der großen Vorfahrin Maria Theresia – sie gebar nach drei Töchtern ihren ersten Sohn – denken: Die Buben folgen den Mädchen nach. Falls aber auch das zweite Kind ein Mädchen sein sollte, würde der Druck auf die Mutter weiter steigen. Franz Joseph und seine Familie bemühten sich zwar, Elisabeth nicht zu zeigen, wie sehr sie auf einen Thronerben hofften – doch ihre Erwartungshaltung war, auch unausgesprochen, spürbar und verstärkte die nervösen Zustände der Kaiserin. Hinzu kam noch die Elisabeth belastende – von ihrer Umgebung durch Vergleiche hervorgerufene – Konkurrenz zu einer anderen werdenden Mutter in der Hofburg: Erzherzogin Elisabeth Franziska, die wenige Tage vor Sophies Geburt ihr erstes Kind entbunden hatte (einen kleinen Sohn, der noch vor seinem ersten Geburtstag starb) und nun zum zweiten Mal zur gleichen Zeit wie die Kaiserin ihrer Niederkunft entgegensah. Die sechsundzwanzigjährige Elisabeth Franziska war in zweiter Ehe mit Erzherzog Karl Ferdinand verheiratet, einem Sohn des berühmten Erzherzogs Karl, des »Siegers von Aspern«, der 1809 Napoleon bei seinem Marsch auf Wien seine erste entscheidende Niederlage auf dem Schlachtfeld zugefügt hatte. Angeblich hatte Franz Joseph einst ein Auge auf die hübsche Elisabeth Franziska geworfen. Dass sich die beiden näherkamen, sei aber – so die Fama – von Erzherzogin Sophie verhindert worden, weil Elisabeth Franziska aus dem ungarischen Familienzweig der Habsburger stammte – für beide Behauptungen finden sich jedoch keine quellenmäßigen Belege.

Belegt ist allerdings, dass Elisabeth Franziskas Geburten zu Stress bei der Kaiserin führten. Denn nun brachte sie erneut nur wenige Tage vor deren zweiten Niederkunft einen Sohn zur Welt. Zu sehen, dass ein anderes weibliches Familienmitglied scheinbar mit Leichtigkeit seine wichtigste Aufgabe – seinem Mann Söhne zu schenken – erfüllte, war für die junge Kaiserin nicht leicht. Als ihre Schwiegermutter bemerkte, welche Wirkung die Nachricht von der Geburt eines zweiten Sohnes Elisabeth Franziskas auf sie hatte, versuchte sie, eventuellen bitteren Enttäuschungen vorzubeugen: »Ich bat neul. Franzi [den Kaiser], als er mir von Elisabeths [Elisabeth Franziskas] Niederkunft sagte, sich auch auf ein Mädchen gefasst zu machen u. Sisi, von welcher er mir sagte, dass sie sicher auf einen Sohn rechne, recht darauf vorzubereiten«.[59]

Am 12. Juli 1856 setzten bei Elisabeth die Wehen ein. Bereits eineinhalb Stunden später, um 6 Uhr 35, war das Kind auf der Welt – es war wieder eine Tochter.[60] Elisabeth weinte, als man ihr das Geschlecht mitteilte. Franz Joseph war zwar erleichtert, dass Mutter und Kind die Geburt gut überstanden hatten, doch auch er konnte seine Enttäuschung über das erneute Ausbleiben eines Thronerben nicht verbergen. Das kleine Mädchen erhielt den Namen Gisela und wurde am folgenden Tag in Laxenburg getauft, wo man den großen, ebenerdigen Speisesaal des Neuen Schlosses zur Kapelle umgestaltet hatte. Giselas Taufe fiel nicht weniger pompös aus als die ihres älteren Schwesterchens. Auch dieses Mal wurde das Kind wieder in einer feierlichen Cortège zur Taufe getragen – allerdings ohne die Anwesenheit des diplomatischen Korps (und ohne obersthofmeisterliche Babytrage, da der zurückzulegende Weg nur kurz war). Taufpatin Giselas war Ludovika, die aber auch dieser Taufe ihres zweiten Enkelkindes fernblieb. In Vertretung ihrer Schwester hielt Erzherzogin Sophie das Kind über das Becken, es wurde auf den

Namen Gisela Louise Marie getauft.[61] Wie schon Sophie kam auch Gisela in die kaiserliche Kindskammer. Das Personal war das gleiche geblieben wie im Jahr zuvor. Und auch die Räumlichkeiten in der Hofburg und in Schloss Schönbrunn sollten die gleichen bleiben – durch ein Stockwerk getrennt von der Mutter und in der Nähe der Großmutter.

Doch nun veränderte sich etwas. Noch während Elisabeths Wochenbett kam es anscheinend zu Diskussionen zwischen ihr und Franz Joseph über die allgemeine Situation der Kindskammer, bei denen die sonst so stille Kaiserin aufbegehrte. Die Quellenlage dazu ist karg, dennoch soll versucht werden zu rekonstruieren, wie sich die Machtverhältnisse innerhalb der kaiserlichen Familie nun langsam verschoben. Dass Elisabeth und ihre Schwiegermutter zunehmend rivalisierten, dass Elisabeth immer öfter widersprach und opponierte, aber auch, dass die Erzherzogin häufig die persönlichen Grenzen ihrer Schwiegertochter übertreten haben dürfte, belegt ein Geständnis von Franz Josephs Obersthofmeister Fürst Karl Liechtenstein. Der erste Mann bei Hof erzählte dem Wiener Polizeiminister Johann Franz Kempen von Fichtenstamm, der mit der engsten Umgebung des Kaisers auf vertrautem Fuß stand, »dass zwischen der Erzherzogin Sophie und ihrer Schwiegertochter keine Sympathien bestehen, indem erstere sich manche Anordnungen und Kritiken herausnehmen will, welche der jungen Kaiserin höchlich missfallen«.[62] Wenn bereits Fürst Liechtenstein, der im Ruf stand, sehr zurückhaltend und dem Kaiserpaar gegenüber loyal zu sein, das angespannte Verhältnis zwischen Elisabeth und Sophie so direkt beschrieb, dann kann man davon ausgehen, dass auch der Rest des Hofstaates im Bilde war. Wie bei Hof üblich, hielten sich die Höflinge im Hintergrund, beobachteten wie stets auch diesen Kampf sozusagen aus der »ersten Reihe fußfrei«, um sich anschließend auf die Seite des – in diesem Fall: der – Mächtigeren zu schlagen.

Gegen Ende des Wochenbetts dürften Elisabeth und Franz Joseph sich darauf geeinigt haben, dass die Kindskammer räumlich näher an die Mutter heranrücken sollte. Der Zeitpunkt dieses Vorhabens – das auch die von Elisabeth als dominant empfundene Schwiegermutter etwas mehr auf Distanz halten würde – war jedenfalls gut gewählt. Franz Josephs Bruder Karl Ludwig hatte sich nämlich mit Prinzessin Margarete von Sachsen verlobt – einer weiteren Nichte Sophies –, und die Erzherzogin war beschäftigt mit den Vorbereitungen für den Haushalt und dem Trousseau ihrer baldigen zweiten Schwiegertochter. Mit dem ihr eigenen Eifer und Engagement kümmerte sich Sophie um jedes Detail: »Ohne gut geschnittenes Schnürleib sitzt kein Kleid wirklich gut«, schrieb sie zum Beispiel nach Sachsen und teilte gleich Name und Adresse der von ihr bevorzugten Korsettmacherin mit.[63] Wenn die Erzherzogin eine weitere Schwiegertochter bekam, konnte sie ihre Aufmerksamkeit nicht mehr so stark wie bisher auf die Familie ihres ältesten Sohnes konzentrieren, und dann – so dachte das Kaiserpaar vielleicht – würde die Übersiedlung der kaiserlichen Kindskammer nicht mehr auf sonderlich viel Widerstand bei ihr stoßen.

Und so gab es diesbezüglich im Sommer 1856 die ersten zarten Andeutungen gegenüber Sophie (wie ein gegen Sommerende geschriebener Brief Franz Josephs an seine Mutter bestätigt). Es lag, wenn auch vielleicht noch nicht zweifellos, in der Luft, dass das Kaiserpaar eine Verlegung der Kindskammer wünschte. Elisabeth litt nach Geburt ihres zweiten Kindes noch mehr darunter, dass sie keinerlei Einfluss auf die Kindskammer hatte. So erzählte sie Jahrzehnte später einer neuen Hofdame, dass nach Ankunft der Kinder ihre Schwiegermutter ihr noch mehr vorgeschrieben habe als ohnehin bereits: Es »ging [...] so fort mit den Kindern – die man mir nahm; die die Umgebung er[hielten,] die sie wählte – die ich nur sehen durfte – wenn sie es erlaubte – die nicht neben mir sein durften – in deren Erziehung ich nicht hinein reden durfte«.[64] Da Sophie sämtliches Personal der kaiserlichen Kindskammer ausgewählt hatte, hatte sie auch den größten Einfluss auf das Aufwachsen ihrer Enkelinnen. Aus Elisabeths Perspektive wollte man ihr damit die Kinder entziehen. Vor allem aber: In ihrem Elternhaus war die Mutter die Herrin der Kinderstube gewesen. Ludovika hatte stets viel Zeit mit ihren Neugeborenen und Kleinkindern verbracht. Auch grenzte ihr Appartement im Münchner Palais an die Zimmer der Kleinsten des Hauses.

Sophie jedoch dürfte über das – aus ihrer Sicht: unbotmäßige – Verlangen Elisabeths nach mehr Nähe und Kontakt zu ihren Töchtern gekränkt und verärgert gewesen sein. Dass die Erzherzogin nicht zur Vorsegnung Elisabeths erschien, die nach Ende ihres zweiten Wochenbetts in Laxenburg abgehalten wurde, war ein deutliches Zeichen. Wie die erste Vorsegnung in Wien fand auch diese zweite als großer, feierlicher Akt unter Beteiligung der Hofgesellschaft statt. Nur Sophie fehlte – sie war am Tag zuvor in Begleitung ihres jüngsten Sohnes nach Ischl gereist. Offenbar wollte sie so schnell wie nur möglich abreisen, denn sie hatte die Fahrt von Wien nach Linz mit dem kaiserlichen Dampfschiff angetreten. Was sich die Erzherzogin von einer Schwiegertochter erhoffte, geht aus einem Brief an ihren Sohn Karl Ludwig hervor. Sie schrieb ihm, als der familiäre Haussegen wegen Elisabeths Forderung nach Verlegung der Kindskammer bereits schief hing: »Du bekömmst eine liebe, freundliche, hingebende Frau, die Dir alle Verhältnisse leicht machen, nicht erschweren wird, und ich darf wohl hoffen, dass Papa und ich in ihr ein recht gutes, liebes Kind mehr erhalten werden, das uns ein bisschen lieb haben wird. Du weißt, wir machen keine großen Forderungen, denn Euer Glück ist für uns die Hauptsache, aber Freundlichkeit und Herzlichkeit thun doch wohl […]«.[65]

Dieses Zitat ist in verschiedener Hinsicht interessant. Es kann zunächst so verstanden werden, als wünschte sich Sophie von der zweiten Schwiegertochter neben den üblichen Eigenschaften wie Hingebung, Freundlichkeit, Nachgiebigkeit (das heißt »lieb« sein) etwas, was die erste ihrer Ansicht nach wohl nicht vermochte: dass sie ihrem Mann »alle Verhältnisse leicht machen« werde, statt sie zu »erschweren«. Dass Sophie, wie sie schreibt, »keine großen Forderungen« an ihre Schwiegertöchter stellte, darf jedenfalls mehr als bezweifelt werden. Immerhin litt ja Elisabeth gerade zu dem Zeitpunkt, als Sophie diesen Brief verfasste, an den keinesfalls kleinen Forderungen – oder besser gesagt: Erwartungen – ihrer Schwiegermutter. Das Glück ihrer Söhne lag Sophie definitiv am Herzen, und dass sie dieses über alles andere stellte, bestätigen auch die vorhandenen Quellen. Ihr letzter Hinweis hingegen, dass »Freundlichkeit und Herzlichkeit doch wohl« täten, kann wahrscheinlich nur so interpretiert werden, dass sie Herzlichkeit bei ihrer ersten Schwiegertochter inzwischen vermisste.

In Ischl erhielt die Erzherzogin schließlich einen Brief, in dem ihr Franz Joseph die Änderungen ankündigte: Er habe sich entschlossen, die Kindskammer in der Hofburg in die Radetzky-Zimmer verlegen zu lassen. Diese seien geräumiger, und zudem müsse die Kaiserin keine Stufen steigen, um zu ihren beiden Töchtern zu gelangen.[66] Sophie schrieb ihrem Sohn daraufhin zwei »sehr erboste« Briefe, in denen sie einerseits Einwände gegen seine Entscheidung vorbrachte – etwa: die Fenster in den neuen Appartements ließen weniger Sonnenlicht herein –, andererseits gegen Elisabeth stichelte.[67] Franz Joseph ließ in seinem Antwortschreiben keinen ihrer Einwände gelten und plädierte für Verständnis gegenüber seiner Ehefrau: »Ich bitte Sie inständigst, Sisi nachsichtig zu beurteilen, wenn sie vielleicht eine zu eifersüchtige Mutter ist – ist sie ja doch so eine hingebende Gattin und Mutter! Wenn Sie die Gnade haben, die Sache ruhig zu überlegen, so werden Sie vielleicht unser peinliches Gefühl begreifen, unsere Kinder ganz in ihrer Wohnung eingeschlossen mit fast gemeinschaftlichem Vorzimmer zu sehen, während die arme Sisi mit ihrem oft so schweren Volumen die Stiege hinaufkeuchen muss, um dann selten die Kinder allein zu finden, ja auch Fremde bei denselben zu sehen, denen Sie die Gnade hatten die Kinder zu zeigen, was besonders mir auch noch die wenigen Augenblicke verkürzte, die ich Zeit hatte bei den Kindern zuzubringen – abgesehen davon, dass das Produzieren und dadurch Eitelmachen der Kinder mir ein Greuel ist; worin ich übrigens vielleicht Unrecht habe. Übrigens fällt es Sisi gar nicht ein, Ihnen die Kinder entziehen zu wollen, und sie hat mir eigens aufgetragen Ihnen zu schreiben, dass dieselben immer ganz zu Ihrer Disposition sein werden [...] Sehr betrübt hat mich alles, was Sie, liebe Mama, an diese so einfache Maßregel knüpfen. Nie würde ich es zugeben, dass Sie Ihre jetzige Wohnung verlassen oder gar, was ich nicht gelesen haben will, ganz aus der Hofburg ziehen würden«.[68]

In diesem Brief zeigt der Kaiser seiner Mutter die Grenzen auf. Ausgewogen im Urteil, bestimmt und klar in der Aussage, in einer erstaunlichen Offenheit seiner Gefühle, aber gleichzeitig höchst respektvoll ihr gegenüber rechtfertigt Franz Joseph seine Entscheidung. Es ist der verantwortungsbewusste, entschiedene Brief eines sechsundzwanzigjährigen Mannes, dem in der Vergangenheit eine übergroße Servilität gegenüber seiner Mutter nachgesagt wurde. Mit diesem Brief stellte sich der junge Kaiser nicht nur unmissverständlich auf die Seite seiner Frau, sondern nabelte sich auch von seiner Mutter ab.

Niemand wusste besser als er selbst um deren außergewöhnliche Persönlichkeit und wie sehr ihre Stärke und Beharrlichkeit seiner Dynastie die Zukunft gesichert hatte. Auch Elisabeth sah diese Aspekte – sie sollte später einsehen, dass die Erzherzogin ihr gegenüber meist in guter Absicht gehandelt hatte, obwohl ihre Dominanz und ihr Anspruch, alles zu entscheiden, für die Beziehung der Eheleute eine Belastung gewesen waren: »– wie die Erzh[erzogin] Sofie – gewiß Alles so gut gemeint habe – aber wie die Wege mühsam u[nd] die Art schroff war – wie auch der Kaiser drunter litt u[nd] wie sie immer lenken wollte u[nd] was sie ihnen Alles auferlegte u[nd] wie vom ersten Tag – sie ihrer Zufriedenheit u[nd] dem Glücke hinderlich war – u[nd] sich in Alles mischte u[nd] ihnen das Beisammensein – das Ungestörte erschwerte!«[69]

Im Mittelpunkt des lang schwelenden Konflikts mit Sophie, der anlässlich der Übersiedlung der Kindskammer an die Oberfläche getreten war, stand genau genommen nicht Elisabeth, sondern Franz Joseph. Seine Mutter war vor seiner Heirat der einzige Mensch gewesen, der ihm auf Augenhöhe entgegengetreten war. Sie war seine größte Stütze gewesen und hatte ihn im Zweifelsfall veranlasst, die Disziplin zu wahren, bei Hof ebenso wie innerhalb der Familie. Sie schwor seine Brüder regelmäßig darauf ein, sich ihm gegenüber loyal zu verhalten, ebenso hielt sie ihm die alten Onkel mit Charme und Hartnäckigkeit auf Distanz. Mit ihr hatte Franz Joseph Politisches wie Privates besprochen, ihrem Rat war er immer gefolgt. Dass die Erzherzogin eine Sonderstellung im Leben des Monarchen einnahm, wussten ihre Zeitgenossen längst: »Man sieht auch, mit welcher Liebe der Kaiser an seiner Mutter hängt, es ist ein herrliches Verhältnis«, kommentierte etwa Ludovika die Beziehung der beiden.[70]

Doch seit seiner Hochzeit stand Franz Joseph zwischen zwei Frauen, die er liebte. Er konnte bestimmen, ob den Anordnungen seiner Mutter oder denen seiner Ehefrau Folge zu leisten war. Er hätte auch beide brüskieren können. Oder er hätte Elisabeth ihr Ansinnen abschlagen und ihr damit langfristig den Respekt des Hofes entziehen und so den für sie unwürdigen Status quo einzementieren können. Genauso gut hätte er aber auch der Mutter jegliche Einflussnahme untersagen und ihr – so wie es in manchen Dynastien geschah – einen Alterssitz weit entfernt von Wien zuteilen können, um die Rolle seiner Ehefrau zu bekräftigen. (So ein Fall war etwa Karoline, die Witwe Kaiser Franz I./II. Damit es in Wien zu keinerlei Problemen aufgrund einer unklaren Rangfolge beziehungsweise der Frage kam, ob die Witwe eines Kaisers oder die Mutter eines Kaisers den Vortritt hatte, hatte man die Halbschwester Sophies für den Großteil des Jahres in der Salzburger Residenz einquartiert.)

»Der Kaiser war so gewohnt zu folgen«, sagte Elisabeth später in Erinnerung an diese Phase ihres Ehelebens, in der Franz Joseph die starke Bindung zu seiner Mutter noch nicht gelöst hatte. Erst mit seinem Antwortbrief nach Ischl hatte er Klarheit geschaffen und sich ihren Wünschen verweigert. Er war derjenige, der über das Tauziehen zwischen seiner Ehefrau und seiner Mutter entschied, und er hatte sich auf die Seite seiner Frau gestellt. Gleichzeitig hatte er sich seiner Mutter gegenüber ritterlich gezeigt: Ihre Drohung, die Hofburg zu verlassen, akzeptierte er nicht und ließ sie im Gegenteil wissen, dass ihm weiterhin viel an ihrer Nähe lag.

Für die kaiserliche Familie war dieser Streit, der vor den Augen aller Höflinge stattfand, peinlich. Eine Herrscherfamilie, über deren Differenzen jeder bei Hof sich bemüßigt fühlte, eine Meinung abzugeben, war untragbar. Scheinbar von einem Moment auf den anderen war in der allerhöchsten Familie ein lange latenter Konflikt explodiert, und keine der beiden beteiligten Damen konnte einen konstruktiven Umgang mit einer für alle schwierigen Situation finden. Sophie schaffte es nicht, rechtzeitig »abzutreten«, die Eigenständigkeit der jungen Kaiserin zu fördern, sie einzuweisen in die Kunst des weiblichen Regierens bei Hof und in der Familie. Statt langsam etwas von ihrer Macht an Elisabeth abzugeben, führte sie ihr gewohntes Regime fort. Andererseits zeigte sich aber auch, dass die jugendliche Kaiserin keinerlei Fähigkeit besaß, mit Diplomatie, Charme und vielleicht Witz ihre Schwiegermutter langsam, aber sicher auszubooten. So manche von Elisabeths Standeskolleginnen, die sich in ähnlichen Situationen befanden, beherrschten die Kunst, scheinbar zu kooperieren, gute Miene zum sie einengenden Spiel zu machen und sich unter dieser Maske langfristig dem Diktat der Schwiegermutter zu entziehen. Kronprinzessin Alix von Großbritannien etwa konnte Queen Victoria – die wesentlich offensiver in ihrem Anspruch auf Familienführung war als Sophie – im Zweifelsfall derart um den Finger wickeln, dass die Königin sich zwar beklagte, dass man wieder einmal ihre Vorgaben ignorierte, zugleich aber stets beglückt war über die Zuneigung ihrer Schwiegertochter. Die Kronprinzessin entzog ihr so sanft und ohne großes Drama langsam den Einfluss auf ihre kleine Familie.

Elisabeth jedoch hatte weder Erfahrung in der Kunst der höfischen Intrige noch in der der Manipulation. Sie kämpfte mit offenem Visier und war dadurch angreifbar. Aus heutiger

Sicht erscheint dies sympathisch und zeigt sie als Mensch von hoher Authentizität, was sicher – neben den gängigen Mythen um ihre Person – heute als positives Merkmal der »Marke Sisi« zählt. Ihrerzeit machte Elisabeth sich durch ihren undiplomatischen Umgang mit den Schwierigkeiten, auf die sie in der kaiserlichen Familie und bei Hof traf, jedoch selbst das Leben schwer und brachte zudem das Gefüge in Franz Josephs Familie durcheinander. Anstatt dass sich die Machtverhältnisse langsam zu ihren Gunsten verschoben, krachte es von einem Moment auf den anderen derart gewaltig, dass alle Protagonisten aus diesem Konflikt beschädigt hervorgingen.

Dennoch hatte Elisabeth einen entscheidenden Etappensieg errungen. Gestärkt von diesem Erfolg, war es für sie nun ein Leichtes durchzusetzen, dass die kleine Sophie im Herbst auf einen viermonatigen Séjour in Mailand und Venedig mitkäme.[71] Das Königreich Lombardo-Venetien gehörte seit dem Wiener Kongress im Jahr 1815 zum Habsburgerreich und war, wie ganz Italien, seit 1848 immer wieder Schauplatz von Aufständen und Unabhängigkeitskämpfen – an denen verschiedene politische, national gesinnte Gruppierungen beteiligt waren – gegen die Herrschaft des österreichischen Kaisers. Franz Joseph hatte sich nun entschlossen, eine Zeit lang in der unruhigen Provinz präsent zu sein und gegenüber den italienischen Nationalisten und dem französischen Kaiser Napoleon III., der diese unterstützte, kaiserliche Herrschaftsansprüche zu demonstrieren. Für Elisabeth bedeuteten die vier Monate fern vom Wiener Hof und der Schwiegermutter, dass sie Selbstbewusstsein aufbauen und langsam in ihre Rolle hineinwachsen konnte. Während seines Aufenthalts erfuhr das Kaiserpaar jedoch einen Affront nach dem anderen. Die Bevölkerung war nach der militärischen Besetzung durch Österreich den Habsburgern gegenüber nicht gerade wohlgesonnen, aber die Kaiserin punktete: »Das einzige Gefühl des Volkes war nur die Neugierde, die Kaiserin zu sehen, deren Ruf, wunderbar schön zu sein, natürlich auch bis hierher gedrungen ist«, schrieb der englische Konsul seinem Außenminister.[72]

Nach der Rückkehr nach Wien hatte Elisabeth zwei Monate Zeit, bis eine weitere Reise anstand, diesmal nach Ungarn, wo sich das Kaiserpaar mehrere Wochen aufhalten und verschiedene Landesteile besuchen sollte. Elisabeth entschied, auf dieser Reise nicht nur die zweijährige Sophie, sondern auch deren kleine Schwester Gisela mitzunehmen.

Würde man an dieser Stelle im Frühjahr 1857 Bilanz ziehen, so sähe man eine neunzehnjährige zweifache Mutter, die sich in den drei Jahren seit ihrer Hochzeit von einer eingeschüchterten Pubertierenden zu einer Frau entwickelt hat, die für ihre Bedürfnisse einstehen kann. Elisabeth war nun endlich dabei, die Machtverhältnisse bei Hof zu ihren Gunsten zu verschieben und in Kauf zu nehmen, dass dies hier nur, mehr oder minder, auf Kosten der familiären Harmonie zu bewerkstelligen war. In ihre Rolle als Kaiserin wuchs sie langsam hinein. Sie begleitete ihren Mann auf allen Reisen und nahm ihre Repräsentationspflichten gewissenhaft wahr. Kurz, Elisabeth hatte eine erstaunliche Entwicklung durchgemacht und war auf dem besten Weg, sich in den Wiener Hof zu integrieren.

Am 4. Mai 1857 trat sie mit ihrem Mann die Reise nach Ungarn an. Niemand konnte ahnen, dass sich dort eine Tragödie ereignen würde, die Elisabeths weiteres Leben für immer veränderte: Töchterchen Sophie würde die Rückreise nach Wien in einem Sarg antreten.[73]

TRAUMATISCHE ERFAHRUNGEN

»Die arme Sisi ist nur mehr ein Schatten ihrer selbst.«[1]

Am 2. Mai 1857 fand in der Wiener Hofburg unter der Leitung des Kanzleidirektors des Obersthofmeisteramts, Freiherr Philipp Draexler von Carin, eine Besprechung statt. Eingeladen hatte Freiherr Draexler die führenden Beamten des Obersthofmeisteramts, des Zeremonialdepartements, des Oberststallmeisteramts und des Hofwirtschaftsamts. Grund des Treffens war die unmittelbar bevorstehende große Reise des Kaiserpaares nach Ungarn. Kaiser und Kaiserin sollten am 4. Mai Wien verlassen und sich für ganze zwei Monate in Ungarn aufhalten. Die Reiseplanung sah vor, dass sie zuerst vierzehn Tage in der königlichen Burg in Ofen residierten und hier die ersten Termine wahrnahmen. Anschließend sollten sie auf einer zweiwöchigen Tour durch Ostungarn die wichtigsten Städte der Region besuchen und dann wieder nach Ofen zurückkehren, um dort die erste Junihälfte zu verbringen und an der Fronleichnamsprozession teilzunehmen. Ab Mitte Juni stand der zweite Teil der kaiserlichen Rundreise – diesmal nach Westungarn – auf dem Programm. Die Rückkehr nach Wien war für den 23. Juni geplant.[2]

Gegen das dichte Programm dieses Ungarnaufenthalts waren alle bisherigen Repräsentationspflichten von Elisabeth ein Spaziergang gewesen. Damit der Kaiser und seine junge, schöne Frau während der Reise möglichst präsent waren, in möglichst vielen Landesteilen gesehen wurden und auch möglichst viele Untertanen aus verschiedenen Schichten und Ethnien empfingen, hatte Erzherzog Albrecht jede Stunde ihres Tages verplant.

Albrecht von Österreich-Teschen war ein Onkel Franz Josephs und Chef der immens reichen »Karl«-Linie des Hauses Habsburg. Er galt deshalb nach dem Kaiser als der mächtigste Habsburger und dessen Vertrauensmann in der Armee. Sein Wort hatte Gewicht, bei Franz Joseph wie am Wiener Hof. Erzherzog Albrecht war seit 1851 Generalgouverneur von Ungarn und als solcher der offizielle Vertreter des Kaisers in der Provinz. Ungarn wurde seit der niedergeschlagenen Revolution im Jahr 1849 von Wien aus regiert. Zu Albrechts wichtigsten Aufgaben gehörte es, magyarische Unabhängigkeits- oder Autonomiebestrebungen zu unterbinden und den passiven Widerstand gegenüber der österreichischen Herrschaft aufzubrechen, in dem Teile der Elite des Landes verharrten. Eine Antwort auf die Frage, wie Ungarn wieder an das Haus Habsburg herangeführt werden könnte, hatte man noch nicht gefunden. Doch ein erster Schritt in diese Richtung war der geplante Aufenthalt Franz Josephs und Elisabeths in Ungarn.

Freiherr Draexler und seinen Beamten ging es bei ihrer Besprechung dieser Staatsreise allerdings nicht um Politik, sondern um organisatorische Details.[3] Würden bei Ankunft des Kaiserpaares alle Garden, Wachposten, Kämmerer und Palastdamen dort stehen, wo es das Protokoll vorsah? Konnte man davon ausgehen, dass die Hofgalawagen und Hofreitpferde rechtzeitig in Ungarn ankamen? Wussten die Reiter über die vorgeschriebenen Fahrtrouten Bescheid? Und würden bei den ersten großen Diners die Menügänge exakt so serviert werden wie in Wien besprochen?

Das waren nur einige der Fragen, die an diesem Tag im Büro des Kanzleidirektors erörtert wurden. Die Ungarnreise des Kaiserpaares war seit Wochen akribisch geplant worden – nun ging es an die Realisierung. Einige Tage vor dem Treffen im Obersthofmeisteramt waren Beamte nach Ofen geschickt worden, um in der Burg die vorbereiteten Quartiere für das kaiserliche Gefolge zu inspizieren. Auch das Zeremonialdepartement hatte einen Experten entsandt, der die Einhaltung des Zeremoniells vor Ort garantieren sollte. Schließlich hatte man noch all die mitreisenden Obersthofmeister und Adjutanten, Hofdamen und Kammerdienerinnen, das Küchenpersonal und die Reitknechte, die Diener und Saaltürhüter instruieren und ihre Dienstpläne erstellen müssen. Die bevorstehende Unternehmung war selbst für den Wiener Hof, an dem regelmäßig zeremonielle Großveranstaltungen stattfanden, eine logistische Herausforderung.

Und dann legte am 4. Mai, um vier Uhr früh, die k. k. Jacht »Adler« mit dem Kaiserpaar an Bord in Wien ab. Franz Joseph und Elisabeth waren jedoch nicht mitten in der Nacht aufgestanden, um in aller Herrgottsfrühe zum Hafen kutschiert zu werden. Sie hatten sich schon am Abend zuvor eingeschifft und die Nacht auf der Jacht verbracht.[4] Elisabeths mitreisender Hofstaat hatte diese Reise bestens vorbereitet: Die eigens für die kommenden zwei Monate angefertigte Garderobe der Kaiserin war verpackt, ein Teil ihres Kammerpersonals bereits vorausgereist, und Dutzende Koffer mit Elisabeths Kleidern und Wäsche waren an Bord gebracht worden. Für die Kaiserin und ihre Entourage würde die Reise anstrengend werden: Die Tage waren mit Besuchen von Kinderheimen und Blumenmessen, Empfängen von Aristokratinnen mit Teegesellschaften und täglichen großen Diners von vierzig bis hundert Teilnehmern ausgefüllt. Selbstverständlich würde Elisabeth ihren Ehemann auch zu Paraden und Volksfesten begleiten und – wie es sich bei einem katholischen Kaiserhaus gehörte – in jedem Ort, den sie besuchte, an heiligen Messen teilnehmen und Kirchenvertreter empfangen.

Auf dieser Reise würde das Kaiserpaar von seinen beiden kleinen Töchtern begleitet werden. Allerdings sollten Sophie und Gisela erst einen Tag später per Schiff anreisen, sodass – wie von ihren Eltern gewünscht – bei ihrer Ankunft die erste Hektik rund um die Übersiedlung des Hofstaates schon vorbei wäre.[5] Trotz aller Anstrengung, die diese Reise für sie bedeutete, legten Elisabeth und Franz Joseph Wert auf ein gemeinsames Familienleben; die Mädchen sollten nicht zwei Monate von Vater und Mutter getrennt sein. Zu Veranstaltungen würden Sophie und

Gisela nicht hinzugezogen werden, und auch öffentliche Auftritte mit den Kleinen waren nicht geplant. Während der beiden Touren durch Ungarn, die das Kaiserpaar unternehmen musste, sollten die Kinder mit ihren Betreuern in der Ofener Burg zurückbleiben.

Auf der ersten Etappe ihrer Schiffsreise passierten Kaiser und Kaiserin nach nur zweieinhalb Stunden Fahrt die alte Krönungsstadt Pressburg. Auf dem Schiffsdeck stehend, ließen sie sich von der Bevölkerung am Donauufer zujubeln, winkten ihrerseits und legten kurz vor elf Uhr in Komorn an, wo sie von Erzherzog Albrecht und den Stadthonoratioren begrüßt wurden. Zu Mittag ging die Reise weiter, und um fünf Uhr nachmittags kamen Franz Joseph und Elisabeth endlich in Ofen an.[6] Die Hofgalawagen warteten bereits bei der Anlegestelle. In einer prächtigen Kolonne bewegte sich die Reisegesellschaft in Richtung Ofener Burg. Soldaten bildeten ein Spalier, Menschenmassen säumten die Straßen, und die Bewohner Ofens jubelten Elisabeth und Franz Joseph begeistert zu. Vor einer mit Blumen geschmückten Triumphpforte hielt der Galawagen mit dem Kaiserpaar, wo es sich auch der Bürgermeister von Ofen nicht nehmen ließ, die Majestäten offiziell willkommen zu heißen. Dann erst fuhr die kaiserliche Reisegesellschaft in den Schlosshof ein.

Zurückziehen konnte sich Elisabeth, die mittlerweile mehr als zwölf Stunden unterwegs war, aber noch nicht. So wie es das Zeremoniell vorschrieb, mussten sie und Franz Joseph sich von einer langen Cortège, die sich aus Kämmerern und Palastdamen zusammensetzte, zu ihren Räumen bringen lassen. Schließlich konnte ein Kaiserpaar bei offiziellen Besuchen nicht einfach nur in seine Appartements gehen, sondern musste im Rahmen einer feierlichen Zeremonie von den Höchsten des Hofes dort hingeleitet werden. In ihren Zimmern angekommen, hatten Elisabeth und Franz Joseph nun kurz Zeit, sich frisch zu machen. Das bedeutete für Elisabeth: Ihre Kammerfrauen konnten mit feuchten Tüchern ihr Gesicht, ihren Hals und ihre Arme von Schmutz und Schweiß befreien, ihr ein frisches Kleid anlegen und ihr Haar richten. Ausruhen konnte sich die Kaiserin nach der langen Reise nicht. Denn in der Ratsstube des Schlosses wartete der Kardinal-Fürstprimas, um ebenfalls das Kaiserpaar offiziell in Ungarn willkommen zu heißen. Nachdem sich Elisabeth und Franz Joseph anschließend auf dem Balkon den versammelten Vorständen der Landesgemeinden gezeigt und in der Schlosskirche einem »Te Deum« beigewohnt hatten, kam endlich der letzte Punkt des Tages: Elisabeth empfing alle in Ungarn anwesenden Habsburger mitsamt Suiten zum Tee. Und danach endete der erste von sechzig Tagen, die alle ein ebenso dichtes – und oft sogar noch dichteres – Programm aufwiesen.[7]

Am nächsten Tag kamen die zwei kleinen Erzherzoginnen Sophie und Gisela abends in Begleitung ihrer Aja, ihrer Kindermädchen und Diener in der Ofener Burg an. Die Einwohner Ofens jubelten auch ihnen zu, als das Schiff anlegte, und die beiden hübsch gekleideten Mädchen – das eine ein wenig über zwei Jahre alt, das andere zehn Monate – wurden von ihren Kindermädchen zu den bereitstehenden Kutschen getragen. »Ich hoffe nur, dass sie in ihrem Schrecken nicht geschrien und geweint haben«, sorgte sich die in Wien verbliebene Großmutter beim Gedanken daran, dass die kleinen Erzherzoginnen ob des Wirbels bei ihrer Ankunft einen guten Auftritt hinlegten.[8] Elisabeth hingegen hatte an diesem Tag Glück. Sie konnte mit ihren Mädchen noch den Abend verbringen, da ein heftiger Regenguss die geplante abendliche Stadtrundfahrt durch Ofen verhinderte. Doch auch ohne sie war dieser Tag bereits mit offiziellen Pflichten zugepflastert gewesen. Einen ruhigen Abend mit ihren Töchtern wie der, den ihr der starke Regen geschenkt hatte, würde es für sie angesichts des dichten Programms in den nächsten Wochen kaum mehr geben.

Die folgenden Tage waren für das Kaiserpaar ausgefüllt mit Truppeninspektionen, Paraden, Kasernenbesuchen, dem Besuch einer Werft – wo zwei Schiffe auf die Namen »Sophie« und »Gisela« getauft wurden –, Besuchen von Kinder- und Altersheimen, Ordenshäusern und Messen. Dazu kamen die täglichen

Audienzen des Kaisers und die täglichen Empfänge, die Elisabeth für Damen gab. Ausnahmslos an jedem Abend nahmen beide an Diners mit zig Geladenen teil, und im Anschluss daran besuchten sie noch Wohltätigkeitskonzerte, Theateraufführungen und Adels- und Bürgerbälle.[9] Bis auf eine Stunde, die sie allein im Ofener Stadtwäldchen ausritten, verbrachten die Eheleute das bisschen freie Zeit, das ihnen blieb, mit ihren kleinen Töchtern. Wann immer ihr möglich, eilte Elisabeth während der kurzen Programmpausen in die Räume der Mädchen, um sie zu sehen.

Unmittelbar vor der ersten, durch Ostungarn führenden Rundreise des Kaiserpaares zeigten sich bei Gisela Krankheitssymptome. Laut Hofprotokoll litt die Kleine an »fraisenhaften Anfällen [Fieberkrämpfen] aus Anlaß eines Zahndurchbruches«.[10] Ob das Fieber wirklich vom Zahnen kam, ist fraglich, denn bereits am nächsten Tag erkrankte auch Sophie. Gisela hatte ihre Schwester angesteckt – womit, das schien noch nicht klar. Zahnen als Ursache des Fiebers schied bei ihr aus (wenn auch in den Hofprotokollen weiterhin bei beiden Mädchen von einem »Zahnungs-Prozeß« die Rede war).[11] Angesichts zweier kranker Kinder verschob der Kaiser den Reiseantritt um vierundzwanzig Stunden. Als der Zustand der Mädchen auch am nächsten Tag unverändert war, wurde die Rundreise um weitere zehn Tage verschoben. Viel Zeit für ihre Kinder blieb Elisabeth und Franz Joseph trotzdem nicht, denn die nun frei werdenden Tage wurden mit weiteren Empfängen und Audienzen gefüllt. Lediglich abendliche Festveranstaltungen blieben aus.

Nach drei Tagen hatte sich Gisela erholt, aber Sophie ging es noch nicht besser. Trotz der anwesenden Hofärzte, darunter der kaiserliche Leibarzt Dr. Heinrich von Seeburger, ließ der Kaiser nach dem Wiener Kinderarzt Josef-Michael Götz rufen. Der Mediziner war nicht nur Autor des – in der kaiserlichen Hofbibliothek präsenten – Ratgebers »Die Pflege und Behandlung des kranken Kindes während der ersten Lebensperiode« (1842), sondern hatte auch speziell »den Verlauf der großen Epidemien

(Cholera, Typhus, Grippe) bei Kindern« untersucht.[12] Der erfahrene Dr. Götz schien vom Krankheitsverlauf des Mädchens nicht beunruhigt zu sein, denn er reiste, kaum angekommen, wieder ab. Doch am nächsten Tag verschlechterte sich Sophies Zustand weiter. Elisabeth ließ die Gänge sperren, die zur Kinderstube führten, und den Garde- und Saaldienst zwischen dieser und ihrem Appartement abziehen, sodass sie zu jeder Tages- und Nachtzeit schnell, ungesehen – und damit unkompliziert – zu ihren Kindern kommen konnte. Sophies Befinden blieb auch in den nächsten beiden Tagen besorgniserregend, doch zumindest kristallisierte sich eine Diagnose heraus: Das kleine Mädchen litt an Typhus, einer durch Bakterien ausgelösten schweren, von Fieber, Erbrechen und Bauchschmerzen begleiteten Durchfallerkrankung. Der Kaiser schrieb seiner Mutter, dass das »Schreien und Weinen« seines Töchterchens ihm das Herz zerriss: »Was Sisi und ich leiden, können Sie sich denken!«[13] Ein weiteres Mal wurde der Wiener Kinderarzt geholt, und nach einer schweren Nacht schien es Sophie wieder besser zu gehen. Es sah aus, als hätte sie die Krise überstanden.

So wurde an diesem Donnerstag, dem 21. Mai, Entwarnung gegeben. Sophies Eltern wurde mitgeteilt, dass ihr gesundheitlicher Zustand nicht mehr besorgniserregend sei. Natürlich sei das kleine Mädchen noch schwach und bedürfe der Schonung, aber der Reise des Kaiserpaares durch die ostungarische Provinz stehe nun nichts mehr entgegen. »Die armen Eltern konnten Samstag mit leichtem Herzen die Kinder verlassen«, informierte Franz Josephs Mutter seinen Bruder.[14] Elisabeth und Franz Joseph brachen also von Ofen auf. Sie fuhren zunächst nach Jászberényi und zogen feierlich in die Stadt ein. Doch am vierten Tag der Rundreise traf – wie im Reiseprotokoll zu lesen[15] – »eine telegraphische Depesche über das Befinden Ihrer kaiserlichen Hoheit der Erzherzogin Sophie aus Ofen ein, deren Inhalt Ihre Majestät die Kaiserin dermaßen bekümmert[e], daß schon die Abreise Allerhöchstderselben für Mittags anberaumt war«. Das Telegramm kam wohl von Sophies Aja und dürfte nicht mit den Ärzten abgesprochen worden sein. Denn kaum war die Entscheidung zur Abreise gefallen, traf ein Bericht der Hofärzte ein, der »Ihre Majestät Sich bestimmen [ließ], die bereits eingeleitete plötzliche Abreise wieder aufzugeben«.[16]

Was hat es mit diesen beiden, kurz hintereinander eintreffenden und einander widersprechenden Nachrichten auf sich? Machten sich die Aja und die Kindermädchen, die die kleine Sophie gut kannten, Sorgen um deren Befinden und kabelten dies der Kaiserin, während die Ärzte keinen Anlass sahen, sie und Franz Joseph nach Ofen zurückzurufen? Oder hatte sich nach dem Schreiben der Aja Sophies Zustand etwa gebessert, wovon nun die Leibärzte ihre Eltern informierten? Aber vielleicht war das Ärztebulletin auch vor dem Telegramm aus der Kinderstube abgeschickt worden, kam jedoch fatalerweise später an? (Denn wie schnell konnte ein Bericht, der nicht per Telegraf übermittelt wurde, so schnell von Ofen nach Jászberényi geschickt werden?)

Wie immer auch die Abfolge der Nachrichten war – man hätte Elisabeth besser nicht aufgehalten, zurück zu ihrem Kind zu reisen. Denn am nächsten Vormittag um elf Uhr erwartete das Kaiserpaar in Debrecen, wohin es um sechs Uhr früh aufgebrochen war, eine schlimme Nachricht: Sophie gehe es sehr schlecht. Die verängstigten Eltern mussten noch einen Empfang des Adels und der Behörden absolvieren, bevor sie endlich – nur vom Generaladjutanten des Kaisers, der Obersthofmeisterin der Kaiserin, einem Adjutanten und Elisabeths Kammerfrau begleitet – nach Ofen eilen konnten. Erst am Vormittag des nächsten Tages, Freitag, den 29. Mai, kamen Elisabeth und Franz Joseph bei ihren Kindern an.

Als die Eltern um halb elf in der Ofener Burg eintrafen, befand sich Sophie bereits in einem kritischen Zustand. Der Kaiser sollte später berichten, dass er und Elisabeth ihre zweijährige Tochter »entkräftet, aber völlig ruhig« vorfanden.[17] In der Nacht zuvor, erfuhren die bestürzten Eltern von Sophies Betreuern, hatte »die arme Kleine viel [gelitten]«.[18] Anhand der verfügbaren

Quellen lässt sich eruieren, dass das Mädchen beim Eintreffen seiner Eltern völlig dehydriert war und seine Nieren bereits versagten.[19] Rettung gab es keine mehr: Um drei Uhr nachmittags fiel Sophie in Agonie – der Todeskampf begann. Ihre »unwillkürlichen Schreie«, wie Franz Joseph später seiner Mutter schilderte, waren bereits die Anzeichen ihres bevorstehenden Todes.[20]

Die Eltern wachten am Bett ihres Kindes. Die Ärzte, die Aja und Sophies Kindermädchen versammelten sich ebenfalls im Zimmer der sterbenden Kleinen. Immer wieder versuchte Elisabeth, dem bereits lethargischen Mädchen eine Reaktion zu entlocken. Sie sprach zu ihr, stellte ihr Fragen. Kurz vor Sophies Ende fragte sie sie noch einmal: »Baby, wo ist der Papa?« Doch die Kleine konnte schon längst nicht mehr sprechen. Sie wandte auf die Frage ihrer Mutter nur »noch ihre schönen, tiefen Augen zu ihm [Franz Joseph] hin«.[21] Als Sophies letzte Minuten kamen, drückte ihr der Vater ein Kruzifix in die kleinen Hände, und Elisabeth legte jenes Kreuz, das bei den Geburten ihrer Kinder stets unter ihrem Kissen lag, nun unter das Kissen ihres sterbenden Kindes. Kurz darauf setzte bei Sophie die Atmung aus. »Baby« war tot.

Elisabeth schloss ihrer Tochter die Augen. Sie hatte bis zuletzt Haltung bewahrt, aber nun brach sie zusammen. Zum großen Schmerz über Sophies Tod kamen massive Schuldgefühle. Sie hatte Auftritte absolviert, als es ihrem Kind schon sehr schlecht gegangen war. Sie hatte erleben müssen, wie ihr Kind stundenlang vor Schmerzen schrie und die renommiertesten Mediziner der Monarchie sein Leid nicht lindern konnten. Hinzu kam noch ihr Misstrauen gegenüber den Leibärzten der kaiserlichen Familie wie gegenüber den meisten Mitgliedern dieser Familie und deren Hofchargen. Sie war gedrängt worden, die Rundreise anzutreten, als »Babys« Zustand bereits kritisch gewesen war. Man hatte sie mit einem medizinischen Bericht fälschlicherweise beruhigt, als sie an das Krankenbett ihres Kindes hatte zurückkehren wollen. Auch wenn Hochs und Tiefs beim Krankheitsverlauf wechseln können, muss es Elisabeth so vorgekommen sein, als hätte man ihr immer wieder die Wahrheit über jenen ihres Kindes verheimlicht. Dass sich die Kaiserin von Erzherzog Albrecht, dem mächtigen Habsburger und ungarischen Generalgouverneur, zu dieser Rundreise gedrängt gefühlt hatte, bestätigte später ihre Schwiegermutter: »Ein schweres Opfer war es ihr auch, das liebe arme Kind am 23ten bei nur scheinbarer Besserung verlassen zu müssen, um die Reise nach Ungarn fortzusetzen. Sie gab auch nur Albrechts inständigen Bitten nach, dem es so sehr am Herzen lag, den stets treuen Jazygiern u. Cumanen [Anm.: zwei sagenumwobene alte ungarische Stämme, die in Ostungarn lebten] das Glück zu verschaffen, die Kaiserin, die überall in Ungarn wie in Italien einen so günstigen Eindruck machte, auch bewundern zu können«.[22]

Schwesterchen Gisela wurde unverzüglich mit ihrer Aja und Dr. Seeburger in einem Extrazug nach Wien geschickt. Franz Joseph und Elisabeth reisten ebenfalls ab, allerdings erst nach der Messe, die am nächsten Morgen für die kleine Sophie gegeben wurde. Der Leichnam des Kindes blieb hingegen noch in Ofen. Selbst im Tod durfte nicht vergessen werden, dass es sich bei Sophie um die Tochter eines Kaisers handelte. Ihr Leichnam musste zunächst öffentlich ausgestellt und sie in Ungarn mit allen Ehren verabschiedet werden. Erst danach konnte man das tote Kind nach Wien bringen – um es hier mit allem Pomp zu bestatten, der einer Kaisertochter entsprach. »Sisi tat es so weh, sie verlassen zu müssen, sie wäre gerne mit ihr zurückgekommen, doch wollte sie auch nicht den Kaiser allein abziehen lassen«, schrieb Erzherzogin Sophie.[23]

Franz Joseph hatte seinem väterlichen Vertrauten, Generaladjutant Graf Karl von Grünne, die Verantwortung für die Aufbahrung seines Töchterchens in Ofen und dessen Überstellung nach Wien übertragen. Nachdem er und Elisabeth abgereist waren, begann Grünne mit dem nun Erforderlichen. Sophie wurde einbalsamiert – eine Entnahme der inneren Organe, wie es der habsburgische Bestattungsritus vorgesehen hätte, verbot der Kaiser jedoch –, in ein silbernes Kleidchen mit Spitzenverzierung gekleidet, auf eine mit rotem Samt belegte Trage gebettet und eingesegnet. Anschließend wurde sie, von vier Leiblakaien getragen, in die Schlosskirche überführt. Auch jetzt wurde die Kaisertochter, wie schon bei ihrer Taufe, von einer Cortège begleitet: Vor der Trage schritten ein Hof- und ein Kammerfourier, der Schlosspropst, der ein Kruzifix in die Höhe hielt, zwei Leibgardisten sowie Diener, die brennende Windlichter trugen. Der Generaladjutant und Elisabeths und Sophies Kammerpersonal folgten der Trage.

Dieser traurige kleine Leichenzug nahm seinen Weg von Sophies Zimmer aus durch die Prunkräume, in denen Elisabeth ihre repräsentativen Pflichten mit so viel Charme absolviert hatte, während ihre Kinder ganz in der Nähe in ihren Krankenbettchen gelegen hatten. In der Schlosskirche angekommen, bettete man den kleinen Leichnam unter einem Baldachin auf einem silbernen Polster und umkränzte ihn mit duftenden Blumen. Zu Sophies Füßen legte man, wie es bei der Aufbahrung von Erzherzoginnen üblich war, »die kaiserliche Prinzenkrone und den Erzherzogshut, dann ein Paar weiße Handschuhe«.[24] Trabantenleibgarden und Garde-Gendarmen hielten am winzigen Schaubett Wache, während Geistliche Gebete murmelten. Einen ganzen Tag lang konnten die Menschen nun von der kleinen Sophie Abschied nehmen.

Während sie aufgebahrt war, ließ Grünne den Maler Miklós Barabás in die Ofener Burg holen und beauftragte ihn, so schnell wie möglich ein naturgetreues Bildnis der Kaisertochter auf dem Totenbett zu malen. Dieses Aquarell machte Elisabeth »unaussprechlich glücklich«, als man es ihr wenige Tage später überreichte.[25] Ihrer Schwiegermutter zufolge erzählten sie und Franz Joseph allen Verwandten, dass »die Kleine [...] so wunderschön in der letzten Stunde« gewesen sei.[26] Das letzte Bildnis der kleinen Sophie zeigt ein hübsches blondes Mädchen mit zur Seite gekämmtem Haar. Es sollte bis an sein Lebensende über dem Bett des Kaisers hängen. Noch als alter Mann, und lange nachdem seine Frau gestorben war, hatte Franz Joseph »Babys« Bild vor Augen.

Am Tag nach der Aufbahrung wurde Sophies Sarg in einer sechsspännigen Kutsche vom Schloss zum Bahnhof transportiert. Dort wurde der Sarg in einen Kupfersarg gebettet, dieser mit einer roten Samtdecke zugedeckt und in den Hofwaggon gebracht. Bewacht von Gardisten, trat Sophie ihre letzte Reise an. Kurz vor Wien hielt der Zug im Vorort Floridsdorf. Er musste so lange auf das Signal zur Weiterfahrt warten, bis sichergestellt war, dass er pünktlich um zehn Uhr abends, und keine Minute früher, in Wien eintraf. Das ausgefeilte Zeremoniell verlangte eine exakte Ankunftszeit, damit das Bestattungsritual in Wien reibungslos ablief.[27] Elisabeths erstes Kind wurde in der Kapuzinergruft, der traditionellen Begräbnisstätte der Habsburger, zur letzten Ruhe gelegt.

Nach der Beerdigung übersiedelte das Kaiserpaar nach Schloss Laxenburg.[28] Doch war nicht gerade dieser Ort für Elisabeth mit negativen Erfahrungen verknüpft? Schließlich musste sie den traumatischen Aufenthalt nach ihrer Hochzeit, als sie unter ihrer Einsamkeit gelitten hatte, noch in lebhafter Erinnerung haben. Es erstaunt, dass das trauernde Kaiserpaar nun genau dorthin, in die abgelegene Residenz südlich von Wien, wechselte. Und wieder war Elisabeth allein, denn wie vor drei Jahren gingen für den Kaiser die Staatsgeschäfte weiter, die ihn jeden Morgen nach Wien fahren ließen. So bat er Elisabeths Mutter zu kommen. Dass seine Frau in dieser Situation zwar die Nähe Ludovikas brauchte, diese aber alles andere als eine Stütze für eine depressive Trauernde sein würde – davon waren der Kaiser wie Erzherzogin Sophie allerdings auch überzeugt. Sie bestanden darauf, mit Ludovika zu reden, ehe sie mit Elisabeth zusammentraf. Offenbar wollten sie sie auf den schlechten Zustand ihrer Tochter vorbereiten und ihr bewusst machen, dass sie nun Stärke zeigen musste. Demgemäß schrieb die Erzherzogin an Franz Josephs Bruder Maximilian: »Es wird T[ante] Luise wohltun, sich mit mir auszusprechen, ehe sie die arme Sisi wiedersieht, da sie [Ludovika] aus zu tiefem überwältigendem Gefühl ohnedem jeden großen Schmerz schwer erträgt u. beinahe unter demselben erliegt«.[29]

Elisabeth und Franz Joseph gingen unterschiedlich mit dem Schicksalsschlag um. Beide litten, beide weinten, aber während bei Franz Joseph mit der Zeit die Dankbarkeit über das kurze Dasein Sophies in den Vordergrund trat – »Ach, es war auch ein so großes Glück, wir müssen Gott recht dankbar dafür sein« –, fand Elisabeth keinen Trost.[30] Sie zog sich zurück, verließ tagelang ihre Räume nicht und aß kaum. Ging sie spazieren, ließ sie sich nur von einer Hofdame begleiten. Mitglieder der kaiserlichen Familie, die Elisabeth besuchten, fanden sie stets in Tränen aufgelöst vor, die einzigen Gespräche, zu denen man sie bewegen konnte, handelten von »Baby«. »Es tut ihr wohl, wenn man teilnehmend ihre Erinnerungen an das entschwundene Glück teilt, in dieselben eingeht«,[31] berichtete die Schwiegermutter, und: »Sisi hat das Bedürfnis von ihrem geliebten Kinde zu sprechen, sich mit allem, was sie an dasselbe erinnert, zu umgeben«.[32]

Von Elisabeth selbst gibt es aus dieser Zeit einen Brief an ihre Schwägerin, in dem sie von ihrer Trauer erzählt: »Es ist ein entsetzliches Unglück, das den Kaiser und mich betroffen hat, so ein erstes und liebes Kind sterben zu sehen, ist ein Schmerz, der recht schwer und hart zu tragen ist und ich dachte nicht, dass ich mich so unglücklich fühlen könnte wie jetzt. Alles hier ist eine so wehmütige Erinnerung an unsere liebe Kleine, jeder Fleck in den Zimmern und im Garten, wo sie voriges Jahr noch so lustig war und wo wir uns so gefreut hatten, sie diesen Sommer mit Gisela zu sehen. Unsere Kleine ist jetzt glücklich, und wird im Himmel gewiss jetzt für uns beten, dass uns Gott Kraft gibt, dieses Unglück zu ertragen und das kann auch unser einziger Trost sein [...]«.[33]

Trotz allem Schmerz über den Tod der kleinen Sophie musste das Leben bei Hof weitergehen. Der Kaiser reduzierte in der Trauerphase zwar die repräsentativen Aufgaben seiner Ehefrau, aber wenn ein gekröntes Haupt die Residenzstadt besuchte, musste Elisabeth Laxenburg verlassen und sich in Wien an der Seite ihres Mannes zeigen: Anfang Juli 1857 stattete der König von Preußen Franz Joseph einen Besuch ab, zudem hatte sich die Königin von Griechenland angesagt.[34] Ihren Schmerz musste Elisabeth ignorieren, um die Gäste des Kaisers mit leichter Konversation zu unterhalten. Auch familiäre Verpflichtungen verlangten in diesem unglücklichen Sommer ihren Tribut: Wenige Wochen nach dem Tod der kleinen Sophie hatte der älteste Bruder des Kaisers, Erzherzog Ferdinand Maximilian, in Brüssel Prinzessin Charlotte, die Tochter des belgischen Königs, geheiratet. Nun mussten Elisabeth und Franz Joseph die neue Schwägerin mit allen Ehren empfangen.

Mit der Vermählung von Franz Josephs ältestem Bruder, der damals die Nummer eins der Thronfolge war, trat ein bisher ungelöstes Problem wieder deutlicher zutage: Der Kaiser hatte noch immer keinen Sohn. Sollte ihm irgendetwas passieren, gäbe es für Franz Joseph keinen natürlichen Nachfolger. Die Kaiserwürde ginge dann auf seinen Bruder über. Keine Frage, Elisabeths Mann wartete auf einen Erben. Inzwischen vergrößerte sich die kaiserliche Familie, es kam zu Verschiebungen im familiären Machtgefüge. Erzherzogin Sophie zeigte sich begeistert von ihren neuen Schwiegertöchtern – ihr dritter Sohn Karl Ludwig hatte schon 1856 geheiratet –, die beide, fern von Wien wohnend, den schwiegermütterlichen Ansprüchen entzogen waren und sich deshalb umso leichter idealisieren ließen. Wahrscheinlich würden beide auch bald schwanger werden. Dagegen hatte die trauernde und mittlerweile kränkelnde Elisabeth ihre wichtigste Aufgabe noch immer nicht erfüllt. Was, wenn Franz Josephs Brüder zuerst für männliche Nachkommen sorgten? Der Druck, der auf Elisabeth lastete, muss unermesslich gewesen sein, doch zum Glück stellten sich sieben Monate nach dem Tod Sophies, im Dezember 1857, neuerliche Anzeichen einer Schwangerschaft bei ihr ein.

Elisabeth hatte bisher leichte Geburten erlebt – was sich nun ändern sollte. Am 21. August 1858 hielt sich die junge Kaiserin erneut in Laxenburg auf. Sie war mittlerweile hochschwanger, nichtsdestoweniger nahm sie regelmäßig an gemeinsamen

Abenden mit der Familie und ihrem Gefolge teil. Um vier Uhr nachmittags fühlte sie sich unwohl. Sie war eben von ihren Kammerdienerinnen fertig angekleidet worden, um mit ihrer Schwiegermutter und ihren Suiten zu dinieren, doch nun mussten diese auf ihre und auch Franz Josephs Gesellschaft verzichten. Das Kaiserpaar aß stattdessen in Elisabeths Appartement. Unmittelbar darauf setzten Wehen ein. Nach Wien wurde ins Obersthofmeisteramt telegrafiert, dass die Kaiserin »zum Kinde gehe«. Damit begannen – wie bei den ersten beiden Geburten – die Betstunden in der Hofburgkirche und allen öffentlichen Kirchen. Auch der Obersthofmeister von Erzherzogin Sophie, der sich zu diesem Zeitpunkt in Wien aufhielt, wurde über die nahende Geburt in Kenntnis gesetzt. Er stieg sofort in eine Kutsche und preschte im Eiltempo nach Laxenburg – seine Herrin wünschte, ihn nun um sich zu haben, sodass er für Meldungen oder kleinere Aufträge bereitstünde. Graf Nicolaus Szécsen von Temerin, so der Name des Obersthofmeisters, fasste später alles, was er in der Folge erlebt und gehört hatte, in Briefen an seine Frau zusammen. Mithilfe dieser Briefe lassen sich die dramatischen Stunden Elisabeths bei dieser dritten Geburt einigermaßen rekonstruieren.

Erzherzogin Sophie teilte ihrem Obersthofmeister gleich nach dessen Ankunft mit, dass sich diese Niederkunft der Kaiserin wohl deutlich von ihren bisherigen unterscheiden werde. Der Kaiser, die zugezogene Hebamme, Elisabeths Kammerfrauen und die Erzherzogin, die bei der Geburt wieder zugegen waren, wurden Zeuge, wie gegen zweiundzwanzig Uhr, also sechs Stunden nach den ersten Wehen, die Schmerzen Elisabeths in solchem Ausmaß anwuchsen, dass sie »unmenschliche Schreie« von sich gab.[35] Wie es sich später herausstellte, war das Kind ein »Sternengucker« – es hatte laut Fachbegriff eine »hintere Hinterhauptseinstellung«, blickte also im Geburtskanal mit dem Gesicht nach oben. Diese anomale Lage erschwerte die Entbindung und bereitete der werdenden Mutter unerträgliche Geburtsschmerzen. Der Einsatz des Narkotikums Chloroform bei Geburten, der mit

Queen Victorias achter Niederkunft 1855 seinen Siegeszug in der höheren Gesellschaft antrat, war am Wiener Hof zu dieser Zeit unerwünscht. Eine schmerzfreie Entbindung »à la reine«, also nach Art der Königin, bei der die Mutter narkotisiert wurde, war nicht einmal bei schweren Geburten wie dieser eine Option für die Hofärzte. Zu suspekt erschien es ihnen, die Qualen der Geburt durch ein Narkotikum zu mildern. Elisabeth musste die schmerzhafte Geburt ohne Erleichterungen durchleben. Wie schwer diese Stunden für sie waren, zeigt sich auch daran, dass selbst die nervenstarke Erzherzogin angesichts des heftigen Leidens ihrer Schwiegertochter weinend auf die Knie fiel, um für sie zu beten – was auf die Gebärende wohl kaum beruhigend gewirkt haben dürfte.[36]

Um 22 Uhr 15 an diesem 21. August 1858 war die Geburt überstanden.[37] Elisabeth hatte endlich den ersehnten Thronfolger zur Welt gebracht. »Beseligend war der Augenblick, als mein Sohn mit tiefer Bewegung mir zurief: ›Es ist ein Bub‹ und wir uns in unaussprechlicher Freude in den Armen lagen«, schrieb Erzherzogin Sophie später an die bayerische Verwandtschaft und fügte an: »Der Ausdruck innigen Glücks in den Zügen meines Sohnes, die so oft Ernst und Sorge ausdrücken, erquickt mein Herz!«[38]

Elisabeth war von den Geburtsstrapazen so geschwächt, dass sich der Kaiser noch nicht traute, ihr zu sagen, dass sie einem Jungen das Leben geschenkt hatte. Er befürchtete, dass ihr die damit verbundene Aufregung schaden könnte. Die Erzherzogin erzählte später ihrem Obersthofmeister: »[Sie] frug schwach und ängstlich nach dem Geschlecht des Kindes! Der Kaiser, besorgt, dass ihr auch die Freude schaden könnte, erwiderte, die Gruber wisse es noch nicht«. Worauf Elisabeth »ganz kleinlaut« gesagt habe: »Ach! Gewiss wieder ein Mädchen!«[39] Doch nun konnte der Bevölkerung mit hundertundein Kanonenschüssen am nächsten Morgen verkündet werden, dass dem Kaiser von Österreich ein Sohn geschenkt wurde. Wenig später wurde der Säugling in Laxenburg auf den Namen Rudolf Franz Karl Joseph getauft.

Mit der Geburt des Kronprinzen hätten für Elisabeth neue, bessere Zeiten beginnen können. Ihre Stellung bei Hof und in der kaiserlichen Familie war mit der Geburt Rudolfs gestärkt worden. Sie war nun die Mutter des künftigen Kaisers von Österreich. Sie hatte die Zukunft der Dynastie in der Hand beziehungsweise sprichwörtlich die Hand an der Wiege. Hinzu kam, dass es ihr in den letzten zwei Jahren gelungen war, ihre Position bei Hof und in der Familie auszubauen: Sie hatte der bisherigen Matriarchin die Stirn geboten und begonnen, ihre Wünsche durchzusetzen. Sie hatte die kaiserliche Kindskammer Sophies ausschließlichem Zugriff entzogen und, auch wenn sie deren Personal noch nicht auswählen konnte, damit ihren Einflussbereich vergrößert. Zudem hatte sich Franz Joseph im Konflikt um die Kinder auf ihre Seite gestellt und so deutlich gemacht, wo seine Prioritäten lagen. Und auch bei ihren öffentlichen Auftritten begeisterte Elisabeth: Sie hatte sich keiner der vielen repräsentativen Pflichten entzogen und sich vom schüchternen Mädchen zur allseits bewunderten Frau entwickelt, auf deren charismatische Wirkung der Wiener Hof vor allem bei öffentlichen Veranstaltungen nicht mehr verzichten konnte – selbst ihre Schwiegermutter war von Elisabeths Auftritten hingerissen. Kurz, die nun Zwanzigjährige absolvierte alle Pflichten einer Kaiserin bravourös und schien sich bei Hof eingelebt zu haben. Als Mutter des künftigen Kaisers hatte sie mehr denn je die Möglichkeit, neue Akzente zu setzen.

Doch Elisabeth schloss nicht an diese Erfolge an. Es scheint vielmehr so, als wäre alles, was sie erreicht hatte, nun für sie nicht mehr von Bedeutung gewesen. In den wenigen verfügbaren Quellen findet man Hinweise darauf, dass es ihr schlecht ging. So brauchte sie lange, um sich von den Strapazen der schweren Geburt des Kronprinzen zu erholen. Sie durfte Rudolf nicht stillen, litt unter Milchandrang und hatte Schmerzen. Auch bekam sie im Wochenbett immer wieder Fieber. Doch ihr Vertrauen zum kaiserlichen Hofarzt Dr. Johann von Seeburger hatte Elisabeth längst verloren. Er war nicht in der Lage gewesen, ihrem

Töchterchen Sophie zu helfen und hatte auch sie selbst zu spät an »Babys« Krankenbett gerufen. Und auch jetzt gab es Vorkommnisse, die im Nachhinein kaum erklärbar sind: Obwohl Elisabeth im Wochenbett fieberte und die kaiserlichen Appartements in Laxenburg – bei dem damals trüben Wetter – schnell abkühlten, reagierte der Leibarzt nicht. Selbst Erzherzogin Sophie, die sich zu diesem Zeitpunkt in Ischl befand, schrieb »ein Telegramm nach dem anderen [...], um den Kaiser und Seeburger zu überzeugen, dass die ungesunde Luft in Laxenburg Sisi die Fieberanfälle gäbe und dass ein rasches Übersiedeln Sisis in meine warmen Appartements in Schönbrunn [...] gewiss angezeigt wäre«.[40]

Aber der kaiserliche Leibarzt hörte vorerst weder auf die Mutter des Kaisers, noch nahm er die Fieberschübe Elisabeths während ihres Wochenbetts ernst. (Was angesichts der Gefahr des gefürchteten Kindbettfiebers verwundert.) Erst nach einem zweiten schweren Fieberanfall empfahl der Arzt Elisabeths Übersiedlung. Dass sich die Kaiserin von Dr. Seeburger nicht ernst genommen fühlte, erstaunt angesichts des tragischen Todes der kleinen Sophie keineswegs. Zudem zeigte sich gerade jetzt, dass Elisabeth in vieler Beziehung noch immer nicht über sich bestimmen konnte: So durfte sie nicht einfach nach Schönbrunn übersiedeln, sondern musste warten, bis man ihre Beschwerden ernst nahm. Viele ihrer später übertrieben scheinenden Handlungen wurzeln in Erfahrungen aus ihren ersten Jahren bei Hof wie dieser. Solche Erfahrungen waren hier allerdings nur Stationen in einem Prozess, in dem eine Frau, deren Beschwerden man zunächst ignorierte, zunehmend lernte, selbst zu entscheiden, was ihr wohltat.

Nach der dritten Geburt innerhalb von dreieinhalb Jahren war Elisabeth erholungsbedürftig. Dass mehrere Geburten in kurzen Intervallen – was der Absicherung der Dynastie geschuldet war – zu Lasten der Gesundheit gingen, war unter den Frauen an Europas Herrscherhäusern ein Thema, das viele von ihnen betraf. So gab Queen Victoria zu, dass ihre ersten drei

Geburten, die in kurzem Abstand hintereinander stattfanden, sie körperlich und seelisch an ihre Grenzen gebracht hatten: »Man ist so erschöpft und nervlich überlastet«.[41]

Zu den körperlichen Beschwerden kamen seelische. Elisabeth mag nach dem Schicksalsschlag um ihr Kind wieder »funktioniert« und ihre höfischen Pflichten wieder aufgenommen haben, doch der Tod ihrer Tochter hatte tiefe Spuren in ihrer Seele hinterlassen. Es ist davon auszugehen, dass die Kaiserin an einer posttraumatischen Belastungsstörung litt. In den Korrespondenzen über Elisabeth aus dieser Zeit finden sich viele Anmerkungen, die auf Vermeidungssymptome hinweisen, die man heute als verzögerte psychische Reaktionen auf ein zurückliegendes, extrem belastendes Ereignis deuten würde: Gleichgültigkeit gegenüber ihrer Umgebung, Vermeidung von Aktivitäten sowie die Erfahrung, sich hilflos und schutzlos zu erleben. Die Zustände, unter denen Elisabeth litt, ähnelten den körperlichen Symptomen, die sich als Folgen von Traumata einstellen, wie etwa ihre vegetative Übererregtheit – die freilich in den Korrespondenzen nicht so genannt wurde. Elisabeths Umgebung nahm ihre Reizbarkeit ebenso wahr wie ihre Schlafstörungen und beklagte, dass sie zu wenig Nahrung zu sich nehme. Selbst ihren erhöhten Bewegungsdrang und ihr übermäßiges, bis zur Erschöpfung betriebenes Reiten, das vor allem die Schwiegermutter beklagte, muss man wohl im Kontext mit der für Elisabeth traumatischen Erfahrung des Todes der kleinen Sophie sehen.

Bereits vor ihren Geburten hatte Elisabeth zeitweise ein unkontrolliertes Verhalten an den Tag gelegt. Sie war sich, mit gutem Grund, seit ihrer Pubertät permanent fremdbestimmt und hilflos vorgekommen (gegenüber ihrer dominanten Schwiegermutter und der Hofgesellschaft). Eine junge Frau mit dieser psychischen Disposition musste der Tod eines Kindes – der ohnehin bei wohl jeder Mutter bodenlose Verzweiflung, Schmerz und Ohnmachtsgefühle hervorruft – besonders hart und traumatisch treffen. Betrachtet man etwa das »Sichverweigern« Elisabeths in späteren Jahren und ihr manchmal übertrieben anmutendes Beharren auf ihrer persönlichen Freiheit – wobei sie oft keine Rücksicht auf die Bedürfnisse ihrer nächsten Umgebung nahm –, kommt man nicht umhin, beides als wahrscheinliche Folge dieses Traumas zu begreifen.

Letztendlich waren wohl all die »Befindlichkeiten« Elisabeths in den Jahren nach Sophies Tod, von denen immer wieder in Tagebüchern und Korrespondenzen die Rede ist – Schwäche, Appetitlosigkeit, Zurückgezogenheit, Weinattacken – und die, da sie zu keiner damals benennbaren Krankheit zu passen schienen, von Hofärzten und Höflingen unter der Hand gern als »Wehleidigkeiten« abgetan wurden, nichts anderes als Symptome einer schweren posttraumatischen Belastungsstörung. In die Biografien der Kaiserin flossen diese modernen Erkenntnisse jedoch kaum ein. Viele der Verhaltensweisen, die später im Rahmen des »Sisi-Mythos« verklärt wurden – der Rückzug vom Hof und aus der Öffentlichkeit, die »Flucht in Krankheit« –, sind wohl lediglich Vermeidungsstrategien einer Frau, die Traumatisches erlebt hatte. Freilich hatte diese Frau, anders als die meisten ihrer Geschlechtsgenossinnen, das Privileg, diese Strategien nicht nur zu entwickeln, sondern auch ausleben zu dürfen.

Im Jahr nach der Geburt des Kronprinzen stellten sich bei Elisabeth wieder Angstzustände ein, und zwar zu einer Zeit, als Franz Joseph außen- wie innenpolitisch unter Druck geriet. Österreich wollte 1859 einem von Napoleon III. unterstützten Angriff Sardinien-Piemonts auf Mailand und das lombardo-venezianische Königreich zuvorkommen.

Als Franz Joseph im Frühjahr 1859 in den Sardinischen Krieg – beziehungsweise den Zweiten Italienischen Unabhängigkeitskrieg – zog, befielen Elisabeth ähnliche Verlustängste wie vier Jahre zuvor, als er kurz nach Sophies Geburt zu einer Inspektionsreise nach Galizien aufgebrochen war. Allein die Ankündigung, dass ihr Ehemann zu seinen Truppen in Italien stoßen werde, ließ sie zusammenbrechen: Sie weinte tagelang, war nervlich am Ende und hatte, wie es schien, auch Angst, ohne Franz Joseph in Wien zurückzubleiben, in einer Umgebung, der sie nicht vertraute. Der Abschied am Bahnhof von Mürzzuschlag, wohin Elisabeth ihn begleitet hatte, war tränenreich. Selbst als sie wieder in ihr Appartement zurückgekehrt war, beruhigte sie sich nicht. Eine Kinderfrau Giselas und Rudolfs, Leopoldine Nischer von Falkenhof, schrieb damals: »Die Fassungslosigkeit der Kaiserin übersteigt alle Begriffe. Sie hat seit gestern früh [nach ihrer Rückkehr aus Mürzzuschlag] noch nicht zu weinen aufgehört, isst nichts, und bleibt immer allein – höchstens mit den Kindern«.[42] Diese ängstigte das Verhalten der Mutter. Kinderfrau Nischer vertraute ihrem Tagebuch an, dass »die arme Gisela durch die immerwährenden Tränen aus der Fassung gebracht« werde: »Gestern saß sie ganz still in einem Winkel und hatte ganz nasse Augen. Als ich sie frug, was ihr fehle, sagte sie: ›Gisela muss ja auch weinen um den guten Papa.‹«[43]

An den Kindern entzündeten sich alte familiäre Konflikte aufs Neue. Die Quellenlage zu dieser für alle Beteiligten schwierigen Zeit ist allerdings dürftig. Auch liegen keine Briefe vor, die erklären könnten, was diese Streitigkeiten ausgelöst hatte oder mit welchen Mitteln nun hinter den Kulissen gekämpft wurde. Fest steht nur, dass Elisabeths Verhalten in der Verwandtschaft besprochen wurde – wie einem Antwortschreiben Ludovikas an ihre Schwester Sophie zu entnehmen: »Dein Brief hat mir in einer Beziehung sehr leidgetan, ich glaubte, es ginge viel besser, und solche Sachen, wie Du mir schreibst, kämen gar nicht mehr vor. Es ist mir ein wahrer Kummer, dass es immer so bleibt, und die Jahre darin keine Änderung hervorbringen. Es ist ein unbegreifliches Benehmen, ein Unrecht, das mich quält und ängstigt.«[44]

Auf die Hofgesellschaft wirkte Elisabeth während der Abwesenheit ihres Mannes, als hätte sie sich nicht unter Kontrolle. Die kaiserliche Familie, Höflinge, Ärzte, aber auch Diener wurden Zeuge, wie sie sich tagelang zurückzog, kaum mehr aß, aber stundenlang ausritt, immer seltener zum gemeinsamen Tee oder Diner erschien – und wenn, dann meist mit Tränen in den Augen. Sie war weder in der körperlichen noch seelischen Verfassung, in Franz Josephs Abwesenheit bei Hof die Stellung zu halten. Gerade jetzt, wo sich Österreich im Krieg befand, ungelöste innenpolitische Probleme mit aller Wucht zutage traten und die Kritik am Kaiser und der Regierung immer lauter wurde, hätte es eine Kaiserin gebraucht, die souverän auftrat, Mut und Zuversicht ausstrahlte und bei Hof wie in der Öffentlichkeit präsent war.

Doch genau das konnte Elisabeth nicht. Sie schaffte es nicht einmal, den Kaiser emotional zu entlasten. Franz Joseph befand sich am Kriegsschauplatz und machte sich, neben aller politischen und militärischen Unbill, auch noch Sorgen um Elisabeth. In seinen Briefen bat er sie eindringlich, sich zu beruhigen, auf ihre Gesundheit zu achten, Mut zu fassen, zur Ruhe zu kommen. Es sind dies die rührenden Briefe eines Ehemanns, der auf die Probleme seiner Frau einging, sie nicht verurteilte, sondern durch stetes Zureden versuchte, sie aufzubauen: »Die ersten Augenblicke nach dem Aufstehen benütze ich, um Dir diese wenigen Zeilen zu schreiben und Dir wieder zu sagen, wie sehr ich Dich liebe und wie sehr ich mich nach Dir und den lieben Kindern sehne. Wenn es Dir nur recht gut geht und Du Dich so fleißig schonest, wie Du es mir versprochen hast«, schrieb er etwa aus Verona.[45] Drei Tage später schrieb er erneut: »Ich bitte Dich mein Engel, wenn Du mich lieb hast, so gräme Dich nicht so sehr, schone Dich, zerstreue Dich recht viel, reite, fahre mit Maß und Vorsicht und erhalte mir Deine liebe kostbare Gesundheit, damit, wenn ich zurückkomme, ich Dich recht wohl finde und wir recht glücklich sein können«.[46] Außerdem redete er Elisabeth zu, sich in der Öffentlichkeit zu zeigen, Krankenhäuser zu besuchen, »damit sich die gute Stimmung in Wien erhalte«.[47]

Der Kaiser hatte Verständnis für seine Frau und versuchte, sanft auf sie einzuwirken. Die Hofgesellschaft hingegen fällte ein hartes Urteil. Aus ihrer Sicht war Elisabeth als Kaiserin eine Enttäuschung. Leibarzt Dr. Seeburger – dem Elisabeth seit dem Tod ihrer Tochter offen zeigte, dass sie seinem Urteil nicht mehr vertraute – klagte gegenüber dem Wiener Polizeiminister: »Sie entspricht weder als solche noch als Frau ihrer Bestimmung; während sie eigentlich unbeschäftigt ist, sind ihre Berührungen mit den Kindern höchst flüchtig, und während sie stundenlang um den abwesenden edlen Kaiser trauert und weint, reitet sie stundenlang zum Abbruche ihrer Gesundheit. Zwischen ihr und der Erzherzogin Sophie besteht eine eisige Kluft, und die Obersthofmeisterin Esterházy besitzt gar keinen Einfluss auf die Kaiserin«.[48]

Diese heftigen Worte belegen, wie illoyal die engste Umgebung des Kaisers sich Elisabeth gegenüber verhielt. Auch wenn dies die persönliche Meinung des Hofarztes war – jemand, der in einem Naheverhältnis zur kaiserlichen Familie stand, hätte sich so nicht äußern dürfen. Interna über Mitglieder des Kaiserhauses waren tabu – dies zu beachten war ein Zeichen der Loyalität, die es für eine Karriere bei Hof brauchte. Seeburger hätte sich seine Enttäuschung in Form von Tagebucheintragungen von der Seele schreiben können, wie dies viele bei Hof taten, ohne den Kaiser und seine Frau öffentlich zu diffamieren. Indem er jedoch dem Polizeiminister, der über ein weitverzweigtes Spitzelnetz verfügte und Kontakte zu allen Teilen der Gesellschaft hatte, derartige Intima verriet, schadete er dem Kaiser. Zudem enthielten Seeburgers Beschwerden eine gehörige Portion Misogynie, denn er tat nichts weniger, als Elisabeth die Berechtigung als Frau, Ehefrau und Mutter abzusprechen und dies auch noch lautstark zu verbreiten. (Man denke nur daran, wie sehr Erzherzogin Sophie darauf bedacht war, bei allem Ärger über Elisabeth nichts Negatives über sie nach »außen« dringen zu lassen. Niemals hätte eine disziplinierte und loyale Frau wie sie schlecht über ihre Schwiegertochter geredet, denn nicht zuletzt stellte jede Kritik an der Kaiserin auch ihren Sohn, den Kaiser, bloß.) Es waren Höflinge wie Seeburger, die dazu beitrugen, Elisabeths Vertrauen in die Menschen bei Hof zu untergraben.

Währenddessen ging es ihr immer schlechter. »Die arme Sisi ist nur mehr ein Schatten ihrer selbst. Du kannst Dir gar nicht vorstellen, wie abgemagert sie ist«, klagte die Schwiegermutter.[49]

Und als Gisela auch noch kränkelte, geriet Elisabeth in Erinnerung an Sophies Ende in Panik. Der Kaiser hatte Verständnis und versicherte sie seines Mitgefühls: »Du hast gewiss wegen ihr recht viel Angst ausgestanden, die ich leider nicht mit Dir teilen konnte«, schrieb er aus dem Militärlager.[50] Dabei sorgte er sich um seine Ehefrau: »Wie sehr ich mich wegen Dir ängstige, kann ich Dir gar nicht sagen. Ganz desperat macht mich die entsetzliche Lebensweise, die Du Dir angewöhnt hast und die Deine theure Gesundheit ganz zerstören muss. Ich beschwöre Dich, gebe dieses Leben gleich auf und schlafe bei der Nacht, die ja von der Natur zum Schlafen und nicht zum Lesen und Schreiben bestimmt ist. Reite auch nicht gar zu viel und heftig«.[51]

Nach Franz Josephs Rückkehr nach Wien beruhigte sich Elisabeth zwar, doch nun folgte eine innenpolitische Krise, die ihren Ehemann politisch wie privat belastete. Der für Österreich unglücklich verlaufende Krieg hatte nur wenige Wochen gedauert, aber er hatte die chronische Finanzmisere des Kaiserreichs enorm verschlimmert: Um seine Truppen weiter bezahlen zu können, benötigte Franz Joseph dringend Kredite. Doch auf dem Finanzmarkt wollte niemand mehr ein absolutistisches System unterstützen – die möglichen Kreditgeber bestanden auf einer Kontrolle des Staatshaushalts durch ein Parlament. So sah der Kaiser sich gezwungen, die Einführung von »zeitgemäßen Institutionen« in Aussicht zu stellen, sprich einer Verfassung.

Bei der Bevölkerung war die Beliebtheit Franz Josephs mittlerweile auf einen Tiefpunkt gesunken. Zudem erkannte er jetzt, dass ihn seine bisherigen politischen Berater in eine Sackgasse manövriert hatten. Generaladjutant Graf Grünne, sein engster Mitarbeiter, musste von seinem Posten zurücktreten und wurde mit einem ehrenvollen, aber unpolitischen Hofamt aus der Schusslinie genommen. Auf Österreich kamen neue Zeiten zu. Auch hierzulande, so viel war jetzt gewiss, war die – vom Bürgertum geforderte – Umstellung auf ein parlamentaristisches Staatssystem nur noch eine Frage der Zeit. Die entsprechenden

Weichen zu stellen und gleichzeitig die Zukunft seiner Dynastie zu sichern war laut Erzherzogin Sophie eine Aufgabe, der sich Franz Joseph jetzt mit aller Kraft widmete – weshalb er so wenig Zeit für Elisabeth hatte wie nie zuvor: »Der treue Kundrat [Franz Josephs Leibkammerdiener] brachte mir den Brief des Kaisers und malte mir ein Bild aus von dem mühseligen Leben seines Herren in der letzten Zeit, das mich schmerzlich ergriff. Er sagte, so wie jetzt wäre es noch nie gewesen, dass dieses Leben zu Ende ging. Während 4 sich folgender Nächte saß der Kaiser beim Conferenztisch; er sah fast gar nicht mehr Sisi, kaum die Kinder, frühstückte allein, speiste oft allein und in aller Eile, um rasch zur Arbeit zurückzukehren«.[52]

All dies fand vor dem Hintergrund schwer zu durchschauender, nicht enden wollender häuslicher Kämpfe und höfischer Intrigen statt, die im Jahr 1860 zu eskalieren schienen. Es gibt keine Quellen, aus denen sich erfahren ließe, was damals genau passierte. Sicher ist allerdings, dass Elisabeths nervöse Zustände anhielten und ihre öffentlichen Auftritte sie zunehmend belasteten. Am Karsamstag erlitt Elisabeth im vollen Stephansdom eine Panikattacke und flüchtete in die Sakristei – vor den Augen der Hofgesellschaft und der Gottesdienstbesucher. An der Auferstehungsprozession in der Osternacht nahm sie dann gar nicht erst teil.[53] Solche Vorfälle waren peinlich für die kaiserliche Familie und peinigend für die Kaiserin. Es wurde damit offenbar, dass der Hof eine First Lady hatte, die ihren repräsentativen Pflichten immer weniger gewachsen schien. Auch gab Elisabeths emotionaler Zustand zunehmend Anlass zu Gerede. Die psychischen Belastungen schwächten außerdem ihren Körper: Sie war hochnervös, magerte erneut ab, hustete, litt unter Schlafstörungen und schwerem Eisenmangel. Hinzu kam, dass sich die Fronten zwischen ihr und ihrer Schwiegermutter weiter verhärteten (was die Erzherzogin freilich, wie immer, in ihren Tagebüchern und Korrespondenzen nicht ansprach). Die Situation spitzte sich im Herbst 1860 derart zu, dass Franz Joseph seiner Frau schließlich die Erlaubnis zu einer »Auszeit« von Hof und Familie erteilte. Elisabeth schiffte sich im November nach Madeira ein und verbrachte den Winter fern von Wien.

Über die Hintergründe dieses oft als »Flucht« bezeichneten mehrmonatigen Aufenthalts Elisabeths auf der vor Marokko gelegenen portugiesischen Insel spekulierten ihre Zeitgenossen ebenso wie ihre späteren Biografen. Die offizielle Version des Wiener Hofes lautete damals, dass die Kaiserin wegen einer »Lungenaffektion« den Winter im Süden verbringen müsse – so zumindest formulierte es der österreichische Außenminister (der gleichzeitig Minister des kaiserlichen Hauses war) Graf Johann von Rechberg und Rothenlöwen gegenüber dem bayerischen Gesandten Graf Otto von Bray-Steinburg.[54] Ausdrücke wie »Lungenaffektion« oder »Lungenleiden« waren auch für damalige medizinische Verhältnisse vage Begriffe, die mehr für Verwirrung sorgten, als dass sie aufklärten. Der Wiener Hof, so scheint es, bewegte sich bei der Bekanntgabe von Elisabeths Fernreise auf einem schmalen Grat: Man hatte zwar medizinische Koryphäen wie Dr. Josef von Škoda konsultiert, konnte aber trotzdem keine schlüssigen Bulletins herausgeben, die der Bevölkerung plausibel machten, warum die Kaiserin so unbedingt wie unverzüglich gen Atlantik reisen musste. Obwohl es keine klare Diagnose gab – der Hof bemühte sich offensichtlich um eine solche und versuchte, jede Falschinformation zu vermeiden. Es wäre ein Leichtes gewesen, sich auf eindeutige Krankheitsbilder aus der Lungenheilkunde wie »Tuberkulose« zu berufen, die einen Aufenthalt der Kaiserin fern vom Hof gerechtfertigt hätten, doch eine glatte Lüge wollte man der Bevölkerung offenbar nicht auftischen. Was blieb, waren schwammig-allgemeine Ausdrücke, in die man alles und nichts hineininterpretieren konnte und die Spekulationen und späterer Mythenbildung Tür und Tor öffneten.

Für die behandelnden Spezialisten war die Situation natürlich schwierig. Eine Koryphäe wie Josef von Škoda, der so viel zum Weltruhm der Zweiten Medizinischen Schule beigetragen hat, erkannte sicher, dass die Kaiserin keine schwere Lungenkrankheit hatte – »Škoda hat die Lunge ganz frei gefunden, nur eine Schleimschwellung am Kehlkopf«, berichtete Elisabeths Schwiegermutter[55] –, doch wird er aus Loyalität gegenüber der Herrscherfamilie seine Diagnose nicht öffentlich kundgetan haben. Erzherzogin Sophie bestätigte im vertrauten Kreis, dass bei Elisabeth keine Lungenerkrankung vorlag – schrieb sie doch über deren Reise nach Madeira: »Aber fassen kann ich es noch nicht, dass alles so kam und so rasch kam, da doch die Gesundheit einen solchen plötzlichen großen Entschluss Gott lob nicht motiviert«.[56] Auch die Rezeptbücher der Hofapotheke, in die alle der kaiserlichen Familie von Hofärzten oder hinzugezogenen externen Medizinern verschriebenen Medikamente eingetragen wurden, liefern keinerlei Hinweis auf eine schwere Erkrankung Elisabeths. Sucht man unter diesen Büchern diejenigen heraus, in denen die Rezepte für den Kaiser, die Kaiserin und ihre Kinder aus dem Jahr 1860 aufgelistet werden, so zeigt sich Erstaunliches: Ausgerechnet in diesem Jahr sind, anders als in den Jahren vorher, nur drei Rezepte eingetragen, und diese nennen nicht etwa allgemein nervenstärkende Mixturen, wie sie Elisabeth öfters verschrieben wurden, sondern: eine Augensalbe, eine Fußsalbe und ein Zahnputzpulver, das man regelmäßig für die Kaiserin in der Hofapotheke herstellte. In den Wochen vor ihrer Fahrt nach Madeira findet sich zumindest in den Hofapothekenbüchern nicht einmal ein Rezept für einen Lungen- oder Hustentee für sie.[57]

Nun litt die zweiundzwanzigjährige Kaiserin seit dem Tod der kleinen Sophie unter psychosomatischen Beschwerden und Erschöpfungszuständen. Das kannte man also. Was aber kam im Herbst 1860 dazu, was löste in Elisabeth den Wunsch aus, den Hof zu verlassen, und was veranlasste den Kaiser, seiner Frau eine monatelange »Auszeit« auf einer Atlantikinsel zu gewähren?

Einige Hinweise darauf finden sich im Nachlass von Elisabeths erstem Biografen Egon Caesar Conte Corti, der – wie bereits erwähnt – in den Zwanziger- und Dreißigerjahren des 20. Jahrhunderts viele Privatarchive sichtete, die teils im Zweiten

Weltkrieg zerstört und teils später nicht mehr geöffnet wurden. Conte Corti stufte diese Informationen jedoch letztlich als vertraulich ein und strich sie aus seinem druckfertigen Manuskript wieder heraus. Als sein Buch veröffentlicht wurde, lebten schließlich noch viele Nachkommen des Kaiserpaares, unter anderem ein Schwiegersohn und zahlreiche Enkel, die ihre kaiserlichen Großeltern noch gekannt hatten. Conte Corti umschiffte deshalb geschickt das Thema »Familienkonflikte« und formulierte vage: »Ihr [Elisabeths] geistiger Zustand nimmt auch den Körper hart mit. Und was sonst eine kleine Anämie, ein unbedeutender Husten wäre, wird unter diesen Umständen fast wirklich zu einer Krankheit«.[58] Doch selbst diese aus heutiger Sicht harmlosen Sätze schienen Conte Corti 1934 für eine Veröffentlichung zu heikel.

Interessant sind vor allem zwei Anmerkungen aus seinem Nachlass: einmal, dass sich im Herbst 1860 die Konflikte zwischen Elisabeth und Erzherzogin Sophie tagtäglich wiederholten, es also permanent zu Streit oder Missstimmungen zwischen den beiden kam. Und dann, dass Franz Joseph seine Frau diesmal nicht wie beim Konflikt um die Kindskammer unterstützte. Den Satz »Elisabeth macht ihrem Gemahl schwere Vorwürfe, dass er sich nicht ganz auf ihre Seite stellt, das tut er aber nicht, weil ihm seine Frau viel zu nervös und fahrig vorkommt« hat Conte Corti aus dem Manuskript seines späteren Bestsellers gestrichen.[59] Und noch ein weiterer aufschlussreicher Satz zu Elisabeths Krise wurde vom Autor getilgt: »Alles um sie herum ist ihr unleidlich, man hat ihr vielleicht auch zu allem Überfluss eine Nachricht zugetragen, dass Franz Joseph einer anderen Frau zu tief in die Augen gesehen haben soll«.[60]

Fasst man die wenigen belegbaren Ereignisse – beziehungsweise auch die Erkenntnisse Conte Cortis, der sich wie kein anderer in die Materie vertiefen konnte – zusammen, so ist am wahrscheinlichsten, dass sich im Herbst 1860 die Streitigkeiten innerhalb der kaiserlichen Familie so steigerten, dass es ihr Ansehen schädigte. Nun gestaltete sich das Leben bei Hof zwar selten harmonisch, aber die Konflikte der Frauen um Franz Joseph scheinen dieses Mal nicht, wie sonst üblich, hinterrücks und mit feiner Klinge ausgetragen worden zu sein, sondern unter Tränen und Nervenzusammenbrüchen und in einer frostigen Stimmung, die das Hofleben belastete. Kurz: Die Situation war für alle Beteiligten nicht mehr zumutbar. Elisabeths Nerven schienen mittlerweile bei den kleinsten Vorkommnissen zu versagen. Vielleicht kam auch noch eine Ehe- oder Vertrauenskrise zwischen dem Kaiserpaar hinzu?

Jedenfalls entschied Franz Joseph nun, seiner Frau eine mehrmonatige Erholungsreise zu genehmigen. Die Bezeichnung »Flucht«, mit der in der Elisabeth-Literatur diese Madeirareise bezeichnet wird, passt allerdings nicht zu den Lebensumständen der Kaiserin. Denn weder reiste sie heimlich ab, noch hätte eine Frau dieser Zeit, selbst vom Rang Elisabeths, niemals Familie und Heim ohne Erlaubnis ihres Mannes und juristischen Vormunds verlassen können.

Offenbar war Franz Joseph damals überzeugt, dass ein längerer Aufenthalt in einem anderen Klima Elisabeth helfen könnte, wieder zur Ruhe zu kommen. In höheren Gesellschaftsschichten war es durchaus üblich, Frauen »zur Beruhigung der Nerven« auf lange Kuren oder in Sanatorien zu schicken – und sie mitunter auch unter diesem Vorwand loszuwerden. Allerdings ging das nicht so leicht bei der Ehefrau eines Monarchen. Dafür brauchte man schon einen offiziellen Grund – als solcher fungierten die vermeintlich angegriffenen Lungen Elisabeths. Was Franz Joseph betraf, so konnte er seine Frau jetzt reisen lassen, denn sie hatte ihm einen männlichen Nachkommen geschenkt und damit ihre dynastische Pflicht erfüllt. Was vor der Geburt des Kronprinzen für ihn undenkbar gewesen wäre, auch in Zeiten, als Elisabeths Zustand ebenso Anlass zur Sorge gegeben hatte, war nun möglich: Der Kaiser würde akzeptieren, dass seine Frau ein Schiff gen Süden bestieg, um fern vom Wiener Hof, fern von der Schwiegermutter und auch – nicht zuletzt – fern von ihm wieder an Leib und Seele zu gesunden.

Dass es für Elisabeth hierbei nicht nur um Erholung ging, sondern dass sie auch Abstand zu ihrem Ehemann wünschte, um ein Zeichen zu setzen und ihn zu bewegen, stärker zu ihr zu stehen – darauf deutet eine weitere, nach Durchsicht privater Archive formulierte Passage aus Conte Cortis Nachlass hin (wiederum unveröffentlicht): »Die Reise wird den Gemahl bekehren und ihm vor Augen stellen, dass er nicht recht gehandelt hat, wenn er nicht ganz mit seiner Frau geht und immer am Gängelband der Mutter bleibt. Sie hofft, er werde in sich gehen und erkennen, dass er an die Seite seiner Frau gehört und nicht nur an die Seite seiner Mutter«.[61]

Schon für das Vorhaben, sich länger auf Madeira aufzuhalten, wurde Elisabeth in höfischen Kreisen scharf kritisiert. Dies umso mehr, als niemand wagte, direkt am Kaiser Kritik zu üben, weil er einem so unkonventionellen Wunsch stattgegeben hatte. Dass er seine Frau alleine reisen ließ, sah man als Beweis, dass er sie trotz aller Schwierigkeiten liebte und in einer Weise auf sie einging, die für Männer der damaligen Zeit unüblich war. Und nun kam es zu einer Rollenzuschreibung durch Außenstehende, die das Bild Elisabeths und Franz Josephs in der Öffentlichkeit zeitlebens prägte: Der Kaiser war der bedauernswerte Gentleman, die Kaiserin die egozentrische Frau an seiner Seite.

Je näher Elisabeths Abreise rückte, desto lauter wurde das missbilligende Gerede. Erzherzogin Therese – die Tochter Erzherzog Albrechts, der Elisabeth in Ofen gedrängt hatte, ihre kranke Tochter zu verlassen und mit ihrem Mann endlich die geplante Rundreise durch Ostungarn anzutreten – mokierte sich: »Ich bedaure ihn [Franz Joseph] unendlich, eine solche Frau zu haben, die vorzieht, ihren Mann und ihre Kinder auf sechs Monate zu verlassen, statt ein ruhiges Leben in Wien zu führen«. Erzherzogin Sophie bezeichnete den Madeiraaufenthalt nur als »ce malencontreux voyage«, diese unglückliche Reise. Ohne die Schwiegertochter namentlich zu nennen, schrieb sie in seltener Deutlichkeit: »Wie viele Enttäuschungen, viele Kämpfe und moralische Kränkungen erfüllen die schönsten Jahre meines armen Sohnes«.[62] Dass sie damit nicht nur auf politische Schwierigkeiten anspielte, denen Franz Joseph ausgesetzt war, darf als sicher angenommen werden. Sophie sprach aus, was viele dachten: Anstatt dass die Kaiserin ihrem Ehemann in dieser schwierigen Phase selbstlos beistand und ihn unterstützte, verursachte sie ihm eine weitere »Enttäuschung«.

Dass es Elisabeth selbst schlecht ging, dass sie in eine schwierige Familienkonstellation geraten war und unter dramatischen Umständen ein Kind verloren hatte, dass auch die Hofgesellschaft ihr, anstatt sie zu unterstützen, das Leben oft erschwert hatte: All dies verdrängte man bei Hof. Als Ehefrau und Kaiserin hatte sie einfach zu »funktionieren« – was sie nicht mehr konnte. Das wurde ihr als persönliche Schwäche ausgelegt. In einer Gesellschaft, in der Frauen still litten, aber nicht aufbegehrten, war es ein Skandal, dass Elisabeth sich von der Umgebung absentierte, die sie krank machte.

Und so trat Elisabeth unter den missbilligenden Blicken und bösen Worten ihrer Verwandten und der Hofgesellschaft im Spätherbst 1860 ihre Reise nach Madeira an.

AUFBRUCH

»Ihre Majestät die Kaiserin treten hiermit die Reise nach Madeira an.«[1]

Anfang November 1860 war Elisabeths Sekretär Leopold Bayer in besonderer Mission unterwegs. Nachdem er durch Westeuropa gereist war, bestieg er im englischen Southampton ein Schiff und traf nach einer stürmischen Überfahrt auf der Insel Madeira ein. Sein Auftrag lautete, vor der Ankunft der Kaiserin auf der Atlantikinsel alles für ihren Aufenthalt vorzubereiten. Bayer war sofort von der Schönheit Madeiras begeistert. Seiner Frau schrieb er, dass er sich wie in einem Traum vorkomme: »So bezaubernd ist die herrliche Insel mit ihrer wundervollen frischen Vegetation, ihrer Fülle an Blumen aller Gattungen und von den glühendsten Farben«.[2] Auf diesem paradiesischen Fleckchen Erde sollte Elisabeth sich sechs Monate lang vom Wiener Hof erholen.

Der erste Weg Bayers führte zu jener Villa, in der sie residieren würde: der Quinta das Angústias. Elisabeth hatte das über der Stadt Funchal inmitten eines herrlichen tropischen Parks gelegene Haus mit Meerblick selbst ausgesucht – so, wie sie auch das Reiseziel bestimmt hatte. Sie wusste von der schönen Lage der Villa, da hier wenige Jahre zuvor eine nahe bayerische Verwandte gewohnt hatte: Amélie von Leuchtenberg, die Tochter einer Halbschwester Ludovikas und bis zur Abdankung ihres Mannes im Jahr 1831 Kaiserin von Brasilien, war 1852 mit ihrer an Tuberkulose erkrankten Tochter nach Madeira gekommen.[3] Dass ihre lungenkranke Cousine dort nicht gesundet, sondern gestorben war, hinderte die Kaiserin nicht daran, sich nun ihrerseits in der malerischen Quinta das Angústias einzuquartieren.[4] (Auch nach Elisabeths Abreise blieb diese Villa unter Europas Eliten ein begehrter Aufenthaltsort. Mitglieder der russischen Hofgesellschaft hielten sich hier ebenso auf wie reiche Unternehmer.)

Nachdem Bayer die Mietverträge für die Quinta, die sich im Besitz einer reichen Engländerin befand, unterschrieben und für Teile des kaiserlichen Gefolges Zimmer in umliegenden Häusern angemietet hatte, ging es weiter zum Handelshaus J. Blaudy and Sons. Bei der Suche nach einem vertrauenswürdigen Institut vor Ort, das die großen Überweisungen des Hofes korrekt abwickelte, war das Bankhaus Rothschild in Wien behilflich gewesen. Elisabeth hatte vom Kaiser einen unbeschränkten Kreditbrief zu ihren Gunsten erhalten – wie viel Geld sie auch benötigte, J. Blaudy and Sons würden es ihr auszahlen. Für seine Verhandlungen und Vertragsabschlüsse in Funchal war Bayer gut gerüstet. An seiner Seite waren zwei Diener des Hofes, die über Zusatzqualifikationen verfügten, welche er nun gut gebrauchen konnte: Ein Diener sprach Englisch, der andere war ortskundig, denn er hatte zuvor längere Zeit bei einem Grafen auf Madeira Dienst getan. Auch von höchster Seite gab es Unterstützung: Der portugiesische König hatte den Zivilgouverneur von Funchal angewiesen, dem Sekretär der österreichischen Kaiserin bei den Vorbereitungen für ihre Ankunft in jeder Weise behilflich zu sein.[5]

In Wien war man indessen mit den letzten Vorbereitungen für die Reisegruppe beschäftigt. Elisabeths Gefolge bestand ausschließlich aus Menschen, denen sowohl sie als auch Franz Joseph vertrauten und, vor allem, auf deren Verschwiegenheit sie bauen konnten. Dass sie die in ihrem Sinn richtige Wahl trafen, zeigte sich später: Niemand aus der Reisegesellschaft der Kaiserin sprach je über die Hintergründe und Umstände ihres Madeiraaufenthalts.

Elisabeths Obersthofmeisterin Gräfin Esterházy, in deren Nähe sie sich nie wohlgefühlt hatte, blieb in Wien zurück. Erzherzogin Sophie durfte bei der Auswahl von Elisabeths Reisebegleitung überhaupt nicht mitreden. Gegenüber Franz Josephs Bruder Karl Ludwig beklagte sie sich über diesen Vertrauensentzug: Nichts als »fruchtlose Versuche« seien die Ratschläge gewesen, die sie hierzu Franz Joseph erteilt habe.[6] Also wurde Elisabeth nicht von ihrer Obersthofmeisterin nach Madeira begleitet, sondern von deren neu ernannten Stellvertreterin Prinzessin Mathilde Windisch-Graetz. Diese war erst 1860 zur Palastdame Elisabeths ernannt worden und ihr vom ersten Augenblick an sympathisch gewesen. Mathildes Ehemann war im Italienfeldzug von 1859 gefallen, Elisabeth hatte der trauernden jungen Witwe, die mit einem Kleinkind zurückgeblieben war, Mitgefühl entgegengebracht und sich mit ihr angefreundet. Deren Bruder war über die Zusage seiner Schwester nicht überrascht: »Dass Mathilde dem Wunsche der Kaiserin entsprach, war bei dem persönlichen Verhältnis der beiden Frauen zu erwarten, aber die Verantwortung dieses in jeder Hinsicht so unendlich ernsten Unternehmens ist groß«.[7] Mathildes Ernennung zur stellvertretenden ersten Dame im Hofstaat der Kaiserin sorgte für Befremden. Erzherzogin Therese ereiferte sich: »Die Gräfin Esterhazy wird auf eine sehr sonderbare Weise auf die Seite geschoben. Statt ihr geht die junge Mathilde Windisch-Grätz nach Madeira, es ist auch sonderbar von letzterer, ihr kleines Kind zu verlassen«.[8]

Mathilde war eine kluge, reflektierte Frau, die sich nicht zu voreiligen Schlüssen über Menschen hinreißen ließ. Sie versuchte, Elisabeth vorurteilsfrei zu betrachten und sich nicht von der Meinung der Hofgesellschaft beeinflussen zu lassen. Während ihres Aufenthalts auf Madeira führte sie akribisch Tagebuch. Es wäre sicher aufschlussreich, dieses Journal zu lesen, denn die junge Aushilfs-Obersthofmeisterin erhielt in dieser Zeit einen tiefen Einblick in das Wesen der Kaiserin. Sie zweifelte aber auch daran, ob ihre privaten Aufzeichnungen über Elisabeth einer Nachwelt überliefert werden sollten, die sich kaum eine Vorstellung von der komplexen Persönlichkeit der Kaiserin machen würde. Deshalb überließ es Mathilde ihrem Bruder, nach ihrem Tod zu entscheiden, ob ihr Tagebuch die Zeit überdauern durfte oder nicht. Die im entsprechenden Schreiben enthaltenen Anmerkungen zu ihrem Verhältnis zu Elisabeth und deren Wesen sind in ihrer Direktheit interessanter als vieles, was ihre Zeitgenossinnen über die Kaiserin zu berichten wussten. »Findest Du«, schrieb Mathilde ihrem Bruder, »dass das Geschriebene der bestehenden Meinung über sie [Elisabeth] nachteilig wäre, so sorge, dass nie jemand anderer als Du es lesen könne; und Du selbst beurteile sie nicht zu streng; sage Dir, dass, wenn nach den unleugbar recht schweren Stunden, die mir durch sie geworden, ich doch mit so warmer inniger Liebe an ihr hänge, mehr in dem Wesen dieser Frau liegen müsse, als das Publikum erkennen könne. Man muss sie genau kennen, wie ich sie kenne, wenigstens so lange ich um sie in lebhaftem Verkehr mit ihrer Umgebung war, um – leider auch manche Mängel –, aber auch die Eigenschaften ihres Charakters richtig zu beurteilen. Gott segne sie, ich habe wenig sehnlichere Wünsche«.[9] Alfred Windisch-Graetz entschied sich letztlich dafür, das Tagebuch seiner Schwester zu vernichten.

Die beiden Hofdamen, die neben Mathilde mit nach Madeira reisten, standen ebenfalls in einem Naheverhältnis zur kaiserlichen Familie. Gräfin Helene von Thurn und Taxis war eine Verwandte von Elisabeths 1857 verstorbenem Obersthofmeister Friedrich Thurn und Taxis, und Gräfin Karoline »Lily« Hunyady von Kéthely war eine Nichte von Elisabeths Obersthofmeisterin Esterházy. Es war ein kluger Zug von Franz Joseph, diese zwei Frauen zu Hofdamen zu ernennen. Denn erstens milderte der Kaiser damit die Tatsache, dass Gräfin Esterházy abserviert wurde – mit der Ernennung ihrer Nichte zur Hofdame kam er einer Brüskierung des Esterházy-Clans zuvor –, und zweitens entsprach er so auch dem Wunsch Elisabeths, auf ihrer Reise von anderen Damen umgeben zu sein als den bisherigen, die ihr gegenüber nicht immer wohlgesonnen gewesen waren.

Selbstverständlich begleiteten aber nicht nur Damen Elisabeth. Die Zeit und der Rang einer Kaiserin verlangten, dass auch Ehrenkavaliere ihrer Reisegesellschaft vorstanden. Johann Graf Nobili, der Fürst Thurn und Taxis nach dessen Tod als Obersthofmeister nachgefolgt war, begleitete seine Herrin, ebenso Graf Josef Mittrowsky von Mittrowitz, ein Vertrauensmann des Kaisers. Mittrowsky war Franz Josephs ehemaliger Kammervorsteher und Elisabeth zudem sympathisch. Dazu kam als weiterer Begleiter Graf Imre Hunyady von Kéthely, der Bruder von Elisabeths Hofdame Lily.[10]

Außer dem adeligen Gefolge gehörten zur Reisegesellschaft noch Elisabeths bewährter Sekretär Leopold Bayer, ein Kassadiener und ein Hofkaplan. Für das leibliche Wohl des »Exilhofes« auf Madeira sorgten die beiden Hofköche Maximilian Mayer und Karl Kienberger, der Zuckerbäcker Wilhelm Ziffermayer und ein Küchenträger.[11] Und für den dortigen Haushalt hatte man noch ein Ass aus der großen Schar der Diener, die am Wiener Hof angestellt waren, herausgefiltert: Ein Saaltürhüter namens Karl Scatturin, von dem Elisabeths Sekretär viel hielt, wurde ebenso schnell wie unkompliziert zum »qua Haushofmeister« ernannt. Dazu kamen noch zwei Kammerdienerinnen, ein Kammerdiener, vier Leiblakaien und ein Hausknecht für Elisabeth sowie je eine Zofe und ein Diener für die Obersthofmeisterin und die Hofdamen. Die drei adeligen Herren führten jeweils einen, also insgesamt ebenfalls drei »Jäger« mit, die für Waffen wie persönliche Dienste zuständig waren. Damit belief sich die kaiserliche Gesellschaft auf dreißig Personen.[12]

Selbstverständlich musste auch ein Arzt bei dieser Reise, die der Wiederherstellung der Gesundheit der Kaiserin dienen sollte, dabei sein. Allerdings kam hierfür weder der Elisabeth unsympathische kaiserliche Leibarzt Dr. Seeburger infrage noch ein anderer Arzt aus seinem Umfeld. Stattdessen beauftragte Franz Joseph einen Assistenten und ehemaligen Schüler des berühmten Lungenspezialisten Josef von Škoda: Dr. Albin Sylvester Kumar.[13] Dass der Dreißigjährige erst drei Jahre zuvor sein Studium abgeschlossen hatte, scheint den Kaiser nicht gestört zu haben. Für den jungen Arzt war dieser Reisedienst nicht nur eine große Chance, sondern auch äußerst lukrativ. Denn der Kaiser entlohnte Kumar mit großzügigen 4000 Gulden für die sechsmonatige medizinische Betreuung Elisabeths – was mehr war, als ein leitender Hofbeamter am Ende seiner Karriere jährlich erhielt.[14]

Elisabeths illustre Reisegesellschaft bestand mit Ausnahme des Obersthofmeisters und des Grafen Mittrowsky aus durchwegs jungen Personen. Niemand war über dreißig Jahre alt, alle galten als umgängliche Zeitgenossen, und für Elisabeth besonders wichtig: Niemand kam aus dem Umfeld ihrer Schwiegermutter. Es waren vertrauenswürdige Männer und Frauen, die sich auf das Abenteuer und die schwierige Aufgabe einließen, mit der Kaiserin in den stürmischen Wintermonaten auf eine Insel vor der Küste Nordwestafrikas zu reisen und dort, abgeschnitten von der Umwelt und nur unregelmäßig mit dem Festland verbunden, ihrer Herrin zu Diensten zu sein und sie zu beschützen.

Schwieriger, als das Reisegefolge zusammenzustellen, gestaltete sich allerdings die Suche nach einem geeigneten Schiff, das Elisabeth und ihre Entourage nach Madeira bringen konnte. In politischer Hinsicht war die Zeit denkbar ungünstig für eine Seereise. Die k. k. Marine konnte kein Schiff entbehren – alle waren für die Küstenwache eingesetzt. Im Herbst 1860 kursierten Gerüchte, dass Giuseppe Garibaldi, einer der Hauptakteure der italienischen Einigungsbewegung, plante, mit seinen Truppen die österreichische Adriaküste anzugreifen. Deshalb konnte man der Kaiserin keine Fregatte zur Verfügung stellen. Jachten besaß die k. k. Marine damals nur eine, und die war vor Konstantinopel stationiert und konnte nicht abgezogen werden.[15] (Erst sechs Jahre danach wurde ein kleineres Kriegsschiff zu einer kaiserlichen Jacht ausgebaut – mit dieser »Greif« reiste Elisabeth dann in späteren Jahren.) Also musste der österreichische Außenminister Graf Johann von Rechberg und Rothenlöwen das diplomatische Netzwerk des Kaisers nutzen, um zu einem Schiff zu kommen. Er bat Lord Augustus Loftus, den britischen Botschafter in Wien, beim englischen Außenminister Lord John

Russell anzufragen, ob Queen Victoria mit einem Schiff aushelfen könne. Und so schrieb Lord Loftus am 30. Oktober 1860 seinem Vorgesetzten in London, dass es der österreichischen Kaiserin gesundheitlich helfen könne, den Winter in einem warmen Klima zu verbringen. Der Husten, an dem sie seit Längerem leide, habe in letzter Zeit deutlich zugenommen, und man fürchte, dass das Leiden auf die Lungen überspringe.[16]

Für den Wiener Hof war die Anfrage eine peinliche Angelegenheit, was sich auch daran zeigte, dass Franz Joseph die britische Königin nicht persönlich kontaktierte, sondern seine Diplomaten vorschickte. Das mag damit zusammenhängen, dass der Kaiser genauere und mitleidvolle Fragen seitens der Queen, woran seine arme Gattin denn erkrankt sei, vermeiden wollte. Auch gegenüber dem englischen Hof blieb man vage in Bezug auf Elisabeths Leiden – womit man sich nicht vorwerfen musste, die Queen belogen zu haben – und machte zugleich doch deutlich, dass man eher heute als morgen ein Schiff brauchte. Erzherzogin Sophie fand freilich, dass sich die kaiserliche Familie mit dieser Bitte blamierte.

Queen Victoria zeigte sich jedenfalls von ihrer großzügigen Seite und stellte dem österreichischen Kaiserpaar gleich zwei Jachten zur Verfügung: die »Victoria and Albert II« insbesondere für Elisabeth, die »Osborne« eher für ihr Gefolge und das zahlreiche Gepäck.[17] Beide Schiffe, so ließ der britische Botschafter Österreichs Außenminister wissen, würden ab 20. November der Kaiserin im Hafen von Antwerpen zur Verfügung stehen.

Elisabeth konnte somit die Reise nach Madeira antreten, und zwar auf einem Schiff, das für damalige europäische Verhältnisse den größtmöglichen Komfort versprach. Die dampfgetriebene und mit seitlichen Schaufelrädern versehene »Victoria and Albert II« war erst fünf Jahre zuvor vom Stapel gelaufen und der Inbegriff der modernen Luxusjacht. Ihre Ausstattung war einer Königin würdig: Victoria erteilte vier Jahre nach Elisabeths Reise dem Aquarellisten Aaron Edwin Penley den Auftrag, die Kabinen zu malen, weshalb man in den königlich-britischen Sammlungen heute noch sehen kann, in welchem Luxus Elisabeth die Seereise nach Madeira unternahm.

Die Kabinen des britischen Königspaares befanden sich auf dem Oberdeck. Die Wände des Appartements waren mit Ahornholz getäfelt, die Böden mit den feinsten Teppichen ausgelegt. In den Salons fanden sich kostbare Möbel und sogar ein Klavier – natürlich am Boden fixiert, damit bei heftigem Seegang alles an seinem Platz blieb. Die Schlafzimmerkabine war mit hellblauem Seidenstoff tapeziert, mit goldenen Ornamenten verziert und einem purpurfarbenen Teppich ausgelegt. Ein riesiges Bett mit Baldachin versprach erholsame Nachtruhe, und ein großer Wasch- und Boudoirtisch garantierte der Kabinennutzerin, dass sie selbst an Bord nicht auf ihre gewohnte Hygiene verzichten musste. Es gab auch einen Schreibtisch, an dem Elisabeth ihre Korrespondenz erledigen konnte. Selbst ein Speisesaal mit einem Tisch, an dem achtzehn Personen Platz hatten, gehörte zum Appartement der Königin. Und selbstverständlich wurde auch an Bord nur von edelstem Geschirr gespeist.

Aber wenn man die Aquarelle Penleys betrachtet, ist besonders eines bemerkenswert: die Fensteröffnungen. Denn die Außenwände der königlichen Kabine waren nicht etwa mit den üblichen kleinen Bullaugen versehen, sondern mit großen Fenstern. Sie sorgten dafür, dass es in der Kabine der Königin von morgens bis abends taghell war. Vor allem aber boten sie die beste Aussicht, die man sich vorstellen kann. Da sich die Kabine auf dem Oberdeck befand, sah Elisabeth von ihrem Salon oder ihrem Schreibtisch aus über das Meer, so weit ihr Auge reichte. Sie sah Küsten vorüberziehen, konnte das Auf und Ab der Wellen betrachten und den Blick ungehindert in die Ferne schweifen lassen. Auf dem an die Kabinen anschließenden Sonnendeck hatte sie zudem die Möglichkeit, unbeobachtet von Gefolge, Dienern und Matrosen an der frischen Meeresluft zu sitzen. Es scheint, dass Elisabeth auf der »Victoria and Albert II« auf den Geschmack an edlen Schiffsreisen kam. Und noch etwas sollte sie hier kennenlernen: Ziegen – die an Bord gehalten wurden, damit die Queen beziehungsweise in diesem Fall ihr Gast täglich frische Milch bekam. Es war also nicht – wie oft kolportiert – ein Spleen der Kaiserin, wenn sie auf späteren Schiffsreisen stets Ziegen mitführte. Sie hatte sich quasi bei Profis abgeschaut, wie man stilvoll und immer mit frischen Lebensmitteln versorgt reiste.

Für ihr Gefolge auf den beiden unteren Decks war es allerdings nicht mehr so komfortabel. Den Kavalieren, Hofdamen und Kammerdienerinnen stand jeweils nur eine enge Kabine mit einem Sofabett und einem Waschtisch zur Verfügung. Auch von einem schönen Meerblick konnte hier nicht mehr die Rede sein; aber zumindest war das Gefolge nicht wie die Diener und die Besatzung auf dem dritten Deck unter dem Wasserspiegel zusammengepfercht. Jene Mitglieder ihrer Entourage, die Elisabeth nicht für ihre tägliche Umsorgung an Bord benötigte, reisten mitsamt Gepäck auf der »Osborne« nach.

Elisabeths mehrmonatige Reise startete am 17. November 1860 von Schloss Schönbrunn aus.[18] Im Erdgeschoss hatten sich der Hofstaat, die Hofwürdenträger und einige Diplomaten aufgestellt, um der Kaiserin Lebewohl zu sagen. »Blass, abgemagert und betrübt« sei sie bei der Abfahrt gewesen, berichtete der britische Botschafter.[19] Von ihren Kindern hatte sich Elisabeth bereits unter Tränen verabschiedet. Franz Joseph hätte ihr erlaubt, Gisela nach Madeira mitzunehmen – dass Rudolf, der Thronerbe, in Österreich bleiben musste, war selbstverständlich –, aber Elisabeth wollte die Geschwister nicht trennen.[20] Es muss bitter für sie gewesen sein, dass ausgerechnet ihrer Obersthofmeisterin Esterházy der Auftrag erteilt worden war, während ihrer Abwesenheit alle Vorgänge in der Kindskammer zu beaufsichtigen.[21]

Franz Joseph entschied sich kurzfristig, seine Frau ein Stück weit auf ihrem Weg nach Antwerpen zu begleiten.[22] Die erste Nacht verbrachte das Ehepaar in München, im Palais Max. Herzogin Ludovika, die nicht so recht wusste, was sie von der Reise ihrer Tochter nach Madeira halten sollte, schrieb ihrer Schwester

Marie: »Sie [Elisabeth] ist mager geworden und sieht [...] nicht so blühend aus wie im Sommer, auffallend ist aber ihr Husten, der sehr zugenommen [hat], so dass man doch einig ist, ein wärmeres Klima müsste ihr zuträglich sein«.[23] Im Spätsommer, als sie Elisabeth zuletzt gesehen habe, »hätte man solche Notwendigkeit nicht vorausgesehen, obgleich sie immer etwas hustete«.[24] Die sonst so leicht aufgebrachte und überängstliche Ludovika hatte bereits, als man ihr von Wien aus mitgeteilt hatte, dass Elisabeth den Winter auf der Atlantikinsel verbringen werde, erstaunlich nüchtern reagiert: »Leider schont sie sich zu wenig und vertraut zu sehr auf ihre gute Natur. Da der Aufenthalt in Madeira sehr still und wie sie schreibt sehr langweilig sein sollte, findet sie hoffentlich keine Gelegenheit, sich zu verderben«.[25]

Nachdem Elisabeth sich sehr emotional von ihrer Familie verabschiedet hatte, begleitete Franz Joseph sie nach Bamberg. Hier gratulierte er ihr noch zum Namenstag und überreichte ihr ein Geschenk, dann trennten sich die Wege des Ehepaares.[26] Wie der Abschied verlief, darüber gibt es keine Quellen. War er tränenreich? Waren in diesem Moment, in dem die Eheleute wussten, sie würden einander für Monate nicht wiedersehen, die Streitigkeiten und Enttäuschungen der vergangenen Zeit noch ein Thema?

Von Bamberg reisten Kaiser und Kaiserin – auch im übertragenen Sinn – auf unterschiedlichen Wegen weiter, die so exemplarisch für ihrer beider Leben waren: Elisabeth brach zu einer privaten Reise auf, die ihrer Erholung diente. Franz Joseph hingegen nutzte seine Anwesenheit in Süddeutschland, um gleich noch dem König von Württemberg eine offizielle Visite abzustatten. Nur für einen Tag hielt sich Franz Joseph in der königlichen Residenz in Stuttgart auf. Als er drei Tage nach dem Abschied von Elisabeth wieder in Wien ankam, befahl er, dass Gisela und Rudolf unverzüglich mit all ihren »Effekten« – also ihrem Spielzeug – von Schloss Schönbrunn in die Hofburg zu bringen seien.[27] Er wollte in dieser privat wie politisch schwierigen Zeit seine Kinder so nah wie möglich bei sich haben.

Elisabeth reiste nach dem Abschied von ihrem Mann nicht als Kaiserin vom Österreich weiter, sondern als »Gräfin von Hohenembs«. Dieser historische Titel war einer von mehreren, die sie zusätzlich zu ihrem offiziellen »großen« trug. Sie sollte ihn ab nun bei privaten Reisen als Pseudonym verwenden.

In Antwerpen schifften sich die Kaiserin und ihr Gefolge auf der »Victoria and Albert II« ein, das Personal auf der »Osborne«. Queen Victorias Anweisungen für diese Schiffsreise erwiesen sich als besonders rücksichtsvoll: Auf der »Victoria and Albert II« warteten nicht nur der Kapitän und seine Mannschaft auf Elisabeth. Victoria hatte auch ihren Leibkoch, einen Arzt, eine Kammerfrau sowie einige besonders seegangerprobte Diener geschickt. Sie sollten der Kaiserin zur Verfügung stehen – für den Fall, dass ihr Personal seekrank wurde. Diese Entscheidung Victorias geschah in weiser Voraussicht. Denn die Jacht geriet vor Lissabon in einen schweren Sturm. Eine Hofdame fiel sofort aus – »sie schien sich in Leiden und Übelkeiten aufzulösen« –, und auch Elisabeths Kammerfrau vertrug die Seereise sehr schlecht: »Maria Doré war so krank, dass sie gerne gestorben wäre«.[28] »Alle litten mehr oder weniger«, wurde nach Wien berichtet, nur der Kaiserin war so wohl, dass ihr der Kapitän das Lob aussprach, sie habe sich als tüchtiger Seemann erwiesen.[29]

Queen Victoria hatte ihr angeboten, doch einen kurzen Abstecher auf die Isle of Wight zu machen und sie dort zu besuchen. Doch Elisabeth hatte die Einladung der Frau, die ihr diese Reise ermöglichte, ausgeschlagen. Überhaupt wurde von Wien aus strengstes Inkognito erbeten. Auch bei der Ankunft in Funchal galt: kein offizieller Empfang, keine Salutschüsse. Nur Joaquim Pedro Quintela, der Gouverneur Madeiras, fand sich nebst ein paar Schaulustigen zur Begrüßung der Kaiserin ein. Er war einigermaßen verwundert, statt einer Schwerkranken eine entspannt wirkende Frau zu begrüßen, der im Gegensatz zu ihrem von der Reise sichtlich gezeichneten Gefolge die stürmische Überfahrt nichts hatte anhaben können.[30] Unmittelbar nach der Landung der Passagiere legten Queen Victorias Jachten wieder ab und machten sich auf den Rückweg zu ihrem Heimathafen in Southampton. Für Elisabeth begann nun der Séjour auf der winterlichen Atlantikinsel.

Franz Joseph vermisste seine Frau bereits nach wenigen Tagen. Er wartete voller Ungeduld auf die Nachricht, dass sie gesund in Funchal angekommen war. Erzherzogin Sophie: »Er wunderte sich, dass er noch keine Nachricht von Sisi's Ankunft durch den Telegraphen von Lissabon hatte! So rastlos eilt sein armes Herz allen Möglichkeiten und Wahrscheinlichkeiten voraus!«[31] Nun, da Elisabeth abgereist war, überkamen Franz Joseph Zweifel: War es klug gewesen, der Reise zuzustimmen? War seine Erlaubnis vielleicht bloß einer Missstimmung entsprungen, einem Gefühl des Überdrusses angesichts der ewigen Disharmonie im Familienkreis? Hatte er wirklich bedacht, was es hieß, dass er seine Frau sechs Monate nicht zu sehen bekam? Seine Mutter bemerkte, wie sehr er unter der Situation litt: »Ich sehe deutlich, wie die Sehnsucht nach Sisi ihn verzehrt und desto mehr, da er nicht klagt und seinen Kummer in sich hineinwürgt. Erst jetzt wird ihm recht deutlich und klar, welch ungeheures Opfer er gebracht und viel zu rasch gebracht hat! Wenn es nur der Mühe lohnt! That is the question«. Die Antwort auf diese Frage gab die Erzherzogin im gleichen Brief: »Ich fürchte, dass es umsonst geschah, dass es mehr Nachteil wie Vorteil bringt«.[32]

Sechs Monate blieb Elisabeth auf Madeira. Wie verbrachte sie diese Zeit auf der Insel? Jeder Tag begann zunächst mit einer Messe, zu der sich die ganze Suite einfinden musste: »Sie [sieht] es gerne, wenn man bei der heiligen Messe, die täglich um 9 Uhr Früh bei ihr gelesen wird, erscheint«, schrieb ein Adjutant.[33] Elisabeth las viel, spielte mit ihren Hofdamen Brettspiele und Karten, sammelte und trocknete Blumen, die sie in ein Album einklebte. Von den Märkten und Geschäften Funchals ließ sie sich Souvenirs und Landestypisches bringen. Ihrer Familie schickte sie Muscheln und getrocknete Meerestiere, Zeichnungen und Lithografien von Madeira sowie Holzarbeiten und kleinere Möbelstücke, die ihr gefielen. Kurz gesagt: Sie führte, wie ihre Mutter es formulierte, auf der Atlantikinsel ein »ruhiges, vernünftiges zweckmäßiges Leben«.[34] Da Elisabeth eine große Tierliebhaberin war, umgab sie sich auch hier mit Tieren. Aus England ließ sie sich einen Hund schicken und von heimischen Vogelhändlern Singvögel bringen, für die man im Park der Villa eine Volière aufstellte.

Täglich um drei Uhr nachmittags unternahm Elisabeth, begleitet von ihrem Gefolge, einen Spazierritt.[35] Sofort nach ihrer Ankunft auf Madeira waren acht Reitpferde und Ponys gekauft beziehungsweise gemietet worden. Graf Imre Hunyady war in Wien Erster Stallmeister des Hofes – und vermutlich auch deshalb als Reisebegleiter ausgewählt worden. Auf Madeira war es nun seine Aufgabe, die Pferde für die Kaiserin zu betreuen und sicherzustellen, dass sie ihren hohen Ansprüchen genügten; vor allem aber sollte er die Sicherheit Elisabeths garantieren. Der kaiserliche Stallmeister kam übrigens später als angeblicher Liebhaber Elisabeths zu posthumen Ehren: Jahrzehnte nach dem Tod der Kaiserin behauptete deren Nichte Marie von Wallersee in ihren Erinnerungen, dass sich der gut aussehende Graf Hunyady in Elisabeth verschaut und diese wiederum seine verliebten Blicke genossen habe. In den Memoiren, die noch zu Lebzeiten Franz Josephs erschienen und von anzüglichen Bemerkungen strotzten, schrieb die Nichte: »Was wirklich geschehen ist, weiß ich nicht, aber das weiß ich, dass der diensttuende Kammerherr sie mit positivem Erfolge belauschte. Der Graf wurde nach Wien zurückberufen, und Elisabeths Aufenthalt in Madeira fand ein jähes Ende«.[36] Nun glaubte zwar auch 1913, im Erscheinungsjahr der Memoiren, niemand an eine heimliche Affäre zwischen der Kaiserin und dem Stallmeister, dennoch blieb der Ruf des schmachtenden Reisegefährten am Grafen haften. Tatsächlich wurde Imre Hunyady auch nicht vom Kaiser nach Wien zurückberufen, sondern blieb bis zum Ende des Séjours auf Madeira. Dass ein Stallmeister der Kaiserin ohne Konsequenzen Avancen machte oder dass der Kaiser von derlei nichts erfahren hätte, war angesichts der Beobachtung, unter der Elisabeth und ihr Gefolge auch Tausende Kilometer von Wien entfernt standen, undenkbar.

Viel Zeit verbrachte Elisabeth auf Madeira auch mit ihrer Korrespondenz: Sie stand in regem Briefverkehr mit ihrer bayerischen Familie und Franz Josephs jüngstem Bruder Ludwig Viktor. Nur der Schwiegermutter schrieb sie erst spät, die Konflikte wirkten noch nach. Dass Elisabeth aber – wie manchmal behauptet – jeglichen Briefverkehr mit Sophie vermied, stimmt nicht. So schrieb diese nach Weihnachten 1860: »[Ein Kurier] brachte mir auch einen Brief von Sisi«.[37] Der Kaiser hatte einen Kurierdienst zwischen Wien und Funchal eingerichtet: In regelmäßigem Turnus fuhren seine Adjutanten von Wien nach Southampton, schifften sich dort ein und schipperten via Lissabon nach Madeira. Sie blieben meist längere Zeit in Funchal, denn sie mussten stets warten, bis das nächste Schiff mit dem nächsten Kurier ankam, erst dann konnten sie zurückreisen. Ihre Aufgabe war es, Nachrichten zu überbringen, vor allem aber, dem Kaiser später mündlich darüber Bericht abzustatten, wie es seiner Frau ging, wie es um ihre Gesundheit stand – etwa derart: »Der zweite Kurier hat sehr gute Nachrichten von Sisi gebracht, sie soll sehr gut aussehen und kaum husten«.[38]

Die Kuriere überbrachten aber nicht nur die offiziellen Berichte über die Kaiserin, sie waren vor Ort auch die Augen und Ohren Franz Josephs. Sie schilderten ihm vieles, das nicht in die Berichte Eingang fand: Wie waren die Verhältnisse in der Quinta das Angústias? Wurden die strengen Dienstvorschriften eingehalten? Nahmen sich Gefolge und Personal auch ja keine Freiheiten heraus? War die Sicherheit der Kaiserin gewährleistet? Nur die vertrauenswürdigsten Adjutanten wurden als Kuriere nach Madeira geschickt. Einige hatten sich als besonders verschwiegen und loyal bewährt und sollten in den kommenden Jahren in den engsten Kreis des Kaiserpaares und zu hohen Positionen aufsteigen: Prinz Rudolf Liechtenstein, ein Sohn des kaiserlichen Obersthofmeisters, wurde Elisabeths liebster Reisegefährte und Jahrzehnte später selbst zum Obersthofmeister ernannt. Josef Latour von Thurmburg wiederum wurde von Elisabeth einige Jahre nach ihrem Madeiraaufenthalt die Erziehung des Kronprinzen übertragen. Beide Männer gehörten bis zu Elisabeths Tod zum engsten Kreis der kaiserlichen Familie.

Doch so atemberaubend Madeira war und so sehr sich Elisabeths Gefolge auch um ihr Wohlbefinden kümmerte: Die Sehnsucht nach ihrer Familie bedrückte sie zunehmend. Was die Gesundheit des Körpers betraf, ging es ihr immer besser – anders sah es mit ihrem psychischen Befinden aus. Hier zeigten sich wieder die gleichen Symptome wie in Wien: Die Kaiserin aß wenig, zog sich immer wieder zurück und litt unter depressiven Verstimmungen. Ihre Umgebung sorgte sich: »Die arme Kaiserin tut mir schrecklich leid, denn, wirklich ganz unter uns gesagt, finde ich sie sehr, sehr leidend [...], sie hustet auch im Allgemeinen wenig, es wechselt sehr tagweise, aber es scheint doch, dass er [der Husten] sich nicht ganz verlieren wird, – der Ton des Hustens ist ein andrer, als er in Wien es war, nicht mehr so hart, sondern locker, wie bei einem Schnupfen, der aufhört. Moralisch ist aber die Kaiserin schrecklich gedrückt, beinahe melancholisch, wie es in ihrer Lage wohl nicht anders möglich ist – sie sperrt sich oft beinahe den ganzen Tag in ihrem Zimmer ein und weint [...] Sie isst schrecklich wenig, so dass auch wir darunter leiden müssen, denn das Essen, 4 Speisen, 3 Desserts, Kaffee etc. dauert nie über 25 Minuten [...] In ihrer Melancholie geht sie nie aus, sondern sitzt bloß am offenen Fenster, mit Ausnahme eines Spazierrittes im Schritt von höchstens 1 Stunde«.[39]

Elisabeths Ehemann saß derweilen im fernen Wien und machte sich Sorgen um seine Frau. Auf jede erdenkliche Weise versuchte er, ihr eine Freude zu bereiten, sie mit Geschenken zu überraschen. Für das Weihnachtsfest, das Elisabeth erstmals in der Ferne verbrachte, hatten der Kaiser und seine Mutter eine Überraschung organisiert: Elisabeths Obersthofmeister hatte, von ihr unbemerkt, einen Tannenbaum aus Österreich sowie Geschenke der kaiserlichen Familie auf die Jacht geschmuggelt, mit denen er die Kaiserin am Weihnachtsabend überraschen sollte. Graf Nobili berichtete Erzherzogin Sophie umgehend vom Gelingen dieser Weihnachtsüberraschung, was sie postwendend der Familie weitererzählte: »Am Christabend wurde Sisi sehr angenehm durch einen echten deutschen Christbaum überrascht, den der gute Nobili von hier mitgenommen und in Funchal aufputzen ließ. Nachdem Sisi für [die] Damen und Herren die Geschenke aufgestellt und das Zimmer verlassen hatte, ging Nobili hinein mit seinem Baum und allen unseren Geschenken, die er um denselben aufstellte; unter anderem Rudolfs Porträt in Öl vom Kaiser, das Sisi's Augen lange mit Tränen füllte. Als sie in das Zimmer trat, empfing sie die Musik eines der Musikkästchen, die Papa und ich ihr gesendet hatten. In einem ist das Lied, das sie sehr liebt, ›wenn die Schwalbern in die Heimath ziehen‹«.[40]

Die Schwiegermutter mochte ihr Geschenke schicken, doch was sie von der Reise nach Madeira hielt, war nicht nur Elisabeth selbst, sondern auch ihrem in Wien zurückgebliebenen Hofstaat bekannt. Sophie war »empört über die pflichtvergessene Elisabeth, die, wie sie meint, nur eine Krankheit vorspiegelt, um dem Winter zu entfliehen und ihren merkwürdigen Lebensgewohnheiten ungeniert nachleben zu können«.[41] Diesen deutlichen Satz hatte Elisabeths erster Biograf, Conte Corti, aus Loyalität gegenüber ihren Nachkommen in den frühen 1930er-Jahren wieder aus seinem Manuskript gestrichen. Seine Einsicht in heute verschollene Familienarchive der Mitglieder von Sophies Hofstaat hatten ihn diese Zeilen formulieren lassen. Aus Sicht der Erzherzogin war die kritische – oder: ungerechte – Perspektive auf Elisabeth verständlich: Sie sah ihren traurigen, sich nach seiner fernen Frau verzehrenden Sohn, der während der innenpolitisch schwierigen Zeit auf das bisschen Familienleben, das er neben seiner Arbeit hatte, verzichten musste. Als Konsequenz brachte sich seine Mutter wieder verstärkt in Position und versuchte, ihm das Familienleben zu ersetzen. Als Franz Joseph wieder einmal sehr niedergedrückt war, schrieb sie seinem Bruder Karl Ludwig: »Ich danke Gott, dass er wenigstens mich altes Hausmeuble zu Hause fand und gebrauchen konnte«.[42] Sophie war nicht die Einzige, die Franz Joseph bedauerte und Elisabeths Séjour auf Madeira kritisch gegenüberstand. Sein Generaladjutant Graf Franz Folliot von Crenneville nannte Elisabeths Auszeit etwa nur spöttisch die »exzentrische Reise«.[43]

Während man sich in Wien über sie ausließ, war Elisabeth auf Madeira von wohlmeinenden Menschen umgeben, deren Leben und Alltag ganz auf sie ausgerichtet war. Was immer sie unternehmen wollte, wurde unternommen. Was immer sie wünschte, wurde erledigt. Ihre Hofdamen waren ihr stets zu Diensten und versuchten, sie aufzuheitern. Die Herren ihres Gefolges warteten nur auf ihre Aufträge. Sie alle waren pflichtbewusste Höflinge, die freundlich und ergeben ihren Dienst absolvierten. Doch sechs Monate Tag für Tag ihrer Kaiserin zur Verfügung zu stehen war anstrengend und fern von der Familie zu sein emotional belastend. Dazu kam Langeweile. Elisabeth genoss die Einsamkeit – doch das war nicht jedermanns Sache. Durchlebte sie Phasen, in denen sie die Villa nicht verließ, saß ihr Gefolge wie auf einer Eisscholle im Meer fest. Blieb sie in ihren Räumen, hieß das nicht, dass ihre Hofdamen, die Hofkavaliere oder das Kammerpersonal nun Zeit gehabt hätten, diese Stunden nach ihrer eigenen Façon zu gestalten: Sie mussten stets sprungbereit sein, wie man bei Hof sagte. Zu Hause konnte man die Stunden, in denen man sich ständig bereithalten musste, leichter wegstecken – schließlich waren die Dienste der Hofdamen, Adjutanten und des Kammerpersonals turnusmäßig eingeteilt. Nach zwei, drei Wochen übernahmen die Kollegen, man selbst konnte sich ausruhen, ins eigene Heim zurückziehen und seine Familie wiedersehen. All das war für Elisabeths Hofstaat auf Madeira für sechs Monate nicht möglich. Auch dass man monatelang mit der gleichen Handvoll Menschen zusammen war, war nicht immer einfach. Umso mehr freuten sich Hofdamen und Gefolgsmänner, wenn die Kaiserin hin und wieder Gäste einlud. Die lokale Honoratiorenschicht hofierte Elisabeth, eine Einladung in die Quinta das Angústias war äußerst begehrt. Auch wenn die

Kaiserin dann und wann den auf Madeira lebenden portugiesischen Adel und hier ansässige englische Familien empfing, war dies für ihr Gefolge eine willkommene Abwechslung in einem Alltag, in dem ein Tag dem nächsten glich.[44]

Mochte für das adelige Gefolge der Kaiserin der Aufenthalt auf Madeira mit der Zeit von Langeweile geprägt sein, so traf für ihre Bediensteten das Gegenteil zu. Elisabeths Sekretär Leopold Bayer registrierte genau, wie schwer der Dienst für die Haus- und Tafeldiener und das Küchenpersonal war. Er übermittelte nach Ende der Reise einen Bericht an den Obersthofmeister, in dem er die außerordentliche Leistung des mitgereisten Personals hervorhob und für dieses eine Belobigung und finanzielle Anerkennung forderte. Bayers Bericht war zu entnehmen, dass die beiden Köche sowie der Zuckerbäcker von früh bis spät im Einsatz waren, um den dreißigköpfigen Hofstaat zu versorgen. Sie mussten für die Kaiserin und ihre Suite von Montag bis Sonntag täglich ein reichliches Frühstück, ein Gabelfrühstück, ein mehrgängiges Mittagessen, den Nachmittagstee mit frischen Kuchen und Torten und ein mehrgängiges abendliches Diner zubereiten. Zusätzlich mussten die Köche auch einfachere Menüs für die Dienerschaft und das Kammerpersonal kochen. Dazu kam noch, dass das Personal zu anderen Zeiten als die Kaiserin speiste, was bedeutete, dass die zwei Hofköche im Prinzip von früh bis spät mit der Zubereitung von Mahlzeiten beschäftigt waren. Darüber hinaus mussten sie auch alles für eine gefüllte Vorratskammer anlegen – eine Aufgabe, die in Wien eine Vielzahl an eigenen Spezialisten erfüllte: Sie backten Brot und Gebäck und fertigten Süßigkeiten an, kochten Marmeladen und Gelees ein, legten Gemüse ein, setzten Säfte und Liköre an, verarbeiteten Milchprodukte und verwalteten den Weinkeller. Und dies alles noch unter erschwerten Arbeitsbedingungen: Statt einer riesigen Hofküche mussten die drei Kulinarikexperten mit der kleinen Küche einer Villa vorliebnehmen. Eiskeller und Kühlhallen wie in Wien standen nicht zur Verfügung, ebenso wenig die dortige Heerschar an Küchengehilfen, Speisenträgern und Hilfsdienern.

Doch die Qualität der Speisen durfte unter diesen Einschränkungen nicht leiden. Und zusätzlich mussten die Köche und Diener jeden Tag zeitig in der Früh den weiten Weg von der Villa in die Stadt gehen, um in großen Mengen frische Lebensmittel zu besorgen.

Besonders am Herzen lag Elisabeths Sekretär der Saaltürhüter Karl Scatturin, der vom einfachen Diener zum Haushofmeister aufgerückt war. Dieser war für die Hofhaltung in der Villa verantwortlich und damit praktisch für alles, was im Haus an Organisation, Arbeit und Diensten anfiel: Scatturin trug die Verantwortung für alle Pretiosen, die von Wien nach Madeira verschickt wurden: die Leuchter und Möbel, das Tafelsilber und Porzellan sowie die gesamte Tischwäsche. Zusätzlich verrichtete er täglich den Tafeldienst: Er deckte, servierte, räumte ab, verwaltete den mitgeführten Weinkeller und die Speisekammer, teilte die Diener und Knechte ein und schaffte es – wie der Sekretär in seinem Bericht betonte – trotz all dieses Stresses, dass kein einziger Teil des kaiserlichen Porzellans zu Bruch und nichts vom kaiserlichen Hausrat verloren ging. Zudem verrichtete dieser so viel beschäftigte Mann, wie Bayer schrieb, bei der täglichen Hausmesse auch noch den Ministrantendienst.[45] Ob nach Madeira oder Ischl: Kaiserliche Privatreisen waren höchstens für die kaiserliche Familie entspannend, für die mitreisende Dienerschaft waren die Aufgaben um ein Vielfaches anstrengender als jene zu Hause.

Im April ging dieser für Elisabeth trotz allem schöne, für ihre Suiten zumeist langweilige und für die Bediensteten anstrengende Séjour in Madeira seinem Ende zu. Mit dem nahenden Frühling fühlte sich die Kaiserin gesundheitlich immer besser, dafür machte sich nun das Heimweh umso mehr bemerkbar. Des Kaisers Kuriere brachten immer erfreulichere Nachrichten: Elisabeth »huste höchst selten [...] sehe wieder gut aus und freue sich unaussprechlich nach Hause«, erfuhr ihre Mutter.[46] An Ludovika selbst schrieb Elisabeth aber »recht wehmütige Briefe, die große Entfernung und lange Trennung, die seltenen und dann alten Nachrichten wären ihr immer schwerer zu ertragen, die Sehnsucht nimmt immer mehr [zu]«.[47]

Es war wieder einmal die Schwiegermutter, die in Wien inmitten der Jubelmeldungen genau hinhörte und Nachrichten kritisch hinterfragte. Dass Elisabeth äußerst sensibel auf Wetteränderungen reagierte, ließ die Erzherzogin Schlimmes erwarten. Sie schrieb: »[Die Kuriere] haben recht gute Nachrichten von Sisi gebracht, das warme Clima hat sie jedoch schon so reizbar für die Luft gemacht, dass in den wiederbeginnenden so warmen Tagen, während welchen sich ihre Umgebung nach den kühleren Abenden sehnte, sie sich immer noch warm kleidete, sogar zwei Paar Strümpfe anzog. Wie wird sie dann unser Klima ertragen können? Wenn sie nur nicht dann wirklich krank wird!!!«[48] Es waren kluge Überlegungen – und die Befürchtungen der Erzherzogin sollten sich nur allzu bald erfüllen.

Ende April 1861 war es schließlich so weit. Das Gefolge packte den mitgeführten Hausrat wieder zusammen, räumte die Villa und schiffte sich wieder auf den Jachten der britischen Königin ein. Doch bevor die »Victoria and Albert II« sie in der österreichischen Hafenstadt Triest absetzte, gönnte Elisabeth sich noch eine dreiwöchige Mittelmeerrundreise. Ihre erste Station war die alte andalusische Stadt Cádiz – für Jahrhunderte das Tor der Habsburger nach Amerika.

Wenn eine Kaiserin von Österreich privat reiste, musste sie davon ausgehen, dass ihr Inkognito nicht gewahrt blieb – wobei es freilich der Anonymität nicht gerade entgegenkam, mit der luxuriösesten Jacht Europas zu reisen. Sobald also bekannt wurde, wer hier als »Gräfin von Hohenembs« Cádiz die Ehre gab, rissen sich die Stadthonoratioren darum, Elisabeth zu Diensten zu sein. Generalkonsul Duncan Shaw, einer der reichsten und angesehensten Bankiers in Cádiz, wie der österreichische Konsul versicherte, ließ es sich nicht nehmen, der Kaiserin »vier Privat-Equipagen« zur Verfügung zu stellen, welche von Elisabeth und ihrem Gefolge »zu einer Spazierfahrt benützt wurden«.[49] Einen offiziellen Empfang verbat sich Elisabeth allerdings. Nur dem Zivilgouverneur der Region erlaubte sie die obligatorischen Honneurs.

Von Cádiz aus machte Elisabeth mit dem Zug einen Ausflug nach Sevilla, besuchte dort die schönsten Plätze der Stadt und einen Stierkampf und kehrte dann wieder zurück. Der kaiserliche Gesandte Albert von Crivelli hatte in Cádiz alle Hände voll zu tun, ihr weitere Honoratioren vom Leib zu halten. Denn alle hatten nur den einen Wunsch: Die für ihre Schönheit berühmte Kaiserin kennenzulernen. Wie alle, die Elisabeth in kleiner Runde und fernab des Zeremoniells kennenlernen durften, schwärmte auch Crivelli von ihr: »Die Tage von Cádiz und Sevilla werden mir und meiner Frau unvergesslich sein. Es ist selten, dass man Gelegenheit hat, Ihre Majestät die Kaiserin in der Nähe zu sehen und nur dann kann man ihren Wert würdigen. Sie hat wirklich außerordentlich gefallen. Ihre grazile Würde und elegante Einfachheit mussten hier, wo gespreizter Pathos mit ungehobelten [sic!] sans façon abwechselt, natürlich großen Effekt machen und imponieren«.[50] Crivelli fühlte sich berufen, dem österreichischen Außenminister, dem er die schönen Worte über die Kaiserin übermittelte, nahezulegen, dass sie »unter keiner Bedingung den nächsten Winter im Norden zubringen dürfte«.[51] Er schlage stattdessen »Malaga oder ganz besonders Palma vor – so isoliert, ruhig, dabei mit der Welt durch unterseeischen Telegrafen verbunden«.[52] Der Außenminister und der Wiener Hof hofften freilich, dass es bei einer einmaligen Reise der Kaiserin in den Süden blieb.

Von Cádiz ging es weiter nach Gibraltar, von dort nach Malta und dann zur Republik der Ionischen Inseln – jenem Inselverbund unter britischem Protektorat, zu dem damals unter anderem Ithaka, Kefalonia, Zakynthos und Korfu gehörten.[53] Als die königliche Jacht am 15. Mai 1861 in den malerischen Hafen von Gastouri an der Ostküste von Korfu einlief, begann Elisabeths lebenslange Liebe zu dieser griechischen Insel. Zwei Tage nur blieb sie auf Korfu, aber sie sollte ab nun immer wieder diesen, ihren Sehnsuchtsort aufsuchen.

Am 18. Mai betrat Elisabeth nach einem halben Jahr in Triest wieder österreichischen Boden. Zur Begrüßung war ihr Franz Joseph hierher entgegengefahren. Nach einer Übernachtung im auf einer Felsenklippe bei Triest soeben für Franz Josephs Bruder Maximilian fertig erbauten Schloss Miramare, einigen Audienzen und einem großen Diner anlässlich ihrer Rückkehr reiste das Kaiserpaar gemeinsam nach Wien. Bevor Elisabeth in der Hofburg einzog und dort offiziell begrüßt wurde, traf sie ihre Kinder in Baden. Der Kaiser hatte Gisela und Rudolf in den kleinen, bei Wien gelegenen Kurort bringen lassen, damit sie mit ihrer Mutter, die sie sechs Monate hatte entbehren müssen, ohne Beobachtung des Hofstaates ein Wiedersehen feiern konnten.[54]

Die Reise nach Madeira hatte – inklusive aller Nebenkosten und eingerechnet der Geschenke und Gratifikationen an das Gefolge, die Diener und die Menschen vor Ort – exakt 188 935 Gulden und 8 Kreuzer, umgerechnet rund 2,5 Millionen Euro, gekostet.[55] Auf diesen Betrag kam die Hofstaatsbuchhaltung nach Durchsicht aller Überweisungen und einer riesigen Summe an Einzelrechnungen, die Kosten für Telegramme, Wein und Kerzen, Pferdesättel, Einkäufe auf den Märkten von Funchal und noch manch anderes beinhaltete.[56] Die Kosten für den sechsmonatigen Aufenthalt der Kaiserin auf Madeira waren damit höher als das Budget des gesamten kaiserlichen Hofes während eines halben Jahres, an dem immerhin mehr als 3000 Beamte und Diener angestellt waren.[57] Franz Joseph hatte ein Vermögen für die Wiederherstellung der körperlichen und seelischen Gesundheit seiner Frau ausgegeben.

Aber hatten sich der finanzielle Aufwand, das große Entgegenkommen des Kaisers, das lange Warten auf die Rückkehr von Elisabeth, die er so sehr vermisste, auch ausgezahlt? Nein, das hatten sie nicht. Denn Elisabeth blieb genau einen Monat in Wien, dann reiste sie, mit einer noch dramatischeren medizinischen Diagnose und nach noch belastenderen häuslichen Konflikten wieder in südliche Gefilde ab. Was in der kurzen

Zeit ihres Wienaufenthalts geschah, lässt sich den vorhandenen Quellen nur bruchstückhaft entnehmen:

Bei Elisabeths Ankunft sah es noch so rosig aus. Die heimgekehrte Kaiserin wurde freudig begrüßt. Auf dem Wiener Südbahnhof, wo sie ankam, jubelten ihr die Menschen zu. Der allgemeine Tenor lautete, dass die Kaiserin gesund, blühend und bildhübsch aussah. Die Genesungsreise hatte, so dachte man zumindest, Wirkung gezeigt. Und so hofften Franz Joseph wie auch Elisabeths Familie, dass sie, endlich zur Ruhe gekommen, sich nun ganz ihren häuslichen und repräsentativen Pflichten widmen würde. Der Kaiser, der alles in seiner Macht Stehende getan hatte, um seiner Frau dabei zu helfen, ihre innere Ruhe wiederzufinden, hatte es sich – wie nicht nur seine Mutter befand – verdient, wieder die Freuden eines stabilen Familienlebens genießen zu können. Elisabeths eigene Mutter schrieb Erzherzogin Sophie: »Gott gebe nur, dass ihm Sisi jetzt eine recht glückliche Häuslichkeit gewährt und er in seinem Inneren das Glück und den stillen Genuss findet, dessen er so würdig ist nach dem langen traurigen Winter. Wenn sie nur recht zu schätzen und genießen weiß, wenn er nur alles in ihr findet, was er verdient«.[58]

Elisabeth kam jetzt zunächst auch ihren Pflichten als Kaiserin nach: Als Erstes empfing sie den britischen Botschafter und seine Gemahlin sowie den portugiesischen Gesandten – eine Geste der Dankbarkeit jenen beiden Monarchen gegenüber, die ihr die Überfahrt nach Madeira und den Aufenthalt dort auf jede erdenkliche Weise erleichtert hatten.[59] Ebenso hielt sie für die Damen der Aristokratie Audienzen ab.

Doch schon wenige Tage nach ihrer Heimkehr zeigten sich bei Elisabeth erneut die bekannten, seit Jahren wiederkehrenden Symptome: Sie wurde nervös, verweigerte die Nahrungsaufnahme, litt unter Schlafstörungen. Und nun gesellte sich auch noch ein hartnäckiger Husten dazu. In diesen ersten Tagen in Wien kam es auch wieder zu Streit in der kaiserlichen Familie. Abermals ging es um die kaiserliche Kindskammer. Dass Erzherzogin Sophie während Elisabeths monatelanger Abwesenheit den eigenen Einfluss auf die Kinder wieder vergrößern würde, war zu erwarten gewesen. Allerdings hatte die Erholungszeit im Süden Elisabeths Nerven wohl nicht so weit gestärkt, dass sie gelassen mit der neuerlich aufgeflackerten Konfliktsituation umgehen konnte. Kurz, die Streitigkeiten setzten exakt dort an, wo sie im Herbst 1860 aufgehört hatten.

Um seine Frau zu schonen, sagte Franz Joseph alle anstehenden Empfänge und Diners ab und schickte sie nach Laxenburg. Doch auch hier besserte sich Elisabeths Zustand nicht. Ihr Husten blieb hartnäckig, nächtliche Anfälle setzten ihr zusätzlich zur Schlaflosigkeit zu, und sie fieberte. Wieder wurde der Lungenspezialist Joseph von Škoda gerufen – und nun passierte Eigenartiges: Der Arzt, der der Kaiserin als Entgegenkommen noch im Herbst zuvor die schwammige Diagnose »Affektion der Lungen« gestellt hatte, die den Aufenthalt auf Madeira ermöglicht hatte, sprach plötzlich von Tuberkeln in der Lunge. Und davon, dass die Kaiserin unverzüglich und »als letztes Mittel« in den Süden müsse. Es bestehe die Gefahr einer »galoppierenden Auszehrung«.[60] Weil es peinlich war, dass bei der Kaiserin wenige Tage nach der Rückkehr von der teuersten Erholungsreise, die der Wiener Hof je bezahlt hatte, plötzlich genau die Diagnose »Lungenkrankheit« gestellt wurde, die zuvor als vorgeschobener Grund für die Madeirareise hatte herhalten müssen, betonte Dr. Škoka nun, dass der Zustand der Lungen Ihrer Majestät wirklich »alarmierend« sei, und versicherte, »dass das vorigen Herbst vor der Abreise nach Madeira noch nicht so war«.[61]

Und so brach Elisabeth nach gerade einmal dreißig Tagen, die sie in Österreich verbracht hatte, aufs Neue in die Ferne auf. Diesmal hieß das Ziel Korfu. Und noch etwas war bei dieser Abreise anders als zuvor: Sowohl Familie als auch Hofgesellschaft glaubten, dass es dieses Mal tatsächlich schlecht um Elisabeth stehe. Hämische Kommentare und Kopfschütteln blieben jetzt aus. Stattdessen zeigten sich alle entsetzt und waren sich sicher, dass die Kaiserin sterbenskrank sei – eingeschlossen sie selbst. Ihre Mutter war ganz außer sich und berichtete, dass Elisabeth Angst habe, dem Kaiser als »elendes, hinsiechendes Geschöpf« nur zur Last zu fallen, und denke, wenn sie nicht mehr lebe, könne Franz Joseph immerhin wieder heiraten.[62]

Der Kaiser begleitete Elisabeth bis nach Triest. Nachdem er bewegt und traurig an Bord von ihr Abschied genommen hatte, schrieb sein Generaladjutant Graf Franz von Folliot von Crenneville – derselbe Mann, der Elisabeths Madeiraaufenthalt eine »exzentrische Reise« genannt hatte – in sein Tagebuch: »Armer Kaiser, edler Herr, warum prüft Dich der liebe Gott gar so strenge? Gott gebe, dass diese Reise die Kaiserin rette. Sie weiß von dem angegriffenen Lungenflügel und den Tuberkeln«.[63]

Es gab allerdings auch Skeptiker bezüglich dieses dramatischen Befundes. Der Leibarzt der bayerischen Familie, Dr. Heinrich von Fischer, der ebenfalls zur Konsultation angereist war, fand, dass der Wiener Lungenspezialist eine falsche Diagnose gestellt hatte. Vor allem aber warf er Škoda vor, die Kaiserin mit seinen offenen Worten in Panik versetzt zu haben. Der neue englische Botschafter Lord John Bloomfield wiederum schrieb dem österreichischen Außenminister, er wundere sich, dass man ausgerechnet Korfu als Erholungsort für eine Lungenkranke gewählt habe, schließlich könne man sich auf dem Eiland mit Malaria infizieren. Und Außenminister Graf Rechberg, der schon so viel mit Elisabeths erster Reise in den Süden zu tun gehabt hatte, konnte es sich nicht verkneifen, seine Verwunderung darüber zu äußern, dass man für die Kranke nicht den berühmten Lungenkurort Meran oder irgendeinen anderen Ort innerhalb der Grenzen Österreichs ausgewählt hatte.[64] Nichtsdestoweniger halfen die beiden wie vor der letzten Reise auch dieses Mal dabei, Elisabeth unterwegs und vor Ort alle Annehmlichkeiten zu verschaffen, die eine Kaiserin von Österreich erwarten konnte. Selbstverständlich wurde auch der britische Lordoberkommissär der Ionischen Inseln angewiesen, ihr sein Stadtpalais und die Sommerresidenz »Mon Repos« zur Verfügung zu stellen.

So angenehm wie die Reise nach Madeira wurde jene nach Korfu allerdings nicht – das zeigte sich schon beim Gefolge. Elisabeths zweiundsechzigjähriger Obersthofmeister Graf Nobili war gesundheitlich nicht mehr in der Lage, seine Herrin ein weiteres Mal in den Süden zu begleiten. Bereits Madeira hatte ihm gesundheitlich zugesetzt. Die Sieben-Tage-Dienstwochen über Monate hinweg, dazu die stete Verantwortung für die Kaiserin in der Fremde und der hiermit zusammenhängende Stress hatten ihn so sehr erschöpft, dass er sich unmittelbar nach der Rückkehr von Madeira auf Kur begeben hatte. Deshalb ernannte Franz Joseph den Granden Alfred von Paar zu Elisabeths neuem »Obersthofmeister und Reise-Oberleiter«.[65] Dieser Personalwechsel dürfte Elisabeth jedoch weniger geschmerzt haben als ein anderer: Denn auch die verständnisvolle und von ihr so geschätzte Mathilde Windisch-Graetz reiste nicht mehr mit. Sie wollte sich nicht erneut für lange Zeit von ihrem nun zweijährigen Töchterchen trennen müssen. Und so wurde Elisabeth diesmal von Gräfin Esterházy begleitet. Dass der Kaiser ausgerechnet jetzt seiner Frau die ihr unsympathische Obersthofmeisterin zur Seite stellte, hatte wohl damit zu tun, dass er nicht mehr allen ihren Wünschen nachgab. Zudem würde Gräfin Esterházy nicht nur ein Auge auf Elisabeth haben, sondern auch dafür sorgen, dass er und seine Mutter Berichte erhielten, die den wahren Zustand der Kaiserin wiedergaben. Monatelang hatte es geheißen, es gehe Elisabeth besser, und nun war sie schwer krank.

Den Kaiser brachte die Korfufahrt in eine peinliche Situation: Nach einem kostspieligen Erholungsaufenthalt hatte seine Frau gerade einmal einen Monat in Österreich verbracht, dann reiste sie mit der erneuten Diagnose »Lungenkrankheit« wieder ab. Wie konnte man der Öffentlichkeit klarmachen, dass nun eingetreten war, was man vorher nur als Vorwand benutzt hatte? Die Verwirrung rund um die Kaiserin, die in den Zeitungen an einem Tag als blühend aussehend beschrieben wurde und am nächsten als sterbenskrank, war unangenehm. Auf die Hofärzte und medizinischen Kapazunder war Franz Joseph mittlerweile schlecht zu sprechen. Dr. Škoda musste diesmal auf »ausdrücklichen Wunsch des Kaisers« Elisabeth begleiten – die medizinische Verantwortung vor Ort durfte nicht mehr ausschließlich der junge Dr. Kumar tragen.[66]

Von Juni bis Oktober 1861 hielt sich Elisabeth auf Korfu auf. Sie residierte in »Mon Repos« (auf Deutsch: mein Ruheort), dem auf der Halbinsel Kanoni gelegenen, 1826 im neoklassizistischen Stil erbauten kleinen Schloss, das ihr der britische Lordoberkommissär zur Verfügung gestellt hatte. (Hier wurde übrigens sechzig Jahre nach ihrer Ankunft, im Frühsommer 1921, der künftige Prinz Philip, Herzog von Edinburgh, geboren, der 2021 verstorbene Ehemann von Queen Elizabeth II.) In »Mon Repos« richtete sich die Kaiserin ganz nach ihrem Geschmack ein. Aus Wien hatte man diesmal eine ganze Einrichtung für ihr Appartement und den Park mitgebracht: ein Bett, mehrere Sofas, Tische, Sessel und Stühle; Gartengarnituren und Gartenleuchten; zudem Schränke, einen Schreibtisch sowie Polster, Bilder und allerlei Notwendigkeiten wie zum Beispiel Bettwäsche.[67]

Auch bei diesem Aufenthalt im Süden wohnte Elisabeth wieder inmitten der schönsten Natur. »Mon Repos« war von einem Blütenmeer umgeben, den Park schmückten leuchtende Rhododendrensträucher, und rund um das Schloss wuchsen alte Olivenbäume. Doch Elisabeths Aufenthalt war von tiefer Melancholie, zerrütteten Nerven, Angst um ihre Gesundheit, der Sehnsucht nach ihrer Mutter und ihren Geschwistern und wohl auch von einer weiteren Ehekrise geprägt. Die Stimmung war schlecht, ihr gesundheitlicher Zustand für ihre Familie nicht mehr durchschaubar. Dr. Škoda reiste bereits im Juli wieder nach Wien zurück. Die Kaiserin sei schon fieberfrei, der Husten habe sich gebessert. Nun brauche sie einfach Ruhe, um wieder zu Kräften zu kommen.[68]

Ganz so einfach war es aber nicht: Der auf Korfu verbliebene Dr. Kumar meldete wenig später nach Wien, dass »die entzündliche Schwellung am rechten Seitenflügel zugenommen hat«. Nur eine Woche später notierte Erzherzogin Sophie jedoch, Kumar habe geschrieben, das (Lungen)-Übel sei »ganz eingetrocknet, aber die Nerven! Es stellt sich nun heraus, dass hauptsächlich ihretwegen Skoda die Reise nach Korfu beschleunigte«.[69] Was sofort ins Auge sticht: Kumar bestätigte – offenbar ungewollt –, dass Škoda, der darauf gedrängt hatte, dass Elisabeth sofort wieder in den Süden reiste, ihre »Zustände« vor allem in ihren zerrütteten Nerven begründet sah. Der kaiserlichen Familie und Elisabeths bayerischer Familie war diese Diagnose vor der Abreise aber so nicht vermittelt worden – auch wenn ihr fragiles Nervensystem bekannt war. Denn in den Korrespondenzen und Tagebucheinträgen finden sich vor allem Hinweise auf die Angst vor einer schweren Lungenerkrankung.

Versucht man, sich in die Lage des Lungenspezialisten hineinzuversetzen, wird sein Drängen auf eine schnelle Abreise Richtung Süden verständlich – denn was hätte Škoda tun sollen? Er sah sich einer Patientin gegenüber – die noch dazu die Frau des regierenden Monarchen war –, deren nervliche Belastungen permanent zu körperlichen Symptomen führten. War sie im Süden, besserte sich ihr Zustand. War sie in Wien, ging es ihr wieder schlechter. Fehler durfte sich der Arzt in seiner Behandlung nicht leisten. Was, wenn sich aus dem Husten wirklich eine ernste Lungenkrankheit entwickelt hätte? Was, wenn er die Symptome nicht ernst genommen und die Kaiserin eine Tuberkulose entwickelt hätte, an der sie gestorben wäre? So prestigeträchtig es war, Arzt einer kaiserlichen Familie zu sein, so gefährlich war es aber auch. Ein Fehler, und Škodas Renommee wäre vorbei gewesen. Wenn es der Kaiserin im Süden nachweislich besser ging – warum sie nicht dorthin schicken? Kuren und Erholungsreisen wurden schon immer gerne verschrieben, wenn sonst nichts half. Auch Elisabeths spätere Leibärzte sollten ihr oft und gerne eine Erholungsreise verordnen.

Obwohl nun die Gefahr einer schweren Lungenerkrankung gebannt war – psychisch ging es Elisabeth schlecht. In dieser Situation machte Franz Joseph einen entscheidenden Fehler. Er schickte seinen engsten Vertrauten nach Korfu: Karl von

Grünne. Offiziell war der 1808 geborene Graf bis vor Kurzem »nur« Generaladjutant Franz Josephs und Leiter seiner Militärkanzlei gewesen. Inoffiziell war er der erste Mann bei Hof, er war der engste Berater des Kaisers. Grünne galt als ungehobelter Soldat, aber auch brillanter Geist mit Charme und Witz. Elisabeth mochte diesen Vertrauten ihres Mannes. Er war auch für sie ein väterlicher Freund – sie kannte ihn seit der Ischler Verlobung – und einer der wenigen Menschen bei Hof, denen sie vertraute. Ihm hatte sie offen erzählt, wie sehr sie darunter litt, dass ihre Schwiegermutter den Kaiser und ihre Kinder »dirigiere« und bei Hof viele schlecht über sie redeten.[70] Grünne wusste, wie er die junge Ehefrau seines Herrn nehmen musste: Er umsorgte sie väterlich, unterhielt sie, brachte sie zum Lachen und gab ihr das Gefühl, dass sie alles richtig machte. Der gewiefte Grünne wusste, wie er mit unsicheren und unerfahrenen Menschen umgehen musste, und er war höchst manipulativ. Diese Eigenschaften sollte Elisabeth aber erst mit zunehmender Lebenserfahrung erkennen.

Grünne reiste also im Auftrag Franz Josephs nach Korfu. Sollte er sich nur ein Bild vom Zustand der Kaiserin und ihrem »Exilhof« machen? Sollte er sie überreden, ihren Aufenthalt abzukürzen, an den Wiener Hof zurückzukehren? Oder sollte er vielleicht sogar zwischen den Eheleuten »vermitteln«? Denn immer wieder gab es Gerüchte, dass nicht nur Elisabeths Gesundheitszustand Anlass zur Sorge gab, sondern auch ihre Ehe.

Was auch immer die Motive der Grünne'schen Mission waren – sie endete in einer Katastrophe. Was genau passierte, ist bis heute ein Rätsel. Stimmen die Gerüchte, dass Elisabeth dem Grafen vorgeworfen habe, ihrem Mann bei außerehelichen Ausflügen behilflich zu sein? Oder hatte Grünne versucht, Franz Joseph zuliebe zwischen der Kaiserin und ihrer Schwiegermutter zu vermitteln, sich dabei argumentativ auf Sophies Seite gestellt und so Elisabeths Zorn hervorgerufen?

Eine Nachkommin des Grafen veröffentlichte im Jahr 1935 Auszüge aus Briefen Elisabeths. Diese Fragmente lassen vermuten, dass zwischen Kaiserin und früherem Generaladjutanten sprichwörtlich »die Fetzen flogen«. Elisabeth schrieb Grünne, dass »die Resultate Ihrer Reise weder für den Kaiser noch mich irgend eine Änderung der Lage hervorgebracht haben«. Und dass man einander Gott sei Dank nicht wiedersehen werde.[71] Bildlich gesprochen, schickte sie Grünne damit in die Wüste und entzog ihm das Vertrauen. Kurz danach schickte sie ihm aber einen weiteren Brief, in dem sie sich bei ihm entschuldigte: »Zwar weiß ich nicht mehr genau, was ich Ihnen gesagt habe, doch waren es jedenfalls Sachen, die, wenn ich sie auch dachte, es sehr unrecht von mir war, auszusprechen«.[72]

Der Graf zeigte sich kleinlich. Anstatt die Entschuldigung anzunehmen, war er beleidigt und antwortete zunächst, dass es schade sei, »dass Eure Majestät noch eine zweite Kränkung für nötig erachteten um sich meine unbequeme Persönlichkeit vom Halse zu schaffen«.[73] Zwar strich Grünne diesen Satz im Brief später durch, doch drohte er nun an, seinen Dienst beim Kaiser zu quittieren. Der schlaue Graf wusste, wie er mit der unsicheren jungen Kaiserin umgehen musste. Denn Elisabeth hatte nun ein schlechtes Gewissen und befürchtete, den Vertrauten ihres Ehemanns vergrault zu haben. So ließ sie der ersten Entschuldigung eine zweite folgen – die in ihren offenen Worten rührend authentisch klingt:

»Lieber Graf Grünne, ich kann Ihnen nicht ausdrücken wie sehr mich Ihre Antwort auf meinen Brief überrascht und betrübt, denn statt dass Sie meine Absicht, Sie um Verzeihung zu bitten, für mein Unrecht, was ich vollkommen einsehe (und bereue), erkennen, nehmen Sie das als eine neue Kränkung an. Ich kann nicht mehr tun, als Sie bitten, wegen meiner Launen nicht dem Kaiser ihre Dienste zu entziehen, und Sie wiederholt und um unserer alten Freundschaft willen um Verzeihung bitten [...] jetzt geben Sie mir den größten Beweis davon, und bleiben Sie [...] Dass ich weiß, wie unrecht ich gehabt habe, brauch ich Ihnen nicht mehr zu sagen, Sie wissen es zu gut, ich habe mich schlecht benommen, ich mache mir schreckliche Vorwürfe darüber, wollen Sie mir mein ganzes Leben verbittern, und mir alle Gelegenheit nehmen, es gut zu machen? Wie kann ich Sie bitten, zu mir zu kommen morgen, können Sie mir aber diesen Beweis ihrer Freundschaft geben, und ich würde Ihnen für immer dankbar sein«.[74]

Elisabeths Antwort an Grünne zeigt deutlich, dass sie sich damals noch immer nicht ihrer Stellung bewusst war. Einen solch offenen, gefühlvollen, von Schuldgefühlen durchzogenen Brief schrieb eine Frau mit Herz, Gewissen und voller Skrupel – aber sicherlich keine Kaiserin. Doch Elisabeth war die Kaiserin von Österreich, sie musste sich weder erklären noch auf die Befindlichkeiten von Höflingen eingehen. Sie musste auch keinen beleidigten Höfling darum bitten, ihren Entschuldigungsbrief ja nicht falsch zu verstehen – oder verstehen zu wollen. Dass Grünne mit seinem Rücktritt drohte, zeigt nicht zuletzt, wie sehr er mit Elisabeth »spielte«. Bei Hof wusste jeder, dass ein Mann wie Grünne niemals freiwillig seinen einflussreichen Posten räumte.

Solange Elisabeth nicht das Selbstbewusstsein besaß, das es brauchte, um nicht Spielball gerissener Höflinge zu sein, so lange würde sie am Hof nicht reüssieren können. Doch es sollte noch einige Zeit dauern, bis sie so weit war, dass sie sich eine dickere Haut zulegte, Kritik an ihr abprallte und sie eine deutliche Grenze zwischen sich und der Hofgesellschaft zog – im Prinzip genau das, was ihre Schwiegermutter immer schon gepredigt hatte: Zwischen einer Kaiserin und den Höflingen muss, will man Grenzüberschreitungen verhindern, eine große Distanz sein.

Nachdem Grünne abgereist war, blieb Elisabeth traurig und nervlich am Ende auf Korfu zurück. Es war eine schwierige Situation für die nun Dreiundzwanzigjähre: Sie hatte mit Grünne ihren einzigen quasi freundschaftlichen Kontakt bei Hof verloren. Erschwert wurden ihre Einsamkeit und das Gefühl, nicht verstanden zu werden, dadurch, dass sie sonst aufgrund ihrer hohen Stellung niemanden hatte, mit dem sie sich hätte austauschen, dem sie sich hätte anvertrauen können. Vor allem aber hatte sie keine einzige weibliche Bezugsperson auf Augenhöhe. Es gab ihre Schwiegermutter – aber dieser konnte sie sich, aus vielerlei Gründen, nicht anvertrauen. Es gab in der kaiserlichen Familie zu dieser Zeit schlichtweg keine älteren weiblichen Verwandten, die kraft ihrer Stellung, Souveränität und Erfahrung der jungen Kaiserin dabei hätten helfen können, ihren Weg, ihre Rolle zu finden. Die Einzigen, die diese Aufgabe hätten übernehmen können, wären die Witwen der beiden Vorgänger Franz Josephs gewesen: Ex-Kaiserin Karoline, die mit Franz I. verheiratet gewesen und eine Tante Elisabeths war, oder Ex-Kaiserin Maria Anna, die Witwe Ferdinands. Doch beide hatten sich – auch weil sie die Position von Franz Josephs Mutter als Matriarchin des Wiener Hofes anerkannten – zurückgezogen. Die eine nach Salzburg, die andere nach Prag.

Weil es Elisabeth auf Korfu nach drei Monaten noch immer nicht besser ging, fragte der Kaiser bei Ludovika an, ob sie ihre Tochter nicht für einige Zeit auf der Insel besuchen wolle. Vielleicht könnte sie Elisabeth zur Rückkehr bewegen? Doch hier drohte die nächste Nervenkrise, und zwar diesmal bei Ludovika. Denn die Herzogin wollte nicht nach Korfu reisen. Sie reiste generell nicht gerne, Korfu war ihr viel zu weit weg, und sie wollte ihre jüngeren Kinder nicht allein zurücklassen. Außerdem traf sie nicht gerne mit der Wiener Hofgesellschaft zusammen. Der Wiener Hof und seine Höflinge waren ihr zuwider, sie scheute wohl auch die Begegnung mit Menschen, die das – aus ihrer Sicht kapriziöse – Verhalten Elisabeths missbilligten.

Ludovika wollte also partout nicht fahren. Aber sie schaffte es auch nicht, das dem Kaiser deutlich zu sagen. Ihre Schwestern Erzherzogin Sophie und Marie von Sachsen rieten ihr, Elisabeth zu besuchen und damit Franz Joseph zu helfen. Dieser Druck – zumindest empfand Ludovika ihre Ratschläge so – löste bei ihr einen Nervenzusammenbruch aus. Tränenüberströmt schrieb sie an Marie: »Noch im Schlafrock, so miserabel von einer heftigen Migräne, kann ich nicht umhin, dir, meine liebe gute Marie, zu sagen dass mich die eindringliche Zurede, die Reise nach Korfu zu machen, in eine unbeschreibliche Agitation und Unruhe versetzte«.[75] Ludovika wusste nicht mehr, welchen Berichten und medizinischen Bulletins über ihre Tochter sie noch Glauben schenken sollte – und nun wirkten Schwestern und Schwiegersohn auch noch auf sie ein, in Bayern alles stehen und liegen zu lassen. Ihr Leibarzt Dr. Heinrich von Fischer rate ihr dringend ab, in ihrem Zustand der Tochter nachzureisen, schrieb Ludovika und versicherte, sie würde aber sofort nach Korfu aufbrechen, sollte Elisabeth selbst dies verlangen. Sie schloss den Brief mit den Worten: »Verzeih, aber dein eindringliches Zureden hat mich so aufgeregt, wohl auch Folge von meinem fatalen Kopfweh, dass meine Hand zittert und ich in Tränen schwimme, ach es bedarf ja nicht so viel dazu bei mir«.[76]

Kurz, die Herzogin war genauso wenig belastbar wie ihre Tochter. Mit ihrer Ängstlichkeit und Unsicherheit wäre sie wohl auch nicht die Richtige gewesen, um eine junge Frau, die unter depressiven Verstimmungen litt, aus ihrem Tief zu holen. Also versuchte es der Kaiser bei Elisabeths ältester Schwester. Helene war mittlerweile mit dem Fürsten von Thurn und Taxis verheiratet und Mutter zweier kleiner Kinder. Der Kaiser reiste inkognito ins bayerische Bad Reichenhall, um seine Schwägerin persönlich zu bitten, nach Korfu zu fahren. »Er hatte so bitterlich bei Helene geweint«, berichtete Erzherzogin Sophie später ihrem jüngeren Sohn Karl Ludwig.[77] Ihrer Schwester und dem Schwager zuliebe brach Helene schließlich auf. »Helene bringt ein großes Opfer«, schrieb Ludovika, »aber sie sagt, der Kaiser hätte sie so dringend darum gebeten, er hätte ihr so unbeschreiblich leidgetan. Der arme liebe Kaiser, er soll so unglücklich und traurig sein, dass sie sich zu dieser schweren Trennung von Mann und Kindern auf sechs Wochen rasch entschlossen hat«.[78]

Als Helene auf Korfu ankam, schrieb sie der Mutter: »Sissy scheint sich für verloren zu halten, für unheilbar«.[79] Doch die Anwesenheit der ruhigen und unterstützenden Helene half Elisabeth, wieder Boden unter den Füßen zu bekommen. Die Berichte an den Kaiser gaben ab nun Anlass zur Hoffnung: Elisabeth aß wieder vernünftig, kam zur Ruhe und zog sich nicht mehr den ganzen Tag lang zurück. Auch Gräfin Esterházy berichtete in diesem Sinne ihrer eigentlichen Herrin, Erzherzogin Sophie: »Der Husten, die Schmerzen bei der Kaiserin sind beinahe ganz verschwunden, Schlaf ist wieder ruhig geworden, doch der Mangel an Esslust lässt noch manches zu wünschen übrig, da er die Zunahme der Kräfte und Stärkung der Nerven hindert. Durch Seebäder [...] soll letzteres erlangt werden. An drohende Gefahr ist nicht zu glauben, aber auch nicht an eine baldige vollkommene Herstellung«.[80] Berichte wie diese, die die Gräfin regelmäßig an Elisabeths Schwiegermutter schickte, lassen allerdings auch ahnen, wie sehr die Kaiserin sich von ihrer Obersthofmeisterin beobachtet gefühlt haben muss.

Helenes Ankunft auf Korfu war jedenfalls der Wendepunkt. Mit Elisabeth ging es ab nun bergauf, sie wurde wieder aktiver, fitter, gesünder. Die beiden Schwestern unternahmen »sehr schöne Partien zu Wasser und zu Lande«, ließ Ludovika, erfreut über die guten Nachrichten von Korfu, Sophie wissen.[81] Überhaupt lernte Elisabeth in den kommenden Wochen – teils mit ihrer Schwester, aber auch, als diese schon abgereist war – jene Schönheiten der Ostküste Korfus kennen, die noch heute Touristen anziehen: Sie wanderte an der Küste der Halbinsel Kanoni entlang, besuchte die Felseninsel Vlacherna mit dem gleichnamigen, weiß getünchten Kloster und Pontikonisi, die malerische »Mäuse-Insel« südlich von Korfu-Stadt, auf der eine von Zypressen umwachsene byzantinische Kapelle steht. Elisabeth badete im Meer und entdeckte eine »Calypsogrotte«, in deren Felsenhöhle sie unbeobachtet schwimmen konnte. Bei einem ihrer vielen Ausflüge entdeckte sie zufällig nahe Gastouri eine alte, verwunschene Villa. Diese lag inmitten von Olivenhainen und Weinbergen, blühenden Oleandersträuchen und gelb leuchtenden Ginsterbüschen. Während ihres Aufenthaltes suchte Elisabeth immer wieder diesen Ort auf, und noch dreißig Jahre später erinnerte sie sich an den Zauber, den das alte Haus, die »Villa Braïla«, auf sie ausgeübt hatte: »Sie war herrlich, weil sie ganz verlassen war inmitten ihrer großen Bäume. Das hat mich so zu ihr hingezogen, dass ich aus ihr das Achilleion gemacht habe«.[82] (Mit dem hier genannten Namen »Achilleion« ließ die Kaiserin dreißig Jahre nach ihrem Aufenthalt an diesem Ort ein Sommerschlösschen ganz nach ihrem Geschmack errichten.)

Elisabeths Zeit auf Korfu endete im Herbst 1861. Die letzten Wochen auf der Insel brachte sie mit Spaziergängen, Lesen und Seebädern, vor allem aber in großer Ruhe zu. Sie hatte viel Zeit, um nachzudenken. Um zu überlegen, wie sie ihr Leben bei Hof gestalten und den familiären Verstrickungen entkommen konnte. Wie sie die Anwesenheit jener Menschen in ihrer Umgebung, die sie nicht mochte, auf ein Minimum reduzieren konnte. »Mein Leben ist hier noch stiller wie in Madeira«, schrieb sie Franz Josephs jüngstem Bruder, »am liebsten sitze ich am Strand, auf den großen Steinen, die Hunde legen sich ins Wasser, und ich schaue mir den schönen Mondenschein im Meer an«.[83] Diese Mußestunden auf Korfu weckten eine Sehnsucht in Elisabeth, die sie ab nun begleitete – oder auch: eine Vorstellung von erfüllter Ruhe und Einsamkeit, der sie bis zum Tod nachjagen sollte.

Mitte Oktober 1861 reiste Franz Joseph nach Korfu, um seine Frau endlich wiederzusehen. Und nun sprach das Ehepaar sich aus und traf ein Arrangement: Elisabeth musste wieder nach Österreich zurückkommen, aber – das war das Entgegenkommen des Kaisers – nicht unbedingt in die Residenzhauptstadt. Man einigte sich auf Venedig. Die Lagunenstadt gehörte zu Österreich, war aber weit genug von Wien entfernt, sodass Elisabeth hier in großer Distanz zum Kaiserhof leben konnte. Außerdem ließen sich mit einem Aufenthalt in Venedig viele repräsentative Pflichten vermeiden, die sie in Wien hätte absolvieren müssen.

Am 26. Oktober lief die k.k. Dampffregatte S.M.S. »Santa Lucia« mit Elisabeth an Bord in Venedig ein. Die Kaiserin und ihr Gefolge bezogen für die nächsten Monate den Palazzo Reale am Markusplatz. Eine Woche nach Elisabeths Ankunft ließ der Kaiser Gisela und Rudolf mit ihrer gesamten Kindskammer in die Lagunenstadt bringen. Mutter und Kinder hatten einander – abgesehen von dem einen Monat, den Elisabeth in Wien verbracht hatte – fast ein ganzes Jahr nicht gesehen. Die inzwischen fünfjährige Gisela hatte, ihrer Aja zufolge, die Mutter schmerzlich vermisst und war nun glücklich, wieder bei ihr zu sein. Der zweijährige Rudolf fremdelte hingegen. Wollte ihn die Mutter zu sich holen, weinte er und klammerte sich an seine Kinderfrau. Franz Joseph hatte sich in Elisabeths Abwesenheit viel mit seinen Kindern beschäftigt. Er hatte ihnen seine wenige freie Zeit gewidmet, ihnen vorgelesen, mit ihnen gespielt und war mit ihnen spazieren gegangen. Für Rudolf war Franz Joseph deshalb zur wichtigsten Bezugsperson geworden. Er hing innig an seinem Vater. So ließ er sich nur dann ohne Weinen zu seiner Mutter führen, wenn dieser ihn bat, sich ihm zuliebe zusammenzunehmen. Rudolfs Kinderfrau berichtete nach Wien, er »hätte dem Papa versprochen, nicht mehr zu weinen, wenn die Maman ruft, und er hält auch Wort, bis [auf] ein einziges Mal, wo er weinend immer versicherte: ›eigentlich bin ich aber doch brav‹«.[84] Der Beziehung Elisabeths zu ihren Kindern hatten die Reisen in den Süden nicht gutgetan.

Vom Herbst 1861 bis zum Mai 1862 blieb sie ohne Unterbrechung in Venedig. Während dieser Zeit wurde sie regelmäßig von ihrem Mann besucht. Die engste Umgebung des Kaiserpaares registrierte, dass sich Elisabeth und Franz Joseph langsam wieder näherkamen. Das Weihnachtsfest verbrachten sie mit den Kindern in Venedig. Während der Feiertage, die sie fern der Verwandten und nur im kleinesten Kreis ihres engsten Gefolges verlebten, kam es zu weiteren Aussprachen zwischen den beiden. Vor allem aber stellte sich der Kaiser nun in einem Punkt endlich auf Elisabeths Seite: Er stimmte zu, dass sie eine neue Obersthofmeisterin erhielt. Mit Ende Januar wurde Gräfin Esterházy, die über sechs Jahre lang nicht der Kaiserin, sondern Erzherzogin Sophie treu gedient hatte, von ihrem Posten enthoben.[85] Von der »Spionin« ihrer Schwiegermutter in ihrem unmittelbaren Umfeld war die Kaiserin endlich befreit. Damit verlor die Mutter des Kaisers die Kontrolle über die Umgebung ihrer Schwiegertochter und wurde von einem Großteil der Informationen abgeschnitten. Künftig würde sie nicht mehr jedes kleinste Detail im Leben Elisabeths erfahren.

Zur neuen Obersthofmeisterin rückte deren ehemalige Hofdame Gräfin Pauline Bellgarde auf, die nach ihrer Hochzeit 1857 den Hofdienst verlassen hatte.[86] Ihren Ehemann Graf Alfred von Königsegg zu Aulendorf ernannte Franz Joseph auf Bitte seiner Frau kurzerhand zum Obersthofmeister. Denn der gute Graf Nobili empfahl sich nun ganz in den Ruhestand. Einer Kaiserin, die monatelang im Ausland residierte, fühlte sich der alte Herr nicht mehr gewachsen.

Bei Hof kamen diese Personalrochaden einer Palastrevolution gleich – entsprach doch pro forma das Ehepaar Königsegg nicht den Kriterien für ein Obersthofmeisterpaar. Nur die höchsten Adeligen, also Fürsten und Fürstinnen, sollten dem Hofstaat von Kaiser und Kaiserin vorstehen. (Gräfin Esterházy war immerhin eine geborene Prinzessin Liechtenstein, also Tochter eines Fürsten.) Für Elisabeth war dieser Personalwechsel jedoch der erste Schritt in Richtung Autonomie innerhalb ihrer engsten Umgebung und damit ihres Privatlebens.

Nicht zuletzt aufgrund dieses großen persönlichen Erfolgs ging es ihr seelisch immer besser. Sie sei sehr »vergnügt«, berichtete ihr ältester Bruder Ludwig der Verwandtschaft, als er sie in Venedig besuchte.[87] Und Ludovika berichtete nach Wien: »Sisis Briefe sind immer sehr heiter und besonders freut es mich mit welcher Freude sie von der Vereinigung mit ihren Kindern spricht. Ihre eigene Gesundheit erwähnt sie nie«.[88] Das hätte Elisabeth gegenüber ihrer Mutter aber rechtzeitig tun sollen, denn es tat sich ein weiteres medizinisches Problem auf: Bereits auf Korfu hatte die Kaiserin unter ominösen »Schwellungen« an den Füßen gelitten. Als »ganz aufgedunsen« und mit »geschwollenen Füßen, wie Wasser süchtig [sic!]« beschrieb ihre Schwester Helene sie damals.[89] Nach einer kurzen Besserung waren die Symptome in Venedig wieder aufgetreten, diesmal aber viel stärker: Elisabeths

Beine schwollen so sehr an, dass sie teilweise gar nicht auftreten konnte. Auch ihr sonst so schmales Gesicht wirkte angeschwollen. Tatsächlich sieht man auch auf einem Foto, das in Venedig aufgenommen wurde, dass ihr Gesicht deutlich aufgedunsen war. Die kaiserliche Familie war erneut in Aufregung, mittlerweile befürchtete man, dass Elisabeth für den Rest ihres Lebens kränklich bliebe: »Leider kann man nicht leugnen, dass ihr Zustand ein permanentes Siechtum zu werden scheint! Wohl eine trostlose Zukunft für sie und unseren armen, ohnedem so schwer geprüften Franzi«, schrieb Erzherzogin Sophie.[90]

Dieses Mal sprang Elisabeths Mutter über ihren Schatten und fuhr in Begleitung ihres Sohnes Karl Theodor nach Venedig. Ludovika kannte sich nicht mehr aus: Über Monate war ihr abwechselnd zum einen mitgeteilt worden, dass ihre Tochter schwer krank, und dann wieder, dass alles nur eine Nervensache sei. Nun wollte sie sich selbst ein Bild machen. In der Lagunenstadt angekommen, erschrak sie über Elisabeths Aussehen: Aufgedunsen sei ihre Tochter, dick im Gesicht. Darüber, dass Elisabeths »Schönheit gelitten hat[te] durch Schwellungen im Gesicht«, wurde auch in diplomatischen Kreisen eifrig geklatscht.[91] Natürlich litt Elisabeth unter dieser Entstellung. Mit Tränen in den Augen fragte sie ihre Mutter und den Bruder beim Wiedersehen immer wieder, ob sie sie sehr verändert fänden, ob sie »wassersüchtig« aussehe.[92] »Wir wissen oft nicht mehr, was wir sagen sollen, noch trauriger darf man sie doch nicht machen«, schrieb Ludovika nach Wien.[93]

Diesmal übernahm der bayerische Hausarzt Dr. Heinrich von Fischer Elisabeths Behandlung. Von einer Lungenkrankheit oder auch nur »Affekten« in der Lunge wollte der Mediziner nichts mehr hören. Er auskultierte die Kaiserin eingehend, fand nichts Beunruhigendes und beendete ein für alle Mal sämtliche Spekulationen über ein angebliches Lungenleiden.[94] Der selbstbewusste Dr. Fischer warf seinen Wiener Kollegen vor, die Kaiserin über zwei Jahre völlig falsch behandelt zu haben, und stellte sofort klar: Nach Wien könne die Kaiserin im Frühjahr 1862 nicht –

wie geplant – kommen. Sie könne sich gerade einmal kurz in Reichenau, im Wiener Voralpengebiet mit guter Luft und viel Natur, aufhalten, müsse dann aber unverzüglich in seiner Begleitung ins bayerische Bad Kissingen zur Kur reisen – was dann auch geschah.[95] Elisabeth kehrte also immer noch nicht an den Wiener Hof zurück.

Woran litt die Kaiserin aber – nun, da alle Krankheiten und Anfälligkeiten im Bereich der Lunge ausgeschlossen waren? Trägt man sämtliche verfügbaren Informationen über Elisabeths Gesundheitszustand aus Korrespondenzen, Bulletins und Gesandtenberichten zusammen – freilich mit der nötigen Zurückhaltung, die man gegenüber Berichten von Dritten an den Tag legen muss –, so deuten die beidseitigen Fuß- und Beinschwellungen am ehesten auf eine Herzschwäche hin. Auch junge, gesunde Menschen wie Elisabeth konnten sich eine solche im 19. Jahrhundert recht leicht zuziehen: Jede Angina tonsillaris, das heißt jede Mandelentzündung konnte vor Entdeckung des Penicillins – mit dem man erst die Streptokokken bekämpfen konnte, die Angina verursachen – eine Herzschwäche auslösen. Aber auch eine Niereninsuffizenz kann Beinschwellungen hervorrufen, ebenso eine schwere Schilddrüsenstörung oder Eiweißmangelödeme. Sicher ist nur, dass der sommerliche Aufenthalt auf Korfu für Elisabeths diesbezügliche Leiden kontraproduktiv war, da ein warmes beziehungsweise heißes Klima Flüssigkeitseinlagerungen in den Beinen vermehrt.[96]

In diplomatischen Kreisen hatte man die Kaiserin schon fast abgeschrieben. Es gebe nur mehr eine geringe Hoffnung auf Wiederherstellung ihrer Gesundheit, teilte man einander in vertraulichen Depeschen mit. Die Reise nach Bad Kissingen habe die Kaiserin liegend angetreten. Überhaupt könne sie kaum mehr stehen mit ihren geschwollenen Beinen. Man spekulierte über »Wassersucht« und »Zersetzung des Blutes«.[97] Dem englischen Königshof berichtete der britische Botschafter von einer »Blutarmut«.[98] Die Kaiserin, so dachten viele, werde wohl ab nun den vielen permanent kränklichen Frauen hoher Abstammung zuzurechnen sein, die ihre Tage damit verbrachten, von einem Kurort zum anderen zu reisen, ohne dass sich ihr Zustand jemals entscheidend besserte.

Doch Elisabeth kehrte schließlich als gesunde Frau zurück. Mitte August 1862 kam sie endlich wieder nach Schönbrunn, an den Ort, von dem aus sie vor fast zwei Jahren nach Madeira aufgebrochen war. Nicht nur die kaiserliche Familie, auch ihre Hofdamen waren überglücklich, dass sie endlich »angekommen« war. Helene Thurn und Taxis, die ihrer Herrin nach Madeira und Korfu, nach Venedig und Reichenau und von dort nach Bad Kissingen und wieder zurück gefolgt war, schrieb ihrer ehemaligen Kollegin Gräfin Karoline Lamberg: »Nun haben wir sie wieder im Lande. Wie vor zwei Jahren, und doch, was liegt dazwischen, Madeira, und eine Welt von Sorgen. […] Ich kann Dir nur Glück wünschen, daß Du diese 2 martervollen Jahren [sic!] nicht mehr mit uns durchzumachen hattest. Nun sind wir stabil in Schönbrunn. Es fiel ihr schwer, das Herumfahren der letzten Zeit aufzugeben, was ich begreife. Wenn man überhaupt nicht den inneren Frieden besitzt, so meint man die Bewegung mache das Leben leichter, nur, daran ist sie jetzt nur zu sehr gewöhnt«.[99]

Elisabeth kam nicht nur zurück, sie kam sogar als strahlende Schönheit zurück. »Die Kaiserin ist schöner denn je«, flüsterte man sich am Wiener Hof zu. Ihre Schwiegermutter staunte über diese Wandlung: »Sie machte mir den Eindruck eines schönen Frühlingsmorgens, so schön und jung ist sie wieder geworden […] ihre rosige Schönheit [übertraf] weit meine Erwartung! Eine solche Verjüngung und blendende, blühende, gesunde Schönheit, nach so viel Elend ist wunderbar«.[100]

Angesichts dieses Wandels nach Jahren des körperlichen Leidens, schwermütiger Phasen und nervlicher Zerrüttungen fragten sich nicht nur Elisabeths Zeitgenossen: Was war nun plötzlich anders? Wie wurde aus einer leidenden Frau diese gesunde Schönheit?

Hierbei spielte sicher eine Rolle, dass Elisabeth zum ersten Mal von einem Arzt behandelt wurde, der sie ernst nahm. Bisher hatte man Heinrich von Fischer nur hinzugezogen, um eine

Zweitmeinung anzugeben. Nun aber hatte er die Behandlung in der Hand. Der bayerische Hausarzt wandte bei seiner hohen Patientin eine ganzheitliche medizinische Methode an – auch wenn es den Begriff »ganzheitlich« damals nicht gab. Er verstand Elisabeths Zustand als die aus der Balance geratene Einheit von Körper und Seele und hatte damit den richtigen Ansatz für ihre Behandlung gefunden. Betrachtet man Elisabeths Krankengeschichte, so zeigt sich: Jedes Mal, wenn es ihr emotional nicht gut ging, wenn sie sich ängstigte, sich überfordert, eingeengt oder isoliert fühlte, verstärkten sich die diversen körperlichen Symptome, die sie seit Jahren peinigten. »Wie soll die Kaiserin lebensfroh und frisch sein?«, entgegnete der Doktor einmal Elisabeths Mutter, als diese klagte, dass ihre Tochter stets traurig, deprimiert und krank sei.[101] Indem er sowohl die körperliche wie die psychische Gesundung der Kaiserin in Angriff nahm, schaffte Heinrich von Fischer den Durchbruch in der medizinischen Behandlung Elisabeths. Er sollte bis zu seinem Tod im Jahr 1874 ihr Vertrauensarzt bleiben.[102]

Die umwerfende Erscheinung der Kaiserin, ihr Strahlen, hatte aber auch einen lebensgeschichtlichen Hintergrund: Elisabeth war in den schwierigen Jahren, die nun hinter ihr lagen, zur reifen Frau herangewachsen. Es war ein weiter Weg gewesen von dem sechzehnjährigen Mädchen, das sie einmal war und das, stets erschrocken, zu oft Tränen in den Augen hatte. Von der jungen Mutter, die man vom Totenbett ihres Kindes weglockte und deren tiefen Schmerz man nicht anerkennen wollte. Von der Ehefrau, die jedes Mal weinend zusammenbrach, wenn sich ihr Mann von ihr entfernte. Von der Schwiegertochter, die einer energischen Schwiegermutter nicht gewachsen war und ihre Kräfte in zermürbenden Kämpfen um Einfluss und Deutungshoheit verlor.

Ihre persönliche Entwicklung war, als sie Mitte 1862 wieder an den Wiener Hof zurückkehrte, noch nicht abgeschlossen, aber die Richtung, die sie einschlagen würde, war nun schon für alle ersichtlich: Nach acht Jahren am Hof hatte Elisabeth sich aus sämtlichen Manipulationen befreit und wurde innerlich zunehmend unabhängig. Sie war nicht mehr so leicht einzuschüchtern wie in der Vergangenheit, weder von der Schwiegermutter noch von Höflingen. Sie war selbstbewusster, aber auch unnahbarer geworden. Ihrem Ehemann war sie zur Partnerin auf Augenhöhe herangereift – für eine Frau des 19. Jahrhunderts eine außergewöhnliche Entwicklung.

Die Höflinge konnten mit dieser Wandlung ihrer jungen, schüchternen Kaiserin zur selbstständigen, mitunter auch eigensinnigen Frau, deren Wünschen ihr Ehemann zunehmend nachkam und die sich immer öfter durchsetzte, ja nach deren Pfeife man tanzen musste – so sahen sie es zumindest –, wenig anfangen. Franz Josephs Generaladjutant schrieb damals, als es wieder einmal um die Befindlichkeiten der Kaiserin ging, in sein Tagebuch: »Oh die Weiber, die Weiber!!! Mit oder ohne Krone, in Seide oder Perkal gekleidet, haben sie Kaprizen und wenige sind ausgenommen«.[103]

Wollte man den einen Moment bestimmen, an dem die Entwicklung der Persönlichkeit Elisabeths zu ihrem Abschluss kam, so müsste man jenen 24. August 1865 heranziehen, an dem sie ihrem Ehemann, immerhin einer der mächtigsten Männer Europas, die folgende handschriftliche Mitteilung zukommen ließ: »Ich wünsche, dass mir vorbehalten bleibe unumschränkte Vollmacht in allem was die Kinder betrifft, die Wahl ihrer Umgebung, den Ort ihres Aufenthaltes, die complete Leitung ihrer Erziehung, mit einem Wort alles bleibt mir ganz allein zu bestimmen, bis zum Moment ihrer Volljährigkeit. Ferner wünsche ich, dass was immer meine persönlichen Angelegenheiten betrifft wie unter anderem die Wahl meiner Umgebungen, den Ort meines Aufenthaltes, alle Änderungen im Haus etc. etc. mir allein zu bestimmen vorbehalten bleibt. Elisabeth«.[104]

Franz Joseph konnte diesen Forderungen seiner Frau nur mehr zustimmen. Die schüchterne, liebreizende Elisabeth gab es nicht mehr. Dafür die stolze, selbstbewusste Kaiserin.

ANHANG

Nachwort

Meine Reise zu jener jungen Frau, deren persönliche Entwicklung meine Neugier geweckt hatte, endet mit dem schärfsten Ultimatum, das je von einer Frau des 19. Jahrhunderts formuliert wurde. Elisabeth von Österreich war siebenundzwanzig Jahre alt, als sie im Sommer 1865 die für ihre Zeit unerhörten Forderungen an ihren Mann zu Papier brachte und damit die »unumschränkte Vollmacht« über alle Belange ihres persönlichen Lebens verlangte. Nach Jahren der Kämpfe und Kränkungen, der geraubten Illusionen und enttäuschten Erwartungen war Kaiserin Elisabeth angekommen: bei sich, in ihrem Leben. Ihre persönliche Entwicklung, die sie bis zu diesem Wendepunkt zurückgelegt hatte, ist für ihre Zeit, ihren Stand und ihr Geschlecht außergewöhnlich. Nicht umsonst ist Elisabeths Werdegang vom eingeschüchterten Mädchen zur selbstbewussten Frau auch jener Teil ihrer Biografie, der die Menschen bis heute am meisten fasziniert.

Es sind vor allem die schwierigen persönlichen Bedingungen, die mich während meiner eingehenden Auseinandersetzung mit diesem außergewöhnlichen Frauenleben besonders berührten. Keine Prinzessin ihrer Zeit war schüchterner und ängstlicher als die junge Elisabeth. Ohne Vorwarnung wurde sie in ihr neues Leben geworfen. Sie hatte nicht einmal Zeit, sich auf ihre künftige Rolle als Ehefrau und Gefährtin einzustimmen, so wie es den kaum der Kindheit entwachsenen heiratsfähigen Mädchen üblicherweise gewährt wurde. Völlig unerwartet für sie selbst und ihre Umgebung kehrte sie von einem kurzen Verwandtenbesuch als künftige Kaiserin von Österreich ins heimatliche München zurück. Aus der vertrauten Überschaubarkeit ihres bisherigen Lebens wurde sie plötzlich in die große Welt, an die Spitze des prestigeträchtigsten Hofs Europas katapultiert. Elisabeth wurde buchstäblich ins kalte Wasser geworfen und schwamm um ihr Leben, kämpfte um ihr emotionales Überleben in einer fremden Welt.

Je mehr ich mich in die Quellen vertiefte, umso faszinierender fand ich die Stärke, mit der sich die junge Ehefrau eines der mächtigsten Herrscher Europas gegen die Konventionen des 19. Jahrhunderts stemmte und sich schließlich ganz befreite. Kaiserin Elisabeth nahm sich eine »Auszeit« vom Hofleben und wagte den Ausbruch aus der ihr zugewiesenen Rolle – etwas, das keiner Frau ihrer Zeit und schon gar nicht ihres Ranges zustand. Bis zum Tod ihrer erstgeborenen Tochter war Elisabeth das Produkt ihrer Umwelt: die brave Tochter, die devote Ehefrau, die unterwürfige Schwiegertochter. Sie bemühte sich, diesen Erwartungen selbst in den dunkelsten Stunden gerecht zu werden. So lange, bis ihr Körper und ihre Seele Alarm schlugen. Sie wusste, dass in dieser Umgebung die Wunden nicht heilen würden. Sie gönnte sich lange Reisen und Aufenthalte weit entfernt vom Kaiserhof, und es dauerte nicht lange, bis ihre Wandlung begann: von der unsicheren Kaiserbraut zur selbstbewussten Kaiserin. Von der fremdbestimmten zur selbstbestimmten Frau.

Dass die Kaiserin sich damit völlig gegen das gängige Rollenbild auflehnte, machen auch die beißenden Bemerkungen ihrer Zeitgenossen deutlich. Ausbrüche jeglicher Art waren einzig den – privilegierten – Männern vorbehalten. Einer Frau, selbst einer Kaiserin, konnte man diese nicht verzeihen.

Mit ihrem berühmten Ultimatum gelang es Elisabeth auf beeindruckende Weise, sich zur »Herrin im eigenen Haus« aufzuschwingen und damit ein Ausmaß an Souveränität zu erlangen, das damals ebenfalls nur Männern zustand: Ab sofort entschied sie, wie ihre Kinder erzogen werden sollten, wo diese leben würden und wer Zugang zu ihnen haben durfte. Genauso oblag ihr nun die Entscheidung, wo sie sich selbst aufhalten mochte und mit welchen Menschen sie sich dort umgab. All das in einer Zeit, in der der Ehemann de facto der juristische Vormund seiner Frau war.

Natürlich gab es auch zu Elisabeths Lebzeiten in königlichen und kaiserlichen Kreisen Frauen, die sich gewisse persönliche Freiheiten und Gestaltungsmöglichkeiten erlaubten. Doch diese hatten sie meist durch manipulative Strategien, durch Bitten und Betteln oder Schmeicheleien gewonnen. Kluge Frauen wussten, welche Mechanismen sie bedienen mussten, um ihr Ziel zu erreichen, ohne dabei die ihnen zugewiesene Rolle zu unterwandern. Elisabeth unterschied sich von ihren Zeit- und Standesgenossinnen dadurch, dass sie sich die Zugeständnisse erkämpfte. Sie war überzeugt, das Recht zu haben, über ihr eigenes Leben zu bestimmen, und forderte es von ihrem Ehemann schlichtweg ein. Es ist diese modern anmutende Authentizität und Kompromisslosigkeit – Eigenschaften, die ihr bei Hof den Ruf der »Schwierigen« einbrachten –, die heute die Faszination dieser einzigartigen historischen Gestalt ausmachen.

An diesem Punkt meiner Forschungsarbeit rückte noch eine andere Persönlichkeit in meinen Fokus. Denn diesen Rollenwechsel, ihre persönliche Emanzipation, ihren Weg von der Unmündigkeit in die Selbstständigkeit konnte Elisabeth nur vollziehen, weil ihr Ehemann sie dabei unterstützte. Ich begann, Kaiser Franz Joseph mit neuen Augen zu betrachten: Ohne ihn hätte Elisabeth ihrem Leben niemals diese neue Richtung geben können. Seine Anerkennung des Ultimatums, mit der er seine traditionellen Rechte als Ehemann und »Chef des Hauses« zugunsten seiner Frau freiwillig beschnitt, war Grundlage für Elisabeths Weg zur selbstbestimmten Kaiserin, zu einer Frau, die von nun an ihr Leben nach eigener Façon gestaltete. Der Kaiser garantierte ihr Rechte und Freiheiten, die keine andere Frau aus königlichem oder kaiserlichem Haus hatte. Damit setzte Elisabeth auch in ihrer Ehe neue Maßstäbe: Sie schwang sich zur ebenbürtigen Partnerin ihres Mannes auf und lebte mit ihm, äußerst ungewöhnlich für die damalige Zeit, auf Augenhöhe.

Elisabeths frühe Jahre am Wiener Hof, ihre ersten Jahre als Kaiserin, sind eine Geschichte des menschlichen Reifens – und als solche ist sie universell. Es ist dieser Aspekt in ihrer Biografie, dem die Begeisterung vieler Menschen für die österreichische Monarchin zugrunde liegt. Das Schicksal der Kaiserin Elisabeth bewegt jede Generation auf Neue.

Danksagung

I would like to acknowlegde the permission of Her Majesty Queen Elizabeth II to publish images from the Royal Collection. Karl von Habsburg erteilte mir freundlicherweise die Erlaubnis, den Nachlass Erzherzogin Sophies zu sichten. Herzog Franz von Bayern erlaubte mir, im Geheimen Hausarchiv zu forschen. Frau Monika Levay gewährte mir Zugang zu ihren umfangreichen Sammlungen.

Den Mitarbeitern des Haus-, Hof- und Staatsarchivs in Wien, des Geheimen Hausarchivs in München, des Bildarchivs der Österreichischen Nationalbibliothek und des Kunsthistorischen Museums danke ich für ihre Auskünfte und Hilfestellungen. Herrn Univ. Prof. Roman Sandgruber danke ich für seine Hilfestellung bei der Einordnung und Umrechnung von Vermögenswerten zur Zeit Kaiserin Elisabeths. Ao. Univ. Prof. Lothar Höbelt danke ich für zahlreiche Anregungen zu Archivbeständen und interessante Hintergrundinformationen zur bayerischen und österreichischen politischen Geschichte. Mit Herrn Prof. Dipl. Ing. Felix Gundackers Hilfe gelang die genealogische Erforschung persönlicher Bediensteter der jungen Kaiserin. Mag. Beatrix Meyer unterstützte wie so oft mit wertvollen Hinweisen und Einblicken in ihre eigenen Forschungen. Dipl. Ing. Georg Gaugusch danke ich für Hinweise zu Rechnungen und Bestellungen aus Kaiserin Elisabeths Sekretariat. Ein großes Danke geht an den Piper Verlag, der meine Arbeit an diesem Buch mit großem Engagement und ebenso großer Geduld unterstützt hat.

Quellen- und Literaturverzeichnis

Ungedruckte Quellen

Österreichisches Staatsarchiv, Wien
Haus-, Hof- und Staatsarchiv Wien
Bestand (kaiserliches) Obersthofmeisteramt:
- Zeremonialdepartement, Zeremonialprotokolle
- Hofapotheke, Rezeptbücher

Bestand Obersthofmeisteramt (Sekretariat) Kaiserin Elisabeth:
- Protokolle und Akten
- Rechnungsbücher

Bestand Generaldirektion der kaiserlichen Privat- und Familienfonde:
- Reservatakten

Bestandsgruppe Habsburgisch-lothringische Hausarchive:
- Hausarchiv Sammelbände
- Nachlass Erzherzogin Sophie

Bestandsgruppe Sonderbestände:
- Nachlass Egon Caesar Conte Corti
- Familienarchiv Folliot-Crenneville
- Familienarchiv Coronini-Cronberg

Bayerisches Hauptstaatsarchiv, München
Geheimes Hausarchiv
Bestand Hausurkunden

Bayerische Staatsbibliothek, München
Handschriftensammlung
Bestand Nachlass Richard Sexau:
- Korrespondenzen Haus Wittelsbach
- Aufzeichnungen der Herzogin Amalie von Urach

Staatsarchiv Landshut, Landshut
Schlossarchiv Ering
Bestand Archivalien zur Eringer Linie der Grafen Paumgarten:
- Dokumente Gräfin Irene Paumgarten

Széchenyi-Nationalbibliothek, Budapest
Handschriftensammlung
- Tagebuch der Gräfin Marie Gräfin Festetics de Tolna

Matriken
Deutschland:
- Pfarrei St. Peter München, Sterbebuch
- Pfarrei Zu Unserer Lieben Frau München, Taufbuch
- Pfarrei Stubenberg, Sterbebuch

Österreich:
- Pfarre St. Augustin, Taufbuch
- Pfarre St. Augustin, Trauungsbuch
- Pfarre St. Stephan Wien, Taufbuch
- Pfarre Alservorstadt, Taufbuch
- Hofburgpfarre, Trauungsbuch
- Pfarre Graz-Hl. Blut, Taufbuch

Gedruckte Quellen

- Bourgoing de, Jean: Briefe Kaiser Franz Josephs an Frau Katharina Schratt, Wien 1949.
- Fulford, Roger (Hg.): Your Dear Letter: Private Correspondence of Queen Victoria and the Crown Princess of Prussia, 1865–71, London 1971.
- Heyden-Rynsch von der, Verena (Hg.): Elisabeth von Österreich.

Die Tagebuchblätter von Constantin Christomanos, Frankfurt am Main und Leipzig 1993.
- Holland, Hyazinth: Lebenserinnerungen eines neunzigjährigen Altmünchners, München 1921.
- Kobell von, Franz: Erinnerungen für seine Freunde in Altengland, München 1876.
- Kobell von, Louise: Unter den ersten vier Königen Bayerns, München 1894.
- Kühn, Richard: Hofdamen-Briefe um Habsburg und Wittelsbach, Berlin 1942.
- Mayr, Josef Karl (Hg.): Das Tagebuch des Polizeiministers Kempen von 1848 bis 1859, Wien 1931.
- Nostitz-Rieneck, Georg (Hg.): Briefe Kaiser Franz Josephs an Kaiserin Elisabeth 1859–1898, Wien 1966.
- Praschl-Bichler, Gabriele: Unsere liebe Sisi. Die Wahrheit über Erzherzogin Sophie und Kaiserin Elisabeth. Aus bisher unveröffentlichten Briefen, Wien 2008.
- Redwitz von, Marie: Hofchronik 1888–1921, München 1924.
- Schnürer, Franz (Hg.): Briefe Kaiser Franz Josephs I. an seine Mutter 1838–1872, Wien 1930.
- Wallersee-Larisch von, Marie Louise: Meine Vergangenheit. Wahrheit über Kaiser Franz Joseph/Schratt/Kaiserin Elisabeth/Andrassy/Kronprinz Rudolf/Vetsera, Leipzig 1913.
- Walter, Friedrich: Aus dem Nachlass des Freiherrn Carl Friedrich Kübeck von Kübau. Tagebücher, Briefe, Aktenstücke (1841–1855) (= Veröffentlichungen der Kommission für Neuere Geschichte Österreichs 45), Wien 1960.
- Weckbecker, Wilhelm: Von Maria Theresia zu Franz Joseph. Zwei Lebensbilder aus dem alten Österreich, Wien 1929.

Verzeichnisse, Kalender, Kataloge

- Hof- und Staatshandbuch des Königreichs Bayern aus den Jahren 1829–1854.
- Amtliches Verzeichnis der Lehrer, Beamten und Studierenden an der Königlich-Bayerischen Ludwig-Maximilians-Universität zu München 1868.
- Szalay, Emerich: Das Königin Elisabeth Gedenkmuseum, Budapest 1908.
- Czeike, Felix: Historisches Lexikon Wien.

- Sisi. Mensch und Majestät, Ausstellungskatalog der Schloss Schönbrunn Betriebsgesellschaft, Schloss Niederweiden 2020.

Zeitungen

- Münchner Tagblatt
- Wiener Reichspost
- Grazer Volksblatt

Literatur

- Battiscombe, Georgina: Queen Alexandra, London 1956.
- Corti Conte, Egon Caesar: Elisabeth, die seltsame Frau, Graz/Wien 1934.
- Corti Conte, Egon Caesar: Vom Kind zum Kaiser. Kindheit und erste Jugend Kaiser Franz Josephs I. und seiner Geschwister, Wien 1950.
- Corti Conte, Egon Caesar: Mensch und Herrscher. Wege und Schicksale Kaiser Franz Josephs I. zwischen Thronbesteigung und Berliner Kongress, Graz/Wien 1952.
- Graf, Bernhard: Sisis Vater. Herzog Maximilian in Bayern, München 2017.
- Hamann, Brigitte: Elisabeth. Kaiserin wider Willen, Wien 1982.
- Haslinger, Ingrid: Erzherzogin Sophie. Eine Biographie nach den persönlichen Aufzeichnungen der Mutter des Kaisers, Wien 2016.
- Höbelt, Lothar, Il Commando Supremo di Verona und das Regno d'Italia (= Sammelband des Historischen Instituts in Rom), ungedrucktes Manuskript, Wien 2020.
- Kurdiovsky, Richard/Sachsenhofer, Dagmar: Die Wohnsituation der Allerhöchsten kaiserlichen Familie zwischen 1848 und 1857, in: Werner Telesko (Hg.): Die Wiener Hofburg 1835–1918 (= Band IV der Hofburg-Reihe der Österreichischen Akademie der Wissenschaften), Wien 2012.
- Macaulay Jr, Neill W.: Dom Pedro: The Struggle for liberty in Brazil and Portugal, 1798–1834, Durham, N. C. 1986.
- Minkels, Dorothea: Elisabeth von Preußen. Königin in der Zeit des Ausmärzens, Norderstedt 2008.
- Ottillinger, Eva B./Hanzl, Lieselotte: Kaiserliche Interieurs. Die Wohnkultur des Wiener Hofes im 19. Jahrhundert und die Wiener

Kunstgewerbereform (= Museen des Mobiliendepots 3), Wien/Köln/Weimar 1997.

- Paget, Lady Walburga Ehrengarde Helena von Hohenthal: Scenes and Memories, London 1912.
- Schade, Martha/Schade, Horst (Hg.): Das Tagebuch der Lieblingstochter von Kaiserin Elisabeth. 1878–1899, München 1998.
- Sebag Montefiore, Simon: The Romanovs: 1613–1918, London 2016.
- Sepp, Christian: Ludovika. Sisis Mutter und ihr Jahrhundert, München 2019.
- Sexau, Richard: Fürst und Arzt. Dr. med. Herzog Carl Theodor in Bayern, München 1963.
- Springer, Elisabeth: Blauer Hof in Laxenburg. Landaufenthalte in frühen Ehejahren, in: Elisabeth. Stationen ihres Lebens. Hg. v. Brigitte Hamann/Elisabeth Hassmann, Wien 1998.
- Stekl, Hannes/Wakounig, Marija: Windisch-Graetz. Ein Fürstenhaus im 19. und 20. Jahrhundert, Wien 1992.
- Strasdin, Kate: Inside the Royal Wardrobe. A Dress History of Queen Alexandra, London 2017.
- Szapary, Marianne: Carl Graf Grünne, Generaladjutant des Kaisers Franz Joseph 1848–1859, phil. Diss, 1935.
- Thomé Witte, Claudia: A outra noiva do imperador. O casamento com D. Pedro I e toda a trajetória no Brasil da princesa bávara Amélia de Leuchtenberg, Revista de história, 2010.
- Vocelka, Michaela/Vocelka, Karl: Sisi. Leben und Legende einer Kaiserin, München 2014.
- Winkelhofer, Martina: The real Empress, in: Dorotheum. MyArt Magazine, Br. 9/2017.
- Winkelhofer, Martina: Der Alltag des Kaisers. Franz Joseph und sein Hof, Wien 2008.
- Witzleben von, Hermann/Vignau von, Ilka: Die Herzöge in Bayern. Von der Pfalz bis zum Tegernsee, München 1976.
- Worsley, Lucy: Queen Victoria. Daughter, Wife, Mother, Widow, London 2018.

Abbildungsnachweis

akg-images: S. 1
akg-images / Imagno: S. 15
akg-images / picturedesk.com: S. 6
Austrian Archives / Imagno / picturedesk.com: S. 10 unten
Bundesmobilienverwaltung: S. 16
Dorotheum Wien: S. 2 unten, S. 3 unten, S. 4, S. 9
Hermann Historica: S. 3 oben
Holz, Hermann [Fotograf München / ÖNB-Bildarchiv / picturedesk.com]: S. 13
Martina Winkelhofer: S. 8
ÖNB / ÖNB-Bildarchiv / picturedesk: S. 7
Rabatti - Domingie / akg-images / picturedesk.com: S. 11
Royal Collection Trust / © Her Majesty Queen Elizabeth II 2021: S. 14
Schloß Schönbrunn Kultur- und Betriebsges.m.b.H.: S. 12 unten
Schloß Schönbrunn Kultur- und Betriebsges.m.b.H. / Fotograf: Alexander Eugen Koller: S. 12 oben
Schloß Schönbrunn Kultur- und Betriebsges.m.b.H. / Fotograf: Lois Lammerhuber / Sammlung Bundesmobilienverwaltung, Standort Sisi Museum Wien: S. 5
Wien Museum: S. 10 oben
Wikimedia Commons, gemeinfrei: S. 2 oben

Anmerkungen

Das Elternhaus

1 Bayerische Staatsbibliothek (BSB), Handschriftensammlung, Nachlass Richard Sexau, Ana 346. B. I. 6.b. Aufzeichnungen der Herzogin Amalie von Urach.

2 Heute Ludwigstraße 13.

3 Bayerisches Hauptstaatsarchiv, Abteilung III, Geheimes Hausarchiv München, Hausurkunden 5585.

4 Diese Fresken befinden sich heute in einem Seminargebäude der Ludwigs-Maximilian-Universität München in der Ludwigstraße 28.

5 BSB, NL R. Sexau, Ana 346. B. I. 6.b. Aufzeichnungen Urach.

6 Lucy Worsley, Queen Victoria. Daughter, Wife, Mother, Widow, London 2018, S. 157.

7 BSB, NL R. Sexau, Ana 346, B. I. 5.e. Herzogin Ludovika an Gräfin Theolinde von Württemberg, 24.8.1839.

8 Siehe: Bericht des preußischen Gesandten von Zastrow vom 19.12.1820, in: Hermann von Witzleben und Ilka von Vignau, Die Herzöge in Bayern. Von der Pfalz bis zum Tegernsee, München 1976, S. 198.

9 BSB, NL R. Sexau, Ana 346. B. I. 6.b. Aufzeichnungen Urach.

10 Siehe: Maximilian, Herzog in Bayern, Wanderung nach dem Orient im Jahr 1838, München 1839.

11 BSB, NL R. Sexau, Ana 346. B. I. 6.b. Aufzeichnungen Urach.

12 BSB, NL R. Sexau, Ana 346. B. I. 6.b. Aufzeichnungen Urach.

13 Freundlicher Hinweis von Dr. Gerhard Immler, Direktor des Geheimen Hausarchivs München.

14 Dotationsurkunde vom 30.11.1822, unterzeichnet von König Maximilian I. Joseph, Königin Caroline und Aloys Graf von Rechberg

und Rothenlöwen zu Hohenrechberg, Minister des königlichen Hauses und des Äußeren, zitiert in: Dorothea Minkels, Elisabeth von Preußen. Königin in der Zeit des Ausmärzens, 2008, S. 82 f.

15 GHM, Hausurkunden 5585. (In der Geburtsurkunde ist von einem »weißen« Boudoir die Rede, womit nur das pompejanische Boudoir gemeint sein kann, das deutlich heller war als alle anderen Privaträume der Herzogin.)

16 BSB, NL R. Sexau, Ana 346. B. I. 6.b. Aufzeichnungen Urach.

17 BSB, Hof- und Staatshandbuch des Königreichs Bayern aus den Jahren 1829–1854.

18 Marie Freiin von Redwitz, Hofchronik 1888–1921, München 1924, S. 207–209.

19 Siehe etwa: Münchner Tagblatt vom 11.2.1833.

20 Siehe dazu: Hyazinth Holland, Lebenserinnerungen eines neunzigjährigen Altmünchners, München 1921; Franz von Kobell, Erinnerungen für seine Freunde in Altengland, München 1876; Louise von Kobell, Unter den ersten vier Königen Bayerns, München 1894.

21 Siehe dazu: Münchner Tagblatt Nr. 2 vom 2.1.1839 (Ankündigung der künftigen Überlassung) sowie das Reiseprofil des Herzogs während der Jahre 1837 bis 1844.

Mädchenjahre

1 BSB, NL R. Sexau, Ana 346, B. I. 5.e. Herzogin Ludovika an Gräfin Theolinde von Württemberg, 24.8.1839.

2 CB 301, M9 333, München zu Unserer Lieben Frau 1561–1937, Pfarrbuch, S. 258.

3 Freundlicher Hinweis von Dr. med. Gabriela Richter, Wien.

4 Maximilian, Wanderung, S. 87 f.

5 HHStA, OMeA, r 21/A/21 ex 1873; r 21/A/2 ex 1876; r 6/1 ex 1884; r 25/R ex 1890; r 37/52 ex 1892 sowie: HHStA, OMeA, Sekretariat Elisabeth, Bd. 4.

6 HHStA, NL Conte Corti, Kt. 13. Gräfin Luise von Hundt an Erzherzogin Marie Valerie, 4.2.1900.

7 HHStA, NL Erzherzogin Sophie, Kt. 19. Erzherzogin Sophie an Königin Caroline von Bayern, 28.1.1834.

8 BSB, NL R. Sexau, Ana 346, B. I. 5.a. Erinnerungen Fürst Taxis, 27./28.6.1938.

9 BSB, NL R. Sexau, Ana 346, B.I. 5. e. Siehe Briefe der Herzogin Ludovika an ihre Schwestern aus den Jahren 1837–1854. Auch Kaiserin Elisabeth unterschrieb zu dieser Zeit ihre Briefe mit »Elise«.

10 BSB, NL R. Sexau, Ana 346, E.I. Mappe 1, Korrespondenz Herzogin Marie José, 26./27.8.1938.

11 BSB, NL R. Sexau, Ana 346. B.I. 6.b. Aufzeichnungen Urach.

12 BSB, NL R. Sexau, Ana 346. B.I. 6.b. Aufzeichnungen Urach.

13 HHStA, NL Erzherzogin Sophie, Kt. 19. Erzherzogin Sophie an Königin Caroline von Bayern, 16.11.1834.

14 HHStA, NL Erzherzogin Sophie, Kt. 19. Erzherzogin Sophie an Königin Caroline von Bayern, 15.11.1833.

15 BSB, NL R. Sexau, Ana 346. B.I. 6.b. Aufzeichnungen Urach.

16 HHStA, NL Erzherzogin Sophie, Kt. 19. Erzherzogin Sophie an Königin Caroline von Bayern, 15.11.1833.

17 BSB, NL R. Sexau, Ana 346. B.I. 6.b. Aufzeichnungen Urach.

18 BSB, NL R. Sexau, Ana 346. B.I. 6.b. Aufzeichnungen Urach.

19 Redwitz, Hofchronik S. 22; sowie BSB NL R. Sexau, Ana 346. B.I. 6.b. Aufzeichnungen Urach.

20 BSB, NL R. Sexau, Ana 346, B.I. 5.a. Herzog an Baron Carl von Wulffen, 23.6.1861.

21 BSB, NL R. Sexau, Ana 346, B.I. 5.e. Herzogin Ludovika an Königin Marie von Sachsen, 18.9.1861.

22 HHStA, NL Erzherzogin Sophie, Kt. 19. Erzherzogin Sophie an Königin Caroline von Bayern, 16.11.1834.

23 BSB, NL R. Sexau, Ana 346, B.I. 5.e. Herzogin Ludovika an Herzog Maximilian, 1.10.1888.

24 Redwitz, Hofchronik, S. 14.

25 Siehe etwa die beiden auf ausführlichem Quellenmaterial basierenden Werke »Elisabeth, die seltsame Frau«, Graz/Wien 1934, von Egon Caesar Conte Corti und »Fürst und Arzt. Dr. med. Herzog Carl Theodor in Bayern«, München 1963, von Richard Sexau sowie alle darauf fußenden nachfolgenden Werke. Trotz zum Teil verbrämter Sprache wird Herzogin Ludovika in Bayern durchwegs als spröde, biedere Frau mit wenig Esprit und Interessen dargestellt. Erst Christian Sepps Biografie »Ludovika. Sisis Mutter und ihr Jahrhundert«, München 2019, sowie Bernhard Grafs »Sisis Vater. Herzog Maximilian in Bayern«, München 2017, zeichneten ein differenzierteres Bild von Kaiserin Elisabeths Mutter.

26 Wolfgang Pfeifer (Hg.), Etymologisches Wörterbuch des Deutschen, Berlin 1995, S. 147.

27 GHM, NL Prinzessin Therese von Bayern, Herzogin Ludovika an Prinz Luitpold von Bayern, 31.8.1843.

28 GHM, NL Prinzessin Therese von Bayern, Herzogin Ludovika an Prinz Luitpold, 26.11.1849.

29 Nur Michaela und Karl Vocelka werfen in ihrem Überblick »Sisi: Leben und Legende einer Kaiserin«, München 2014, die Frage auf, auf Basis welcher verfügbaren Quellen eigentlich von einer glücklichen Kindheit gesprochen werden kann.

30 HHStA, NL Conte Corti, Kt. 13. Briefe von Baronin Amalie Tänzl von Tratzberg und Gräfin Luise von Hundt.

31 Siehe Fußnote S. 12 in Conte Corti, »Elisabeth: »Aufzeichnungen der Erzherzogin für eine geplante Biografie I. M. der Kaiserin«.

32 HHStA, NL Conte Corti, Kt. 13. Brief der Gräfin Luise von Hundt, 4.2.1900.

33 HHStA, NL Conte Corti, Kt. 13. Brief der Baronin Amalie Tänzl von Tratzberg, 22.2.1900.

34 Siehe dazu: BSB, NL R. Sexau, Ana 346, B. I. 5.e. und 5.f. Briefe der Herzogin Ludovika an ihre Schwestern und von diesen.

35 BSB, NL R. Sexau, Ana 346. B. I. 6.b. Aufzeichnungen Urach.

36 BSB, NL R. Sexau, Ana 346, B. I. 5.e. Herzogin Ludovika an Gräfin Theolinde von Württemberg, 24.8.1839.

37 BSB, NL R. Sexau, Ana 346, B. I. 5.e. Herzogin Ludovika an Gräfin Theolinde von Württemberg, 24.8.1839; sowie HHStA, NL Conte Corti, Kt. 13. Brief der Baronin Amalie Tänzl von Tratzberg, 22.2.1900.

38 HHStA, NL Conte Corti, Kt. 14, Herzogin Elisabeth an Erzherzog Karl Ludwig, 15.7.1848.

39 HHStA, NL Conte Corti, Kt. 14, Herzogin Elisabeth an Erzherzog Karl Ludwig, 15.7.1848.

40 HHStA, NL Conte Corti, Kt. 14, Herzogin Elisabeth an Erzherzog Karl Ludwig, 29.7.1848.

41 BSB, NL R. Sexau, Ana 346, B. I. 5.e. Herzogin Ludovika an Herzog Max, 9.2.1848.

42 BSB, NL R. Sexau, Ana 346, B. I. 5.e. Herzogin Ludovika an Gräfin Theolinde von Württemberg, 20.4.1846.

43 GHM, NL Prinzessin Therese von Bayern, Briefe der Herzogin Ludovika an Prinz Luitpold von Bayern, 29.6.1852.

44 HHStA, NL Conte Corti, Kt. 14, Herzogin Elisabeth an Erzherzog Karl Ludwig, 16.7.1848.
45 BSB, NL R. Sexau, Ana 346, B. I. 5.e. Herzogin Ludovika an Gräfin Theolinde von Württemberg, 20.4.1846.
46 BSB, NL R. Sexau, Ana 346, B. I. 5.a. Briefe Herzogin Elisabeth an Gräfin Luise von Hundt, Brief vom 7.7.1848.
47 HHStA, NL Conte Corti, Kt. 14, Herzogin Elisabeth an Erzherzog Karl Ludwig, 12.7.1848.
48 HHStA, NL Conte Corti, Kt. 14, Herzogin Elisabeth an Erzherzog Karl Ludwig, 27.8.1848, 20.10.1848, 28.10.1848, 8.12.1848.
49 BSB, NL R. Sexau, Ana 346, B. I. 5.a. Briefe Herzogin Elisabeth an Gräfin Luise von Hundt, Brief vom Januar 1853.

Verlobung

1 BSB, NL R. Sexau, Ana 346, B. I. 5.e. Herzogin Ludovika an Königin Marie von Sachsen, 19.8.1853.
2 Freundlicher Hinweis von Dipl.-Rest. Mag. Michaela Morelli, Restauratorin Wagenburg/Kunsthistorisches Museum, Wien.
3 BSB, NL R. Sexau, Ana 346, B. I. 5.a. Briefe der Herzogin Elisabeth an Gräfin Luise von Hundt, Brief vom Januar 1853 mit Hinweis auf die bevorstehende Firmung.
4 BSB, NL R. Sexau, Ana 346, B. I. 5.e. Herzogin Ludovika an Königin Marie von Sachsen, 19.3.1853.
5 BSB, NL R. Sexau, Ana 346, B. I. 5.a. Herzog Max an Baron Carl von Wulffen, 23.6.1861.
6 BSB, NL R. Sexau, Ana 346, B. I. 5.e. Herzogin Ludovika an Königin Marie von Sachsen, 7.4.1853.
7 BSB, NL R. Sexau, Ana 346. B. I. 6.b. Aufzeichnungen Urach.
8 BSB, NL R. Sexau, Ana 346, B. I. 5.e. Herzogin Ludovika an Königin Marie von Sachsen, 7.4.1853.
9 BSB, NL R. Sexau, Ana 346. B. I. 6.b. Aufzeichnungen Urach.
10 BSB, NL R. Sexau, Ana 346. B. I. 6.b. Aufzeichnungen Urach.
11 Pfarrei Stubenberg in Bayern, Sterbebuch 002_03, Folio 9. Sterbeeintrag des David von Paumgarten, 20.3.1853.
12 HHStA, NL Conte Corti, Kt. 14, Gedicht »Nr. 10« von Herzogin Elisabeth, 1852/53.
13 Erzherzogin Sophie an Prinzessin Amalie von Wasa, 27.6.1848,

abgedruckt ohne Angabe von Archiv und Bestand in: Gabriele Praschl-Bichler, Unsere liebe Sisi. Die Wahrheit über Erzherzogin Sophie und Kaiserin Elisabeth. Aus bisher unveröffentlichten Briefen, Wien 2008, S. 72.

14 HHStA, OMeA, ZA-Protokoll 64 ex 1852, Eintrag vom 15.12.1852.

15 HHStA, NL Erzherzogin Sophie, Kt. 26. Tagebuch, Eintrag vom 30.12.1852.

16 Zitiert in: Egon Caesar Conte Corti, Mensch und Herrscher. Wege und Schicksale Kaiser Franz Josephs I. zwischen Thronbesteigung und Berliner Kongress, Graz/Wien 1952, S. 102.

17 BSB, NL R. Sexau, Ana 346. B. I. 6.b. Aufzeichnungen Urach.

18 BSB, NL R. Sexau, Ana 346. B. I. 6.b. Aufzeichnungen Urach.

19 StALa, Schlossarchiv Ering (Rep. 161/Eri) A 180, Archivalien zur Eringer Linie der Grafen Paumgarten. Siehe Leibrente 1875 für Irene Paumgarten.

20 Zu Dr. Heinrich von Fischer siehe: Sterbebuch München St. Peter, Signatur CB288, M9064, S. 120; Amtliches Verzeichnis der Lehrer, Beamten und Studierenden an der Königlich-Bayerischen Ludwig-Maximilians-Universität zu München 1868, S. 13.

21 Erzherzogin Sophie an Königin Marie von Sachsen, geschrieben nach dem 19.8.1853, abgedruckt in der Wiener Reichspost vom 22.4.1934. (Erzherzogin Sophie ließ diesen Brief, in dem sie ihrer Schwester die Ereignisse rund um den 18.8.1853 wiedergab, von ihrer Hofdame Paula Königsegg kopieren, um die Kopie an Gräfin Schönborn zu schicken. Ein Faksimile dieser Kopie fand 1934 Eingang in die Redaktion der Reichspost.)

22 Erzherzogin Sophie an Königin Marie von Sachsen, geschrieben nach dem 19.8.1853, Wiener Reichspost.

23 Erzherzogin Sophie an Prinzessin Amalie von Wasa, 17.8.1853, in: Praschl-Bichler, Sisi, S. 76.

24 BSB, NL R. Sexau, Ana 346. B. I. 6.b. Aufzeichnungen Urach.

25 Erzherzogin Sophie an Prinzessin Amalie von Wasa, 17.8.1853, in: Praschl-Bichler, Sisi, S. 77.

26 Erzherzogin Sophie an Königin Marie von Sachsen, geschrieben nach dem 19.8.1853, Wiener Reichspost.

27 Erzherzogin Sophie an Königin Marie von Sachsen, geschrieben nach dem 19.8.1853, Wiener Reichspost.

28 Erzherzogin Sophie an Königin Marie von Sachsen, geschrieben nach dem 19.8.1853, Wiener Reichspost.

29 Die folgenden Briefe gaben nachträglich Einzelheiten zur Verlobung Kaiser Franz Josephs und Elisabeths wieder: BSB, NL R. Sexau, Ana 346, B. I. 5.e. Zwei Briefe der Herzogin Ludovika an Prinzessin Auguste Ferdinande von Bayern vom 19.8. und 26.8.1853. Sowie: Brief der Erzherzogin Sophie an Prinzessin Amalie von Wasa, 16./17.8.1853, und Briefe der Erzherzogin Sophie an Erzherzog Ferdinand Maximilian, 6.9.1853, alle in: Praschl-Bichler, Sisi.

30 Erzherzogin Sophie an Königin Marie von Sachsen, geschrieben nach dem 19.8.1853, Wiener Reichspost.

31 HHStA, NL Erzherzogin Sophie, Kt. 26. Tagebuch, Eintrag vom 17.8.1853.

32 Erzherzogin Sophie an Königin Marie von Sachsen, geschrieben nach dem 19.8.1853, Wiener Reichspost.

33 Erzherzogin Sophie an Königin Marie von Sachsen, geschrieben nach dem 19.8.1853, Wiener Reichspost.

34 BSB, NL R. Sexau, Ana 346, B. I. 5.e. Herzogin Ludovika an Prinzessin Auguste Ferdinande von Bayern, 19.8.1853.

35 BSB, NL R. Sexau, Ana 346, B. I. 5.e. Herzogin Ludovika an Prinzessin Auguste Ferdinande von Bayern, 19.8.1853.

36 Telegramm Herzogin Ludovika an Herzog Ludwig sowie Telegramm des Hofmarschalls Freiherr Maximilian von Freyberg-Eisenberg. Aus: Index des Königin Elisabeth Gedenkmuseum, Objekt 53 und Objekt 54, herausgegeben von Emmerich von Szalay.

37 BSB, NL R. Sexau, Ana 346, B. I. 5.e. Herzogin Ludovika an König Max von Bayern, 19.8.1853.

38 Erzherzogin Sophie an Prinzessin Amalie von Wasa, 19.8.1853, in: Praschl-Bichler, Sisi, S. 78.

39 BSB, NL R. Sexau, Ana 346. B. I. 6.b. Aufzeichnungen Urach.

40 Redwitz, Hofchronik, S. 21.

41 BSB, NL R. Sexau, Ana 346, B. I. 5.e. Herzogin Ludovika an Prinzessin Auguste Ferdinande von Bayern, 26.8.1853.

42 BSB, NL R. Sexau, Ana 346, B. I. 5.e. Herzogin Ludovika an Prinzessin Auguste Ferdinande von Bayern, 26.8.1853.

43 BSB, NL R. Sexau, Ana 346, B. I. 5.e. Herzogin Ludovika an Königin Marie von Sachsen, 19.8.1853.

44 Allgemeine Zeitung vom 30.12.1853.

45 Erzherzogin Sophie an Erzherzog Karl Ludwig, 3.1.1854, in: Praschl-Bichler, Sisi, S. 87.

Hochzeit

1 BSB, NL R. Sexau, Ana 346. B. I. 6.b. Aufzeichnungen Urach.

2 HHStA, Sekretariat Kaiserin Elisabeth, Z. 1 ex 1854. Zu Kaiserin Elisabeths und Kaiser Franz Josephs Appartement siehe: Richard Kurdiovsky/Dagmar Sachsenhofer, Die Wohnsituation der Allerhöchsten kaiserlichen Familie zwischen 1848 und 1857, S. 116–134, in: Werner Telesko (Hg.): Die Wiener Hofburg 1835–1918 (= Band IV der Hofburg-Reihe der Österreichischen Akademie der Wissenschaften), Wien 2012.

3 BSB, NL R. Sexau, Ana 346, B. I. 5.a. Herzogin Elisabeth an Gräfin Luise von Hundt-Wulffen, 27.11.1852; sowie HHStA, NL Conte Corti, Kt. 13, Kaiserin Elisabeth an Erzherzog Ludwig Victor, 17.2.1861.

4 HHStA, Sekretariat Kaiserin Elisabeth, Z. 5 ex 1854.

5 HHStA, Sekretariat Kaiserin Elisabeth, Z. 4 ex 1854.

6 Pfarre St. Stephan, Taufbuch 110, Folio 127.

7 HHSTA, OMeA, r 4/4 und 7/1 ex 1853.

8 Hofburgpfarre, Trauungsbuch 7, Folio 48.

9 HHStA, Sekretariat Kaiserin Elisabeth, Z. 19 ex 1854.

10 BSB, NL R. Sexau, Ana 346. B. I. 6.b. Aufzeichnungen Urach.

11 Redwitz, Hofchronik, S. 290.

12 Freundlicher Hinweis von DI Georg Gaugusch, Inhaber des Altwiener Traditionsunternehmens Jungmann und Neffe.

13 Kaiser Franz Joseph an Erzherzogin Sophie, 17.10.1853, abgedruckt in: Franz Schnürer (Hg.), Briefe Kaiser Franz Josephs I. an seine Mutter 1838–1872, Wien 1930.

14 BSB, NL R. Sexau, Ana 346, B. I. 5.e. Herzogin Ludovika an Prinzessin Auguste Ferdinande von Bayern, 18.2.1854.

15 Wilhelm Weckbecker, Von Maria Theresia zu Franz Joseph. Zwei Lebensbilder aus dem alten Österreich, Wien 1929, S. 201.

16 Zur Silberkammer in den Gewölben des Palais Max siehe Redwitz, Hofchronik, S. 145.

17 HHStA, PFF, GDPFF JR, Reservatakten 3–1, Z. 4353 ex 1898.

18 Geheimes Hausarchiv München, Nachlass Herzog Max, Ehevertrag vom 28.6.1825.

19 Freundlicher Hinweis von Dr. Gerhard Immler, Direktor des Geheimen Hausarchivs der Wittelsbacher, zum Ehepakt vom 27.10.1816.

20 Siehe die bekanntesten Werke über Kaiserin Elisabeth.

21 Freundlicher Hinweis und Umrechnung von Univ. Prof. Roman Sandgruber, Johannes Kepler Universität Linz: Die Mitgift der Königin Elisabeth von Preußen aus dem Jahr 1820 – 100 000 Thaler in Silber (»Rheinische Währung«) gerechnet – entsprachen nach dem Silbergehalt in der ersten Hälfte des 19. Jahrhunderts bis 1857 etwa 175 000 Gulden.

22 BSB, NL R. Sexau, Ana 346. B. I. 6.b. Aufzeichnungen Urach.

23 HHStA, PFF GDPFF JR Reservatakten 3–1, Z. 4353 ex 1898.

24 HHStA, UR, FUK, 2461.

25 HHStA, PFF GDPFF JR Reservatakten 3–1: Verlassenschaftsabhandlung nach Kaiserin Elisabeth 1898, Punkt VIII-1.

26 BSB, NL R. Sexau, Ana 346, B. I. 5.e. Herzogin Ludovika an Königin Marie von Sachsen, 8.10.1853.

27 HHStA, NL Conte Corti, Kt. 13, Erzherzog Wilhelm an Kaiser Franz Joseph, 18.9.1853.

28 BSB, NL R. Sexau, Ana 346, B. I. 5.e. Herzogin Ludovika an Baron Carl von Wulffen, 25.9.1856.

29 BSB, NL R. Sexau, Ana 346, B. I. 5.e. Herzogin Ludovika an Königin Marie von Sachsen, 26.8.1853.

30 Kaiser Franz Joseph an Erzherzogin Sophie, 17.10.1853, in: Schnürer, Briefe.

31 Kaiser Franz Joseph an Katharina Schratt, 21.2.1890, abgedruckt in: Jean de Bourgoing, Briefe Kaiser Franz Josephs an Frau Katharina Schratt, Wien 1949.

32 BSB, NL R. Sexau, Ana 346, B. I. 5.e. Briefe Herzogin Elisabeth an Gräfin Luise von Hundt, 27.1.1854.

33 Siehe dazu: Martina Winkelhofer: The real Empress, in: Dorotheum. MyArt Magazine, Br. 9/2017. Das Gemälde, das erst hundert Jahre nach dem Ende der Habsburgermonarchie das Licht der Öffentlichkeit erblickte, wurde 2017 um den Rekordpreis von über 700 000 Euro versteigert.

34 HHStA, NL Conte Corti, Kt. 14. Brief des preußischen Gesandten Heinrich von Bockelberg an König Friedrich Wilhelm IV. von Preußen, 13.1.1854.

35 BSB, NL R. Sexau, Ana 346, B. I. 5.e. Herzogin Ludovika an Königin Marie von Sachsen, 18.2.1854.

36 BSB, NL R. Sexau, Ana 346, B. I. 5.e. Herzogin Ludovika an Königin Marie von Sachsen, 10.12.1853.

37 BSB, NL R. Sexau, Ana 346, B. I. 5.e. Herzogin Ludovika an Königin Marie von Sachsen, 10.12.1853 und 16.12.1853.
38 BSB, NL R. Sexau, Ana 346, B. I. 5.e. Herzogin Ludovika an Königin Marie von Sachsen, 10.12.1853.
39 BSB, NL R. Sexau, Ana 346. B. I. 6.b. Aufzeichnungen Urach.
40 BSB, NL R. Sexau, Ana 346, B. I. 5.e. Herzogin Ludovika an Königin Marie von Sachsen, 16.12.1853.
41 BSB, NL R. Sexau, Ana 346, B. I. 5.e. Herzogin Ludovika an Königin Marie von Sachsen, 16.12.1853.
42 HHStA, OMeA, ZA-Prot. 66 ex 1854, S. 31.
43 HHStA, OMeA, ZA-Prot. 66 ex 1854, S. 32.
44 Gouache im Bestand des Wien Museums.
45 HHStA, OMeA, ZA-Prot. 66, S. 32.
46 HHStA, OMeA, ZA-Prot. 66, S. 34.
47 HHStA, OMeA, ZA-Prot. 66 ex 1854, S. 36.
48 HHStA, OMeA, ZA-Prot. 66 ex 1854, S. 37.
49 HHStA, NL Conte Corti, Kt. 15, Aufzeichnungen von Landgräfin Therese Fürstenberg.
50 HHStA, OMeA, ZA-Prot. 66 ex 1854, S. 38.
51 HHStA, OMeA, ZA-Prot. 66 ex 1854, S. 39.
52 BSB, NL R. Sexau, Ana 346. B. I. 6.b. Aufzeichnungen Urach.
53 HHStA, OMeA, ZA-Prot. 66, S. 45.
54 HHStA, OMeA, ZA-Prot. 66, S. 42 f.
55 HHStA, OMeA, ZA-Prot. 66, S. 45.
56 HHStA, OMeA, ZA-Prot. 66, S. 45; HHStA, NL Conte Corti, Kt. 13, Abschrift aus dem illustrierten Gedenkbuch, Wien 1854.
57 HHStA, OMeA, ZA-Prot. 66, S. 46.
58 HHStA, OMeA, ZA-Prot. 66, S. 50–52.
59 HHStA, NL Conte Corti 13, ohne Angabe der Quelle.
60 HHStA, OMeA, ZA-Prot. 66 ex 1854, S. 47 f.
61 HHStA, OMeA, ZA-Prot. 66 ex 1854, S. 53.
62 HHStA, OMeA, ZA-Prot. 66 ex 1854, S. 54.
63 HHStA, OMeA, ZA-Prot. 66 ex 1854, S. 54.
64 HHStA, OMeA, ZA-Prot. 66 ex 1854, S. 60
65 HHStA, OMeA, ZA-Prot. 66 ex 1854, S. 61.
66 HHStA, OMeA, ZA-Prot. 66 ex 1854, S. 48 f.
67 HHStA, OMeA, ZA-Prot. 66 ex 1854, S. 62.
68 HHStA, OMeA, ZA-Prot. 66 ex 1854, S. 61.
69 HHStA, OMeA, ZA-Prot. 66 ex 1854, S. 64.

70 HHStA, OMeA, ZA-Prot. 66 ex 1854, S. 87–89. Zum Rosenberg-Appartement siehe: Eva B. Ottillinger/Lieselotte Hanzl: Kaiserliche Interieurs. Die Wohnkultur des Wiener Hofes im 19. Jahrhundert und die Wiener Kunstgewerbereform (= Museen des Mobiliendepots 3), Wien/Köln/Weimar 1997, S. 149–165.
71 Erzherzogin Sophie an Erzherzog Karl Ludwig, 3.4.1854, in: Praschl-Bichler, Sisi, S. 88–89.
72 HHStA, OMeA, ZA-Prot. 66 ex 1854, S. 95.
73 HHStA, OMeA, ZA-Prot. 66 ex 1854, S. 93.
74 HHStA, OMeA, ZA-Prot. 66 ex 1854, S. 72.
75 HHStA, OMeA, ZA-Prot. 66 ex 1854, S. 73.
76 HHStA, OMeA, ZA-Prot. 66 ex 1854, S. 74.
77 HHStA, OMeA, ZA-Prot. 66 ex 1854, S. 75.
78 HHStA, OMeA, ZA-Prot. 66 ex 1854, S. 76.
79 HHStA, OMeA, ZA-Prot. 66 ex 1854, S. 79.
80 HHStA, OMeA, ZA-Prot. 66 ex 1854, S. 82.
81 HHStA, OMeA, ZA-Prot. 66 ex 1854, S. 83.
82 HHStA, OMeA, ZA-Prot. 66 ex 1854, S. 85 f.
83 Brigitte Hamann beschreibt diese Szene in »Elisabeth. Kaiserin wider Willen«, Wien 1982, S. 76, und zitiert dabei Jean de Bourgoing, Briefe Kaiser Franz Josephs an Frau Katharina Schratt, Wien 1949. Laut diesem fand der Tränenausbruch Elisabeths jedoch nicht am Hochzeitstag, sondern tags zuvor in der Favorita statt.
84 HHStA, OMeA, ZA-Prot. 66 ex 1854, S. 103.
85 BSB, NL R. Sexau, Ana 346. B. I. 6.b. Aufzeichnungen Urach.

Die Kaiserin

1 Erzherzogin Sophie an Erzherzog Karl Ludwig, 3.4.1854, in: Praschl-Bichler, Sisi, S. 89.
2 HHStA, NL Erzherzogin Sophie, Kt. 26, Tagebücher, Eintrag vom 27.4.1854.
3 Széchenyi-Nationalbibliothek, Handschriftensammlung, Tagebuch der Gräfin Marie Gräfin Festetics de Tolna, Eintrag vom 15.10.1872.
4 BSB, NL R. Sexau, Ana 346. B. I. 6.b. Aufzeichnungen Urach.
5 HHStA, OMeA, ZA-Prot. 66 ex 1854, S. 112.

6 HHStA, NL Conte Corti, Kt. 13, Notizen zur Hochzeit Kaiser Franz Josephs und Kaiserin Elisabeths.
7 HHStA, OMeA, ZA-Prot. 66 ex 1854, S. 113.
8 HHStA, OMeA, Z-Prot A. 66 ex 1854, S. 123–125.
9 BSB, NL R. Sexau, Ana 346, B. I. 5.e. Herzogin Ludovika an Königin Marie von Sachsen, 27.4.1854.
10 HHStA, OMeA, ZA-Prot. 66 ex 1854, S. 126.
11 HHStA, OMeA, ZA-Prot. 66 ex 1854, S. 126.
12 HHStA, OMeA, ZA-Prot. 66 ex 1854, S. 128.
13 HHStA, OMeA, ZA-Prot. 66 ex 1854, S. 130.
14 HHStA, NL Conte Corti, Kt. 15, Aufzeichnungen von Landgräfin Therese Fürstenberg.
15 Weckbecker, Lebensbilder, S. 203.
16 BSB, NL R. Sexau, Ana 346, B. I. 5.e. Herzogin Ludovika an Prinzessin Auguste Ferdinande von Bayern, 27.4.1854.
17 BSB, NL R. Sexau, Ana 346, B. I. 5.e. Herzogin Ludovika an Prinzessin Auguste Ferdinande von Bayern, 27.4.1854.
18 Elisabeth Springer, Blauer Hof in Laxenburg. Landaufenthalte in frühen Ehejahren, in: Elisabeth. Stationen ihres Lebens. Hg. v. Brigitte Hamann und Elisabeth Hassmann, Wien 1998, S. 72.
19 BSB, NL R. Sexau, Ana 346, B. I. 5.a. Kaiserin Elisabeth an Prinzessin Auguste Ferdinande von Bayern, 8.5.1854.
20 Széchenyi-Nationalbibliothek, Tagebuch Festetics, Eintrag vom 14.6.1873.
21 HHStA, OMeA, r. 62/2 ex 1854.
22 Erzherzogin Sophie an Erzherzog Maximilian, 4.12.1860, in: Praschl-Bichler, Sisi, S. 187.
23 Weckbecker, Lebensbilder, S. 204.
24 Széchenyi-Nationalbibliothek, Tagebuch Festetics, Eintrag vom 14.6.1873.
25 Martha und Horst Schad (Hg.): Das Tagebuch der Lieblingstochter von Kaiserin Elisabeth. 1878–1899, München 1998. Siehe Eintrag vom 30.5.1881.
26 BSB, NL R. Sexau, Ana 346, B. I. 5.e. Herzogin Ludovika an Königin Marie von Sachsen, 24.7.1854.
27 Georgina Battiscombe, Queen Alexandra, London 1956, S. 40.
28 Simon Sebag Montefiore, The Romanovs: 1613–1918, London 2016, S. 497.
29 Széchenyi-Nationalbibliothek, Tagebuch Festetics, Eintrag vom 14.6.1873.

30 Sterbeparte Caroline Lamberg-Wimpffen, Grazer Volksblatt vom 31.5.1883.
31 HHStA, FA Coronini-Cronberg, Tagebuch Graf Johann Coronini, Eintrag vom 9.1.1842.
32 HHStA, FA Coronini-Cronberg, Tagebuch Graf Johann Coronini, Eintrag vom 9.5.1843.
33 HHStA, NL Conte Corti, Kt. 13, Kaiserin Elisabeth an Herzogin Ludovika, 9.3.1878.
34 Erzherzogin Sophie an Erzherzog Karl Ludwig, 3.4.1854, in: Praschl-Bichler, Sisi, S. 89.
35 Tagebuch Karl Kübeck von Kübau, Eintrag vom 22.8.1853, in: Friedrich Walter (Hg.), Carl Friedrich Frhr. Kübeck von Kübau: Aus dem Nachlass des Freiherrn Carl Friedrich Kübeck von Kübau. Tagebücher, Briefe, Aktenstücke (1841–1855) (= Veröffentlichungen der Kommission für Neuere Geschichte Österreichs 45), Wien 1960, S. 121.
36 Weckbecker, Lebensbilder, S. 199.
37 Zu Erzherzogin Sophies Krankengeschichte siehe: Ingrid Haslinger, Erzherzogin Sophie. Eine Biographie nach den persönlichen Aufzeichnungen der Mutter des Kaisers, Wien 2016, durchgehend. Für die medizinische Einordnung der alten Befunde danke ich Dr. med. Gabriela Richter, Wien.
38 Erzherzogin Sophie an Erzherzog Ludwig, 13.12.1848. Zitiert nach: Egon Caesar Conte Corti, Vom Kind zum Kaiser. Kindheit und erste Jugend Kaiser Franz Josephs I. und seiner Geschwister, Wien 1950, S. 339.
39 Conte Corti, Vom Kind zum Kaiser, S. 330.
40 HHStA, NL Conte Corti, Kt. 14, Königin Marie von Sachsen an Herzogin Marie von Hamilton, 15.10.1848.
41 Erzherzogin Sophie an Erzherzog Ludwig, 13.12.1848. Zitiert nach: Conte Corti, Vom Kind zum Kaiser, S. 339.
42 HHStA, NL Conte Corti, Kt. 15, Aufzeichnungen von Landgräfin Therese Fürstenberg.
43 HHStA, NL Conte Corti, Kt. 15, Therese Fürstenberg an ihre Schwester Gräfin Luise Rechberg, 15.10.1865.
44 Weckbecker, Lebensbilder, S. 204.
45 BSB, NL R. Sexau, Ana 346, 5.e. Herzogin Ludovika an Prinzessin Auguste Ferdinande von Bayern, 30.6.1854.
46 Walburga Ehrengarde Helena von Hohenthal Paget, Scenes and Memories, London 1912, S. 97.

47 Georgina Battiscombe, Queen Alexandra, London 1956, S. 43.

48 HHStA, NL Conte Corti, Kt. 14, Kaiserin Elisabeth an Kaiser Franz Joseph, 24.8.1865.

49 Conte Corti, Elisabeth, S. 56.

50 Zu Alfred von Arneth siehe dessen umfangreiche Herausgeberschaften noch zu Lebzeiten Erzherzogin Sophies: Maria Theresia und Marie Antoinette. Ihr Briefwechsel während der Jahre 1770–1780, Wien 1865; Maria Theresia und Joseph II. Ihre Correspondenz samt Briefen Joseph's an seinen Bruder Leopold, 3 Bände, Wien 1867/68; Briefe der Kaiserin Maria Theresia an ihre Kinder und Freunde, 4 Bände, Wien 1881; Marie Antoinette, Joseph II. und Leopold II. Ihr Briefwechsel, Leipzig 1866; Joseph II. und Leopold von Toskana. Ihr Briefwechsel von 1781 bis 1790, 2 Bände, Wien 1872; Joseph II. und Katharina von Russland. Ihr Briefwechsel, Wien 1869.

51 Erzherzogin Sophie an Erzherzog Karl Ludwig, 26.5.1854, in: Praschl-Bichler, Sisi, S. 92.

52 HHStA, OMeA, ZA-Prot. 71 ex 1859, S. 51.

53 HHStA, NL Conte Corti, Kt. 15, Aufzeichnungen von Landgräfin Therese Fürstenberg.

54 Erzherzogin Sophie an Erzherzog Karl Ludwig, 8.8.1854, in: Praschl-Bichler, Sisi, S. 96.

55 Erzherzogin Sophie an Erzherzog Karl Ludwig, 11.8.1854, in: Praschl-Bichler, Sisi, S. 97.

56 Erzherzogin Sophie an Erzherzog Karl Ludwig, 26.5.1854, in: Praschl-Bichler, Sisi, S. 92.

57 Royal Archive, Windsor, RA Z463, zitiert in: Kate Strasdin, Inside the Royal Wardrobe. A Dress History of Queen Alexandra, S. 23.

58 Höchstwahrscheinlich, aber nicht eindeutig verifizierbar, handelte es sich um Freifrau Marie von Bleul.

59 vom 21.9.1887, in: Martha und Horst Schad (Hg.): Tagebuch Erzherzogin Marie Valerie.

60 Erzherzogin Sophie an Erzherzog Karl Ludwig, 25.5.1854, in: Praschl-Bichler, Sisi, S. 92.

61 Erzherzogin Sophie an Erzherzog Karl Ludwig, 12.6.1854, in: Praschl-Bichler, Sisi, S. 93.

62 BSB, NL R. Sexau, Ana 346, B. I. 5.e. Herzogin Ludovika an Herzog Max, 5.8.1854.

63 HHStA, NL Conte Corti, Kt. 13, Erzherzogin Sophie an Kaiser Franz Joseph, 29.6.1854.
64 HHStA, NL Conte Corti, Kt. 13, Erzherzogin Sophie an Kaiser Franz Joseph, 29.6.1854.

Der Sekretär der Kaiserin

1 BSB, NL R. Sexau, Ana 346. B.I. 6.b. Aufzeichnungen Urach.
2 Pfarre St. Augustin, Buch 10, Folio 182.
3 HHSTA, OMeA, r 134/2 ex 1854; HHSTA, Sekretariat Kaiserin Elisabeth, Z. 16, 22, 50, 59, 164 ex 1854.
4 HHStA, NL Conte Corti, Kt. 15. Gräfin Marie Festetics an Ida von Ferenczy, 5.8.1890.
5 Pfarre St. Augustin Wien, Trauungsbuch 1824–1826, Fol. 182; Pfarre St. Stephan Wien, Taufbuch 1838–1843, Fol. 115.
6 HHStA, Sekretariat Kaiserin Elisabeth, Z. 140, 153 ex 1854, Z. 22, 27 ex 1854, Z. 194 ex 1860, Z. 254 ex 1861, Z. 171ex 1867, HHSTA, OMeA, r 134/4 ex 1867.
7 HHStA, Sekretariat Kaiserin Elisabeth, Z. 1 ex 1854.
8 HHStA, Sekretariat Kaiserin Elisabeth, »Franz Joseph m. p.« vom 26.3.1854 liegt Z. 1 ex 1854 bei.
9 HHStA, Sekretariat Kaiserin Elisabeth, Z. 1 ex 1854.
10 HHStA, Sekretariat Kaiserin Elisabeth, Z. 6 ex 1854.
11 HHStA, Sekretariat Kaiserin Elisabeth, Z. 2, 5, 7, 9 ex 1854.
12 HHStA, Sekretariat Kaiserin Elisabeth, Z. 10 ex 1854.
13 HHStA, Sekretariat Kaiserin Elisabeth, Z. 10 ½ ex 1854.
14 HHStA, OMeA, r. 134/1 ex 1856.
15 HHStA, OMeA, r. 134/1 ex 1856.
16 HHStA, Sekretariat Kaiserin Elisabeth, Rechnungsbuch 99, 1854–1857.
17 HHStA, Sekretariat Kaiserin Elisabeth, Z. 70 ex 1854.
18 HHStA, Sekretariat Kaiserin Elisabeth, Z. 224 ex 1855.
19 HHStA, Sekretariat Kaiserin Elisabeth, Z. 71 ex 1854.
20 HHStA, Sekretariat Kaiserin Elisabeth, Z. 158 ex 1854.
21 HHStA, Sekretariat Kaiserin Elisabeth, Z. 60 ex 1854.
22 HHStA, Sekretariat Kaiserin Elisabeth, Z. 155 ex 1855.
23 HHStA, Sekretariat Kaiserin Elisabeth, Z. 155 ex 1855.
24 HHStA, Sekretariat Kaiserin Elisabeth, Z. 155 ex 1855.

25 HHStA, Sekretariat Kaiserin Elisabeth, Z. 155 ex 1855.
26 HHStA, Sekretariat Kaiserin Elisabeth, Z. 155 ex 1855.
27 HHStA, Sekretariat Kaiserin Elisabeth, Z. 155 ex 1855.
28 HHStA, Sekretariat Kaiserin Elisabeth, Z. 155 ex 1855.
29 BSB NL R. Sexau, Ana 346. B. I. 6.b. Aufzeichnungen Urach.

Wachstum

1 Kaiser Franz Joseph an Erzherzogin Sophie, 28.8.1856, in: Schnürer, Briefe, S. 254.
2 HHStA HA OMeA KsE Bücher 5, Zahl 95 ex 1854; HHStA OMeA ZA-Prot. 66 ex 1854, S. 154.
3 HHStA PFF GDPFF SR 32.
4 Erzherzogin Sophie an Erzherzog Karl Ludwig, 22.8.1854 in: Praschl-Bichler, Sisi, S. 98.
5 Erzherzogin Sophie an Erzherzog Karl Ludwig, 8.8.1854, in: Praschl-Bichler, Sisi, S. 96.
6 BSB, NL R. Sexau, Ana 346, V 5.e. Herzogin Ludovika an Herzog Max, 5.8.1854.
7 BSB, NL R. Sexau, Ana 346, B. I. 5.e. Herzogin Ludovika an Herzog Max, 5.8.1854.
8 BSB, NL R. Sexau, Ana 346, B. I. 5.e. Herzogin Ludovika an Königin Marie von Sachsen, 30.6.1854.
9 BSB, NL R. Sexau, Ana 346, B. I. 5.e. Herzogin Ludovika an Prinzessin Auguste Ferdinande von Bayern, 8.9.1854.
10 BSB, NL R. Sexau, Ana 346, B. I. 5.e. Herzogin Ludovika an Prinzessin Auguste Ferdinande von Bayern, 8.9.1854.
11 Kaiser Franz Joseph an Erzherzogin Sophie, 17.7.1854, in: Schnürer, Briefe.
12 Kaiser Franz Joseph an Erzherzogin Sophie, 17.7.1854, in: Schnürer, Briefe.
13 Erzherzog Karl Ludwig an Erzherzog Ferdinand Maximilian, 9.7.1854, in: Praschl-Bichler, Sisi, S. 94.
14 BSB, NL R. Sexau, Ana 346, B. I. 5.e. Herzogin Ludovika an Königin Marie von Sachsen, 10.9.1854.
15 Erzherzogin Sophie an Erzherzog Karl Ludwig, 22.8.1854, in: Praschl-Bichler, Sisi, S. 98.
16 Erzherzogin Sophie an Erzherzog Karl Ludwig, 22.8.1854, in: Praschl-Bichler, Sisi, S. 98.

17 BSB, NL R. Sexau, Ana 346, B.I. 5.e. Herzogin Ludovika an Königin Marie von Sachsen, 10.9.1854.
18 Erzherzog Ludwig Victor an Erzherzogin Sophie, Ischl, August/September 1854, abgedruckt ohne Angabe des Bestandes und des Archivs in: Conte Corti, Mensch und Herrscher, S. 149.
19 HHStA OMeA ZA-Prot. 66 (1854), S. 154 und 179 f.
20 Erzherzogin Sophie an Erzherzog Ferdinand Maximilian, 29.9.1854, in: Praschl-Bichler, Sisi, S. 99.
21 Erzherzogin Sophie an Erzherzog Ferdinand Maximilian, 29.9.1854, in: Praschl-Bichler, Sisi, S. 99.
22 Erzherzogin Sophie an Königin Elise von Preußen, 13.11.1854. Geheimes Staatsarchiv, Preußischer Kulturbesitz, PK, BPH, R. 50. TNr. 3, JNr. 938 in: Haslinger, Sophie S. 209.
23 BSB, NL R. Sexau, Ana 346. B.I. 6.b. Aufzeichnungen Urach.
24 Széchenyi-Nationalbibliothek Budapest, Handschriftensammlung, Tagebuch der Gräfin Marie Festetics de Tolna, Eintrag vom 14.6.1872.
25 Erzherzogin Sophie an Erzherzog Ferdinand Maximilian, 7.12.1854, in: Praschl-Bichler, Sisi, S. 100.
26 HHStA, OMeA, ZA-Prot. 67 ex 1855, S. 16.
27 HHStA, OMeA, ZA-Prot. 67 ex 1855, S. 16.
28 HHStA, OMeA, ZA-Prot. 67 ex 1855, S. 16.
29 HHStA, OMeA, ZA-Prot. 67 ex 1855, S. 20.
30 HHStA, OMeA, ZA-Prot. 67 ex 1855, S. 20.
31 Richard Kühn, Hofdamen-Briefe um Habsburg und Wittelsbach, Berlin 1942, 6.3.1855, S. 351.
32 BSB, NL R. Sexau, Ana 346, B.I. 5.e. Herzogin Ludovika an Prinzessin Auguste Ferdinande von Bayern, 27.3.1855.
33 Erzherzogin Sophie an Herzogin Adelgunde von Modena, 12.3.1855, GHM, NL Adelgunde von Modena, in: Ingrid Haslinger, Sophie, S. 158.
34 HHStA, OMeA, ZA-Prot. 67 ex 1855, S. 20.
35 HHStA, OMeA, ZA-Prot. 67 ex 1855, S. 19.
36 HHStA, OMeA, ZA-Prot. 67 ex 1855, S. 19.
37 Conte Corti, Mensch und Herrscher, S. 160.
38 Felix Czeike, Historisches Lexikon Wien, 6 Bd., Wien 1997. Stichwort »Säuglingssterblichkeit«.
39 HHStA, OMeA, ZA-Prot. 67 ex 1855, S. 26.
40 HHStA, OMeA, ZA-Prot. 67 ex 1855, S. 28 f.

41 HHStA, OMeA, ZA-Prot. 67 ex 1855, S. 29 f.
42 HHStA, OMeA, ZA-Prot. 67 ex 1855, S. 28, Astersik.
43 HHStA, OMeA, ZA-Prot. 67 ex 1855, S. 28, Astersik.
44 HHStA, OMeA, ZA-Prot. 67 ex 1855, S. 34.
45 Erzherzogin Sophie an Erzherzog Karl Ludwig, 21.7.1856, in: Praschl-Bichler, Sisi, S. 126.
46 Kühn, Hofdamen-Briefe, S. 284.
47 BSB, NL R. Sexau, Ana 346, B. I. 5.e. Kaiserin Elisabeth an Königin Therese von Bayern, 22.3.1855.
48 Erzherzogin Sophie an Erzherzog Ferdinand Maximilian, 17.4.1855, in: Praschl-Bichler, Sisi, S. 103.
49 HHStA, OMeA, ZA-Prot. 67 ex 1855, S. 72.
50 Erzherzogin Sophie an Erzherzog Karl Ludwig, 24.4.1855, in: Praschl-Bichler, Sisi, S. 105.
51 Erzherzogin Sophie an Erzherzog Ferdinand Maximilian, 9.3.1857, in: Praschl-Bichler, Sisi, S. 133.
52 Haslinger, Sophie, S. 73.
53 HHStA, NL Erzherzogin Sophie, Kt. 26, Tagebücher, Eintrag vom 11.1.1843.
54 Erzherzogin Sophie an Erzherzog Ferdinand Maximilian, 8.1.1856, in: Praschl-Bichler, Sisi, S. 121.
55 Erzherzogin Sophie an Erzherzog Ferdinand Maximilian, 6.7.1856, in: Praschl-Bichler, Sisi, S. 111.
56 Erzherzogin Sophie an Erzherzog Ferdinand Maximilian, 6.7.1856, in: Praschl-Bichler, Sisi, S. 112.
57 HHStA NL Corti, Kt. 13, Diplomatischer Bericht aus München 1855, Rudolph Graf Apponyi von Nagy-Appony an Karl Ferdinand Graf von Buol-Schauenstein, München, 23.6.1855.
58 BSB, NL R. Sexau, Ana 346, B. I. 5.e. Herzogin Ludovika an Königin Marie von Sachsen, 23.6.1854.
59 Erzherzogin Sophie an »einen Sohn«, 7.6.1856, in: Praschl-Bichler, Sisi, S. 124.
60 HHStA, OMeA, ZA-Prot. 68 ex 1856, S. 92.
61 HHStA, OMeA, ZA-Prot. 68 ex 1855, Beilage »Ceremoniel bei der feierlichen Taufe zu Laxenburg«.
62 Josef Karl Mayr (Hg.): Das Tagebuch des Polizeiministers Kempen von 1848 bis 1859, Wien 1931, Eintrag vom 11.7.1856.
63 Erzherzogin Sophie an Erzherzog Karl Ludwig, 12.8.1856, in: Praschl-Bichler, Sisi, S. 128.

64 Széchenyi-Nationalbibliothek Budapest, Handschriftensammlung, Tagebuch der Gräfin Marie Festetics de Tolna, Eintrag vom 15.10.1872.
65 Erzherzogin Sophie an Erzherzog Karl Ludwig, 21.7.1856, in: Praschl-Bichler, Sisi, S. 125.
66 Kaiser Franz Joseph an Erzherzogin Sophie, 28.8.1856, in: Schnürer, Briefe.
67 Conte Corti, Elisabeth, S. 64 (Corti berichtet über diese Antwortschreiben Sophies, nennt aber weder Archiv noch Originalzitierung).
68 Kaiser Franz Joseph an Erzherzogin Sophie, 18.9.1856, in: Schnürer, Briefe.
69 Széchenyi-Nationalbibliothek Budapest, Handschriftensammlung, Tagebuch der Gräfin Marie Festetics de Tolna, Eintrag vom 15.10.1872.
70 BSB, NL R. Sexau, Ana 346, B.I. 5.e. Herzogin Ludovika an Königin Marie von Sachsen, 10.9.1854.
71 HHStA OMeA ZA-Prot. 68 (1856), S. 153; vgl. dazu auch die übernächste Anmerkung.
72 Conte Corti, Elisabeth, S. 68.
73 HHStA OMeA ZA-Prot. 69 (1857), S. 43 und 46 sowie der Abschnitt zur Hofreise nach Ungarn.

Traumatische Erfahrungen

1 Erzherzogin Sophie an Erzherzog Karl Ludwig, 28.6.1859, in: Praschl-Bichler, Sisi, S. 159.
2 HHStA OMeA ZA-Prot. 69 ex 1857, »Protocoll über die allerhöchste Hofreise in Ungarn im Jahre 1857«, S. 2.
3 HHStA OMeA ZA-Prot. 69 ex 1857, »Protocoll« Hofreise Ungarn, S. 4.
4 HHStA OMeA ZA-Prot. 69 ex 1857, »Protocoll« Hofreise Ungarn, S. 7.
5 HHStA OMeA ZA-Prot. 69 ex 1857, Protocoll« Hofreise Ungarn, S. 31.
6 HHStA OMeA ZA-Prot. 69 ex 1857, »Protocoll« Hofreise Ungarn, S. 8.
7 HHStA OMeA ZA-Prot. 69 ex 1857, »Protocoll« Hofreise Ungarn, S. 24–26.

8 Erzherzogin Sophie an Erzherzog Ferdinand Maximilian, 7.5.1857, in: Praschl-Bichler, Sisi, S. 138.

9 HHStA OMeA ZA-Prot. 69 ex 1857, »Protocoll« Hofreise Ungarn, S. 37–45.

10 HHStA OMeA ZA-Prot. 69 ex 1857, »Protocoll« Hofreise Ungarn, S. 45

11 HHStA OMeA ZA-Prot. 69 ex 1857, »Protocoll« Hofreise Ungarn, S. 46.

12 Siehe Isidor Fischers 1838 erschienene »Geschichte der Gesellschaft der Ärzte in Wien (1837–1937)«, S. 47.

13 Erzherzogin Sophie an Erzherzog Ferdinand Maximilian, 22.5.1857, in: Praschl-Bichler, Sisi, S. 139.

14 Erzherzogin Sophie an Erzherzog Ferdinand Maximilian, 24.5.1857, in: Praschl-Bichler, Sisi, S. 139.

15 HHStA OMeA ZA-Prot. 69 ex 1857, »Protocoll« Hofreise Ungarn, S. 61.

16 HHStA OMeA ZA-Prot. 69 ex 1857, »Protocoll« Hofreise Ungarn, S. 46.

17 Erzherzogin Sophie an Erzherzog Ferdinand Maximilian, 3.6.1857, in: Praschl-Bichler, Sisi, S. 143.

18 Erzherzogin Sophie an Erzherzog Ferdinand Maximilian, 3.6.1857, in: Praschl-Bichler, Sisi, S. 143.

19 Freundliche Mitteilung Dr. med. Gabriela Richter, Wien.

20 Erzherzogin Sophie an Erzherzog Ferdinand Maximilian, 3.6.1857, in: Praschl-Bichler, Sisi, S. 143.

21 Erzherzogin Sophie an Erzherzog Ferdinand Maximilian, 3.6.1857, in: Praschl-Bichler, Sisi, S. 143.

22 Erzherzogin Sophie an Erzherzog Ferdinand Maximilian, 4.6.1857, in: Praschl-Bichler, Sisi, S. 144.

23 Erzherzogin Sophie an Erzherzog Ferdinand Maximilian, 4.6.1857, in: Praschl-Bichler, Sisi, S. 144.

24 HHStA OMeA ZA-Prot. 69 ex 1857, »Protocoll« Hofreise Ungarn, S. 65–67.

25 Erzherzogin Sophie an Erzherzog Karl Ludwig, 3.6.1857, in: Praschl-Bichler, Sisi, S. 143.

26 Erzherzogin Sophie an Erzherzog Ferdinand Maximilian, 4.6.1857, in: Praschl-Bichler, Sisi, S. 143.

27 HHStA OMeA ZA-Prot. 69 ex 1857, »Protocoll« Hofreise Ungarn, S. 68–70.

28 HHStA OMeA ZA-Prot. 69 ex 1857, S. 47 und 112.
29 Erzherzogin Sophie an Erzherzog Ferdinand Maximilian, 4.6.1857, in: Praschl-Bichler, Sisi, S. 142.
30 Erzherzogin Sophie an Erzherzog Ferdinand Maximilian, 31.5.1857, in: Praschl-Bichler, Sisi, S. 141.
31 Erzherzogin Sophie an Erzherzog Ferdinand Maximilian, 31.5.1857, in: Praschl-Bichler, Sisi, S. 141.
32 Erzherzogin Sophie an Erzherzog Ferdinand Maximilian, 3.6.1857, in: Praschl-Bichler, Sisi, S. 142.
33 Kaiserin Elisabeth an Erzherzogin Margarete, 3.6.1857, abgedruckt in: Sisi. Mensch und Majestät, Ausstellungskatalog der Schloss Schönbrunn Betriebsgesellschaft, Schloss Niederweiden 2020.
34 HHStA OMeA ZA-Prot. 69 ex 1857, S. 83 und 91.
35 Conte Corti, Mensch und Herrscher, S. 203.
36 HHStA, NL Conte Corti, Kt. 13. Graf Nicolaus Szécsen von Temerin an seine Frau, 22.8.1858.
37 HHStA, OMeA, ZA-Prot. 70 ex 1858, S. 119.
38 GHM, NL Adelgunde von Modena. Erzherzogin Sophie an Herzogin Adelgunde, 31.8.1858.
39 HHStA, NL Conte Corti, Kt. 13. Graf Nicolaus Szécsen von Temerin an seine Frau, 23.8.1858.
40 Erzherzogin Sophie an Erzherzog Karl Ludwig, 8.9.1858, in: Praschl-Bichler, Sisi, S. 153.
41 Queen Victoria an Kronprinzessin Victoria, in: Roger Fulford (Hg.), Your Dear Letter: Private Correspondence of Queen Victoria and the Crown Princess of Prussia, 1865–71, London, 1971, S. 195.
42 Tagebuch der Leopoldine Nischer, ohne Datum und Angabe des Bestandes im Staatsarchiv bei Hamann, S. 132.
43 Tagebuch der Leopoldine Nischer, ohne Datum und Angabe des Bestandes im Staatsarchiv bei Hamann, Elisabeth, S. 132.
44 BSB, NL R. Sexau, Ana 346, B. I. 5.e. Herzogin Ludovika an Prinzessin Auguste Ferdinande von Bayern, 27.4.1854.
45 Kaiser Franz Joseph an Kaiserin Elisabeth, 31.5.1859, in: Briefe Kaiser Franz Josephs an Kaiserin Elisabeth 1859–1898, herausgegeben von Georg Nostitz-Rieneck, Wien 1966.
46 Kaiser Franz Joseph an Kaiserin Elisabeth, 2.6.1859, in: Nostitz-Rieneck, Briefe.
47 Kaiser Franz Joseph an Kaiserin Elisabeth, 2.6.1859, in: Nostitz-Rieneck, Briefe.

48 Mayr (Hg.): Tagebuch Kempen, Eintrag vom 11.7.1859.
49 Erzherzogin Sophie an Erzherzog Karl Ludwig, 28.6.1859, in: Praschl-Bichler, Sisi, S. 159.
50 Kaiser Franz Joseph an Kaiserin Elisabeth, 8.7.1859, in: Nostitz-Rieneck, Briefe.
51 Kaiser Franz Joseph an Kaiserin Elisabeth, 8.7.1859, in: Nostitz-Rieneck, Briefe.
52 Erzherzogin Sophie an Erzherzog Ferdinand Maximilian, 29.10.1860, in: Praschl-Bichler, Sisi, S. 183.
53 Conte Corti, Mensch und Herrscher, S. 255 f.
54 Graf Otto von Bray-Steinburg an König Maximilian II., laut persönlicher Mitteilung durch Graf Johann von Rechberg und Rothenlöwen, 31.10.1860, in: Conte Corti, Elisabeth, S. 93.
55 Erzherzogin Sophie an Erzherzog Karl Ludwig, 15.11.1860, in: Praschl-Bichler, Sisi, S. 185.
56 Erzherzogin Sophie an Prinzessin Auguste Ferdinande von Bayern, 21.11.1860, GHM, NL Prinzessin Auguste Ferdinande von Bayern, in: Haslinger, Sophie, S. 161.
57 Siehe; HHStA HA HAp 54: Rezepte für Kaiserin Elisabeth ex 1860.
58 HHStA, NL Conte Corti, Kt. 13, Manuskript »Elisabeth«.
59 HHStA, NL Conte Corti, Kt. 13, Manuskript »Elisabeth«.
60 HHStA, NL Conte Corti, Kt. 13, Manuskript »Elisabeth«.
61 HHStA, NL Conte Corti, Kt. 13, Manuskript »Elisabeth«.
62 Erzherzogin Sophie am 2.12.1860, abgedruckt ohne genauere Angabe in: Conte Corti, Mensch und Herrscher, S. 265.

Aufbruch

1 HHStA, OMeA, ZA-Prot. 72 ex 1860, S. 170.
2 Erzherzogin Sophie berichtet Erzherzog Karl Ludwig über diese Reisebeschreibungen Leopold Bayers an seine Frau in ihrem Brief vom 9.12.1860, in: Praschl-Bichler, Sisi, S. 187.
3 Zu Amélie von Leuchtenberg, Kaiserin von Brasilien, siehe: Neill W. Macaulay Jr., Dom Pedro: The Struggle for liberty in Brazil and Portugal, 1798–1834, Durham, N.C. 1986.
4 siehe: Claudia Thomé Witte, A outra noiva do imperador. O casamento com D. Pedro I e toda a trajetória no Brasil da princesa bávara Amélia de Leuchtenberg, Revista de história, 2010.

5 HHStA, NL Corti, Kt. 13.
6 Erzherzogin Sophie an Erzherzog Karl Ludwig, 2.11.1860, in: Praschl-Bichler, Sisi, S. 184.
7 Wiktorin Windisch-Graetz an Joseph Windisch-Graetz, 17.11.1869, Archiv der Fürsten Windisch-Graetz, abgedruckt in: Hannes Stekl und Marija Wakounig, Windisch-Graetz. Ein Fürstenhaus im 19. und 20. Jahrhundert, S. 199.
8 Hamann, Elisabeth, S. 148.
9 Mathilde Windisch-Graetz an Alfred Windisch-Graetz, 26.8.1862, in: Stekl, Wakounig, Windisch-Graetz, S. 201.
10 HHStA, OMeA, ZA-Prot. 72 ex 1860, S. 176.
11 HHStA, OmeA r. 27/37 ex 1845; r. 22/10 ex 1861; r. 27/31 ex 1853; r. 27/3/10 ex 1861.
12 HHStA, OMeA, ZA-Prot. 72 ex 1860, S. 173–176.
13 Graz-Hl Blut, Taufbuch 17, Folio 196, 30.12.1830; Wien Alservorstadt, 9.11.1867, Buch 01–16, Folio 131.
14 HHStA, Sekretariat Kaiserin Elisabeth, Z 63 ex 1861.
15 Lothar Höbelt, Il Commando Supremo di Verona und das Regno d'Italia (= Sammelband des Historischen Instituts in Rom), ungedrucktes Manuskript, 2020.
16 HHStA, NL Corti, Kt. 13, Lord Augustus Loftus an Lord John Russell, 31.10.1860.
17 HHStA, NL Corti, Kt. 13, Lord Augustus Loftus an Lord John Russell, 7.11.1860.
18 HHStA OMeA ZA-Prot. 72 ex 1860, S. 170–180; HHStA NL Corti, Kt. 13.
19 HHStA, NL Corti, Kt. 13, Lord Augustus Loftus an Lord John Russell, 22.11.1860.
20 Erzherzogin Sophie an Erzherzog Karl Ludwig, 2.11.1860, in: Praschl-Bichler, Sisi, S. 184.
21 HHStA, NL Corti, Kt. 13.
22 HHStA OMeA ZA-Prot. 72 ex 1860, S. 178.
23 BSB, NL R. Sexau, Ana 346, B. I. 5.e. Herzogin Ludovika an Königin Marie von Sachsen, 19.11.1860.
24 BSB, NL R. Sexau, Ana 346, B. I. 5.e. Herzogin Ludovika an Königin Marie von Sachsen, 19.11.1860.
25 BSB, NL R. Sexau, Ana 346, B. I. 5.e. Herzogin Ludovika an Königin Marie von Sachsen, 19.11.1860.
26 HHStA, NL Corti, Kt. 13, Graf Otto von Bray-Steinburg an König Maximilian II., o. D.

27 HHStA OMeA ZA-Prot. 72 ex 1860, S. 179.
28 Erzherzogin Sophie an Erzherzog Karl Ludwig, 4.12.1860, in: Praschl-Bichler, Sisi, S. 187.
29 Erzherzogin Sophie an Erzherzog Karl Ludwig, 4.12.1860, in: Praschl-Bichler, Sisi, S. 187.
30 HHStA, NL Corti, Kt. 13, Freiherr Eduard von Lebzeltern an Graf Johann von Rechberg und Rothenlöwen, 4.12.1860.
31 Erzherzogin Sophie an Erzherzog Karl Ludwig, 4.12.1860, in: Praschl-Bichler, Sisi, S. 186.
32 Erzherzogin Sophie an Erzherzog Karl Ludwig, 4.12.1860, in: Praschl-Bichler, Sisi, S. 186.
33 HHStA, NL Corti, Kt. 13, Louis von Rechberg und Rothenlöwen an Gabrielle von Rechberg und Rothenlöwen, 12.2.1861.
34 BSB, NL R. Sexau, Ana 346, B.I. 5.e. Herzogin Ludovika an Königin Marie von Sachsen, 5.1.1861.
35 HHStA, NL Corti, Kt. 13, Freiherr Eduard von Lebzeltern an Graf Johann von Rechberg und Rothenlöwen, 4.12.1860.
36 Marie Louise von Wallersee-Larisch, Meine Vergangenheit. Wahrheit über Kaiser Franz Joseph/Schratt/Kaiserin Elisabeth/Andrassy/Kronprinz Rudolf/Vetsera, Leipzig 1913, S. 57.
37 Erzherzogin Sophie an Erzherzog Karl Ludwig, 14.2.1861, in: Praschl-Bichler, Sisi, S. 194.
38 Erzherzogin Sophie an Erzherzog Karl Ludwig, 24.1.1861, in: Praschl-Bichler, Sisi, S. 192.
39 HHStA, NL Corti, Kt. 13, Graf Louis von Rechberg und Rothenlöwen an Gabrielle von Rechberg und Rothenlöwen, 12.2.1861.
40 Erzherzogin Sophie an Erzherzog Karl Ludwig, 24.1.1861, in: Praschl-Bichler, Sisi, S. 193.
41 HHStA, NL Conte Corti, Kt. 13, Manuskript »Elisabeth«.
42 Erzherzogin Sophie an Erzherzog Ferdinand Maximilian, 4.12.1860, in: Praschl-Bichler, Sisi, S. 185.
43 HHStA, NL Folliot-Crenneville, Tagebucheintrag, November 1860.
44 HHStA, NL Corti, Kt. 13, Graf Louis von Rechberg und Rothenlöwen an Gabrielle von Rechberg und Rothenlöwen, 12.2.1861.
45 HHSTA, Sekretariat Kaiserin Elisabeth, Z. 48 ex 1860.
46 BSB, NL R. Sexau, Ana 346, B.I. 5.e. Herzogin Ludovika an Königin Marie von Sachsen, 12.4.1861.
47 BSB, NL R. Sexau, Ana 346, B.I. 5.e. Herzogin Ludovika an Königin Marie von Sachsen, 17.2.1861.

48 Erzherzogin Sophie an Erzherzog Ferdinand Maximilian, 24.3.1860, in: Praschl-Bichler, Sisi, S. 196.

49 HHStA, NL Corti, Kt. 13, Graf Albert von Crivelli an Graf Johann von Rechberg und Rothenlöwen, 4.5.1861.

50 HHStA, NL Corti, Kt. 13, Graf Albert von Crivelli an Graf Johann von Rechberg und Rothenlöwen, 11.5.1861.

51 HHStA, NL Corti, Kt. 13, Graf Albert von Crivelli an Graf Johann von Rechberg und Rothenlöwen, 11.5.1861.

52 HHStA, NL Corti, Kt. 13, Graf Albert von Crivelli an Graf Johann von Rechberg und Rothenlöwen, 11.5.1861.

53 HHStA NL Corti, Kt. 13 sowie HHStA OMeA ZA-Prot. 73 ex 1861, S. 72–74.

54 HHStA OMeA ZA-Prot. 73 ex 1861, S. 79.

55 Statistik Austria, Die Kaufparität des Guldens (1850–1857) zum Euro; angesichts der unterschiedlichen Kostenverhältnisse eine grobe Umrechnung.

56 HHStA HA OMeA 766, r. 65/in genere/5.

57 Martina Winkelhofer, Der Alltag des Kaisers. Franz Joseph und sein Hof, Wien 2008, S. 157–159.

58 BSB, NL R. Sexau, Ana 346, B. I. 5.e. Herzogin Ludovika an Erzherzogin Sophie, 21.5.1861.

59 HHStA OMeA ZA-Prot. 73 ex 1861, S. 80.

60 Conte Corti, Mensch und Herrscher, S. 270.

61 Erzherzogin Sophie an Kaiserin Caroline Auguste, 16.6.1861, in: Praschl-Bichler, Sisi, S. 199.

62 BSB, NL R. Sexau, Ana 346, B. I. 5.e. Herzogin Ludovika an Erzherzogin Sophie, Eintrag vom 24.6.1861.

63 HHStA, NL Folliot-Crenneville, Tagebuch des Grafen Franz von Folliot von Crenneville, Eintrag vom 23.6.1861.

64 HHStA, NL Corti, Kt. 13.

65 HHStA OMeA ZA-Prot. 73 ex 1861, S. 96.

66 HHStA OMeA ZA-Prot. 73 ex 1861, S. 96.

67 HHStA, Sekretariat Kaiserin Elisabeth, Z 280 ex 1861.

68 HHStA, NL Corti, Kt. 13, Lord John Bloomfield an Lord John Russell, 4.7.1861.

69 Erzherzogin Sophie an Erzherzog Karl Ludwig, 5.8.1861, in: Praschl-Bichler, Sisi, S. 202.

70 Marianne Szapary, Carl Graf Grünne, Generaladjutant des Kaisers Franz Joseph 1848–1859, phil. Diss, 1935, S. 88–93.

71 Szapary, Grünne, phil. Diss, S. 88.
72 Szapary, Grünne, phil. Diss, S. 88.
73 Szapary, Grünne, phil. Diss, S. 89.
74 Szapary, Grünne, phil. Diss, S. 88–93.
75 BSB, NL R. Sexau, Ana 346, B.I. 5.e. Herzogin Ludovika an Königin Marie von Sachsen, 6.7.1861.
76 BSB, NL R. Sexau, Ana 346, B.I. 5.e. Herzogin Ludovika an Königin Marie von Sachsen, 6.7.1861.
77 Erzherzogin Sophie an Erzherzog Karl Ludwig, 24.8.1861, in: Praschl-Bichler, Sisi, S. 202.
78 BSB, NL R. Sexau, Ana 346, B.I. 5.e. Herzogin Ludovika an Erzherzogin Sophie, 10.8.1861.
79 BSB, NL R. Sexau, Ana 346, B.I. 5.e. Herzogin Ludovika an Erzherzogin Sophie, 10.8.1861.
80 HHStA, NL Corti, Kt. 13, Gräfin Sophie Esterházy an Erzherzogin Sophie, 24.8.1861.
81 BSB, NL R. Sexau, Ana 346, B.I. 5.e. Herzogin Ludovika an Erzherzogin Sophie, 13.8.1861.
82 Elisabeth von Österreich. Die Tagebuchblätter von Constantin Christomanos, herausgegeben von Verena von der Heyden-Rynsch, Frankfurt am Main und Leipzig 1993, S. 267.
83 HHStA, NL Corti, Kt. 13, Kaiserin Elisabeth an Erzherzog Ludwig Viktor, 28.7.1861.
84 Kinderfrau an Erzherzogin Sophie, o. D., in: Praschl-Bichler, Sisi, S. 206.
85 HHStA OmeA, r. 63/1 ex 1862.
86 HHStA OmeA, r. 63/1 ex 1862.
87 BSB, NL R. Sexau, Ana 346, B.I. 5.e. Herzogin Ludovika an Königin Marie von Sachsen, 10.1.1862.
88 BSB, NL R. Sexau, Ana 346, B.I. 5.e. Herzogin Ludovika an Erzherzogin Sophie, 11.12.1861.
89 BSB, NL R. Sexau, Ana 346, B.I. 5.e. Herzogin Ludovika an Königin Marie von Sachsen, 27.9.1861.
90 Erzherzogin Sophie an Erzherzog Ferdinand Maximilian, 29.12.1861, in: Praschl-Bichler, Sisi, S. 207.
91 HHStA, NL Corti, Kt. 13.
92 BSB, NL R. Sexau, Ana 346, B.I. 5.e. Herzogin Ludovika an Erzherzogin Sophie, 25.4.1862.
93 BSB, NL R. Sexau, Ana 346, B.I. 5.e. Herzogin Ludovika an Erzherzogin Sophie, 25.4.1862.

94 BSB, NL R. Sexau, Ana 346, B.I. 5.e. Herzogin Ludovika an Erzherzogin Sophie, 20.1.1862.

95 HHStA OMeA ZA-Prot. 74 ex 1862, S. 47 und 66.

96 Freundliche Mitteilung Dr. med. Gabriela Richter, Wien.

97 HHStA, NL Corti, Kt. 13.

98 HHStA, NL Corti, Kt. 13, Lord John Bloomfield an Lord John Russell, 4.7.1861.

99 HHStA, NL Corti, Kt. 13, Gräfin Helene Thurn und Taxis an Gräfin Karoline Lamberg, wahrscheinlich 28.9.1862.

100 Erzherzogin Sophie an Erzherzog Ferdinand Maximilian, 7.10.1862, in: Praschl-Bichler, Sisi, S. 212.

101 BSB, NL R. Sexau, Ana 346, B.I. 5.e. Herzogin Ludovika an Erzherzogin Sophie, 22.8.1861.

102 München St. Peter, CB288, M9064, S. 120.

103 HHStA, NL Folliot-Crenneville, Tagebuch des Grafen Franz von Folliot von Crenneville, Eintrag vom 17.12.1862.

104 HHStA, NL Corti, Kt. 14.